20세기 요한신학 연구사를 보면 요한신학에는 저자가 설 자리가 없었다. 전반기 흐름을 주도했던 불트만에게 요한신학은 그 종교사적 배경이 중심이었다. 요한신학은 영지주의의 부산물로 여겨졌다. 후반기 흐름을 주도했던 마틴(J. Louis Martyn)에게 요한신학이란 그 신학을 산출한 공동체의 역사 재건이었다. 요한신학은 요한복음과 서신서를 통해 요한 공동체의 역사를 재건하는 것이었다. 그런데 21세기 요한신학의 선도 연구자 중 하나인 프라이(J. Frey)에게 요한신학은 "신학자 요한"의 사상이다. 그는 추측에 기반한 역사가 신학을 압도하는 것이 아니라, 본문이 명백히 보여주는 신학을 기초로 역사적 정황을 이해하려 했다. 오랫동안 잊혔던 신학자 요한의 신학을 오늘에 되살려낸 본서는 바로 요한신학을 보여주는 정수다.

김동수 평택대학교 신학과 신약학 교수, 한국신약학회 회장 역임

오늘날 전 세계적으로 가장 대표적인 신약학자이자 요한 연구가인 외르크 프라이의 영어 강연원고를 묶은 『요한복음의 신학과 역사: 전승과 서사』가 한글로 번역된 것을 매우 기쁘게 생각한다. 역사적 전승 탐구를 요한복음의 전반적인 신학적 틀에 접목시키는 프라이의 연구는 요한복음 연구의 모범을 제시해준다. 이 번역서를 통해 국내 요한복음 연구에 더 많은 진보가 있을 것을 예상하며 기대한다. 특히 탁월한 신약학자로 국내외에서 많은 활동을 하시는 이형일 박사님의 매끄러운 번역은 독자들이 요한신학의 깊고 넓은 세계로 어렵지 않게 진입할 수 있도록 인도해 주고 있다.

김문경 장로회신학대학교 신약학 교수

외르크 프라이의 저서 『요한복음의 신학과 역사』는 제목에서부터 알 수 있듯이 신학과 역사라는 해석학적 두 지평의 융합 필요성을 강조하면서도, 역사보다는 신학, 특별히 인간과 신적 존재로서의 예수에 대한 인식을 강조하는 고 기독론에 근거하여 요한복음을 분석한 매우 흥미롭고 학문적으로 탁월한 저서이다. 프라이는 역사비평에 기초한 가설이나, 자료의 해체를 통한 분석의 방식이 아니라, 요한복음의 최종문서 형태 그대로를 수용하여, 그 텍스트로부터 신학, 역사, 그리고 다시 신학으로 돌아가는 나선형의 방식으로 요한복음을 분석한다. 프라이는 요한복음 저자가 예수의 생애에 대한 기존의 역사적 기록을 신학적으로 (재)해석하여 예수의 신적 정체성을 제시하기 위해 요한복음을 기록하였다고 주장한다. 따라서 프라이는 요한복음의 역사성을 부정하지도 않으며, 요한복음이 다른 복음서보다 역사적 신빙성이 더 있는 내용도 많음을 인정하지만, 요한복음은 역사 기록 자체가 목적이 아니라 예수는 하나님이라는 고 기독론적인 신학적 입장을 주장하기 위해 예수의 역사를 재구성, 재서술, 재상상하는 방식으로 요한복음의 텍스트를 완성했다고 보았다. 특별히 본서에서 저자는 고 기독론적 신학을 토대로, 역사적 예수 탐구의 영역까지 이르러 예수의 신성을 제시한다. 저자는 역사적 고증이나 역사적 예수의 논쟁에 뛰어들어 씨름하는 방식이 아니라 역사적 사건에 대한 요한복음적 진술이 얼마나 요한의 신학적 의도에 따라 사용되고 있는지에 초점을 맞추어 요한복음이 얼마나 고 기독론적인 역사 내러티브인지를 심도 있게 논의하였다. 이 점은 신선할 뿐만 아니라 탁월하다. 예수의 신성에 대한 고 기독론적 전제가 요한복음을 올바로 해석할 수 있는 기틀이 된다는 프라이의 주장은 결국 요한복음을 탐구하는 모든 이에게 귀한 연구의 초석이 될 것이다. 요한복음 예수의 정체성에 대한 심도 있는 탐구를 원하는 모든 분께 본서의 숙독을 권한다.

김세현 시드니신학대학교 한국신학부 신약학 교수

이 책의 제목『요한복음의 신학과 역사』는 요한복음 연구사에서 한 획을 그은 마틴(J. Louis Martyn)의 기념비적 작품『요한복음의 역사와 신학』을 상기시킨다. 프라이는 마틴의 '역사와 신학'을 '신학과 역사'라고 순서만 바꾸어 전면에 내걸고 본문 곳곳에서 마틴을 상기시킴으로써, 자신이야말로 마틴의 학문적 계보를 잇고 수정하는 정통 후계자이자 도전자임을 천명한다. 마틴이 1세기 후반에 살았던 유대 그리스도인의 실존적 정황을 재건함으로써 역사적 예수와 요한복음의 신학을 연결하려 했다면, 프라이는 요한복음의 신학에 가다머의 해석학적 역사성을 적용하여 부활절 이후에 성령을 통하여 기억하고 해석한 역사에 접근하기를 시도한다. 이런 전문서를 탁월한 신약학자 이형일 박사의 적확한 번역으로 읽을 수 있게 된 것은 한국교회에 참으로 복된 일이다! 진지한 그리스도인들과 연구자들에게 강력히 추천한다.

문우일 전 서울신학대학교 신약학 교수

*Johanneische Eschatologie I, II, III*로 요한문헌의 종말론을 이해하는 데 큰 공헌을 한 프라이(Jörg Frey) 교수가 2018년에 쓴 *Theology and History in the Fourth Gospel*이 이번에 이형일 교수님에 의해 번역이 되었다. 제목에서 바로 알 수 있듯이, 이것은 2020년 류호성 교수님이 번역한 J. Louis Martyn의 *History and Theology in the Fourth Gospel*에 대한 대안을 제시하고 있다. 마틴의 저서는 요한복음의 역사적 상황을 추론하고 그것을 토대로 요한복음에 담겨 있는 신학을 탐구하여 요한복음을 이해하는 데 중요한 전환점을 가져왔다. 하지만 그가 추론한 역사적 상황의 실재성에 대해 여러 가지 반론이 있었다. 이런 학계의 상황 속에서 프라이 교수는 신학과 역사의 위치를 바꿔줌으로써 마틴의 저서에 대한 대안을 제시하고 있다. 그런 점에서 마틴의 작품과 함께 프라이 교수의 이 책은 요한복음의 신학을 이해하는 데 큰 도움이 되리라 믿는다. 이를 위해 수고하신 이형일 교수님에게 감사드린다.

박영진 안양대학교 신약학 교수

외르크 프라이(Jörg Frey) 교수의 명저인『요한복음의 신학과 역사: 전승과 서사』가 이형일 박사님에 의하여 한국에 소개된 것은 큰 행운이다. 외르크 프라이 교수는 요한복음의 종말론 연구의 대가로서 예수의 생애와 특징, 그리고 그의 가르침에 초점을 둔 연구를 진행하기에 가장 적합한 인물이다. 이 책은 2018년 1월 예일 신학대학교의〈예일 셰이퍼 강의 시리즈〉의 강연 내용을 수정·확대한 것이다. 이 책을 번역하신 이형일 박사님은 초기 기독론 전공자로서 독자들이 외르크 프라이 교수의 심오한 신학 연구의 결과에 접할 수 있는 길을 탁월하게 제시하고 있다. 신학자들과 신학생들은 이 책을 통하여 신학의 놀라운 영감을 발견하게 될 것이고, 목회자들은 요한복음 신학의 진수를 배우게 될 것이다. 그래서 저자의 신학적인 깊이를 통하여 요한복음 속에 숨겨진 진리를 알게 된다면, 그것이 얼마나 즐거운 일이겠는가!

배재욱 정류아카데미 원장, 영남신학대학교 은퇴교수

외르크 프라이의 연구 분야는 신약 전체를 넘나들지만, 그중에서 그의 요한복음 연구는 이미 신약학계에 크나큰 족적을 남겼다.『요한복음의 신학과 역사』는 프라이가 예일 신학대학교에서 강연한 내용에 기반한 책으로 그의 오랜 요한복음 연구의 결실을 상대적으로 짧고 쉽게 접할 수 있는 장점이 있다. 이 책의 제목에서 볼 수 있듯이 프라이는 의도적으로 신학을 역사 앞

에 둠으로써 요한복음을 역사적 렌즈보다는 신학적 렌즈를 통하여 읽어야 한다고 주장한다. 프라이는 요한복음의 역사적인 가치를 인정하면서도 요한복음의 궁극적인 목적은 역사적인 정확성보다는 예수의 하나님 되심을 보여주는 데 있다고 강조한다. 그리고 프라이의 이러한 해석학적 접근법은 성령의 기억나고 깨닫게 하시는 사역에 근거한다. 즉 예수의 부활 이후 성령께서 행하시는 회고적인 성격의 사역은 마가복음과 같은 기존 예수에 관한 내러티브를 창조적으로 재구성하고 재서술하는 행위에 정당성을 부여한다는 것이다. 비록 프라이가 주장하는 모든 논지에 동의할 수는 없지만, 그가 보여주는 요한복음의 신학적인 심오함과 그 중요성에는 전적으로 동의하는 바이다. 이 중요한 책이 이형일 박사의 훌륭한 번역을 통하여 한국 교회와 학계에 소개된 것은 참으로 감사한 일이다. 아무쪼록 많은 이들이 이 책을 통하여 요한복음의 신학적 깊이와 넓이를 온전히 경험하길 바라는 바이다.

신숙구 햇불트리니티신학대학원대학교 신약학 교수

이 책의 저자 외르크 프라이(Jörg Frey)는 1997년에 『요한의 종말론』(*Die johanneische Eschatologie*, I, II)이라는 방대한 책을 출판하여 이미 학계에 잘 알려졌고, 현재까지 요한복음과 관련하여 수많은 논문을 발표하며 연구하고 있는 학자다. 이형일 박사가 번역하고 새물결플러스에서 출판된 프라이의 이 책은 독자로 하여금 지금까지의 요한복음 연구방법론을 재점검하게 만든다. 전통적으로 요한복음의 역사성이 부인되던 역사비평의 시기를 지나 오늘날은 문학비평 방법론을 통해서 이 복음서를 새롭게 이해하려는 시도가 활발하다. 하지만 저자는 요한복음의 전승 수용을 재확인할 것을 제안하며, 기독론적·신학적 통찰을 통해서 이 복음서의 내러티브를 이해하도록 촉구한다. 그래서 저자는 루이스 마틴(J. L. Martyn)이 1968년에 출판한 『요한복음의 역사와 신학』(*History and Theology in the Fourth Gospel*)이라는 책의 제목을 『요한복음의 신학과 역사』라는 제목으로 비틀어서 바꾸었다. 저자는 요한복음에서 역사보다는 신학이 우선권을 갖고 있다고 확신하며, 복음서 저자가 전통적인 예수의 이야기를 의도적으로 재서술하고, 재구성하며, 재해석한다고 주장한다. 지금까지 문학비평이라는 도구로 요한복음을 읽고 연구한 독자들에게 저자는 새로운 모험에 도전하게 만든다.

조석민 전 에스라성경대학원 신약학 교수, 기독연구원느헤미야 초빙연구원

이 책은 외르크 프라이 교수가 2018년에 예일 신학대학교에서 한 강연을 토대로 저술된 것으로, 루이스 마틴의 『요한복음의 역사와 신학』의 논점을 비판하면서 "요한복음을 요한복음 되게 하라"는 도발적인 명제로 요한복음을 읽는 독자들에게 큰 도전과 새로운 관점을 제시한다. 사실 서구사회에서 200년 동안 이어온 신약성서에 대한 역사비평의 관점을 요한복음에 적용하다 보면 역사로서의 예수 이야기는 사라지게 된다. 반면에 보수적인 요한복음 학자들이 서사비평을 통해서 나름의 해결점을 찾으려고 해보지만, 서사비평은 근본적으로 요한복음을 문학작품으로 바라보기 때문에 역사성과 비역사성의 충돌을 피할 수 없다. 프라이 교수는 "역사적 전승 탐구를 요한복음의 전반적인 신학적 틀"에 접목시킴으로써 요한복음이 전하는 예수의 역사에 대한 신학적 해석을 찾아 나간다. 그러므로 이 책은 서사비평을 통해서 요한복음의 역사성을 찾으려는 설익은 시도나 마틴이 주장한 2차원의 드라마로 요한복음을 보는 탈역사적 해석 또한 극복하게 해준다. 즉, 프라이 교수는 요한복음을 단순히 영적인 복

음서로 보거나, 예수에 대한 보수적인 변증서로 읽거나, 또는 1세기 말 요한 공동체의 신학과 정황을 반영하는 것으로 보는 것에 반대한다. 이 책의 또 다른 장점은 C. H. 도드로부터 시작해서 루돌프 불트만, 루이스 마틴, 레이먼드 브라운, 마르틴 헹엘로 이어지는 요한복음 연구의 큰 궤적을 알기 쉽게 설명하고, 현재 요한복음 연구에서 가장 중요한 신학적 문제가 무엇인가를 설득력 있게 제시한다는 것이다. 이 책의 번역은 초기 기독론 연구 전문가인 이형일 박사의 학문적 깊이와 정련된 한글 문장으로 인해 논점이 명확하게 드러나기 때문에, 쉽지 않은 내용임에도 불구하고 흥미롭게 저자의 논점을 따라갈 수 있도록 도와준다. 그러므로 나는 요한복음을 하나님의 아들 예수에 대한 고 기독론적 고백을 드러내기 위한 책으로, 그리고 예수 역사에 대한 "선별, 재구성, 관점, 해석"을 담은 신학책으로 읽기를 원하는 모든 사람에게 기쁜 마음으로 이 책을 추천한다.

조재형 신약학 독립연구가, 케이씨(그리스도)대학교 신약학 강사

외르크 프라이는 학자로서 그의 탁월한 연구 경력 전반에 걸쳐 요한문헌 연구에 깊이 관여해왔으며, 본서는 요한학계에서 나타난 세 차례의 중대한 발전에 대한 그의 견해를 파악할 수 있게 해주는 탁월한 요약본이라고 할 수 있다. 나는 최근에 논의되는 요한학계의 주요 동향을 소개하는 유용한 저서로서, 그리고 더 중요하게는, 그 의미에 대한 프라이의 학문적 성찰로서 그의 이 셰이퍼 강의를 적극적으로 추천한다.

스탠리 E. 포터 맥매스터 신학대학교 총장 및 신약학 교수

루이스 마틴의 고전 『요한복음의 역사와 신학』의 책 제목 순서를 바꾼 이 저서는 상당히 계획적이다. 외르크 프라이는 역사에 대한 질문을 간과하지 않으면서도 기독론에서 신학으로 이동하며, 요한복음의 신학이 예수의 사역과 죽음을 어떻게―그리고 얼마나 자유롭게―재서술, 재구성, 재상상의 과정을 거쳤는지를 상세하게 설명한다. 이제 요한복음 학도들은 요한복음에서 역사와 신학이 어떻게 상호 작용하는지를 철저하게 재고해야 할 것이다.

R. 앨런 컬페퍼 맥아피 신학교 학장 및 신약학 명예교수

프라이는 예일 신학대학교의 셰이퍼 강의에서 요한복음의 기독론과 신학, 역사적 예수 탐구 및 요한복음의 역사적 전승, 영적 또는 신학적 복음으로서의 요한복음 등 최근에 요한복음 학자들이 제기해오던 몇 가지 중요한 질문을 다룬다. 복음서 자체와 복음서에 관한 최근 논쟁을 깊이 다루는 프라이의 논의는 폭넓고, 풍성하며, 깊은 통찰력을 제공해준다.

워렌 카터 브라이트 신학교 신약학 교수

Theology and History in the Fourth Gospel

Tradition and Narration

Jörg Frey

요한복음의 신학과 역사

전승과 서사

외르크 프라이 지음 : 이형일 옮김

THEOLOGY
AND
HISTORY
IN THE
FOURTH
GOSPEL

새물결플러스

목차

세부 목차

서문

이 책은 2018년 1월 예일 신학대학교의 초청을 받아 그 저명한 〈예일 셰이퍼 강의 시리즈〉의 하나로 강연한 내용을 수정·확대한 것이다. 이 강의의 후원자가 이 강의의 초점이 예수의 생애와 특징, 그리고 그의 가르침에 맞추어지길 원했기에 나는 내 연구 분야 중 가장 큰 비중을 차지할뿐더러 지난 30여 년간 내 관심을 사로잡은 요한복음을 본 강의의 주제로 삼기로 했다. 나는 현재 나의 거대한 연구 과제 중 하나로 요한복음에 대한 주석을 집필하고 있다. 예수의 삶과 가르침에 대한 정보는 과연 요한복음 안에서 어떻게 채택되고 가공되며, 기독론에 대한 높은 관심과 성령의 임재의 인식하에 어떻게 변화되고, 또 이러한 치열한 신학적 수정 작업에도 불구하고 우리는 여전히 어떻게 역사적으로 유효한 정보를 해독해낼 수 있을까?

본서의 내용은 긴 요한복음 연구사에 기반을 두고 있다. 요한복음은 오랜 기간에 걸쳐 역사적 예수 탐구에 부적절하다는 판정을 받아왔고, 학자들은 극도로 신학화되고 영적 해석을 추구하는 요한복음의 예수를 배제한 채 "역사적 예수"의 이미지를 연구해왔다. C. H. 도드의 그 유명하고 권위 있는 연구서 『요한복음의 역사적 전승』(*Historical Tradition in the Fourth Gospel*)을 제외하면 요한복음의 역사적 전승 탐구는 종종 무시되어

왔지만, 최근 20년 동안에는 공관복음뿐만 아니라 요한복음에서도 더 신빙성 있는 역사적 정보를 발견하고픈 보수주의 학자들의 주도하에 다수의 대항 운동이 모습을 드러냈다. 이로써 "요한, 예수, 역사" 탐구가 세계 성서학회(SBL)에서 학자들의 상당한 관심을 끌었다.

본서는 이러한 최근의 논쟁을 비롯하여 역사적 예수와 요한복음을 서로 더 긴밀하게 연결하려는 거대한 열망에 반응한다. 이 책은 과연 요한복음에 대한 이러한 학계의 추세가 역사적으로나 신학적으로 적절한지, 또는 요한복음의 신학적·해석학적 의도를 과소평가하는 것은 아닌지에 관한 의문을 제기한다. "성경"이 어떻게 역사적으로 유효해야 하는지에 대한 우리의 견해와 편견은 실제로 성경 저자들의 견해와 편집 과정을 간과하고 있는가? 그리고 우리는 요한복음 저자에게 자신의 관점을 가질 수 있는 권한을 부여하고, 그저 "요한복음은 요한복음이 되도록"(J. D. G. Dunn) 해야 하지 않을까? 따라서 내가 여기서 제안하는 접근법은 역사적 전승 탐구를 요한복음의 전반적인 신학적 틀에 접목시키는 것이다. 이 접근법은 신학에서 출발하여 역사의 일부 측면을 거쳐 다시 신학으로 돌아온다. 따라서 이 책의 제목은, 비록 두 단어가 서로 뒤바뀌어 있지만, 루이스 마틴의 그 유명한 책 『요한복음의 역사와 신학』(*History and Theology in the Fourth Gospel*, CLC 역간)을 의도적으로 염두에 둔 것이다. 우리는 올바른 신학을 하기 위해 역사적 상황화가 필요하지만(이것이 마틴의 책 제목이 물려준 유산이다), 복음서 저자는 신학, 또는 신학으로서의 기독론으로 시작하여 십자가에 못 박히고 영화롭게 된 예수의 본질과 의미에 대한 더 깊고도 올바른 이해에 도달하고자 한다. 따라서 우리는 복음서 저자가 어떻게 그에게 주어진 전승을 활용하고 재구성하는지, 자신의 그런 접근법을 어떻게 정당화하는지를 제대로 관찰해야 할 것이다. 그 관찰의 결과는 "역사적 진실을 말하는" 저자에 대한 우리의 이미지와 다르며, "진리"의 사실성과 허구성을 역사적·신학적 관점에서 재고할 이유를 우리에게 제공해줄 것이다.

이 자리에서 나는 예일 신학대학교가 2018년 셰이퍼 강의를 할 수 있도록 초대해준 것에 대해 영광으로 생각하고 깊은 감사를 표현하고 싶다. C. H. 도드(1935년)와 J. 루이스 마틴(2000년) 등 매우 탁월한 학자들을 포함하여 탁월한 요한 문헌 학자인 레이먼드 E. 브라운(1978년)과 내가 속한 독일 학계의 마르틴 디벨리우스(1937년), 루돌프 불트만(1951년), 오스카 쿨만(1955년), 에른스트 케제만(1966년)과 또 9년 전 2009년 7월 2일에 이 세상을 떠난 존경하는 나의 스승 마르틴 헹엘(1992년)이 했던 강연 자리에 내가 다시 설 수 있다는 사실은 특별히 나를 겸허하게 만든다. 요한복음뿐 아니라 신학과 역사 연구에 이바지한 마르틴 헹엘의 업적은 지금도 여전히 깊은 탐구의 대상이다. 나는 그를 기념하며 이 책을 그분께 바친다.

나는 또한 예일 신학대학교에서 즐거운 시간을 보내게 해준 나의 모든 친구들, 특히 나의 동료인 그렉 스털링, 아델라와 존 콜린스, 주딧 건드리, 해리 애트리지, 미칼-베스 딩클러, 이-잔 린을 비롯해 행정을 맡은 에마 맥휴와 엘레인 랭카토에게 감사한다. 나는 베일러 대학교 출판사 이사이자 지구 반대편에 있는 저자 캐리 뉴먼이 내게 보여준 지속적인 신뢰와 불요불굴의 격려에 감사하고, 그의 여러 팀원들, 특히 킹슬리 이스트, 케이드 재럴, 제니 헌트, 교열 담당자인 댄 칸의 귀중한 지원에 감사한다. 마지막으로 나는 영어 표현과 문체에 관한 모든 것에 있어 나에게 귀중한 협력자가 되어준 제이콥 세론(뮌헨)에게도 감사한다. 그는 나에게 이 강의와 이 책을 구성하는 데 큰 도움을 주었다.

2018년 6월

취리히에서 외르크 프라이

서론

THEOLOGY AND HISTORY IN THE FOURTH GOSPEL

J. 루이스 마틴: 역사와 신학인가, 아니면 신학과 역사인가?

유니언 신학교의 그 위대한 미국 신약학자 J. 루이스 마틴(1925-2015년)
은 지금으로부터 정확히 50년 전인 1968년에 그 유명한 연구서 『요한복
음의 역사와 신학』(History and Theology in the Fourth Gospel)을 출간했다.[1] 이 작
은 책은 나중에 요한 문헌 연구에 가히 기념비적이라고 할 수 있는 역작
이 되었다. 거의 같은 시기에 앵커 성경주석시리즈의 요한복음과 요한 서
신 주석서[2]와 더불어 『사랑하는 제자의 공동체』(The Community of the Beloved
Disciple)[3]에 관한 짧지만 포괄적인 내용의 연구서를 출간한 유니언 신학교

---

1   J. Louis Martyn, *History and Theology in the Fourth Gospel* (New York: Harper & Row,
     1968; 2nd enl. ed., Nashville: Abingdon, 1979). 본서에서는 3판을 인용한다. *History and
     Theology in the Fourth Gospel*, NTL (Louisville: Westminster John Knox, 2003).
2   Raymond E. Brown, *the Gospel according to John*, 2 vole. AB 29/29A (New York:
     Doubleday, 1966/1970); Raymond E. Brown, *the Epistles of John*, AB 30 (New York:
     Doubleday, 1982).
3   Raymond E. Brown, *The Community of the Beloved Disciple: The Loves and Hates of an
     Individual Church in New Testament Times* (New York: Paulista Press, 1979). 이것은 어떤
     의미에서 Martyn의 책에 대한 Brown의 답변인 셈이다. Brown은 이 책에서 자신의 주석
     서 첫 권과 비교할 때 학문에 진전이 있었음을 인정한다.

동료 교수 레이먼드 E. 브라운(1928-1998년)의 방대한 저술과 함께 마틴의 저서는 미국 학계는 물론 그 너머에서 요한복음에 대한 견해를 완전히 바꾸어놓았다.[4] 1979년의 재판(再版)에서 확대되고, 2003년에 다시 신약 도서시리즈로 재출간된 마틴의 이 짧은 연구서는 20세기 중반 독일과 영국에서 요한 문헌 연구를 주도해온 루돌프 불트만(1884-1976년)과 C. H. 도드(1884-1973년)의 고전적인 해석을 뛰어넘으며 요한복음을 한층 더 새롭게 이해하는 길을 활짝 열어주었다.[5] "그 짧은 분량을 고려하면" 마틴의 책은 "아마도 불트만의 주석 이후 단일 저서로서는 가장 중요한 연구서일 것이다."[6] 이 책의 주요 업적은 요한복음의 배경을 보다 더 초기 유대교로 되돌려놓았을 뿐만 아니라 요한 공동체의 상황과 역사, 그리고

---

4   참조. D. Moody Smith, "The Contribution of J. Louis Martyn to the Understanding of the Gospel of John," in *The Conversation Continues: Studies in Paul and John in Honor of J. Louis Martyn*, ed. Robert T. Fortna and Beverly R. Gaventa (Nashville: Abingdon, 1990), 275-94; repr. in the 3rd ed. of Martyn, *History and Theology*, 1-19; 다음도 보라. idem, "Postscript for Third Edition of Martyn, *History and Theology in the Fourth Gospel*," in Martyn, *History and Theology*, 19-23; William Baird, *History of New Testament Research*, vol. 3: *From C. H. Dodd to Hans Dieter Betz* (Minneapolis: Fortress, 2013), 604-22. 요한 문헌 연구에 대한 Brown의 영향에 관해서는 다음을 보라. Francis J. Moloney, "The Gospel of John: The Legacy of Raymond E. Brown and Beyond," in *Life in Abundance: Studies of John's Gospel in Tribute to Raymond E. Brown*, ed. John R Donahue (Collegeville: Liturgical Press, 2005), 19-39.

5   참조. Rudolf Bultmann, *Das Evangelium des Johannes*, KEK 2 (Göttingen: Vandenhoeck & Ruprecht, 1941); ET: *The Gospel of John: A Commentary*, trans. George R. Beasley-Murray (Oxford: Blackwell, 1971); C. H. Dodd, *The Interpretation of the Fourth Gospel* (Cambridge: Cambridge University Press, 1953); 다음도 보라. idem, *Historical Tradition in the Fourth Gospel* (Cambridge: Cambridge University Press, 1963).

6   John Ashton, *Understanding the Fourth Gospel* Oxford: Oxford University Press, 1991), 107.

그 신학적 발전에 다시 초점을 맞추면서 요한복음의 역사적 문제를 새롭게 고쳐 썼다는 데 있다.

요한복음을 헬레니즘이나 심지어 영지주의 배경에서 설명하는 견해 (불트만[7]과 도드[8]가 옹호한)와 달리 마틴은 유대교 또는 유대 기독교 배경에서 요한복음을 설명했다.[9] 이러한 관점의 전환과 더불어 마틴은 요한 문헌 연구의 주도 세력이 여전히 역사적 설명을 추구하는 여러 흐름을 따

---

[7] 1920년대 중반부터 Rudolf Bultmann은 요한복음의 종교사적 배경(복음서 저자와 그의 일부 자료)이 요단강 건너편 지역의 영지주의적 세례자 집단에 있다는 견해를 발전시켰다. 이렇게 추정되는 영지주의의 구속자 신화—주로 후대 만다야교 및 마니교 자료를 바탕으로 재구성됨—는 요한 기독론의 배경으로 지목되었다. 해석학적으로 이러한 영지주의적 배경은 요한복음의 선포가 당대의 지배적인 철학적 세계관에 대한 비판적 저항을 통해 형성되었다는 해석을 지지할 수 있다. Bultmann의 해석학과 해석의 영지주의 패러다임의 적실성에 관해서는 다음을 보라. Jörg Frey, *Die johanneische Eschatologie*, vol. 1: *Ihre Probleme im Spiegel der Forschung seit Reimarus*, WUNT 97 (Tübingen: Mohr Siebeck, 1997), 86-157; Bultmann의 해석에 관해서는 다음을 보라. Jörg Frey, "Johannine Christology and Eschatology," in *Beyond Bultmann: Reckoning a New Testament Theology*, ed. Bruce W. Longenecker and Mikeal C. Parsons (Waco: Baylor University Press, 2014), 101-32; Richard Bauckham, "Dualism and Soteriology in Johannine Theology," in Longenecker and Parsons, eds., *Beyond Bultmann*, 133-54.

[8] 영국 학자 대다수와 마찬가지로 Dodd는 Bultmann의 자료비평과 그의 신학적 실존주의를 따르지 않았고, 기독교 이전의 영지주의에 대한 언급을 받아들이지도 않았다. Dodd는 오히려 예를 들어 "헤르메스 문서"에서뿐만 헬레니즘 유대교, 특히 필론의 글에서 발견되는 헬레니즘적 혼합주의의 배경에 비추어 플라톤을 따르는 전통에서 요한복음을 설명했다. 요한복음에 대한 그의 두 번째 주요 작품(『*Historical Tradition*』)은 복음서 안에 또는 그 배후에 있는 역사적 전승에 관한 이슈—본서에서도 다루게 될 문제—를 다루었다. 요한문헌에 대한 Dodd의 해석은 다음을 보라. Frey, *Die johanneische Eschatologie*, 1:247-51; Baird, *History of New Testament Research*, 3:45-52.

[9] 이것은 이미 "요한복음의 구원사 관점"에 관한 Martyn의 1957년 예일 신학대학교 학위논문에 예고되어 있었는데, 거기서 그는 이 복음서의 본래 정황이나 그 형성기 전승은 회당이었다고 주장한다(참조. Smith, "The Contribution of J. Louis Martyn," 9).

르거나 역사적 탐구를 무시하며 단순히 신학적·실존적 해석을 추구하던 시대에 사해문서의 발견[10]을 통해 얻은 새로운 통찰에 주의를 기울였다.[11]

『요한복음의 역사와 신학』에서 마틴은 요한복음의 저작 시기와 정황에 특히 초점을 맞추면서 역사적 문제를 다시 집중적으로 논의했다. 가장 중요한 과제는 "요한이 복음서를 기록할 당시의 실제 상황을 가능한 한 구체적으로 다루는 것"이었다.[12] 따라서 복음서 저작의 배후에서 발견되는 가장 중요한 문제나 과정은 선천적 시각장애인이 기적적으로 치유받는 요한복음 9장의 이야기인데, 이 이야기 안에는 유대인들이 예수

10　새롭게 발견된 텍스트들과 요한복음을 비교한 초기 연구 가운데는 Raymond E. Brown, "The Qumran Scrolls and the Johannine Gospel and Epistles," *CBQ* 17 (1955): 403-19 and 559-74이 가장 균형 잡힌 관점을 제시한다. 비록 쿰란 문서와 사상이 요한복음에 직접 영향을 주었다는 초기 주장은 과장되었지만, 이 발견의 영속적인 효과는 요한복음의 언어와 사상이 지닌 유대적 성격에 대한 더 깊은 통찰이었다. 쿰란과 요한 문헌의 관계에 대한 더 최근의 평가는 다음을 보라. Jörg Frey, "Recent Perspectives on Johannine Dualism and Its Background," in *Text, Thought, and Practice in Qumran and Early Christianity*, ed. Ruth Clements and Daniel R. Schwartz, STDJ 84 (Leiden: Brill, 2008), 127-57.

11　이것은 Bultmann과 그 학파의 해석적 특징을 보여준다. 20세기에 요한 문헌 연구에서 가장 영향력 있는 저서인 Bultmann의 요한복음 주석은 서론을 포함하지 않고, 문학적 발전, 자료, 재배치, 교회의 편집에 관한 그 모든 대담한 가설을 오직 각주에만 소개했지만, 주석의 본론은 지상의 예수 당시의 역사적 상황이나 복음서 저자 또는 그의 공동체의 상황에 대한 언급 없이 "문맥 없는" 신학적 해석을 소개한다(따라서 John Painter, *Theology as Hermeneutics: Rudolf Bultmann's Theology of the History of Jesus* [London: Bloomsbury, 2015], 67). 이와 마찬가지로 Bultmann의 제자인 Ernst Käsemann도 Bultmann의 해석을 도발적으로 거부하면서 요한복음의 역사적 정황화에서 벗어나지 않고 형식적 기준, 특히 신학적 기준을 활용했다(Ernst Käsemann, *The Testament of Jesus according to John 17* [London: SCM Press, 1966]). Käsemann의 해석은 다음을 참조하라. Frey, *Die johanneische Eschatologie*, 1:160-70.

12　Martyn, *History and Theology*, 29.

를 그리스도로 시인하는 자를 출교시키기로 결의했기 때문에 심지어 회당 공동체의 멤버들이 예수를 공개적으로 시인하지 않는 내용도 포함되어 있다(요 9:22). 따라서 회당과 예수 추종자 그룹의 "결별"(parting of the ways)[13]이 요한 공동체의 발전과 복음서 저작 과정을 설명해주는 배경으로 제시된다. 따라서 마틴은 요한복음 예수의 입에서 나온 "유다이오이"(유대 지방 사람들 또는 유대인들)[14] 단어를 놓고 벌어진 논쟁이 제기하는 문제도 논의하는데, 이 문제는 특히 "쇼아"(홀로코스트) 이후에 요한복음 해석을 한층 더 난해하게 만들었다.[15] 요한복음의 예수와 "유다이오이"

---

13   이 용어는 James D. G. Dunn, *The Partings of the Ways: Between Christianity and Judaism and Their Significance for the Character of Christianity* (London: SCM Press, 1991; 2nd rev. ed., 2006)에 의해 최근 학계에 도입되었다. Judith M. Lieu, "'The Parting of the Ways': Theological Construct or Historical Reality?" in *Neither Jew nor Greek: Constructing Early Christianity* (London: T&T Clark, 2002), 11-29의 비평과 *The Ways at Never Parted: Jews and Christians in Late Antiquity and the Early Middle Ages*, ed. Annette Yoshiko Reed and Adam H. Becker, TSAJ 95 (Tübingen: Mohr Siebeck, 2003)의 패러다임에 대한 문제 제기, 그리고 Jörg Frey, "Towards Reconfiguring Our Views on the 'Parting of the Ways': Ephesus as a Test Case," in *John and Judaism: A Contested Relationship in Context*, ed. R. Alan Culpepper and Paul N. Anderson, RBS 87 (Atlanta: SBL 2017), 221-41; Adele Reinhartz, *Cast Out of the Covenant: Jews and Anti-Judaism in the Gospel of John* (Lanham, Md.: Rowman & Littlefield, 2018)의 더 최근 논의를 보라.

14   요한복음에 등장하는 그리스 용어 *Ioudaioi*에 대한 적절한 번역은 논쟁의 대상이다. 이 용어를 "유다 지방 사람들"(Judeans, 동시대 유대인들과 구별하기 위해)로 번역하려는 시도는 모든 본문에서 제대로 작동하지 않는다. 요 6:41과 6:52의 갈릴리 사람들은 어려움 없이 "유다 지방 사람들"로 불릴 수 없으며, 예수도 요 4:9에 의하면 "유대 지방 사람"이 아니라 갈릴리 출신 유대인이다. 요세푸스의 글이 지닌 문제에 관해서는 다음을 참조하라. Daniel R. Schwartz, "'Judaean' or 'Jew'? How Should We Translate *Ioudaios* in Josephus?" in *Jewish Identity in the Greco-Roman World*, ed. Jörg Frey, Stephanie Gripentrog, and Daniel R. Schwartz, AGJU 71 (Leiden: Brill, 2007), 3-27.

15   다음의 논의로 참조하라. Jörg Frey, *The Glory of the Crucified One: Christology and theology*

간의 적대감은 역사적으로 요한 공동체의 비극적인 역사 및 유대계 예수 추종자들과 회당의 결별이 초래한 결과로 설명된다. 따라서 이러한 논쟁적인 본문은 당연히 역사적 예수의 말씀이 아니라[16] 복음서 저자와 그 공동체의 역사 및 정황에서 비롯된 것이다. 요한복음의 이런 어두운 배경을 보면 당연히 이 복음서에 대한 비판적인 해석이 필요하며, 학자들이 이 복음서를 계속해서 초시대적 작품으로 묘사하거나[17] 목격자 증언에 기초한 작품으로 간주하면서 이 복음서의 역사적 정확성 또는 예수 말씀의 진정성을 옹호한다면 요한복음의 진상(眞相)은 결코 밝혀질 수 없을 것이다.

50년이 지난 오늘날의 관점에서 보면 마틴의 이 기념비적인 저서는 요한복음의 문헌적 역사와 요한 공동체의 발전 과정을 재구성하는 작업에 대해 여전히 낙관적이었던 시대의 학풍을 반영한다. 불트만과 도드의 주도하에 요한복음을 신학적으로 해석하던 시대를 넘어 1960년대부터

---

in the Gospel of John, trans. W. Coppins and C. Heilig, BMSEC 6 (Waco: Baylor University Press, 2018), 39-72.

16   이러한 결별은 이미 예수 당시에 일어났을 것이라는 최근의 주장(참조. Jonathan Bernier, *Αποσυνάγωγος and the Historical Jesus in John: Rethinking the Historicity of the Johannine Expulsion Passages*, BibInt 122 [Leiden: Brill, 2013])은 신약성경 본문의 역사적 타당성을 과도하게 희망적으로 생각한 결과로서 역사적·해석학적 문제들을 해결해주지 못한다.

17   Bultmann의 해석에 따르면 (분명하게 "유대인들"로 번역된) 요한복음의 *Ioudaioi*는 그 역사적 정황에서 고려되지 않고, 불신앙의 자세를 나타내는 암호로 간주된다. 그러나 이러한 보편화된 해석은 요한복음의 반-유대 수사학과 반-유대교의 전통적인 패러다임을 무비판적으로 지속시킨다는 적절한 비판을 받아왔다.

학자들은 점차적으로 역사적 문제로 되돌아왔고,[18] 요한 공동체와 그 역사적 정황과 발전 과정에 질문을 던지기 시작했다. 그러나 요한복음의 자료나 편집 과정을 재구성할 수 있다는 그들의 낙관주의는 사실 과장되어 있었고, 1980년대에 요한복음 "해부"라는 R. 앨런 컬페퍼의 창의적인 연구를 비롯하여 요한복음 내러티브의 통일성과 문학적 설계에 관한 기타 연구 등을 통해 학계에 도입된 문학 및 내러티브 접근법의 영향 아래 이러한 사실은 더욱더 명백히 드러나기 시작했다.[19]

---

18 이 시기에 나타난 요한복음 편집비평(*Literarkritik*)의 부흥에 관해서는 다음을 보라. Frey, *Die johanneische Eschatologie*, 1:266-97. 가장 탁월한 재구성은 다음과 같다. Jürgen Becker (참조. 그의 주석, Jürgen Becker, *Das Evangelium nach Johannes*, 2 vols., ÖTK 4/1-2 [Gütersloher and Würzburg: Echter, 1978/1980; 3rd ed., 1991]); Georg Richter, *Studien zum Johannesevangelium,* ed. J. Hainz, BU 13 (Regensburg: Pustet, 1977); Robert T. Fortna, *The Gospel of Signs: A Reconstruction of the Narrative Source Underlying the Fourth Gospel*, SNTSMS 11 (Cambridge: Cambridge University Press, 1970). 그의 책의 후기 판본에서 Martyn은 자신을 Fortna가 확립한 문학적 패턴과 연관 짓는다, 참조. J. Louis Martyn, "Glimpses into the History of the Johannine Community: From Its Origin through the Period of Life in Which the Gospel Was Composed," in *The Gospel of John in Christian History: Essays for Interpreters* (New York: Paulist, 1979), 90-121(*History and Theology* 재판본부터는 개별 장으로 추가됨; 3판에는 145-67을 보라).

19 R. Alan Culpepper, *Anatomy of the Fourth Gospel: A Study in Literary Design* (Philadelphia: Fortress, 1983). 이에 대한 평가는 다음을 보라. Tom Thatcher, "Anatomies of the Fourth Gospel: Past, Present, and Future Probes," in *Anatomies of Narrative Criticism: The Past, Present and Future of the Fourth Gospel as Literature,* ed. Tom Thatcher and Stephen D. Moore, RBS 55 (Atlanta: SBL, 2008), 1-35. Martin Hengel, *The Johannine Question* (London: SCM Press, 1989), 88-94의 요한복음의 상대적인 문학적 통일성에 대한 역사적 논증과 Gilbert van Belle, *The Signs Source in the Fourth Gospel: Historical Survey and Critical Evaluation of the Semeia Hypothesis*, BETL 116 (Leuven: Peeters, 1994)의 표적 자료 이론에 대한 철저한 비평, 그리고 Frey, *Die johanneische Eschatologie*, 1:429-45의 문체 분석의 관점에서 본 요한복음 문학비평에 대한 평가도 참조하라.

따라서 회당으로부터 분리되어 나와 정교한 고 기독론을 형성하는 역사적 과정을 탐구함으로써 유대 기독교에 기원을 둔 요한 공동체를 재구성하는 마틴의 저서[20]는 그 내용을 자세히 살펴보면 지나치게 소설적이라는 느낌이 든다. 이미 고인이 된 레이먼드 E. 브라운은 그의 요한복음 주석 "서론"에서—그는 요한복음 주석 본론에서 밝힌 견해를 서론에서 다시 수정하기 시작함—단지 예수의 공적 사역에서 유래한 전승과 부활 이후에 요한 공동체의 내에서 발전한 전승만을 서로 구별하는 훨씬 더 신중한 접근 방법을 채택했다.[21]

특히 마틴이 주목한 핵심 "사건"(기원후 1세기 말에 현자들이 야브네/얌니아에 모여 발표한 것으로 알려져 있고, 열여덟 가지 축복이라는 일일 기도에 등장하는 '이단자 저주 기도', 소위 '비르카트 하-미님'을 고쳐 쓰기로 한 랍비 모임의 결정으로 촉발된 유대계 예수 추종자에 대한 전면 출교 결정[22])은 유대 문헌 및 역사

---

20 이는 다음에 잘 요약되어 있다. Martyn, "Glimpses into the History of the Johannine Community." 여기서 Martyn은 마치 (a) 회당 공동체에 속한 메시아 그룹의 단층, (b) 충격적인 순교 경험을 포함하여 후대의 회당 출교, (c) 확고한 사회적·신학적 구성을 향한 후대의 발전 등 여러 "지층"으로 구성된 고고학적 유적지처럼 요한복음을 읽는다 (145). 이 문제에 대한 논의는 다음을 참조하라. Frey, *Glory of the Crucified One*, 52-54. Raymond E. Brown은 심지어 다섯 단계로 구성된 훨씬 더 상세한 패턴의 신학적 발전을 개진했다. 참조. Brown, *Gospel according to John*, 1:xxxiv-xxxix; idem, *The Community of the Beloved Disciple*; for discussion, 참조. Frey, *Die johanneische Eschatologie*, 1:269-73.

21 Raymond E. Brown and Francis J. Moloney, *An Introduction to the Gospel of John*, ABRL (New York: Doubleday, 2003), 66-69 and 85-86 (69-85의 부기는 Francis Moloney가 씀).

22 참조. Martyn, *History and Theology*, 46-66. Robert Kysar, "Expulsion from the Synagogue: A Tale of a Theory," in *Voyages with John: Charting the Fourth Gospel* (Waco: Baylor University Press, 2005), 234-45의 비판적 성찰도 참조하라.

전문가들에 의해 심각한 의문이 제기되었다.[23] 심지어 이러한 설명도 요한복음이 반(反)유대주의 또는 적어도 반(反)유대적 성향을 띠고 있다는 혐의를 완전히 벗겨줄 수는 없다. 하지만 이러한 문제점 외에도 요한복음에 대한 역사적 반론은 주로 다음과 같다. (a) 야브네 "회의" 또는 "학파"는 훨씬 더 많은 결정을 하나로 통합하는 랍비들의 모임이었다. (b) 초기 시두르 기도문 시대에서 유래한 현존하는 문서는 상당히 후대의 것이며, "노츠림"(= 유대 그리스도인들)이란 용어도 이보다 이른 시기의 "미님"(= 이단자들)보다 더 후대에 추가된 것이다. (c) 유대계 예수 추종자들은 자신들을 "이단자"로 여기지 않았을뿐더러, 개편된 기도문을 반드시 자신들에게 적용하지도 않았을 것이다. (d) 공식적인 출교에 대한 증거가 없다. (e) 이 결정이 유대 팔레스타인에서 얼마나 광범위하게, 그리고 얼마나 신속하게 디아스포라 공동체에 영향을 미쳤는지는 불분명하다.[24] 설

---

23   참조. Günter Stemberger, "Die sogenannte 'Synode von Jabne' und das frühe Christentum," *Kairos* 19 (1977): 14-21; Peter Schäfer, "Die sogennante Synode von Jabne: Zur Trennung von Juden und Christen im ersten/zweiten Jh. n. Chr," in *Studien zur Geschichte und Theologie des Rabbinischen Judentums*, AGJU 15 (Leiden: Brill, 1978), 45-64; Reuven Kimelman, "Birkat Ha-Minim and the Lack of Evidence for an Anti-Christian Jewish Prayer in Late Antiquity," in *Jewish and Christian Self-Definition,* ed. E. P. Sanders, Albert I. Baumgarten, and A. Mendelson (London: SCM Press, 1981), 2:226-44; Steven T. Katz, "Issues in the Separation of Judaism and Christianity After 70 C.E.: A Reconsideration," *JBL* 103 (1984): 43-76; Daniel Boyarin, "Justin Martyr Invents Judaism," *Church History* 70 (2001): 427-61. 비평에 대한 가장 최근의 요약은 다음을 보라. Adele Reinhartz, *Cast Out of the Covenant: Jews and Anti-Judaism in the Gospel of John* (Lanham, Md.: Rowman & Littlefield, 2018), 6장.

24   Jörg Frey, "Von Paulus zu Johannes: Die Diversität 'christlicher' Gemeindekreise und die 'Trennungsprozesse' zwischen der Synagoge und den Gemeinden der Jesusnachfolger in

령 ἀποσυνάγωγος(요 9:22; 12:42; 16:2-3)라는 단어가 유대계 예수 추종자들과 회당 공동체 간의 결별을 가리킨다 하더라도, 이 과정은 팔레스타인 랍비들의 주요 행위로 볼 수 없고, 오히려 (요한의) 유대계 예수 추종자들과 지역 회당 공동체 간의 국지적인 분열로 보아야 한다.[25]

특히 요한복음은 실제로 "2단계 드라마"로[26] 읽을 수 있다는 마틴의 도발적인 패러다임은 일부 재고될 필요가 있다. 마틴은 요한복음 9장에 나오는 한 일화에 대한 자신의 해석을 토대로 이 패러다임을 발전시켰다. 그의 견해에 의하면 이 요한복음 일화는 지상의 예수 시대에 일어난 사건과 요한 공동체의 정황에서 일어난 또 다른 사건을 동시에 서술하는데, 거기서 치유하는 자는 실제로 어떤 그리스도인 설교자이며, 치유받은 자를 심문하는 바리새인들은 유대 지도자라는 것이다. 하지만 이 사건을 이처럼 "2단계로 상정하는" 것은 설득력이 없다. 요한복음 9장에서 예수가 선천적 시각장애인을 치유한 사건에 대한 서술을 보고 우리는 이 이야

Ephesus im ersten Jahrhundert," in *The Rise and Expansion of Christianity in the First Three Centuries of the Common Era,* ed. Clare K. Rothschild and Jens Schröter, WUNT 301 (Tübingen: Mohr Siebeck, 2013), 235-78 (266-75). 이 소논문에서 나는 기원후 70년 이후에 신설된 과세, 곧 유대인 세금(*fiscus iudaicus*) 같은 정치적 요인의 영향에 초점을 맞춘다. 이 신설된 과세는 디아스포라 회당과 예수 추종자들의 결별을 촉발하는 효과와 관련하여 다루어진다. John Kloppenborg는 자발적 협회의 탈퇴 과정과 관련하여 또 다른 중요한 관점을 표현했다. John S. Kloppenborg, "Disaffiliation and the ἀποσυνάγωγος of John," *HTS* 67 (2011), 159-74.

25   참조. D. Moody Smith, "Judaism and the Gospel of John," in *Jews and Christians: Exploring the Past, Present, and Future,* ed. James H. Charlesworth (New York: Crossroad, 1990), 76-96 (85); idem, "Postscript for Third Edition of Martyn."

26   Martyn, *History and Theology in the Fourth Gospel,* 46.

기가 마치 실제로 그리스도인 은사주의자나 설교자에 의해 시각장애인이 치유받는 사건처럼 요한 공동체 내에서 일어난 유사한 사건을 반영한다고 가정할 수 없다. 요한복음에 기록된 일화들은, 심지어 "유대인들"과 바리새인들의 이미지, 그들의 사법권, 그리고 기독론, 공동체 가입, 신앙 등을 나타내는 표현이 부활 이후의 통찰과 경험, 특히 요한 공동체의 통찰과 경험을 반영한다 할지라도 여전히 역사적 예수의 이야기다.

한편 "2단계 드라마" 패러다임은 상당히 예리하고 자극적이다. 예수 이야기에 대한 요한복음의 서술 안에는 사실 두 단계가 있다. 즉 그 안에는 지상의 예수에 관해 서술하는 이야기가 있는가 하면, 저자가 자신의 이야기를 독자 또는 청자에게 서술하는 단계가 있다. 요한복음 내러티브는 다양한 통찰과 도전, 그리고 그 글을 읽는 공동체의 정황에서 비롯된 신학 용어로 형성된 것으로 널리 알려져 있다. 요한복음 내러티브의 일부 요소는 예수 시대와 복음서 저작 시대 사이에서 얻은 경험에서 영감을 받았을 개연성이 상당히 높다.

하지만 요한복음 본문 안에서 이 두 (또는 심지어 그 이상의) 단계는 서로 어떻게 연결되어 있을까? 과연 우리는 이 두 단계를 구분하여 어떤 것은 역사적으로 참되고, 어떤 것은 해석 또는 신학에 불과한 것인지를 분별해낼 수 있을까? 아니면 이 두 단계는 거의 서로 불가분의 관계로 연결되어 있어 복음서를 읽는 공동체의 통찰과 두려움이 예수의 역사를 서술하는 이야기 안에 투영되어 있고, 그 결과 지상의 예수는 후대의 기독론적 통찰이라는 렌즈를 통해 신적 존재로 묘사되고 있는 것인가? 만약 이

것이 사실이라면 네 복음서 가운데 요한복음과 저자의 예수 역사 서술을 독특하게 만드는 이 2단계 또는 지평의 융합[27]의 기능은 과연 무엇일까? 이것이 바로 이 책에서 다루게 될 질문이다. 따라서 본서에서 탐구하는 주제와 관련하여 내가 마틴의 책 제목을 거꾸로 뒤집은 것은 결코 우연이 아니다. 즉 본서의 제목은 『요한복음의 역사와 신학』이 아니라 『요한복음의 신학과 역사』다.

마틴은 요한복음의 **신학**을 설명하기 위해 **역사**(또는 더 정확히 말하자면 수신 공동체의 역사)를 탐구하기 시작한다. 그리고 그는 요한의 고(高) 기독론은 유대계 그리스도인으로 구성된 요한 공동체와 회당의 결별이 가져다준 결과이자 이에 대한 반응이라고 설명한다.[28] 하지만 만약 이 역사, 특히 이러한 사상 발전 역사의 재구성이 취약하고 의문의 여지가 있다면 어떻게 될까? 나는 마틴의 방법론을 통해 많은 중요한 통찰을 얻었음을 시인하고 또 그 사실을 전제한다. 하지만 나는 나의 탐구를 **신학**에서 출발하여 **역사**에 이르는 정반대 방향으로 전개해나갈 것이다. 만약 우리가 신학 또는 신학으로서의 기독론을 우선순위에 둔다면 우리는 요한복음의 배후에 있는 역사를 어떻게(그리고 어느 정도) 탐구할 수 있을까? 요한복음의 신학은 이 복음서가 독특하게 서술한 예수의 등장, 그의 역사, 그의 메시지를 어떻게 설명할 수 있을까? 그리고 우리는 요한복음 안에 담

---

27 "지평의 융합"(= *Horizontverschmelzung*)이란 용어에 관해서는 아래 각주 31에서 Hans-Georg Gadamer의 역사 철학에 대한 언급을 보라.

28 Martyn, *History and Theology*, 101-13.

긴 역사적 전승[29] 또는 역사적 정보의 조각을 어느 정도 발견하고 분리해 낼 수 있다고 기대할 수 있을까? 나는 요한복음의 역사 서술 방식이나 역사적으로 유효한 전승을 찾아내려는 최근의 연구 방향을 정반대의 관점에서 비판적으로 검토하고, 요한복음에서 발견할 수 있는 "역사"의 본질에 관해 질문을 던지고자 한다. 따라서 나는 요한복음은 대체로 복잡한 거미줄과 같이 수많은 은유로 연계되어 있는 하나의 일관된 내러티브[30]로 읽어야 한다는 최근 학계의 통찰로부터 거리를 둔다. 나는 역사적 전승과 그 전승이 지닌 가치에 대해 질문을 던지고, 요한복음 저자가 어떻게, 그리고 어떤 이유에서 자신에게 주어진 자료를 수용하고, 재구성하며, 해석했는지를 이해하려는 해석자의 과제를 간과하지 않으면서 이 작업을 진행하고자 한다.

이 접근법을 위한 가장 핵심적인 통찰은 한스-게오르그 가다머의 역사 철학에서 유래했다.[31] 그의 주요 저서 『진리와 방법』(*Truth and Method*)

---

29 여기서 학문적으로 가장 기여를 많이 한 저서는 Dodd, *Historical Tradition in the Fourth Gospel*이다. D. A. Carson, "Historical Tradition in the Fourth Gospel: After Dodd, What?" in *Gospel Perspectives*, vol. 2: *Studies of History and Tradition in the Four Gospels*, ed. R. T. France & David Wenham (Sheffield: JSOT Press, 1981), 83-145은 이 저서가 그 후 소수의 학자를 제외하고 오랜 기간 동안 표준이 되어왔다는 사실을 지적한다.

30 요한복음에 대한 나의 주해 접근법은 다음을 보라. Frey, *Glory of the Crucified One*, 3-38.

31 다음을 보라. Hans-Georg Gadamer, *Wahrheit und Methode: Grundzüge einer philosophischen Hermeneutik*, 5th ed. (Tübingen: Mohr Siebeck, 1986), 296-312. 요한학계에서 이를 채택한 것에 관해서는 Takashi Onuki, *Gemeinde und Welt im Johannesevangelium: Ein Beitrag zur Frage nach der theologischen und pragmatischen Funktion des johanneischen 'Dualismus,'* WMANT 56 (Neukirchen-Vluyn: Neukirchener Verlag, 1984), 10-12의 해석학적으로 볼 때 획기적인 연구와 Jörg Frey, *Die johanneische Eschatologie*, vol. 2: *Das johanneische*

에서 가다머는 역사는 회고를 통해 가장 잘 이해된다는 개념을 발전시킨다. 후대의 관점에서 역사를 이해하는 이야기 서술 과정에서, 서술된 이야기와 그 이야기 작가의 두 지평의 결합은 더 나은 이해가 발전하는 새로운 지적 공간을 창조한다. 요한복음은 예수의 이야기에 대한 회고, 곧 부활 이후의 관점에서 내러티브 방식으로 서술한 "회고록"이다.[32] 이 사실은 제자들이 예수의 말씀과 행위를 지상 사역 기간에 이해하지 못하고 오직 후일에 성령이 기억나게 해주심으로써(참조. 14:25-26; 16:13-15) 그가 영화롭게 된 후에야 비로소 참된 깨달음을 얻게 되었다고 밝히는 화자의 해설에서 분명하게 드러난다(요 2:22; 12:16). 결과적으로 복음서 저자는 자신이 단순히 예수의 동시대인들이 접했던 "역사적 진실"을 소개하는 것이 아니라는 점을 잘 알고 있다. 요한복음은 단순히 지상 예수의 역사를 보여주는 것이 아니며, 따라서 요한복음을 역사적으로 접근하려는 시도는 반드시 실패할 수밖에 없다.[33] 하지만 또 다른 한편으로 이 복음서는 단순히 저자와 동시대인들의 통찰과 정황만 반영하는 신학적 풍자도 아니다. 오히려 요한복음은 복잡한 거미줄 같이 두 단계가 서로 결합함으로써 새롭게 서술되고 해석된 성육신한 말씀의 이야기를 통해 현재를 새

Zeitverständnis, WUNT 110 (Tübingen: Mohr Siebeck, 1998), 249-68을 보라. 다음도 보라. idem, *Glory of the Crucified One*, 73-100.

32   참조. Jörg Frey, "The Gospel of John as a Narrative Memory of Jesus," in *Memory and Memories in Early Christianity*, ed. Simon Butticaz and Enrico Norelli, WUNT 398 (Tübingen: Mohr Siebeck, 2018), 261-84.

33   이러한 역사화 접근법에 관해서는 Frey, *Glory of the Crucified One*, 7-11에서 나의 고려 사항을 보라.

롭게 이해하는 결과를 가져다준다. 부활 이후에 얻은 현재의 통찰은 예수와 그의 운명 그리고 그의 말씀에 대한 참된 이해를 위해 활용된다. 따라서 요한복음 해석은 단순히 예수의 역사 단계에 머무를 수 없고, 요한 공동체와 신학의 단계에도 머무를 수 없다. 이제 독자로서 우리에게는 두 지평과 그 둘의 관계를 이해할 수 있는 새로운 공간이 주어졌다. 이러한 상황에서 우리는 이제 예수의 지상 사역 기간에 모든 사안을 계속해서 오해하는 베드로나 다른 동시대인들보다 더 유리한 위치를 점하고 있다. 그들의 관점을 뒤로 하고 오직 부활 이후의 통찰을 신중하게 받아들일 때에만 비로소 우리는 예수의 이야기를 올바르게 이해할 수 있다. 하지만 우리는 성육신하고 십자가에 못 박힌 예수의 역사를 다루지 않고는 결코 이 진실을 전달할 수 없다.

신학으로서 기독론

그때와 지금에 대한 도전으로서
요한복음의 접근법

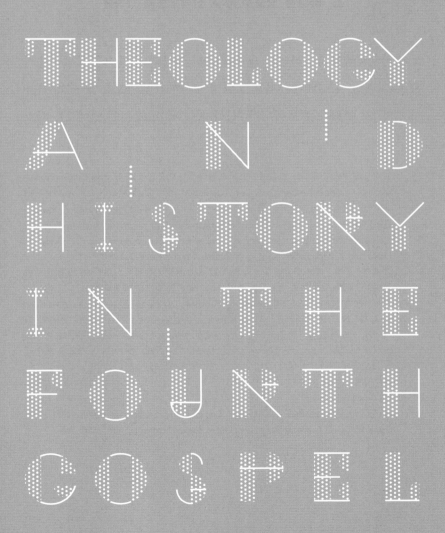

THEOLOGY
AND
HISTORY
IN THE
FOURTH
GOSPEL

1. "하나님"으로서 예수: 신학으로서 기독론

초기 기독교에서 요한복음과 세 편의 요한 서신, 그리고 요한계시록의 저자[1]로 알려진 사도 요한은 특별한 영적 수준까지 날아오른 "독수리 복음서 저자"[2]로 불렸을 뿐만 아니라 "신학자"(ὁ θεόλογος)라는 명예로운 칭호

---

1   요한복음 수용사와 사도 요한의 "신화"에 관해서는 다음을 보라. R. Alan Culpepper, *John the Son of Zebedee: The Life of a Legend* (Edinburgh: T&T Clark, 2000); 요한 저작설 관련 문제는 다음을 보라. Jörg Frey, "Das Corpus Johanneum und die Apokalypse des Johannes: Die Johanneslegende, die Probleme der johanneischen Verfasserschaft und die Frage der Pseudonymität der Apokalypse," in *Poetik und Intertextualität der Apokalypse*, ed. S. Alkier, T. Hieke, and T. Nicklas, WUNT 346 (Tübingen: Mohr Siebeck, 2015), 71-133.

2   계 4:7에서 독수리는 하나님의 보좌 옆에 있는 네 생물 가운데 하나이며, 이 네 생물은 이레나이우스를 통해 사중 복음서의 통일성을 가리키는 것으로 해석되었다(*Haer.* 3.11.8). (이에 관해서는 다음을 보라. Bernhard Mutschler, *Das Corpus Johanneum bei Irenäus von Lyon*, WUNT 185 [Tübingen: Mohr Siebeck, 2006], 67-70). 이레나이우스는 사람을 마태에게, 독수리는 마가에게, 송아지는 누가에게, 사자는 요한에게 각각 적용했다. 아우구스티누스(*Cons.* 1.6)는 사자를 마태에게, 사람을 마가에게, 송아지는 누가에게, 독수리는 요한에게 각각 적용했다. 후대 기독교 예술에서 복음서 저자를 소개하는 표준적인 방식—사람은 마태, 사자는 마가, 송아지는 누가, 독수리는 요한—은 히에로니무스(*Hom.* 75; *Comm. Ezech.* 1.1)와 (교황) 그레고리오 1세(*Hom. Ezech.* 2.1 and 4.1)를 통해 확고하게 자리 잡았다. 다음을 보라. Culpepper, *John the Son of Zebedee*, 167-68; Francis Watson, *Gospel Writing: A Canonical Perspective* (Grand Rapids: Eerdmans, 2013), 553-56.

까지 부여받았다. 이미 오리게네스의 글에 나타나 있고 오늘날까지 정통 신학에서 사용되는 이 용어는[3] "하나님에 관한 합리적인 담론"이라는 현대적 의미의 "신학"을 가리키지 않고, 바로 이 요한이 그리스도의 신성을 가장 명징하게 표현한 자라는 사실을 가리킨다. 요한복음은 최초의 로고스(요 1:1-2)뿐만 아니라 성육신한 예수(20:28; 참조. 1:18)도 θεός 또는 심지어 "아버지와 하나"이신 "참 하나님"(17:3; 참조. 요일 5:20)이라고 말한다. 독자들로 하여금 "메시아 비밀"[4]과 마주하게 하는 마가복음과 달리 요한복음은 맨 처음부터(1:1-2, 14, 18) 예수를 신적 영광 가운데 계신 분으로 소개하고, 바로 이 영광이 그의 지상 사역 기간에 그의 표적(2:11)과 사역을 통해 드러났다고 말한다. 이로써 요한복음은 후대에 삼위일체 교리와 그리스도의 두 속성 교리의 발전에 있어 가장 중요한 성경 근거가 되었다.

한 가지 분명한 사실은 요한이 그리스도의 신성을 표현한 유일한 신약성경 저자가 아니라는 점이다.[5] 이러한 예수의 신적 존엄성은 목회 서

---

3   Origen, *Comm. Jo.*, frg. (Preuschen 1903, 483.14; see also 484.7 from later catena); 또한 다음을 보라. Christoph Markschies, *Christian Theology and Its Institutions in the Early Roman Empire: Prolegomena to a History of Early Christian Theology*, trans. W. Coppins, BMSEC 3 (Waco: Baylor University Press, 2015), 13-14.

4   William Wrede, *Das Messiasgeheimnis in den Evangelien: Zugleich ein Beitrag zum Verständnis des Markusevangeliums* (Göttingen: Vandenhoeck & Ruprecht, 1901); ET: *The Messianic Secret*, trans. J. C. Greig (London: James Clark, 1987)의 영향력 있는 견해를 참조하라. 물론 이 개념도 학계에서 합의가 이루어진 것은 아니다.

5   요한의 고 기독론, 신약의 선구자들, 그리스도의 신성 개념의 발전에 관해서는 다음을 보라. Frey, *The Glory of the Crucified One: Christology and Theology in the Gospel of John*, trans.

신(딛 2:13), 베드로후서(벧후 1:1), 또는 요한계시록[6] 등 신약의 다른 후대 작품과 사도 시대 교부들의 글에서도 나타나 있다.[7] 물론 이 작품들은 성육신한 그리스도나 그의 지상 사역보다는 승귀하신 그리스도에 초점을 맞추고 있지만 말이다. 신약의 초기 작품에서는 상황이 좀 더 어렵다. 히브리서 1:8의 "하나님"은 오직 성경을 인용한 것이며(시 45:7 LXX), 논쟁의 여지가 있는 로마서 9:5은[8] 이스라엘의 한 분 하나님을 가리킬 개연성이 매우 높은 송영을 인용한 것이다. 따라서 이 두 작품은 예수를 "하나님"으로 직접 언급한 증거로 삼을 수 없다. 비록 최근 학계에서 점점 더 "고 기독론"—예수를 초인간적 존재 또는 신적 존재로 간주하는—이 예

W. Coppins and C. Heilig, BMSEC 6 (Waco: Baylor University Press, 2018), 359–64.

6   특히 비슷한 하나님과 그리스도의 "나는 ~이다" 말씀: 계 1:8(하나님)과 1:17(그리스도); 21:6(하나님); 22:13(그리스도)을 참조하라. 또한 다음을 보라. 계 2:23; 22:16. 보좌 위에 계신 하나님의 말씀과 (여전히 종속적으로) 보좌에 함께 계신 그리스도의 말씀의 융합은 요한계시록의 기독론에 있어 매우 중요하다. 비록 하나님의 하나님 중심성은 분명하지만, 그리스도의 주장은 그가 그의 신적 지위에 참여한다는 것을 보여준다. ἐγώ εἰμι의 유사하면서도 다른 용법은 또한 요한복음과 요한계시록 간의 흥미로운 연관성을 보여준다. 참조. Jörg Frey, "Erwägungen zum Verhältnis der Johannesapokalypse zu den übrigen Schriften im Corpus Johanneum," in Martin Hengel, *Die johanneische Frage: Ein Lösungsversuch, mit einem Anhang zur Apokalypse von Jörg Frey,* WUNT 67 (Tübingen: Mohr Siebeck, 1993), 326–429 (399–402).

7   다음을 보라. 클레멘스2서(2 Clem. 1.1), 이그나티오스의 서신(*Eph.* inscr; 1.1; 7.2; 18.2; 19.3; *Trall.* 7.1; *Rom.* 3.3; *Smyrn.* 10.1; *Pol.* 8.3), 폴리카르포스의 서신(*Phil.* 12.2).

8   예컨대 R. Jewett, *Romans,* Hermeneia (Minneapolis: Fortress, 2007), 567–69의 논의를 참조하라. 아무튼 바울은 고전 8:6의 신앙고백에서 하나님을 언급하는 같은 행(그리고 같은 수준)에서 그리스도를 주로 언급하는데, 거기서 "이스라엘아 들으라!"(*Shema Yisrael*)는 "이위일체적으로" 각각 하나님과 그리스도에게 적용된다. 참조. Otfried Hofius, "'Einer ist Gott—Einer ist Herr': Erwägungen zu Struktur und Aussage des Bekenntnisses 1 Kor 8,6," in *Paulusstudien 2,* WUNT 143 (Tübingen: Mohr Siebeck, 2002), 167–80.

수 운동 내에서 상당히 이른 시기에 유대적 패러다임으로부터 발전했다고 보는 경향을 보이지만,[9] 예수의 추종자들이 그를 명시적으로 "하나님"이라고 담대하게 말하기까지는 다소 시간이 필요했던 것이 분명하다. 마가복음은 이미 예수의 신적 존엄성과 능력을 이야기 형태로 표현하고(예. 막 4:36-41), 하나님—또는 적어도 성경—이 예수를 주(主)라고 부르는(즉 성경의 하나님의 이름이 예수에게 적용되는) 프롤로그 또는 "천상의 서곡"을 소개한다(1:2-3).[10] 나아가 이 단어가 분명히 그의 지상 출현과 그의 요단

---

9 Larry W. Hurtado, *Lord Jesus Christ: Devotion to Jesus in Earliest Christianity* (Grand Rapids: Eerdmans, 2003)의 포괄적인 연구를 보라. 다음의 중요한 기독론 연구도 보라. Martin Hengel, *Studien zur Christologie: Kleine Schriften IV*, ed. Claus-Jürgen Thornton, WUNT 201 (Tübingen: Mohr Siebeck, 2006); 또한 부분적으로 영어로 번역된 다음 저서도 보라. Martin Hengel, *Studies in Early Christology* (Edinburgh: T&T Clark, 1995). 또한 다음을 보라. William Horbury, *Jewish Messianism and the Cult of Christ* (London: SCM Press, 1998); idem, "Jewish Messianism and Early Christology," in *Contours of Christology in the New Testament*, ed. Richard N. Longenecker (Grand Rapids: Eerdmans, 2005), 3-24; idem, "Jüdische Wurzeln der Christologie," *Early Christianity* 2 (2011): 5-21; Carey C. Newman, *Paul's Glory Christology: Tradition and Rhetoric*, NovTSup 69 (Leiden: Brill, 1992); Richard Bauckham, *God Crucified: Monotheism and Christology in the New Testament* (Carlisle: Paternoster, 1998); Andrew Chester, *Messiah and Exaltation: Jewish Messianic and Visionary Traditions and New Testament Christology*, WUNT 207 (Tübingen: Mohr, 2007). 더 최근의 개관은 다음을 보라. Andrew Chester, "High Christology—Whence, When and Why?" *Early Christianity* 2 (2011): 22-50; Jörg Frey, "Eine neue religionsgeschichtliche Perspektive: Larry W. Hurtados *Lord Jesus Christ* und die Herausbildung der frühen Christologie," in *Reflections on Early Christian History and Religion—Erwägungen zur frühchristlichen Religionsgeschichte*, ed. Cilliers Breytenbach and Jörg Frey, AJEC 81 (Leiden: Brill 2012), 117-68.

10 따라서 Johann Wolfgang von Goethe's *Faust*의 그 유명한 천상의 프롤로그를 암시하는 Hans-Josef Klauck, *Vorspiel im Himmel? Erzähltechnik und Theologie im Markusprolog*, BThS 32 (Neukirchen-Vluyn: Neukirchener, 1997)의 제목.

1장 신학으로서 기독론   **37**

강 세례 이전에 배치된 것으로 보아 우리는 이 단어가 예수의 선재성을 표현한다고도 볼 수 있다.[11] 아무튼 이 본문은 마가의 기독론이 "저(低) 기독론"과 거리가 멀다는 점을 보여준다. 즉 예수는 그가 세례를 받을 때 하나님의 아들로 "입양"된 것이 아니다. 오히려 그는 그의 지상 출현 이전에 이미 "주"로 일컬음을 받았으며, 이 성경의 음성은 "그가 오직 1:11에서 듣게 될 천상의 음성을 예시한다."[12] 그럼에도 마가는, 예수를 하나님의 아들이자 모든 권세가 "주어진" 종말론적 재판장(마 28:18)으로 소개하는 누가 및 마태와 달리 여전히 θεός라는 표현을 예수에게 적용하는 것을 피한다. 그러나 요한복음에서는 상황이 완전히 바뀐다. 예수—선재적 존재 또는 신적 로고스일 뿐만 아니라 성육신하고, 십자가에 못 박히고, 부활한 존재—는 "독생자"(μονογενής), 아들, 그리고 심지어 명시적으로

---

11   따라서 Simon J. Gathercole, *The Pre-existent Son: Recovering the Christologies of Matthew, Mark, and Luke* (Grand Rapids: Eerdmans, 2006), 249-52; 심지어 더 대담한 Otfried Hofius, "Jesu Zuspruch der Sündenvergebung: Exegetische Erwagungen zu Mk 2,5b," in idem, *Neutestamentliche Studien*, WUNT 132 (Tübingen: Mohr Siebeck, 2000), 38-56 (54-55)도 참조하라. "가장 중요한 것으로 판명된 것은…2절에 인용된 하나님의 성품이다. 두 번 사용된 σου가 암시하듯이 예언자는—천상의 세계에서—하나님이 상대방에게 직접 하신 말씀의 증인이 되었다. 이 상대방은 '아들'이며, 그의 실제적이며 인격적인 선재성은 2b절에 분명하게 진술되어 있다." 그러나 Klauck, *Vorspiel im Himmel?* 106-8; Adela Yarbro Collins, *Mark: A Commentary*, Hermeneia (Minneapolis: Fortress, 2007), 135-6의 더 신중한 해석도 참조하라.

12   따라서 Joel Marcus, *Mark 1-8*, AB 27 (New York: Doubleday, 2000), 147. 참조. Jörg Frey, "How Could Mark and John Do without Infancy Stories? Jesus' Humanity and His Divine Origins in Mark and John," in *Infancy Gospels: Story and Identity*, ed. Claire Clivaz et al., WUNT 281 (Tübingen: Mohr Siebeck, 2011), 189-215 (199-202).

θεός(요 1:18; 20:28)라고 불린다.[13] 도마가 예수의 손에 있는 못 자국을 봤을 때, 즉 예수가 성육신하고 십자가에 못 박힌 자임을 깨달았을 때 그가 비로소 예수의 신성을 고백했다는 사실은 의미심장하다.[14] 예수의 신성은 단지 그의 창조 이전 또는 지상의 삶 이후의 승귀한 신분뿐만 아니라 그의 육체적 부활과 심지어 그의 십자가 죽음이 남긴 흔적에서도 나타난다.[15] 요한복음에서 두드러지게 나타나는 고 기독론을 고려하면 초기 기독론의 발전과 관련하여 특히 그의 지상 사역 기간의 그리스도에 대한 저자의 생각에 어떤 변화가 일어났음을 알 수 있다.

물론 이것은 해석학적·신학적 질문을 제기한다. 그리스도는 "실제로" 누구였고 또 누구인가? 기독교 신조는 과연 그가 예전과 다른 존재라고 주장하는가? 그리고 "발전"이라는 개념이 이런 문제를 설명하는 데 적절한가? 이러한 재구성이 물려준 신학적 유산은 모든 교파의 보수주의자들이 예수가 실제로 하나님이었다는 복음서의 증언을 따라야 한다고 요구하면서 뜨거운 논쟁의 대상이 되어왔다.[16] 그러나 이러한 주장이 제

---

13   요 1:18에서 θεός 독법은 υἱός 독법보다 더 어려운 독법(*lectio difficilior*)으로서 선호되어야 한다.

14   도마 일화에 대한 해석은 다음을 참조하라. Jörg Frey, "Die *theologia crucifixi* des Johannesevangeliums," in *Kreuzestheologie im Neuen Testament,* ed. Andreas Dettwiler and Jean Zumstein, WUNT 151 (Tübingen: Mohr Siebeck, 2002), 169–238 (231–36); 또한 idem, *Glory of the Crucified One*, 227–35.

15   만약 요 20:19–23, 25–27의 못 자국이 최근에 Candida R. Moss("The Marks of the Nails: Scars, Wounds and the Resurrection of Jesus in John," *Early Christianity* 8 [2017]: 48–68) 가 주장했듯이 상처로 해석될 수 있다면 이것 역시 타당하다.

16   따라서 Joseph Ratzinger (Pope Benedict XVI), *Jesus of Nazareth*, vol. 1: *From the Baptism*

기되는 곳에는 언제나 몇 가지 해석학적 함정이 도사리고 있다. 우선 우리는 다양한 글에서 사용되는 언어와 용어의 차이를 부인할 수 없다. 역사적 관점에서 볼 때 적어도 우리는 사용된 언어와 예수에게 부여한 칭호와 관련하여 어떤 발전이라는 개념을 배제할 수 없다. 물론 예수가 "실제로" 누구였는지에 대한 교의적인 쟁점은 역사적 재구성으로 해결될 수 없다. 역사적인 관점에서 우리는 단지 여러 증인들과 저자들이 실제로 예수에 대해 고백한 것이나 우리가 합리적으로 지상 예수의 것으로 추론할 수 있는 말씀 안에 내포되어 있는 주장만을 관찰할 수 있을 뿐이다. 설령 우리가 그런 말씀에 대해 지나치게 비관적이지도 않고, 또 그의 종말론적 기능과 중요성을 높이 평가한다 하더라도[17] 역사적 탐구는 이러한 주

---

in the Jordan to the Transfiguration (New York: Doubleday, 2007)은 역사적 탐구를 받아들임에도 불구하고 초기 교회의 신조에 기초한 교의적 접근법을 선택한다. 서론에서 Ratzinger는 자신이 "복음서의 예수"(추가적 구별 없이)를 "엄격한 의미에서 실제적인 역사적 예수"로 보기를 원한다고 설명한다(xxii). 설령 "역사적 예수"의 주해적 탐구에 대한 비판을 수용한다 하더라도 Ratzinger는 그의 접근법이 초기 기독교 전승 간의 차이점과 긴장을 감추고 궁극적으로 오직 예수의 참된 인성만을 불충분하게 포함할 수 있는 "영적 해석"에 도달하는 문제를 회피할 수 없다. 이에 대한 비평은 다음을 보라. Jörg Frey, "Der Christus der Evangelien als der 'historische Jesus': Zum Jesus-Buch des Papstes," in *Der Papst aus Bayern: Protestantische Wahrnehmungen*, ed. Werner Thiede (Leipzig: Evangelische Verlagsanstalt, 2010), 111-29.

17 참조. Jörg Frey, "Continuity and Discontinuity between 'Jesus' and 'Christ': The Possibilities of an Implicit Christology," *RCT* 36, no. 1 (2011): 69-98. 다음과 같은 중요한 연구도 보라. Martin Hengel, "Jesus, the Messiah of Israel," in *Studies in Early Christology*, 1-72; idem, "Jesus as Messianic Teacher of Wisdom and the Beginnings of Christology," in *Studies in Early Christology*, 73-118. 포괄적인 논의는 Martin Hengel의 1992년 셰이퍼 강의에 기초한 단행본, Martin Hengel and Anna Maria Schwemer, *Jesus und das Judentum*, vol. 1 of *Geschichte des frühen Christentums* (Tübingen: Mohr Siebeck, 2007)를 참조하라.

장의 실제적 사실 여부를 결정할 수 없다. 초기 교회가 그저 한 인간을 신적 존재로 만들었다고 말하거나, 또는 정반대로 역사가들이 하나님의 아들을 단순한 인간으로 전락시켰다고 비난하는 것은 너무나 순진한 생각일 것이다. 하지만 이러한 문제는 해석학적 순환 논법이 불가피하며 학문적 논쟁에서도 꽤 잘 나타난다. 어떤 학자 그룹은 기독교 신앙의 신적 존재를 역사적 예수, 유대인 예언자 또는 지혜 스승으로부터 최대한 분리시키려고 노력하지만,[18] 다른 학자들은 역사적 "발전"이라는 소위 "이단적" 사상을 피하기 위해 처음부터 (아니면 적어도 첫 부활부터) 제자들에게 자신의 신성을 알려주는 예수를 선호한다.[19] 그러나 우리가 기억의 역사에 내재된 다양한 증언만을 다룬다는 점을 고려하면 우리는 굳이 이 극단적인 견해들 중 어느 하나만을 채택할 필요는 없다. 다만 우리는 예수에게 점차적으로 신적 지위를 부여하려는 사고가 발전함과 동시에 적어도 일종의 **언어적** 발전이 일어났음을 인정할 수 있는데, 그러한 사고의 발전은 요한복음에서 가장 뚜렷하게 나타난다.

역사적 사고와 교리적 사고 간의 긴장은 요한복음 본문에서 나타나는 또 다른 긴장에서도 발견된다. 다름 아닌 논쟁의 여지 없는 예수의 참

---

18   따라서 Adolf von Harnack과 다른 학자들로 대표되는 자유 신학 전통을 보라. 더 최근에 이 전통은 예컨대 Maurice Casey의 *From Jewish Prophet to Gentile God* (Louisville: Westminster John Knox, 1992)으로 이어진다.

19   따라서 예컨대 Bauckham, *God Crucified*; 더 교의적으로는 Otfried Hofius, "Jesu Leben, Tod und Auferstehung nach dem Zeugnis des Neuen Testaments," in idem, *Neutestamentliche Studien,* WUNT 132 (Tübingen: Mohr Siebeck, 2000), 3–18 (3).

된 인성[20]과 요한복음 전반에 걸쳐 그에게 귀속된 신적 권위 사이에 존재하는 역설이다. 요한복음에서 **기독론은 신학으로 표현되는 반면, 신학은 기독론과 불가분의 관계로 연계되어 있다.** 즉 눈에 보이지 않는 하나님은 오직 자신의 유일한 형상, 곧 나사렛 예수라는 이 땅의 인물(1:18)을 통해서만 드러나고, 오직 그분 안에서, 그리고 그를 통해서만 아버지를 볼 수 있듯이(14:7, 9), 나사렛 예수라는 인간(그의 부모도 잘 알려진, 6:42)은 복음서 초반(1:1-2, 18)부터 내러티브 결말 부분("나의 주님이시요, 나의 하나님이시니이다!"라는 도마의 결정적인 고백, 20:28)까지 "하나님"으로 소개된다.

2. 예수의 신성에 대한 이중적 도전

우리는 이 세상에서 "육신"을 입고 살며(참조. 요 1:14; 또한 요일 2:22; 4:2을 보라) 심지어 로마의 십자가 처형으로 저주받은 범죄자의 죽음을 맞이한 한 인간을 신적 존재로 간주하는 주장에 대한 도전을 쉽게 상상하기 어렵다.[21] 비록 페르디난트 크리스티안 바우어로부터 에른스트 케제만에 이

20　참조. Marianne Meye Thompson, *The Humanity of Jesus in the Fourth Gospel* (Philadelphia: Fortress, 1988). 다음도 보라. Jörg Frey, *Glory of the Crucified One*, 204-14.

21　고대에서 가장 수치스러운 죽음으로서의 십자가 처형에 관해서는 다음을 참조하라. M. Hengel, *Crucifixion: In the Ancient World and the Folly of the Message of the Cross*, trans. John Bowden (Philadelphia: Fortress, 1977; 『십자가 처형』 [감은사 역간]). 더 최근 연구로는 다음을 참조하라. John Granger Cook, *Crucifixion in the Mediterranean World*, WUNT 327 (Tübingen: Mohr Siebeck, 2014); David W. Chapman and Eckhard J. Schnabel, *The Trial*

르기까지 이 복음서의 이상적인 독법은 요한복음에 나타난 예수의 실제 인성의 중요성을 평가절하하거나 약화시키긴 했지만, 이러한 측면들은 일관되게 유지되었다.[22] 그는 "육신"이 된 말씀이며, 단순히 신의 현현으로 나타난 것이 아니다.[23] 그는 유대인이며(4:9), 아버지와 어머니가 있고 (6:41), 특정 지역에서 특정 장소와 특정 기간에 활동한다. 그는 심지어 피곤하고, 목마르며(4:6-7), 눈물을 흘리고(11:35), 열정적이며(11:33, 38; 참조. 2:17), 궁극적으로는 인간의 죽음, 즉 "고귀한" 죽음[24]과는 거리가 먼, 치욕적인 죽음으로 생을 마감한다. 십자가에 못 박힌 이 사람은 군인들에게 모욕과 구타를 당하고(19:1-3), 그가 마지막으로 입고 있던 옷은 벗겨지고 마침내 벌거숭이가 된다.[25] 예수의 신성은 그의 인성의 축소로 성취되지 않는다. 예수를 신의 색채로 묘사하고, 그를 심지어 "하나님"으로 부르면서 또한 동시에 그의 육신과 감정과 고통과 죽음을 그대로 드러낸 저자의 역설은 요한복음에 대한 가장 강력한 신학적 도전이다.

---

and Crucifixion of Jesus: Texts and Commentary, WUNT 344 (Tübingen: Mohr Siebeck, 2015).

22   참조. Frey, Glory of the Crucified One, 199-214.

23   참조. Frey, Glory of the Crucified One, 268-72.

24   그 범주에 관해서는 다음을 참조하라. Martyrdom and Noble Death: Selected Texts from GraecoRoman, Jewish and Christian Antiquity, ed. Jan Willem van Henten and Friedrich Avemarie (London: Routledge, 2002). 비록 다른 복음서들과 비교하면 인간의 고난에 대한 요소들이 줄어들지만, 이것은 "완곡어법을 사용하는" 내러티브 때문이기보다는 강한 신학적 이유 때문이다. "숭고한 죽음"이라는 범주는 궁극적으로 예수의 죽음을 해석하는 데 불충분하다. 참조. Frey, Glory of the Crucified One, 177-81.

25   다음을 보라. Frey, Glory of the Crucified One, 206-12.

높임을 받을 뿐만 아니라 성육신한 지상의 예수를 "하나님"으로 소개한 것은 요한의 동시대인들과 그리스-로마 독자들, 그리고 유대인 독자 모두에게 이중적인 도전이 아닐 수 없다.

a) 그리스-로마의 사고 패턴 안에서 신들은 불멸의 존재이며, 실제로 죽은 사람은 신으로 간주될 수 없다는 것이 일반적인 전제였다. 따라서 만약 로고스와 성육신한 예수가 진정으로 천상의 신적 존재였다면 그리스-로마 독자들은 그의 참된 신성과 인성, 그의 인간적 감정, 고통, 특히 그의 죽음을 이해하는 데 크나큰 어려움을 겪었을 것이다. 기원후 2세기 해석자들은 이 문제를 해결하기 위해 매우 다양한 전략을 선보였다. 어떤 이들은 참된 신적 로고스와 물질세계를 실제로 창조하거나 형성한 자를 서로 구분하거나[26] 천상의 그리스도와 지상에 나타난 그리스도를

---

26 따라서 예컨대 헤라클레온은 요 1:3에 대한 해설(frg. 1; Origen, *Comm. Jo.* 2.14.100-103)에서 δι' αὐτοῦ는 반드시 로고스가 창조했다(즉 하나님이 로고스를 통해 세상을 창조했다)는 의미로 이해될 필요는 없지만, 다른 존재가 로고스의 능력을 통해 창조했다는 의미로도 해석될 수 있다고 주장한다. αὐτοῦ ἐργοῦτος ἕτερος ἐποίει. 이 독법에 따르면 신적 로고스는 우주를 창조할 이유를 또 다른 존재, 곧 아마도 데미우르고스에게 부여했을 뿐이다. 이것은 물리적인 우주가 로고스의 피조물이 아니라 또 다른 존재의 피조물이며, 신적 로고스는 현존하는 물질 세계에 대한 책임이 없음을 의미한다. 이와 마찬가지로 프톨레마이오스도 플로라에게 보내는 편지(Epiphanius, *Pan.* 33.3-7에서 인용된)에서 여전히 창조주라고 할 수 있는 완벽한 하나님과 실제적인 창조 사역을 수행한 다른 어떤 "중재자"를 구별한다. 이러한 해석에 관해서는 다음을 참조하라. Jörg Frey, "The Johannine Prologue and the References to the Creation of the World in Its Second Century Receptions," in *Les judaïsmes dans tous leurs états aux Ier—IIIe siècles (Les Judéens des synagogues, les chrétiens et les rabbins): Actes du colloque de Lausanne 12-14 décembre 2012*, ed. C. Clivaz, S. C. Mimouni, B. Pouderon, Judaïsme ancien et origines du christianisme 5 (Turnhout: Brepols, 2015), 221-44; 또한 다음을 보라. Titus Nagel, *Die Rezeption des Johannesevangeliums im 2. Jahrhundert: Studien zur vorirenäischen Aneignung*

서로 구분했다.[27] 다른 이들은 예수의 몸의 물리적 성질에 관해 논하거나[28] 그가 실제로 자신의 발자국을 지상에 남겼는지를 두고 논쟁을 벌이면서 예수의 본성을 재고할 필요성을 느끼기도 했다. 교회로서 가장 당혹스러웠던 점은 십자가에 처형당하기 이전에 신적 능력이 인간 예수에게서 떠났다고 보는 해석이었다.[29] 다소 부정확하지만 "가현설"[30]로 불린 이 모든

---

und Auslegung des vierten Evangeliums in christlicher und christlich-gnostischer Literatur, ABG 2 (Leipzig: Evangelische Verlagsanstalt, 2000), 294-99; Tuomas Rasimus, "Ptolemaeus and the Prologue's Valentinian Exegesis," in *The Legacy of John: Second-Century Reception of the Fourth Gospel,* ed. Rasimus, NovTSup 132 (Leiden: Brill, 2010), 145-72 (146-58).

27   따라서 알렉산드리아의 클레멘스의 파편에 언급된 테오도토스(*Exc.* 7.3; 참조. Frey, "The Johannine Prologue," 238; Titus Nagel, *Die Rezeption des Johannesevangeliums,* 341-57)는 아버지의 품에 계신 천상의 그리스도(= 모노게네스, 요 1:18)와 이 땅에(ὀφθείς) 나타난 또 다른 존재를 구별하는데, 이에 대해 요 1:14은 단지 "모노게네스와 같은"(ὡς μονογενοῦς)이라고만 언급한다.

28   따라서 이레나이우스는 사투르니누스가 육체가 없고 단지 인간처럼 보이는 구세주를 상상했다고 보고하며(*Haer.* 1.24.2: "Salvatorem autem innatum demonstravit et incorporalem, et sine figura, putative autem visum hominem ..."), 위(僞)-테르툴리아누스(*Haer.* 6.1)에 의하면 케르도는 그리스도가 육신을 입고 온 것이 아니라 단지 그렇게 보였을 뿐이며, 그는 실제로 죽거나 실제로 처녀의 몸에서 태어난 것이 아니라고 가르쳤다. 요한행전에 의하면 요한은 때때로 예수의 품에 기대어(참조. 요 13:23) 그의 품이 때로는 부드럽고, 또 때로는 돌처럼 단단하다고 느꼈으며(요한행전 89), 그를 "그 모습 그대로" 보려고 노력할 때 그의 눈이 절대로 감겨 있지 않았다고 지적했다. 이와 마찬가지로 예수의 몸도 "때로는…물질적으로 단단한 몸이었고, 또 때로는…마치 존재하지 않는 것처럼 비물질적이며 무형이었다"(93). 요한행전은 심지어 예수의 육체가 땅에 아무런 발자국을 남기지 않았다고도 말할 수 있다(93). 이러한 해석에 관해서는 다음을 보라. Jörg Frey, "'Docetic-like' Christologies and the Polymorphy of Christ: A Plea for Further Consideration of Diversity in the Discussion of 'Docetism,'" in *Docetism in the Early Church: The Quest for an Elusive Phenomenon,* ed. Joseph Verheyden et al., WUNT 402 (Tübingen: Mohr Siebeck, 2018), 27-49 (41, 47-48).

29   따라서 이레나이우스에 의하면 케린투스(*Haer.* 1.26.1)와 카르포크라테스(*Haer.* 1.25.2).

30   이 범주는 오직 Ferdinand Christian Baur가 초기 기독교 역사 담론에 도입했을 때 교의적

해석은 "성육신"의 역설과 신적인 존재의 죽음이 요한복음을 읽는 그리스-로마(그리고 특히 플라톤주의자)의 대다수 독자에게 반드시 도전적이었음을 말해준다. 그리고 우리가 비록 복음서 저자가 벌써 일종의 "가현설"에 대응할 필요를 느꼈는지 입증할 수는 없지만,[31] 요한복음 1:14의 표현은 그리스 신들이 인간들 사이에 한정된 기간에만 나타날 수 있었던 것처럼 참되고 영원한 하나님의 말씀이 단순히 환영(幻影)으로 나타난 것이 아니라 십자가에 못 박혀 죽은 인간 예수의 몸을 입고 인류 역사에 들어오면서 그에게 어떤 변화가 일어났다는 의미의 도전을 그가 이미 인식하고 있었음을 암시한다. 하지만 바로 이것이 σὰρξ ἐγένετο("육신이 되어")가 함축하고 있는 의미다. 따라서 이 의미심장한 어구를 그리스-로마의 신의 현현[32]의 문맥에서 설명하려는 학자들의 시도는 불충분하다. 이 복음서 이야기의 전체적인 문맥은 σὰρξ ἐγένετο가 죽음과 십자가의 길과 함께 예수의 완전한 인성을 내포하고 있음을 암시한다.

(칼케돈적) 관점에서 형성되었으므로 더 신중한 구별이 필요하다. 참조. Frey, "'Docetic-like' Christologies," 27-49(정의의 문제에 관해서는 특히 30-33을 보라).

31   학자들은 요한 서신에서(그리고 어쩌면 요한복음에서도) 거부한 적대자들이 "가현설 주창자들"이었다고 주장했다. 참조. Udo Schnelle, *Antidocetic Christology in the Gospel of John: An Investigation of the Place of the Fourth Gospel in the Johannine School*, trans. Linda M. Maloney (Minneapolis: Fortress, 1992). 하지만 이것은 어떤 추가 증거 없이 단순히 요한 서신(그리고 이그나티오스의 서신)에 기초한 추론일 뿐이다. 이 문제에 관해서는 다음을 보라. Jörg Frey, "Die johanneische Theologie zwischen 'Doketismus' und 'Antidoketismus': Auseinandersetzungen und Trennungsprozesse im Hintergrund der johanneischen Schriften und ihrer Rezeption," in *Erzählung und Briefe im johanneischen Kreis*, ed. Uta Poplutz and Jörg Frey, WUNT 2/420 (Tübingen: Mohr Siebeck, 2016), 129-56.

32   참조. Frey, *Glory of the Crucified One*, 268-72.

"성육신"이라는 추상적인 개념은 하나님이 그의 백성 가운데 "거하신다"는 성경의 개념을 통해 간략하게 진술된다. "말씀이 육신이 되어 **우리 가운데 거하시매**"(요 1:14ab).[33] 하지만 이 로고스의 "거하심"이 단지 한시적인 현현이 아니라 예수의 수난과 죽음에서도 나타나는 영속적인 현존으로 간주되기 때문에[34] 죽을 수밖에 없는 인간 안에 거하시는 하나님의 종말론적 현존이 주는 도전은 절대 사라지지 않는다.

b) 이보다 더 분명한 사실은 요한의 고(高) 기독론이 유대인 독자에게도 도전을 주었다는 것이다. 그리스-로마 사상에 비해 성경과 유대 전통은 신들과 인간, 다시 말해 한 분 하나님과 그의 피조물을 구분하는 경계선을 한층 더 강화해야 한다고 생각했다. 그리스-로마 전통에서 신들은 지상에 나타날 수 있었고, 인간은 영웅이 되거나 신성에 참여할 수 있었던 반면, 성경의 유일신 사상은 당대의 디아스포라 유대교 내에서 하나님 한 분 외에 다른 존재를 경배의 대상으로 여기는 것을 거부하는 특성

---

33   참조. Frey, *Glory of the Crucified One,* 272-84; idem, "God's Dwelling on Earth: 'Shekhina-Theology' in Revelation 21 and in the Gospel of John," in *John's Gospel and Intimations of Apocalyptic,* ed. Christopher Rowland and Catrin Williams (London: Bloomsbury T&T Clark, 2013), 79-103.

34   이것은 유대 지혜 전승(특히 집회서 24장)의 배경에서 암시하는 것인데, 거기서 "지혜"는 쉴 곳을 찾아다니다가 이것을 발견한다. 이 쉴 곳(시온 또는 성전 제의)은 일시적인 곳이 아니라 영구적인 곳이다. 프롤로그의 배경에 대한 이러한 타당성 있는 재구성의 관점에서 보면 Bultmann이 자신의 주석서에서 "장막"이라는 개념으로부터 로고스가 이 땅에 거할 처소는 단순히 일시적인 성격의 것이었다는 결론을 내린 그의 해석은 명백하게 잘못된 것이다.

을 발전시키는 데 이바지했다.[35] 유대교에는 창조주 하나님의 실제적 성육신 개념이나 그의 대리인, 천사, 천사장, 지혜 여인, 또는 그의 로고스 등의 성육신 개념이 없다. 우리는 모세, 족장, 또는 다른 종말론적 대리인의 즉위에 관한 개념이 당대 유대교에 널려 퍼져 있었다고 전제할 수도 없다. 설령 일부 텍스트에서 즉위한 족장, 천사장, 또는 중재적 존재를 언급함으로써 고 기독론의 유대적 기원과 초기 발전에 대한 어떤 단서를 제공한다 하더라도[36] 가장 널리 알려진 메시아의 견해는 메시아가 기본적으로 인간이며 정치적 인물이라는 것이다.[37] 오직 일부 본문에서만 메시아적 또는 종말론적 인물이 초인간적인 성격을 띤다.[38] 아무튼 예수를 신적 존재로 경배하거나 심지어 그를 명시적으로 θεός("하나님") 범주에 포함시키는 것은 유일신 사상을 위협하는 것으로 간주되었고 이스라엘과 디아스포라에서 모두 대다수 유대인들에게 거부당했다.

이러한 반응은 요한복음에서도 확인된다. 요한복음 내러티브는 실

---

35 우리는 여기서 성경의 유일신론을 상세하게 논의할 수 없다. 참조. Larry W. Hurtado, *One God, One Lord: Early Christian Devotion and Ancient Jewish Monotheism*, 3rd ed. (London: Bloomsbury, 2015); idem, *How on Earth Did Jesus Become a God?* (Grand Rapids: Eerdmans, 2005), 111-33.

36 이러한 전승은 다음 책에서 소개되고 논의된다. Hurtado, *One God, One Lord*, 41-96.

37 트리폰은 이것을 다음에서 뛰어나게 표현한다. Justin Martyr's *Dialogue with Trypho* (*Dial*. 49.1): πάντες ἡμεις τὸν Χριστὸν ἄνθρωπον ἐξ ἀνθρώπον προσδοκῶμεν γενήσεσθαι("우리는 모두 메시아가 인간들 사이에서 인간으로 태어날 것을 기대한다").

38 따라서 예컨대 70인역 시 110편(= 109편 LXX) 또는 모세 승천기 10.1-2, 에녹의 비유의 일부 본문(에녹1서 37-71장), 쿰란의 멜기세덱 본문(11QMelch), 소위 자기 영화 찬송 (4Q491) 등의 메시아. 이 본문들은 특별한 연구를 필요로 하는데, 이 연구는 현재 나의 박사 학위 학생인 Ruben Bühner가 진행하고 있다.

제로 동시대 유대인들이 요한복음의 주장을 신성모독으로 간주했다는 증거를 제시한다(요 10:33, 36; 참조. 막 14:64).[39] 예수는 "자기를 하나님과 동등으로 삼"거나(요 5:18) 자신을 "하나님의 아들"(요 19:7)이라고 주장한 다는 이유로 비난을 받는데, 이것은 아마도 이 공동체나 이 복음서 저자 시대의 논쟁을 반영할 개연성이 매우 높다. 게다가 저자는 예수가 유일한 하나님처럼 행동하거나 심지어 그 하나님과 하나라고 주장하자 "유대인 들"이 그를 죽이려 했다고 반복적으로 서술한다(5:18; 8:39; 10:39). 마지막 으로 유대 당국자들은 예수를 죽이려고 결의하는데, 이는 그가 자신이 메 시아임을 시인했기 때문이 아니라(막 14:64에서처럼) 그가 신적 권위를 주 장했기 때문이다. 이것은 유대 당국자들의 결의가 나사로를 살린 사건, 즉 예수가 생명을 부여하는 신적 능력의 소유자임을 보여주는 그 위대한 사건(요 11:47-53) 직후에 서술된다는 사실에 의해 확증된다. 그들이 빌라 도에게 사형 언도를 요구한 이유는 바로 "그가 자기를 하나님의 아들이 라"(요 19:7)고 주장했기 때문이다.

이러한 주장과 고발은 분명 지상의 예수 시대로부터 유래한 것이 아 니라 요한 공동체가 생겨나고 요한복음이 기록될 시기에 예수와 그의 지

---

39   1세기 유대교의 신성 모독에 관해서는 다음을 보라. Darrell L. Bock, *Blasphemy and Exaltation in Judaism and the Final Examination of Jesus*, WUNT 2/106 (Tübingen: Mohr Siebeck, 1998), 30-112. 신성 모독을 비난하는 랍비들의 진술은 다음을 보라. Tobias Kriener, *"Glauben an Jesus"—ein Verstoß gegen das zweite Gebot? Die johanneische Christologie und der jüdische Vorwurf des Götzendienstes* (Neukirchen-Vluyn: Neukirchener, 2001), 7-25.

위와 그에 대한 기독론적 주장을 두고 벌어진 후일의 논쟁을 반영한다.[40] 그 당시 유대 회당은 요한 공동체의 이러한 고 기독론적 견해를 철저하게 거부했으며 요한복음 내러티브는 그러한 상황을 반영한다.

하지만 가장 결정적인 질문은 과연 이 복음서에서 예수의 신적 권위와 존엄성을 주장하느냐에 있지 않다. 이것은 분명하며 어떤 정치적 옳음이라는 명목하에 이러한 주장을 주해라는 수단을 통해 억제하려는 시도는 모두 그릇된 것이다. 사실 요한 공동체와 동시대 유대인들 간의 문제는 이 주장의 사실 여부에 관한 것이다.

이 문제는 요한복음 이야기 안에서도 나타난다. 비록 유대 당국자들이 예수가 신적 기원과 존엄성을 과도하게 침해했다고 비난하면서 그의 죽음을 요구하지만, 이 복음서는 그가 진정으로 위로부터 **왔고**, 그가 아버지와 하나인 아들**이며**(10:30), 심지어 그가 하나님**이라고** 주장한다 (1:1-2, 18; 20:28; 참조. 요일 5:20). 하지만 동시대 유대인들과는 대조적으로 저자는 이것을 유일신 사상을 거부하는 것으로 간주하지 않는다.[41] 예수의 신적 존엄성은 이스라엘의 한 분 하나님의 유일성과도, 성경의 증거와도 대립하지 않는다. 왜냐하면 요한복음의 견해에 의하면 아버지께서

---

40   그런 의미에서 J. Louis Martyn, *History and Theology in the Fourth Gospel* (New York: Harper & Row, 1968; 2nd enl. ed., Nashville: Abingdon, 1979; 3rd ed., Louisville: Westminster John Knox, 2003)이 제시한 비판적인 견해는 타당하며 그 의미는 결코 희석되어서는 안 된다.

41   또한 참조. Thomas Söding, " 'Ich und der Vater sind eins' (Joh 10,30): Die johanneische Christologie vor dem Anspruch des Hauptgebotes (Dtn 6,4f)," *ZNW* 93 (2002): 177-99.

는 생명을 부여하고 심판을 집행하는 자신의 고유한 권한을 아들에게 주셨기 때문이다(요 5:22-23, 26). 아들을 향한 하나님의 사랑은 심지어 천지 창조 이전으로 거슬러 올라가며(17:24), 따라서 저자는 아버지와 아들이 "하나"라고 말할 수 있는 것이다. 우리가 기억해야 할 것은 "하나"를 표현하는 데 사용된 단어가 남성이 아니라 중성이라는 점이다. 따라서 예수와 아버지의 하나 됨은 두 신의 하나 됨이 아니라 래리 허타도가 "이위일체적"(binitarian)이라고 적절하게 명명한 성경의 유일신 사상 형태를 그대로 유지한다. 물론 아버지와 아들 간의 이러한 친밀한 관계 안에서는—아버지와 아들 간의 관계를 뒤집을 수 없기 때문에—종속의 요소가 어느 정도 존재한다. 사실 아버지는 예수보다 더 위대하시다(14:28).[42] 하지만 이것은, 유대교에 대한 공격으로 비추어지지 않기 위해 주해가들이 주장한 것처럼,[43] 예수가 단지 신적 또는 "신 같은" 존재라는 것을 의미하지 않는다. 요한이 예수를 지칭하는 표현으로 θεός를 사용할 때 거기에는 의미의 "축소"가 전혀 없다. 요한복음 17:3에서 아버지가 "참 하나님"으로 불린

---

[42]   다음 소논문을 참조하라. Charles K. Barrett, "'The Father Is Greater than I' (John 14.28): Subordinationist Christology in the New Testament," in idem, *Essays on John* (Philadelphia: Westminster, 1982), 19-36.

[43]   다음의 논의를 보라 Ernst Haenchen, *Johannesevangelium*, ed. Ulrich Busse (Tübingen: Mohr, 1980), 116-18; 참조. the ET: idem, *A Commentary on the Gospel of John*, trans. R. W. Funk, Hermeneia (Philadelphia: Fortress, 1984). 유대교-기독교 대화에 대한 독특한 관심으로 인해 그 의미가 크게 축소된 견해를 옹호하는 주석은 다음과 같다. Klaus Wengst, *Das Johannesevangelium*, 2 vols., THKNT 4 (Stuttgart: Kohlhammer, 2000/2001), 46-48.

것처럼 요한일서 5:20에서도 예수는 "참 하나님"으로 불린다.[44] 따라서 이 복음서 저자와 그의 공동체는 한 인간에 불과한 자에게 신적 존엄성을 과도하게 부여한다는 비난에 대해 그는 하나님**이시며**, 아버지는 그에게 신적 권위를 부여하셨다는 단순한 주장으로 대응했을 것이다.

따라서 우리는 디아스포라 유대인들을 포함한 대다수 동시대 유대인들의 눈에는 요한 공동체와 그 지도자들이 참된 유일신 사상을 포기하고, (후대의 작가들이 부른 것처럼) "하늘의 두 권세"[45]라는 이단의 교리를 옹호한 것으로 여겨졌다고 상상할 수 있다. 따라서 설령 그중 일부가 유대인 혈통을 지니고 있었고 그 공동체 전체가 그러한 믿음이 여전히 성경에 기초한다고 느꼈다 하더라도, 디아스포라의 회당이 더 이상 이러한 "이단"을 유대인으로 간주하고 싶지 않았다는 것은, 상당히 개연성 있는 일이었다. 루이스 마틴 등 다른 학자들이 제안했듯이 이러한 거부 현상을 팔레스타인에 있는 랍비들의 결정의 결과로 돌릴 필요는 없지만, 기원후 70년 이후에는 디아스포라의 회당이 이러한 비정상적인 집단을 자기들

---

44 이것은 저자 또한 아버지와 아들의 결합을 회피하듯이 로고스와 하나님의 결합이 아니다. "말씀을 '하나님'으로 부르는 것은 나중에 '아버지'와 '아들'의 구분이 분명하게 보여주듯이 '말씀'과 '하나님'의 구분을 무너뜨리는 것이 아니다. 그것은 오히려 주어인 말씀과 관련하여 질적으로 최고 수준의 술어를 사용하는 것이다. 말씀은 하나님의 특성, 실체, 심지어 정체성을 갖고 있다"(Marianne Meye Thompson, *John: A Commentary*, NTL [Louisville: Westminster John Knox, 2015], 29).

45 기독교와 영지주의에 대한 랍비들의 반응에 대한 중요한 단행본의 제목을 참조하라. Alan F. Segal, *Two Powers in Heaven: Early Rabbinic Reports about Christianity and Gnosticism* (Waco: Baylor University Press, 2012 [1977]).

의 모임에서 거부할 수 있었고, 또 이로써 예수 추종자들에게 상당한 법적 분쟁을 초래할 개연성은 상당하다.[46] 이러한 분쟁은 심지어 일부 예수 추종자들의 죽음까지 유발할 수 있는 회당 출교령을 암시하는 요한복음 본문에도 반영되어 있다고 볼 수 있다(요 16:2-3). 우리는 여기서 이 부분을 더 자세히 다룰 수는 없지만, 한 가지 분명한 점은 요한 공동체가 예수의 신적 존엄성이 단지 한 인간을 무작정 신격화한 데서 비롯된 것이 아니라 부활 이후에 그들이 받은 성령의 가르침의 일부였음을 확신했다는 것이다(16:13-15). 비록 동시대 유대인들이 요한 공동체에 속한 예수 추종자들을 신성모독으로 고발할 수는 있었겠지만 말이다.

---

46 소위 이 "결별"로 이끈 요소들에 관해서는 다음을 참조하라. Frey, *Glory of the Crucified One*, 66-67; idem, "Temple and Identity in Early Christianity and in the Johannine Community: Reflections on the 'Parting of the Ways'," in *Was 70 CE a Watershed in Jewish History? On Jews and Judaism before and after the Destruction of the Second Temple*, ed. Daniel R. Schwartz and Zeev Weiss, AJEC 78 (Leiden: Brill, 2012), 447-507; idem, "Towards Reconfiguring Our Views on the 'Parting of the Ways': Ephesus as a Test Case," in *John and Judaism: A Contested Relationship in Context*, ed. R. Alan Culpepper and Paul N. Anderson, RBS (Atlanta: SBL, 2017), 221-30. 나는 제2성전의 파괴와 모든 유대인이 내야 했던 로마의 "유대인 세금" 제정 이후에 발생한 정치적인 요인들은 누가 회당 또는 유대 "민족"에 속하고 누가 속하지 않는지를 결정하는 결과를 촉발시켰을 것이라는 견해와 관련하여 간과될 수 없다. 이러한 요인들은 아마도 철저하게 신학적 또는 교리적 요인들보다 더 결정적이었을 것이다.

3. 요한복음의 고(高) 기독론과 "저(低) 칭호"

고 기독론적 진술—θεός, "아들", "로고스" 등의 칭호와 예수의 어록 등—
은 요한복음 기독론의 핵심이다. 이 진술들은 요한복음에 대한 전반적인
이해를 결정짓는 동시에 다른 모든 기독론적 칭호를 해석하는 틀을 제공
한다.

이것은 매우 중요한 방법론적 결정이다. 즉 요한복음의 기독론을 역
사적으로 해석하고 그 기독론의 신학적 의미를 메시아,[47] 예언자,[48] 또는
사자(使者) 모티프[49] 같은 저(底) 기독론적 칭호 중 하나로 해석하려는 시
도는 모두 요한복음의 사상을 제대로 설명해주지 못한다. 학자들은 우리

---

47   따라서 Georg Richter, *Studien zum Johannesevangelium*, ed. Josef Hainz, BU 13
     (Regensburg: Pustet, 1977). 그는 어떤 유대 기독교 "기초 자료"(*Grundschrift*)를 제안하
     는데, 거기서 이 공동체는 그 유대계 회원들이 회당에서 제외된 후에 예수가 메시아임
     을 변증적으로 옹호한다고 한다. 예수는 모세와 같은 예언자(신 18:15-16에 의하면)이
     자 인간이며, 그의 백성 가운데 메시아로 선택된 자이지만, 신적 기원을 가진 자는 아니다
     (참조. idem, *Studien*, 355). 따라서 그가 제안한 "기초 자료" 말미(요 20:30-31a)에는 "하
     나님의 아들"이란 칭호가 여전히 빠져 있다. 이것은 복음서 저자가 유일하게 추가한 것으
     로 여겨진다. 추가적인 비평은 다음을 참조하라. Frey, *Die johanneische Eschatologie*, vol. 1:
     Ihre Probleme im Spiegel der Forschung seit Reimarus, WUNT 97 (Tübingen: Mohr Siebeck,
     1997), 287-94.
48   또한 다음을 참조하라. Wayne A. Meeks, *The Prophet-King: Moses Traditions and the
     Johannine Christology*, NovTSup 14 (Leiden: Brill, 1967); Peder Borgen, *Bread from Heaven:
     An Exegetical Study of the Conception of Manna in the Gospel of John and the Writings of Philo*,
     NovTSup 10 (Leiden: Brill, 1965).
49   참조. Jan-Adolf Bühner, *Der Gesandte und sein Weg im 4. Evangelium: Die kulturund
     religionsgeschichtlichen Grundlagen der johanneischen Sendungschristologie sowie ihre
     theologiegeschichtliche Entwicklung*, WUNT 2/2 (Tübingen: Mohr, 1977).

가 초기(그리고 기본적으로 여전히 유대적인) 요한복음의 "보냄을 받은" 예언자 또는 메시아 기독론[50]을 역사적으로 재구성할 수 있으리라는 확신에 결정적으로 의문을 제기했다. 따라서 요한복음에서 단순히 고 기독론을 제거함으로써 실제로 요한복음의 초기 자료 또는 지층, 곧 유대 기독교의 "기초 자료"(*Grundschrift*)[51] 또는 "표적 복음"[52]에 도달할 가능성은 없다. 요한복음 이전(혹은 초기 요한복음)의 다양한 자료, 지층, 또는 버전[53]에 대한 이론이 문제시되고 폐지되면서 널리 알려진 공동체 발전의 패턴[54]도 사본상의 근거를 상실했다. 따라서 요한복음의 기독론이 낮은 수준에서 복음서 저자의 높은 수준으로 (또는 심지어 편집자의 수준 또는 요한 서신으로) 발

---

50   바로 앞 두 각주에 언급된 저자의 글에서처럼 구체적으로 Bühner와 Meeks.

51   따라서 Richter, *Studien zum Johannesevangelium*.

52   따라서 Robert T. Fortna, *The Gospel of Signs: A Reconstruction of the Narrative Source Underlying the Fourth Gospel*, SNTSMS (Cambridge: Cambridge University Press, 1970); idem, *The Fourth Gospel and Its Predecessor* (Edinburgh: T&T Clark, 1988); 또한 Urban C. von Wahlde, *The Earliest Version of John's Gospel: Recovering the Gospel of Signs* (Wilmington, Del.: Michael Glazier, 1989).

53   Raymond E. Brown (*The Gospel according to John*, AB 29 [New York: Doubleday, 1966], 1:xxxv-xxxvi)이 설득력 있게 제안한 요한복음의 연속적인 두 판본 개념은 Robert T. Fortna를 포함하여 다수의 북미 학자들에 의해 채택되었다. 최근에는 Urban C. von Wahlde, *The Gospel and Letters of John*, 3 vols. (Grand Rapids: Eerdmans, 2010)에 의해 매우 상세한 3단계 패턴으로 발전되었다. 거기서 von Wahlde는 요한복음의 초판, 재판, 그리고 궁극적으로 3판으로 발전된 모습을 구절별로, 단어별로 구별하지만(*Gospel and Letters of John*, 1:150-54을 보라), 이러한 상세한 제안은 가설적이며, 탁월한 "공상 과학"으로 간주되어야 한다.

54   참조. Martyn, *History and Theology*; Raymond E. Brown, *The Community of the Beloved Disciple: The Loves and Hates of an Individual Church in New Testament Times* (New York: Paulist Press, 1979). 위 21-27쪽을 보라.

전했다는 식의 설명은 이제 더 이상 불가능하다. 오히려 요한복음의 기독론은 이미 주어진 문맥 안에서, 그리고 θεός 술어라는 틀 안에서 해석되어야 한다.

이 말은 다른 기독론적 칭호와 술어가 중요하지 않다는 것이 아니다. 이러한 칭호와 술어는 복음서 저자가 내러티브의 일부분으로 받아들이고 자신의 포괄적인 고 기독론에 통합시키는 매우 다양한 종류의 메시아 전승도 알고 있음을 보여준다. 프롤로그 이후에 이어지는 내러티브 도입부는 이미 예수에게 적용되는 상당히 다양한 기독론적 술어를 나열한다. "더 강한 자"(1:26-27), 하나님의 어린양(29절), 성령으로 세례를 베푸는 자(33절), 하나님의 택함을 받은 자(34절),[55] 메시아(41절), 이스라엘의 임금(49절), 하나님의 아들(49절), 인자(51절) 등이 바로 그것이다. 내러티브 초반부터 예수는 이미 알려진 거의 모든 기독론적 술어와 연계되어 있으며, "참으로 이스라엘 사람"인 나다나엘이 그를 "하나님의 아들"과 "이스라엘의 임금"이라고 부를 때 예수는 분명히 동시대 유대인들의 기대에 따라 장차 올 이스라엘의 메시아로 소개된다. 요한복음에는 메시아 비밀 모티프가 등장하지 않으며, 예수의 신분은 처음부터 공개적으로 선포되고 그의 행위나 "표적"에서 드러나며(2:11), 그의 추종자들은 나다나엘(1:49)로부터 도마(20:28)에 이르기까지 복음서 전반에 걸쳐 그의 신분을 말로 시인한다.

---

55   내 생각에는 ἐκλεκτὸς θεοῦ 독법이 "하나님의 아들"보다 더 어려운 독법이다.

나아가 독자들은 이미 프롤로그에서 예수의 신적 정체성에 대한 정보를 접한다. 독자들은 이 정보를 통해 요한복음 내러티브의 여러 등장인물(예. 제자들과 적대자들)보다 더 심오한 "지식"을 유추한다. 프롤로그에 의하면 예수는 영원한 로고스 곧 하나님이며(1:1, 18), 하나님의 영광이 충만한 자이며(14절), 보이지 않는 아버지를 계시한 자다(18절). 이제 여기서부터 독자들은 복음서 내러티브 본문의 인물들이 프롤로그에서 보여준 통찰에 근접하는지, 아니면 그들이 아직도 그 지식에 미치지 못하거나 심지어 잘못된 기대로 인해 실족하는지를 스스로 판단할 수 있게 된다. 이러한 기술, 곧 독자들의 지식과 등장인물의 견해 간의 상호작용은 독자들이 "의미"를 깨닫는 데, 그러니까 내러티브 전반에 걸쳐 의미를 전달하는 데 있어 중요한 역할을 한다.

예수의 첫 출현 이전에 (세례자) 요한은 메시아를 가리키는 가장 보편적인 범주인 엘리야 또는 "그 예언자"를 거부하고, "나는 ~가 아니다"(οὐκ εἰμί, 1:20-21)[56]라는 부정적인 표현을 세 번씩이나 반복하면서 요한복음에서 예수의 자기 계시를 가장 잘 표현해주는 "나는 ~이다"(ἐγώ εἰμι)를 교묘하게 예고한다. 예수는 세례자 요한이 진정으로 자신에게 적용하기를 거부한 바로 그 인물이며, 따라서 당연히 그는 그보다 훨씬 더 위대한 분이다.

하지만 세례자 요한의 부정적인 증언은 당대에 회자되던 모든 유형

---

56   세 번째의 경우에는 단순히 "아니다"로 축약된다.

의 메시아 기대를 요한복음이 수용하고 활용하고 있음을 보여준다.[57] 다윗계의 왕적 메시아, 다시 돌아올 엘리야라는 예언자적 인물, 토라에서 선포한 모세 같은 "예언자"라는 종말론적 인물(신 18:15-18) 등이 바로 그 것이다. 요한복음이 묘사하는 세례자 요한은 그 어떤 메시아의 역할도 거부하고 장차 나타날 다른 인물, 곧 예수를 가리킨다. 요한복음 저자는 서로 다른 세 가지 메시아 기대를 언급하면서 당대에 회자되던 유대인 메시아에 대한 총체적인 기대를 거론하기를 원하는데, 여기서 예수는 그 기대를 자신의 신적 권위로 성취할 뿐만 아니라 이를 능가하는 것으로 묘사된다.

3.1 엘리야

이것은 예언자 엘리야의 귀환에 대한 기대를 상당히 분명하게 나타내는 데, 이러한 기대는 말라기 4:5-6(3:23-24 LXX)과 엘리야의 승천에 관한 초기 기사(왕하 2장)에 기초하여 작성된 다수의 유대 문헌에서 언급된다.[58]

---

57   다음을 보라. Richard Bauckham, "Messianism according to the Gospel of John," in *Challenging Perspectives on the Gospel of John*, ed. J. Lierman, WUNT 2/219 (Tübingen: Mohr Siebeck, 2006), 34-68. 그는 요한복음 저자가 팔레스타인 유대 전승을 활용한다고 올바르게 증명한다(34-35).

58   이러한 기대는 히브리어 정경 말미의 예언서들에서 두드러지게 나타난다. 이러한 기대를 채택하는 성경 후기 텍스트들은 벤 시라의 아버지들에 대한 찬양(집회서 48:10-11), 위(僞)-필론의 Liber antiquitatum biblicarum(48.1); 말 3:23을 인용한 쿰란의 작은 주해 파편(4Q558), 타르굼과 랍비 문헌 등이다. 4Q521 2 III, 2에서는 아버지의 마음

공관복음과는 대조적으로 세례자 요한(막 9:11-13; 마 11:14; 17:10-12)이나 예수는 장차 올 엘리야에 대한 기대와 긍정적으로 **연결되지 않는다.** 오히려 세례자 요한은 엘리야와 동일시되는 것을 공개적으로, 그리고 상당히 적절하게 거부한다. 세례자 요한에 대한 요한복음의 묘사는 **예언자**의 특징을 따르지 않고, 심판과 회개의 예언자 이미지에서 예수의 정체성과 구원자 역할에 대한 첫 번째 증인의 이미지로 **완전히 바뀐다.**

3.2 예언자

세례자 요한이 거부한 두 번째 술어인 **예언자**에 관해서는 문제가 좀 더 복잡하다. 요한복음 1:21에서 이 술어는 아마도 신명기 18:15-18에서 발전한 어떤 종말론적 인물에 대한 기대를 가리키는데,[59] 세례자 요한은 그것을 적절하게 부인한다. 하지만 예수 자신은 요한복음의 여러 본문에

을 아들에게 되돌리는 내용(말 3:24a)이 언급된다 참조. Justin, *Dial.* 8.4 and 49.1. 신약성경의 엘리야 수용사에 관해서는 다음을 보라. Markus Öhler, *Elia im Neuen Testament: Untersuchungen zur Bedeutung des alttestamentlichen Propheten im frühen Christentum*, BZNW 88 (Berlin: de Gruyter, 1997). 유대교의 기대에 관해서는 특히 16-22을 참조하라. 또한 참조. Bauckham, "Messianism according to the Gospel of John," 36-37.

59 이러한 기대는 마카베오1서 4:41-50; 14:41 그리고 다수의 쿰란 문서(예. 4QTest 5-8; 1QS IX, 11)에서 발견된다. 이는 사마리아 종말론에서도 두드러지게 나타난다. 예언자적 기대의 또 다른 탁월한 결과는 대중적인 운동을 일으키면서 모세 전승과 유사한 유형의 카리스마를 지닌 지도자로 부상한 소위 표적 예언자들(요세푸스의 명칭에 따라)이다(참조. Bauckham, "Messianism according to the Gospel of John," 42-49). 행 3:22에서 예수는 자신이 모세와 같은 예언자라고 밝힌다.

서 실제로 예언자로 불린다. 사마리아 여인은 그가 그녀에게 그녀의 삶과 상황에 관해 이야기할 때 이 낯선 유대인을 "예언자"라고 부르고(요 4:19), 그에게 종교적 가르침을 요구한다. 하지만 이 용어는 나중에 같은 문맥에서 "그 메시아"(4:25-26, 29)와 "세상의 구주"(4:42)로 격상된다. 따라서 예수의 예언자 기능은 단지 자신을 그 여인과 그 마을에 더 널리 알리는 첫 단계임이 분명하다. 이와 마찬가지로 선천적 시각장애인을 치유한 후 "그는 예언자"라는 그의 초기 고백은 나중에 "그는 하나님께로부터 오신 분"(33절)과 "인자"라는 칭호(35-37절)로 대체된다. 큰 무리를 먹인 후 갈릴리 사람들이 "이는 참으로 세상에 오실 그 선지자라"고 말할 때 그들은 그를 자신들의 왕으로 삼으려고 했다. 그러나 그들의 생각은 즉시 거절당했다. 예수는 오히려 산으로 사라지고 나중에는 그들이 자신을 찾는 이유는 표적을 보았기 때문이 아니라 자신이 그들의 배를 채워주었기 때문이라며 그들을 질책한다(26절). 따라서 예수를 어떤 예언자 또는 "그 예언자"(신 18장에 기초한 기대를 가리키는)와 동일시하는 모습이 유대교 내부 논쟁의 일환으로 소개되지만, 궁극적으로는 어떤 오해 또는 적어도 예수의 참된 정체성에 대한 부족한 견해로 간주된다.

3.3 메시아

"메시아"라는 술어와 그 번역어 Χριστός는 훨씬 더 중요하다. 왜냐하면 Ἰησοῦς Χριστός는 맨 처음부터 예수 추종자들의 가장 중요한 신앙고백이었기 때문이다. 이미 그의 지상 사역 기간에 일부 추종자들은 그의 치유 사역이나 그의 가르침으로 인해 예수를 (당대 유대교의 메시아 사상의 다양성 안에서[60]) 일종의 메시아로 보았고, 그가 메시아 사칭 혐의를 받고 사형을 선고받은 후 그의 최초기 추종자들은 부활 이후에 그를 일관되게 Χριστός("메시아")라고 불렀다.[61] 그러나 Χριστός는 얼마 지나지 않아 메시아의 광범위한 배경을 고려하지 않은 채 그의 이름의 일부로 사용되었고, 요한은 복음서 저자들 가운데 유일하게 아람어의 *mešîḥā*(Μεσσίας)를 그리스어로 음역했고, 독자들을 위해 처음에는 "기름부음 받은 자"(요 1:41)로, 그리고 나중에는 Χριστός(4:25)로 번역했다. 물론 저자는 이 용어의 팔레스타인 유대교 배경과 이와 관련된 기대에 대해 언급하기를 원한다.

요한복음 1:20에 기록된 세례자 요한에 대한 첫 질의에서 그가 메시

---

60 메시아 전승의 다양성에 대한 일반적인 논의는 다음을 보라. John J. Collins, *The Scepter and the Star: The Messiahs of the Dead Sea Scrolls and Other Ancient Literature* (New York: Doubleday, 1995); William Horbury, *Jewish Messianism and the Cult of Christ* (London: SCM Press, 1998); Gerbern S. Oegema, *The Anointed and His People*, JSPSup 27 (Sheffield: Sheffield Academic, 1998). 특히 쿰란 문서에 관해서는 다음을 보라. Johannes Zimmermann, *Messianische Texte aus Qumran*, WUNT 2/104 (Tübingen: Mohr Siebeck, 1998).

61 Hengel, "Jesus the Messiah of Israel," 1-7은 아주 이른 시기의 바울 이전 신앙고백인 Χριστὸς ἀπέθανεν(참조. 롬 5:8; 14:9, 15; 고전 8:11; 15:3; 갈 2:21)이 예수의 죽음이 맨 처음부터 그의 사역 기간의 그의 메시아 됨 또는 적어도 메시아임을 주장한 자로서 정죄받은 것과 연결되어 있었다는 것으로만 설명될 수 있음을 보여준다. 참조. idem, "Jesus as Messianic Teacher of Wisdom." 다음도 보라. Jörg Frey, "Der historische Jesus und der Christus der Evangelien," in *Von Jesus zur neutestamentlichen Theologie: Kleine Schriften II*, ed. Benjamin Schliesser, WUNT 368 (Tübingen: Mohr Siebeck, 2016), 29-84; idem, "Continuity and Discontinuity between 'Jesus' and 'Christ'."

아일 가능성이 처음으로 두드러지게 제기되는데, 그는 거기서 이 칭호 또한 분명하게 거부한다. 하지만 엘리야나 "그 예언자" 같은 용어와 달리 이 칭호는 전혀 거리낌 없이 예수에게 적용된다. 비록 세례자 요한은 "그리스도가 아니"지만(1:20), 예수는 "메시아" 혹은 그리스도다. 따라서 첫 번째 제자들은 자신들이 "메시아"를 만났다고 주장하고 이 칭호는 곧바로 "모세가 율법에 기록하였고 여러 선지자가 기록한"(45절) 표현으로 설명된다. 예수가 (유대 지방 사람의 시각에서) 사마리아 여인의 기대―"그리스도라 하는 이가 오실 줄을 내가 아노니"―에 자신을 계시하는 "네게 말하는 내가 그라"(4:26)는 표현으로 응답할 때 그가 메시아로 분명하게 선포되듯이 예수는 실제로도 다름 아닌 그 메시아다.

저자는 또한 메시아, 그의 출신(1:47; 7:41-42) 또는 숨겨진 기원(7:27), 그가 할 것으로 기대되는 "표적" 또는 그가 영원하리라는 개념(12:34)에 대한 유대교 분파 간 논쟁의 여러 측면도 수용한다. 이는 그가 유대교 사상과 담론의 다양성에 대해 잘 알고 있음을 확인해준다. 하지만 이 복음서에 소개된 대로 이러한 논쟁에서 메시아에 관한 유대인들의 인식은 그에 대한 긍정적인 고백으로 이어지지 않는다. 예수의 동시대인들은 오히려 그의 나사렛 출신(7:42)과 그의 혈육 부모(6:42), 그리고 그가 이 세상을 떠날 것이라는 생각(12:34)으로 인해 실족한다. 따라서 복음서 저자는 적어도 동시대 유대인들이 생각하는 메시아 사상에 대해 어느 정도 의구심을 나타낸다. 따라서 한 가지 분명한 점은 요한복음의 기독론이 당대에 알려지거나 회자하던 메시아 사상보다 훨씬 더 앞서 나갔다는 사실이다. 즉 메시아 사상의 성취 과정에서 일부가 수정되었다.

요한복음 12:27에서 마르다의 고백은 Χριστός와 "하나님의 아들" 이라는 두 용어를 서로 연결시키고, 서로 연결된 이 두 용어는 책의 결말 부분(20:31)에서 다시 등장한다. 즉 독자들은 예수가 Χριστός이자 "하나님의 아들"임을 믿어야 하며, 이 두 용어의 결합은 일종의 클라이맥스를 암시할 수 있다. 비록 "하나님의 아들" 개념이 유대교 전통에서 메시아 개념과 밀접하게 연관되어 있고, 이 칭호가 성경과 초기 유대교의 다양한 전통에서 유래할 수 있지만,[62] 이 이중적 표현은 이 복음서의 목적이 단순히 유대인 독자들이 예수가 메시아임을 믿도록 하려는 것이 아니라 "보다 더 높은" 기독론의 시각에서 그리스도 예수를 바라보는 견해를 강화하려는 것임을 암시한다.[63] 요한복음은 예수가 메시아 또는 "이스라엘의 왕"(1:49)이나 "유대인의 왕"(19:19-22)이라는 사실을 절대 부인하지 않는다. 그러나 이 복음서는 "메시아"나 "그리스도"보다 "더 높은" 기독론적 칭호를 사용하여 예수의 정체성을 더 깊이 이해할 수 있도록 유도한다.

---

62   참조. Martin Hengel, *The Son of God* (Philadelphia: Fortress, 1983).

63   요 20:30-31의 기록 목적 진술의 의미는 본문비평학적으로 불확실한 ἵνα πιστεύ[σ]ητε 의 동사 형태로 결정될 수 없다. 설령 부정과거가 원문이라 하더라도 이것은 이 복음서의 기록 목적이 믿지 않는 독자들을 (메시아이신) 예수에 대한 첫 믿음으로 인도하기 위함이라는 것을 반드시 의미하지 않는다. 이 복음서의 전체 디자인은 설명하고 해석하는 진술과 더불어 이 복음서가 예수 이야기를 이미 알고 있던(예컨대 마가복음으로부터) 독자들의 믿음을 심화시키기 위함이라는 견해를 지지해준다.

3.4 파송 모티프

이러한 "더 높은" 술어에 대해 논하기 이전에 우리는 종종 "더 낮은" 기독론적 술어에 담긴 파송 모티프—예수는 아버지에 의해 보냄을 받은 자이며 자신을 보낸 아버지를 계시한다—에 대해 살펴보아야 한다. 이 구조는 요한복음에 나타난 몇몇 "공관복음" 말씀의 배후에 있다. 예를 들어 이 구조는 요한복음 13:20에서 나타난다. "내가 보낸 자를 영접하는 자는 나를 영접하는 것이요, 나를 영접하는 자는 나를 보내신 이를 영접하는 것이니라." 요한복음에서 이 모티프는 아버지와 아들의 관계를 묘사하며, 또한 예수와 그의 제자들 또는 사도들의 관계를 묘사한다(참조. 13:16; 20:22-23).

신약학계에서 이 파송 모티프는 오랫동안 영지주의의 구속자 신화에 대한 언급으로 설명되어왔다.[64] 하지만 이러한 설명은 지나치게 시대착오적이며, 이러한 유형의 구속자 신화는 마니교의 출현 이전에 등장할 수 없기 때문에 학자들은 위임이라는 문화적·법적 현상을 지적했다(고대 동방에서부터 랍비 시대까지).[65] 이러한 문화적·법적 관행에 의하면 사자(使

---

[64] 이것은 Richard Reitzenstein의 연구를 활용한 Rudolf Bultmann의 주석서에서 두드러지게 나타난다. 참조. Jörg Frey, "Auf der Suche nach dem Kontext des vierten Evangeliums," in *Kontexte des Johannesevangeliums*, ed. Jörg Frey and Udo Schnelle, WUNT 175 (Tübingen: Mohr Siebeck, 2004), 3-46 (15-20); idem, *Die johanneische Eschatologie*, 1:133-40.

[65] Bühner, *Der Gesandte und sein Weg*; 참조. Karl-Heinrich Rengstorf, "ἀποστέλλω κ.τ.λ.," *TDNT* 1:398-447.

者)는 자신을 보낸 자의 권한에 의거하여 행동하지만, 그 권한 안에서 자기를 보낸 자에게 전적으로 의존하며 위임 계약에 따라 행동할 의무가 주어진다. 하지만 이것은 이 모티프가 "더 낮은" 종속적(subordinationist) 기독론의 한 요소로 해석되어야 함을 의미하지 않는다.[66] 저자는 단순히 인간 사자나 예언자를 가리키지 않고 아버지에 의해 천상의 영역에서 이 세상으로 보냄을 받은 자를 가리킨다. 따라서 예수는 하나님의 신적 권한을 나타내며, 그가 위에서 보고 들은 것을 증언하듯이(요 3:11, 32) 그는 유일하게 아버지를 계시한 자다. 따라서 이 파송 모티프는 실제로 예수의 권한에 대한 표현이며, 그런 이유에서 이 모티프는 "더 높은" 기독론적 칭호들과 대비될 수 없으며, 프롤로그와 다른 고 기독론적 술어를 통해 소개된 요한복음의 고 기독론적 틀 안에서 해석될 수밖에 없다.

3.5 "하나님의 아들"과 "아들"이란 술어

이 파송 모티프는 하나님의 아들 용어 사용 및 특히 요한복음의 아들 용어 사용과 밀접하게 연관되어 있다. 예수의 하나님 아들 개념은 파송 문구에 잘 담겨 있기 때문에 우리는 요한복음의 전승과 바울 서신의 전승이 서로 공통점—하나님은 구원과 영생을 위한 목적으로 "그의 아들"(요

---

66   Bühner는 파송 기독론을 요한 기독론의 가장 원형에 가까운 단층으로 간주하지만, 그는 오직 자신의 연구에서 프롤로그를 제외함으로써 그러한 결론에 도달할 수 있었다. 프롤로그를 적절하게 고려한다면 보냄 모티프는 매우 다른 틀에서 제시된다.

3:17) 또는 심지어 "그의 독생자"(요일 4:9)를 보내셨다—을 공유하고 있다고 생각한다.[67]

바울 서신과 마가복음에 포함된 초기 전승을 따라 요한복음은 예수를 "하나님의 아들" 또는 "그 하나님의 아들"이라고 부른다. 이 용어는 요한복음 1:49에서 "이스라엘의 왕"과 함께 "메시아"(1:41)라는 전통적인 칭호를 한층 더 높이 고조시킨 해석으로 소개된다. 이 용어는 11:27과 20:31에서도 "메시아"와 연결된다.[68] 이 용어는 또한 3:16과 3:18에서 예수의 하나님 아들로서의 독특성을 강조하는 μονογενής(참조. 1:14, 18)와도 연결되어 있다. 즉 그의 아버지 하나님과 그의 관계는 제자들 및 "하나님의 자녀들"(τέκνα θεοῦ)과 그들의 아버지 하나님의 관계와 서로 철저하게 구별된다. 하나님과 이들의 관계는 오직 그의 유일한 아들 예수를 통해서만 중재된다.[69] 물론 예수의 유일성은 이방 세계에서 "신의 아들", 신적 존재, 또는 "구세주"로 간주되는 다른 수많은 존재와 대조를 이룬다.[70]

---

67   바울 서신과 바울 이전 신학에 담긴 이러한 파송 문구의 배경에 관해서는 갈 4:4과 롬 8:3을 보라.

68   메시아와 하나님의 아들 간의 전통적인 연관성에 관해서는 삼하 7:14; 시 2:7; 89:26-27; 4QMidrEschat[a] III, 10-12; 에스라4서 7:28-29; 13:32, 37, 52; 14:9; 에녹1서 105:2을 보라. 이 본문들은 "'하나님의 아들'이 메시아적 칭호로 사용될 수 있었음을 확인해준다"(따라서 Bauckham, "Messianism according to the Gospel of John," 58).

69   제자들의 "아들 됨" 또는 "딸 됨"은 요한복음에서 부활절 이전에 언급되지 않으며(요 20:17), 이 본문에서는 예수와 그의 아버지의 관계와 제자들과 그들의 아버지 하나님의 관계 사이에 분명한 구분이 존재한다. 이 문제에 관해서는 다음 단행본을 보라. Frances Back, *Gott als Vater der Jünger im Johannesevangelium*, WUNT 2/336 (Tübingen: Mohr Siebeck, 2012).

70   비록 로마 제국과 이교도 제의의 주장과의 경쟁 구도가 명시적이기보다는 암묵적으로 나

따라서 "하나님의 아들"이라는 술어는 근본적으로 예수를 다른 모든 인간과 구별하며 그를 하나님 편에 세운다. 따라서 유대인들은 그의 하나님 아들 주장을 사형에 처할 죄로 해석한 반면(요 19:7), 요한복음의 예수는 시편 82편에 대한 그의 과감한 해석에서 "하나님의 아들"이라는 자신의 주장을 정당화하기 위해 이스라엘에 대해 "내가 말하기를 너희는 신들이며"(시 82:6)라고 말하는 성경 구절을 사용한다(요 10:36). 요한복음에서 하나님의 아들은 이미 신적 존재로 받아들여진다. 따라서 "하나님의 아들 그리스도"(20:31)에 대한 믿음은 단순히 예수를 메시아로 믿는 믿음을 능가한다. 즉 이것은 예수 그리스도를 신적인 존재로 보는 요한복음의 견해를 온전히 드러내는 표현이다.[71]

따라서 요한복음에서는 "하나님의 아들" 용어(요 1:49; 3:18; 5:25; 10:36; 11:4, 27; 19:7; 20:31)와 수식어가 없는 축약된 "아들" 술어 사이에 의미론적으로 아무런 차이가 없다. 3:17에서 "아들"은 "그의 독생자"(3:18)로 이어지고,[72] 3:35에서 사랑스런 아버지와 아들의 독특한 관계는 예수의 종말론적 권한의 궁극적인 원천으로 소개된다. 따라서 아들은 아버지와의 관계에 의해 결정된다. 아들은 아버지의 사랑을 받으며(3:35; 5:20;

타나지만, 예수를 하나님의 아들이자 구세주로 경배하는 것과 다른 하나님의 아들들(또는 *divi filii*) 및 이른바 구세주들의 주장 사이에 존재하는 모순은 동시대 독자들에게 분명하게 인식되었다. 예수의 나라는 이 세상에 속하지 않으며, 이 왕권에 대한 충성은 분명히 다른 권력, 특히 신적 존엄성 또는 구원자적 특성을 주장하는 이들에 대한 충성을 상대화하거나 문제시한다.

71   참조. 요 5:25; 10:36; 11:4; 19:7; 요일 1:3, 7; 3:8, 23; 4:10, 15; 5:5, 10–11.
72   참조. 요일 5:12, 5:13.

10:17; 15:9; 17:23-24, 26), 아버지와 아들은 단결하며 동역한다(5:21-22). 아들은 아버지 안에 있고 아버지는 아들 안에 있기 때문에(10:38; 14:11) 아버지는 아들 안에서 드러난다(14:9).[73] 고별 기도에서 등장하는 아버지-아들 모티프는 궁극적으로 파송 모티프와 연결된다. 아들을 보내신 아버지(아들이 이제 곧 돌아갈 그 아버지)와 그 아들의 마지막 대화에서 아버지와 아들의 연합(17:21)은 절정에 달하고, 우리는 여기서 저자가 "아들"에 대해 어떻게 생각하는지를 들여다볼 수 있다. 비록 저자는 "하나님의 아들"을 메시아 전승과 연결된 전통적인 술어로 사용하지만, 이 용어는 이제 그보다 훨씬 더 심오한 의미를 함축하게 된다. 즉 아버지와 하나인(10:30) 아들은 "하나님"이다.

3.6 인자

이 사실은 **인자** 칭호 사용을 통해서도 확인된다.[74] 이 칭호는 특별히 천상의 영역과 예수의 초월적 기원과 연결되어 있다. 공관복음에서 이 용어는

---

73   참조. Rudolf Schnackenburg, "'Der Vater, der mich gesandt hat': Zur johanneischen Christologie," in *Anfänge der Christologie*, Festschrift Ferdinand Hahn, ed. Cilliers Breytenbach and Henning Paulsen (Göttingen: Vandenhoeck & Ruprecht, 1987), 275-92 (286).

74   요한복음에 나타난 이 술어의 배경과 성격에 대한 논의는 다음을 보라. Robert Rhea, *The Johannine Son of Man*, ATANT 76 (Zürich: Theologischer Verlag, 1990); Delbert Burkett, *The Son of Man in the Gospel of John*, JSNTSup 56 (Sheffield: JSOT Press, 1991); Markus Sass, *Der Menschensohn im Evangelium nach Johannes*, TANZ 35 (Tübingen: Francke,

매우 다양한 개념과 함께 일종의 수수께끼 같은 용어로 사용되지만,[75] 요한복음에서는 보다 더 일관되게 사용된다. 이 용어는 복음서 첫 장의 절정인 요 1:51에서 등장하는데, 거기서 이 용어는 야곱-벧엘 일화의 미묘한 변화를 나타내는 데 사용된다.[76] 즉 거기서 (독자들이 지상의 예수로 이해하는) 인자는 "하나님의 집"(창 28:19), 곧 천사들이 오르락내리락하는 이 땅에서 하나님이 현존하시는 장소로 소개된다. 요한복음 3:13과 6:62에서 이 칭호는 예수의 천상적 기원에 대한 개념과 그가 하늘에서 내려왔다가 올라가는 이야기와 연결되어 있으며, 다른 본문에서 요한복음의 관점에서 본 그의 "승귀"(3:14; 8:28; 12:34) 및 "영화"(12:23; 13:31-32)와도 연결되어 있다. 비록 구약의 높이 들린 뱀 이야기(민 21:4-9)를 언급하는 요한복음 3:14의 말씀이 공관복음에서 예수가 자신의 수난을 알리는 말

2000); Benjamins Reynolds, *The Apocalyptic Son of Man in the Gospel of John*, WUNT 2/249 (Tübingen: Mohr Siebeck, 2008); 참조. Francis Moloney, "The Johannine Son of Man Revisited," in *Theology and Christology in the Fourth Gospel*, ed. Gilbert van Belle, Jan G. van der Watt, and Petrus Maritz, BETL 184 (Leuven: Peeters, 2005), 177-202.

75 따라서 이 용어가 예를 들어 안식일에 관한 말씀(막 2:28)이나 예수의 임박한 수난에 관한 말씀(막 8:31; 9:31; 10:33 평행 본문)에서 단순히 "나는"을 대체하는 본문이 있는가 하면, 미래에 나타나 최후의 심판을 집행할 종말론적 존재를 가리키는 본문도 있다(예. 막 14:61; 마 25:31). 학자들은 이 두 개념이 서로 결합되어 있는지, 있다면 어떤 경우인지, 그리고 예수가 장차 도래할 인자와 동일시되는지를 놓고 의견이 분분하다. 무엇보다도 과연(또는 어느 본문에서) 이 용어가 지상의 예수로부터 비롯되었다고 볼 수 있는지, 그리고 어떤 경우에 후대 전승 또는 공관복음서 저자의 편집에 의해 그에게 귀속되었는지에 관한 어려운 질문이 남아 있다. 이 모든 문제는 이 자리에서 논의 될 수 없다.

76 유대 전승에서 이 일화에 대한 해석에 관해서는 다음을 보라. Brown, *Gospel according to John*, 1:90-91; Craig S. Keener, *The Gospel of John: A Commentary* (Grand Rapids: Hendrickson, 2003), 1:489-91.

씀의 변형일 수도 있지만,[77] "인자"라는 칭호와 "휩순"(ὑψοῦν)이라는 동사가 서로 연결된 것은 예수의 수난과 구원에 대한 마가복음의 말씀(막 8:31; 9:31)과 다르며, 그가 십자가 위에 높이 들리는 것을 넘어 아버지께 높이 들리는 것을 간접적으로 가리킨다(참조. 요 12:32). 요한복음 3:13과 6:62에서 이 칭호는 특별히 예수의 천상적 기원과 연관되어 있다. 마지막으로 이 칭호는 예수의 권한 모티프와 함께 등장한다. 요한복음 5:27에서 하나님이 예수에게 생명을 주어 그 속에 있게 하거나 심지어 생명을 주는 권한과 심판을 행하는 권한을 주셨다는 말은 "그가 (바로 그) 인자이기 때문"이라는 다니엘 7:14(70인역과 테오도티온역)에 대한 암시를 통해 설명된다.[78] 여기서는 이 칭호의 묵시론적 배경과 천상적 존재에 대한 언급이 아주 분명하게 강조된다. "인자"인 예수는 아버지의 대리인이며, 그를 통해 사람들은 하나님의 종말론적 대리인을 만날 뿐만 아니라 하나님 자신도 만난다. 따라서 이 칭호는 요한복음 내에서 고 기독론을 나타나며 "아들", "로고스", "하나님"이란 칭호와 연계된다.

따라서 우리는 요한복음을 둘러싼 이 고(高) 기독론적인 표현들(요 1:1; 20:28)—태초부터 계신 신적 로고스, 이 세상을 창조한 말씀(1:3, 10),

---

77   "인자" 칭호와 함께 δεῖ가 사용되었다는 사실은 이 점을 암시한다. 참조. 막 8:31.
78   이것은 요한복음에 나오는 기독론적 칭호 ὁ υἱὸς τοῦ ἀνθρώπου 가운데 관사가 생략된 유일한 본문이다. 무관사 υἱὸς τοῦ ἀνθρώπου는 그리스어 70인역 또는 테오도티온역 단 7:13과 정확하게 일치한다. 이것은 적어도 생명을 부여하고 심판을 행할 수 있는 예수의 권한이라는 현 문맥에서 이 칭호가 의도적으로 단 7장과 연결되어 있다고 추론하기에 아주 좋은 논증이다.

그리고 심지어 "하나님"(1:1, 18; 20:28)이신 예수—이 (더 높은 것과 더 낮은 것을 모두 포함하여) 다른 모든 술어를 포괄적으로 해석하는 복음서의 틀을 제공한다는 점을 발견한다.[79] 따라서 이 복음서에 담긴 모든 일화는 바로 이러한 관점에서 읽어야 한다.

4. 요한복음 내러티브와 담화에 나타난 예수의 신적 권위

요한복음에서 예수의 신적 정체성과 권위는 기독론적 칭호와 술어에서 뿐만 아니라 내러티브와 예수의 담화에서도 나타난다.

요한복음 내러티브 중 특히 "표적"에 관한 일화는 예수가 "그의 영광을 나타내"셨다(요 2:11)라고 말한다. 이러한 목적을 위해 요한복음의 "기적 이야기"는 기적 이야기라는 문학 장르[80]를 독특하게 수정하여 사건에 내재된 심오한 차원이나 복음서 전체 안에서 그 사건이 지닌 의미를

79 　이러한 고 기독론적 틀에도 불구하고 우리는 예수의 참된 인성이 요한복음 그 어느 곳에 서도 문제시되지 않는다는 점을 잊어서는 안 된다.

80 　참조. Jörg Frey, "From the *Sēmeia* Narratives to the Gospel as a Significant Narrative: On Genre-Bending in the Johannine Miracle Stories," in *The Fourth Gospel as Genre Mosaic*, ed. Kasper Bro Larsen, Studia Aarhusia Neotestamentica 3 (Göttingen: Vandenhoeck & Ruprecht, 2015), 209-32(Harold W. Attridge, "Genre Bending in the Fourth Gospel," *JBL* 121 (2002): 3-21에 대한 언급과 함께). 요한복음의 기적 이야기에 관한 포괄적인 논의는 다음을 참조하라. *Kompendium der frühchristlichen Wundererzählungen*, vol. 1: *Die Wunder Jesu*, ed. Ruben Zimmermann (Gütersloh: Gütersloher Verlagshaus, 2013). 특히 요한복음의 표적 이야기에 대한 개론은 다음을 보라. Uta Poplutz, "Hinführung," 659-68.

때때로 언급함으로써 "질적으로 향상된" 다층적 형태의 내레이션을 구성한다. 요한복음의 모든 기적 내러티브에서 우리는 텍스트에 담긴 특정 요소가 (기적을 서술하는 것 외에) 해당 복음서의 다른 본문을 언급하는 구조를 발견할 수 있다. 이러한 언급은 의미의 상징적 측면을 보여주며 독자로 하여금 그리스도 사건이 지닌 온전한 의미와 예수의 죽음과 부활이 가져다준 구원을 깨닫게 한다.[81] 예를 들어 첫 번째 가나 일화에서 이러한 표시는 "사흘째 되던 날"(1절)이라는 단서, 예수의 "때"에 대한 수수께끼 같은 언급(4절), "유대인"의 정결 예식에 관한 (불필요한) 언급(6절), 신랑(또는 예수?)이 모든 "사람"처럼 행동하지 않았다는 진술(10절) 등을 포함한다.[82] 요한복음 4장의 두 번째 표적 일화에서 "네 아들이 살아 있다"(4:50; 참조. 51, 53)라는 말의 강조점과 "때"(53절)에 대한 언급은 독자들에게 개별 내러티브 너머에 있는 것을 가리키며, 서술하는 사건을 육체적인 생명뿐 아니라 영원한 생명까지 아우르는 예수의 "때"의 사건들과 연결한다.[83] 따라서 요한복음의 표적 일화는 예수의 구원 사역 전반에 걸

---

81 참조. 특히 Christian Welck, *Erzählte Zeichen: Die Wundergeschichten des Johannesevangeliums literarisch untersucht: Mit einem Ausblick auf Joh 21*, WUNT 2/69 (Tübingen: Mohr Siebeck, 1994); 또한 Frey, "From the *Sēmeia* Narratives to the Gospel."

82 이에 대해서는 다음을 보라. Welck, *Erzählte Zeichen*, 135-38; 또한 Frey, "From the *Sēmeia* Narratives to the Gospel," 217-22; 그리고—광범위한 해석에 대해서는—다음을 보라. Jörg Frey, "Das prototypische Zeichen (Joh 2,1-11)," in *The Opening of John's Narrative (John 1:19-2:22): Historical, Literary, and Theological Readings from the Colloquium Ioanneum in Ephesus*, ed. R. Alan Culpepper and Jörg Frey, WUNT 385 (Tübingen: Mohr Siebeck, 2017), 165-216.

83 참조. Welck, *Erzählte Zeichen*, 140-48.

쳐 매우 중요한 의미가 있으며, 단순히 그의 지상 사역 중 과거에 일어난 몇몇 사건에 대한 기록이 아니라 예수를 통해 주어지는 구원에 대한 모범적인 이야기다.

요한복음의 전형적인 설계는 서술하고 있는 것과 "의미하는 것"을 서로 연결하는 데 도움을 주며, 따라서 서술된 사건, 또는 서술 그 자체를 하나의 "표적"으로 만든다.[84] 각각의 표적 내러티브를 읽는 과정에서 독자들은 그리스도 사건 전체와 십자가와 부활에 기초한 그의 구원을 향해 나아간다. 이러한 독특한 문학 기법 때문에 요한복음의 표적 내러티브는 기적을 일으키는 예수의 능력에 대한 감탄을 자아낼 뿐만 아니라[85] 나아가 하나님의 아들이자 생명을 주시는 신적 은인으로서 예수의 참된 본성에 대한 믿음을 일깨워주는 기능을 수행한다(참조. 요 20:30-31). 예수의 참된 의의와 존엄성은 오직 부활 이후에 "기억나게 하시는" 성령을 통해서만 인식할 수 있듯이, 오직 이러한 관점에서만 예수의 행동이 서술될 수 있고, 그의 참된 영광을 드러내는 계시로서 이해될 수 있다. 결과적으

---

84 Welck, *Erzählte Zeichen*, 288-93에 따르면 이 표적은 엄밀히 말하자면 요한복음에서 서술한 과거 사건이나 일화가 아니라 독자들을 위한 표지, "글로 쓴 표지"(참조. 요 20:30), 즉 요한복음의 독특한 내러티브 디자인과 복음서 저자에 의해 의도적으로 삽입된 사건의 의미를 암시하는 요한복음 본문이다. 이것은 독자들에게 어떤 통찰을 제공하는 힘을 지닌 본문이다.

85 놀라운 표적에 의해 촉발된 이러한 감탄이나 "믿음"은 요 2:23-25에서 명시적으로 불충분하다는 비판을 받지만, 갈릴리 사람들이 큰 무리를 먹였다는 이유로 예수를 임금 삼으려고 했던 요 6장에서도 마찬가지다. 그러나 예수가 산으로 물러갔다가(15절) 나중에 무리가 표적을 보지 못했기 때문이라고 말할 때(26절) 무리의 반응은 잘못된 것이거나 적어도 불충분한 것으로 묘사된다.

로 예수의 표적을 통해 드러난 영광은 육신의 눈에 보이는 화려함이나 예수의 동시대인들에게 허용된 깨달음이 아니다. 오히려 이것은 "그의 때"에 예수께 부여된 영광이며, 오직 후일에 기억나게 하는 성령의 사역을 통해 예수의 참된 존엄성에 대한 깨달음이 제자들에게 주어짐으로써 부활 이후의 기독론적 발전을 가능케 한 영광이다.

4.1 세상의 빛으로 나타난 예수의 신적 권위와 정체성(요 9장)

이에 관한 한 가지 좋은 예는 요한복음 9:1-41에서 선천적 시각장애인이 치유받는 이야기에 담긴 긴 대화다. 이 대화는 요한복음을 "2단계 드라마"로 해석하고, 이 내러티브를 회당과 요한 공동체의 "결별"과 연결한 루이스 마틴의 대표적인 패러다임이다.[86]

이 긴 일화는 기적에 관해 서술하는 짧은 첫 번째 단락(9:1-7)을 넘어 더 길게 확대된다. 이 일화는 일곱 개의 장면으로 정교하게 구성되어

---

86   참조. Frey, "From the *Sēmeia* Narratives to the Gospel," 222-25; idem, "Sehen oder Nicht-Sehen? (Die Heilung des blind Geborenen)-Joh 9,1-41," in Zimmerman, ed., *Kompendium der frühchristlichen Wundererzählungen*, 1:725-41. 참조. Mattias Rein, *Die Heilung des Blindgeborenen (Joh 9): Tradition und Redaktion*, WUNT 2/73 (Tübingen: Mohr Siebeck, 1995); Michael Labahn, "'Blinded by the Light': Blindheit und Licht in Joh 9 im Spiel von Variation und Wiederholung zwischen Erzählung und Metapher," in *Repetitions and Variations in the Fourth Gospel: Style, Text, Interpretation*, ed. G. van Belle, M. Labahn, and P. Maritz, BETL 223 (Leuven: Peeters, 2009), 453-504.

있으며,[87] 이미 첫 단락에서 언급된 주제들은 여러 그룹으로 나뉘어 논의된다. 이처럼 능숙하게 설계된 본문을 가상의 "표적 자료"에 포함된 것으로 추정되는 기적 기사를 완전히 가설적으로 재구성하거나 이보다 훨씬 더 짧고 초기의 기적 이야기에 기초하여 설명하는 것은 상당히 어색하다.[88] 나중에 나오는 해석을 위한 대화와 기적 자체에 대한 서술도 이미 요한복음에서만 발견되는 독특한 요소들로 구성되어 있다. 즉 공관복음에 기록된 시각장애인 치유 기사와는 대조적으로 태어나면서부터 앞을 못 보는 선천적 시각장애인인 이 사람은 이 기적을 다른 평행 본문보다 더 위대한 기적으로 만든다. 예수는 이 시각장애인이나 다른 이들의 요구에는 응하지 않다가 그 사람이 들어오는 것을 "보고" 나서야 주도적으로 행동한다(1절). 마지막으로 이 기적은 시각장애인이 못에 가서 자기 눈을 씻고 돌아와 여러 사람에게 자신이 치유받은 것과 이 기적을 일으킨 자에 대해 증언한 후에야 비로소 그 사실이 드러나고 뒤늦게 논쟁이 벌어진다.

나중에 전개되는 대화와 논쟁에서 이 사람은 점점 더 명확한 믿음을

---

87   참조. Rein, *Die Heilung des Blindgeborenen*, 170-72: (1) 치유 이야기(1-7절), (2) 이웃들과의 토론(8-12절); (3) 바리새인들의 초기 질의(13-17절); (4) 바리새인들이 그의 부모에게 질의하는 막간(18-23절); (5) 그 후의 바리새인들/유다이오이의 질의(24-34절); (6) 치유 받은 자와 예수의 새로운 만남(35-38절); 마지막으로 (7) 예수와 몇몇 바리새인들이 등장하는 장면(39-41절).

88   참조. Frey, "Sehen oder Nicht-Sehen?" 737-38; Rein, *Die Heilung des Blindgeborenen*. 비록 복음서 저자가 공관복음 전승을 통해 시각장애인의 치유에 관한 이야기에 대해 알고 있었겠지만, 우리는 그가 요 9장을 작성하기 위해 어떤 특정 원문(*Vorlage*)을 활용했다고 확신할 수 없다.

고백한다. 처음에는 예수를 예언자라고 부르고(9:17), 그다음에는 그가 "하나님께로부터" 왔다고 말하고(33절), 마침내 "인자"(35절)라는 용어가 나온 후에는 심지어 예수를 경배하기까지 한다(38절). 게다가 그는 심문 과정에서 자신을 예수의 제자라고까지 소개하며(27-28절), 그 결과 모세 의 제자들로 구성된 회당에서 출교를 당한다(34절). 마침내 예수는 빛과 마주함으로써 그 빛으로 인해 시각장애인이 된 바리새인들에게 자신의 판결을 선언하는 반면, 이 시각장애인은 물리적인 빛과 영적인 빛을 모두 보게 된다. 따라서 이 이야기의 주제는 죄와 믿음, 그리고 "세상의 빛"(5 절)으로서 시각장애인에게는 빛을 보게 하고, 앞을 보거나 무언가를 안다 고 주장하는 자들에게는 시각장애인이 되게 하는 예수의 사역이다. 따라 서 이 일화는 예수가 초기에 자신이 "세상의 빛"(8:12)임을 단언하는 예 화의 기능을 수행한다. 이 일화는 못에서 자신을 씻는 자 또는 "보냄을 받 은 자"[89]가 예수에 의해 깨끗함을 받거나 죄에서 깨끗함을 받는 것의 대 표적인 이미지가 되는 상징적 구조 안에 포함되어 있다. 또한 시각장애로

---

[89]   Σιλωάμ이라는 장소 이름(요 9:7; 참조. שׁלֹח = Shiloah, 사 8:6; 요세푸스, J. W. 5.140, 145 의 Σιλωά)이 "보냄을 받은" 또는 "보냄을 받은 자"(ὃ ἑρμηνεύεται ἀπεσταλμένος)라는 용어로 번역되거나 해석된 것은 "보냄을 받은 자"가 이 복음서의 파송 모티프와 연결되 어 있다는 점에서 상징적 의미를 부여한다. 비록 ἀπεσταλμένος라는 용어가 세례자 요한 과 관련하여 사용되고(요 1:6; 3:28), 예수의 파송은 규칙적으로 πέμπω 동사(ὁ πέμψας με, 5:37; 6:44; 7:28; 8:16, 18, 26, 29; 12:49; 세례자 요한에게는 1:33에서 사용됨)로 표 현되지만, 이 용어들은 요한복음에서 상호교환적으로 사용되며, 9:7의 내러티브 여담에 서 예수에 대한 언급은 간과될 수 없다. 사 8:6과 "생수" 모티프와 관련된 추가적인 상징 적 해석은 다음을 참조하라. Hartwig Thyen, Das Johannesevangelium, HNT 6 (Tübingen: Mohr Siebeck, 2005), 460-61.

부터 치유받는 것도 믿음을 갖게 되는 영적 과정을 상징한다. 보는 것과 보지 못하는 것, 빛으로 오는 것과 어두움에 남아 있는 것, 그리고 삶과 죽음까지도 예수의 파송과 사역 전체가 빚어낸 결과로 소개된다.

이 일화는 단순히 예수의 과거 사역을 보여주는 차원에서 읽을 수 없을 뿐 아니라, 마틴의 주장처럼 한 시각장애인이 어떤 기독교 은사주의자를 통해 치유를 받은 사건을 반영하는 것으로도 읽을 수 없는, 애초부터 전형적이며 모범적인 이야기로 설계되었다.[90] 이 서술된 사건의 일반화 작업은 함축된 상징적 의미, 신학적 주제, 복음서 전체 줄거리와의 많은 연결 고리 등 다양한 방법으로 전개된다. 따라서 이 일화는 일반적인 "하나님의 구원 사역"(9:4)을 보여주는 어떤 패러다임 역할을 한다. 역사적인 관점에서 바리새인들과 그들의 공식적인 역할, 그리고 회당 공동체로부터 퇴출당하는 사건(22절)에 대한 묘사는 분명히 후대에 요한 공동체 내에서 일어난 여러 과정을 언급한다. 이와 마찬가지로 이 일화에서 표현된 기독론적 통찰도 부활 이후에 요한 공동체 내에서 발전한 고 기독론을 반영하며, 예수에 대한 절정의 신앙고백과 경배도 결국에는 요한복음 내레이션의 관점에서 이해할 수밖에 없는 예수의 신적 권위를 나타낸다.

---

90   참조. Martyn, *History and Theology*, 40-45.

4.2 나사로 일화에서 드러난 예수의 신적 권위(요 11장)

예수의 생명을 주는 신적 능력을 가장 잘 보여주는 사건은 다름 아닌 나사로의 부활(또는 소생[91])이다. 여기서 예수의 종말론적 권위는 그가 전통적으로 오직 하나님의 특수 사역으로 여겨왔던 일을 행하는 것으로 묘사하는 내러티브를 통해[92] 나타난다(신 32:39; 삼상 2:6 LXX 등).[93] 이 문제는 이미 요한복음 5장에서부터 제기되었는데, 거기서 예수는 아버지께서 심판을 거행하고 생명을 주는 종말론적 사역을 행하는 권한을 자신에게 주셨다고 주장한다(요 5:21-22, 26-27).[94] 그에게 주어진 신적 권위와 생명을 부여하는 능력은 이제 나사로의 부활을 통해 공개적으로 드러나는데, 예수의 이러한 권위가 가져다준 결과는 분명하다. 가야바의 조언에 따라 행동하는 유대교 지도자들은 그에게 사형선고를 내리는데(11:47-53),[95] 그 이

---

91 이 내러티브는 나사로가 그의 부활 이후에 다시 죽을 것이라는 사실을 전제한다. 따라서 이 행위는 단순히 종말론적 부활(그리고 예수의 부활도)을 가리키지만, 그 차이점은 여전히 남아 있다.

92 보다 더 광범위한 해석은 다음을 참조하라. Jörg Frey, *Die johanneische Eschatologie*, vol. 3: *Die eschatologische Verkündigung in den johanneischen Texten*, WUNT 117 (Tübingen: Mohr Siebeck, 2000), 401-62. 또한 Otfried Hofius, "Die Auferweckung des Lazarus: Joh 11,1-44 als Zeugnis narrative Christologie," in idem, *Exegetische Studien*, WUNT 223 (Tübingen: Mohr Siebeck, 2008), 28-45; Ruben Zimmermann, "The Narrative Hermeneutics of John 11: Learning with Lazarus How to Understand Death, Life, and Resurrection," in *The Resurrection of Jesus in the Gospel of John*, ed. Craig R. Koester and Reimund Bieringer, WUNT 222 (Tübingen: Mohr Siebeck, 2008), 75-101.

93 광범위한 논의는 다음을 보라. Frey, *Die johanneische Eschatologie*, 3:357-63.

94 참조. Frey, *Die johanneische Eschatologie*, 3:363-69.

95 따라서 안나스의 심문(요 18:12-23)은 사형 선고로 이어지지 않고, 예수가 가야바 앞에

유는 마가복음에 기록된 대로 성전 경내에서 행한 그의 도발적인 행동 때문(막 11:15-19)이 아니라 궁극적으로 나사로의 부활을 통해 드러난 그의 신적 권위 때문이다. 요한복음 내러티브에 의하면 예수가 반드시 죽어야 하는 이유는 그가 하나님처럼 행동했기 때문인데, 이는 그의 행동이 유대교 지도자들에게 하나님의 특권을 부당하게 침해한 것으로 여겨졌기 때문이다. 유대교 지도자들의 이러한 관점에도 불구하고 요한복음 저자가 독자들에게 전달하려는 견해는 예수가 진정으로 신적 권위를 가지고 있으며, 아버지께서 그에게 그의 종말론적 사역을 행할 수 있는 권한을 주셨다는 것이다.

요한복음의 이 마지막 "기적"(또는 세메이아) 내러티브에서 이 기적에 대한 복음서 저자의 해석은 (요 5, 6, 9장에서처럼) 뒤이어 나오는 담화와 등장인물 간의 대화에서 소개되지 않고, 이 일화 정중앙에 있는 ἐγώ εἰμι 말씀에서 소개된다(11:25-26; 심지어 이 기적 이야기가 서술되기도 전에). 즉 예수는 심지어 육체적 죽음 앞에서도 부활과 생명**이다.**[96] 이것은 예수 안에서

서는 매우 짧은 장면(18:24)도 앞에서 서술한 내용에 추가하는 내용이 거의 없다. 저자는 산헤드린 공의회와 대제사장 앞에서 진행된 재판에 대한 공관복음 장면(막 14:53-65)을 사용하고 그 장면을 독특하게 수정하여 요 11장에 삽입한 것으로 보인다.

96   이 말씀은 요한복음의 현재 지향적 종말론과 신자의 현재 소유로서의 영생 개념이 그들이 물리적 죽음을 당하지 않을 것이라는 점을 보여준다. 여기서 요한 공동체의 육체적 불멸에 대한 희망을 추론하거나 육체적 죽음이 복음서 저자나 그의 독자들에게 적실하지 않다고 가정할 이유는 없다. 영생의 선물은 육신의 삶의 부적실성이라는 영적인 해석으로 이끌지 않고 심지어 육체적 죽음의 경우와 육체적 죽음 너머에도 예수에 대한 믿음에 기초한 하나님과의 관계가 지속된다는 것을 암시한다. 이것은 "마지막 날"의 부활에 관한 말씀과도 연결될 수 있다(요 6:39, 40, 44, 54). 이에 대한 논증은 다음을 보라. Frey, *Die*

하나님의 창조 능력과 생명 부여 능력이 온전히 드러났음을 가장 확실하게 보여주는 표현이다. 이러한 현재 지향적 종말론은 여기서 기독론의 한 결과로 제시된다. 즉 전통적으로 종말에 나타날 것으로 예상되었던 죽은 자들의 부활과 최후의 심판이 이제는 예수 안에서, 그리고—부활 이후에는—그의 말씀 안에서 나타난다.

　나사로 일화 전체는 절정에 달한 이 기적의 마지막 장면이 보여주듯이 요한복음의 독특한 설계를 보여준다. 즉 예수는 요한복음 5:28에 기록된 인자에 대한 약속처럼 죽은 사람을 무덤에서 불러내고, 그가 입은 수의(壽衣)를 풀어놓을 것을 명령한다(11:44).[97] 그는 자신에게 주어진 신적 권한을 가지고 기도를 드리기도 전에 자신의 기도에 응답하신 아버지와 함께 잠잠히 행동한다.[98] 따라서 이 기적은 구약성경(왕상 17:17-24; 왕하 4:18-37), 공관복음(막 5:21-43과 평행 본문; 눅 7:11-17), 사도행전(행 9:36-42; 20:9-10)에 기록된 다른 모든 성경의 소생 이야기를 능가한다. 나사로

---

johanneische Eschatologie, 3:391-400.

[97]　참조. 요 18:8. 수의와 수건에 대한 언급은 이 이야기를 요 20장과도 연결하는데, 거기서 제자들은 잘 정돈된 무덤을 발견한다. 그들은 예수가 스스로의 힘으로 부활했다(참조. 10:18)는 함의와 더불어 그가 수의와 수건을 벗어버렸다고 결론 내린다(6-7절). 이것은 요한 기독론의 중요한 측면이다. 예수는 신적 존재로서 단순히 하나님에 의해 부활한 것이 아니라 그에게 주어진 권한에 따라 죽은 자들 가운데서 부활했다. 따라서 제자들이 부활절에 도달한 결론은 예수가 죽은 자들 가운데서 부활했을 뿐만 아니라 죽음을 극복할 수 있는 신적 능력을 소유하고 있다는 것이다. 요 11:44과 20:6-7에서 수의와 수건을 언급한 것은 이 사실을 독자들에게 전달하려는 미묘한 문예적 장치다.

[98]　요 11:41-42은 엄밀히 말하자면 예수가 기도할 필요가 없음을 보여준다. 공개적인 기도는 무리를 위한 정보 때문이며, 예수는 단순히 아버지께서 이미 응답하신 것에 대해 감사하고, 그 이전에 진행된 아들과 아버지 간의 내적 대화는 표현되지 않은 채 전제되어 있다.

는 방금전에 죽은 것이 아니라 무려 나흘 전에 죽었다(요 11:17, 39). 그에게는 그 어떤 생명의 불꽃도 더 이상 남아 있지 않았고, 그의 죽음은 그 어떤 불확실성도 남겨두지 않았다. 그는 이미 장사되었고 무덤은 이미 닫혀 있었다. 다른 부활 이야기와는 달리 예수는 죽은 사람을 만지지 않고 그저 먼 거리에서 그를 무덤에서 불러낸다. 예수는 이미 부패하여 고대 독자들의 관점에서도 이미 악취가 나는, 회생 불가능한 시체에 생명을 다시 불어넣는다.[99] 나아가 그는 다른 예언자들처럼 하나님께 기도도 하지 않고 자신에게 주어진 신적 권한을 행사하고 죽은 자는 즉시 그의 목소리를 듣고 무덤에서 나온다(참조. 5:28-29). 따라서 이 내러티브는 저자가 예수를 하나님으로 묘사하려는 자신의 기독론적 의도에 맞추어 공관복음의 기적 기사를 확대하고, 기적 장르 또는 부활 이야기를 수정하는 저자의 기법을 가장 잘 보여주는 예다.

이처럼 극적인 측면에서 아주 잘 설계된 기사의 경우 내러티브의 초기 형태를 복구하려는 우리의 모든 시도는 전적으로 사변적일 수밖에 없다.[100] 따라서 예수의 지상 사역의 최고정점에서 일어난 사건으로 서술된

---

99   학자들은 대부분 후대의 유대 전승을 언급하는데, 이 전승에 의하면 영혼은 몸을 완전히 떠나기 3일 전에 몸으로 다시 돌아오기 때문에 3일이 지난 후에는 다시 돌아올 수 있는 희망이 완전히 사라진다고 한다. 비록 우리는 그런 전승이 여기에 전제되어 있는지 확정할 수는 없지만, 이 일화는 그 이후 곧바로 나흘째 날에 대한 언급은 이 기적의 특별한 측면을 부각시킨다는 의미로 해석되었다(따라서 Melito of Sardis, homily on the Pascha 570). 이에 관한 논의는 다음을 참조하라. Frey, *Die johanneische Eschatologie*, vol. 2: *Das johanneische Zeitverständnis*, WUNT 110 (Tübingen: Mohr Siebeck, 1998), 199-200.

100   요한복음 이전 표적 자료를 지지하는 학자들은 더 간략한 기적 내러티브의 초기 형태가

이 일화를 대화들과 신학적으로 유의미한 구절들이 빠진 더 짧고 기초적인 가상의 부활 또는 치유 이야기에 기초하여 해석하는 것은 적절하지 않다. 결과적으로 이 내러티브의 역사적 사실은 도달 불가능하며 궁극적으로 흑암 속에 남아 있다. 이 내러티브에 등장하는 마리아, 마르다, 나사로의 이름은 누가복음에서도 찾아볼 수 있고(눅 10:38-42, 여기서 마리아와 마르다는 비슷한 역할을 한다), 나사로가 어떤 비유에서 주인공으로 등장한다는 점(16:19-31)을 고려하면 이들은 거의 확실하게 초기 전승에 포함되어 있었을 것이다. 그러나 거기서 이 세 사람은 아직 한 가족이 아니었다. 따라서 우리는 요한복음 저자가 마가복음 본문[101]과 누가복음 본문[102]에 기초하여 베다니 마을의 이야기와 나사로의 부활 이야기, 그리고 마리아의 향유 붓는 이야기를 새롭게 작성했을 가능성도 열어두어야 한다. 이 이야기들은 서로 잘 어울린다. 누가복음 16장에서 부자는 가난한 나사로에게

이 자료의 일부였지만, 모든 대화 또는 설명 구절은 복음서 저자나 후대 편집에 의한 것이라고 주장했다. 하지만 이러한 주해 패턴은 최근 30년에 걸쳐 결정적으로 의문시되었으며, 요한복음 내러티브 전체의 기초가 되는 자료의 존재는 이제 더 이상 전제의 대상이 될 수 없다. 이에 대한 분명한 논증은 다음을 보라. Gilbert van Belle, *The Signs Source in the Fourth Gospel: Historical Survey and Critical Evaluation of the Semeia Hypothesis*, BETL 116 (Leuven: Peeters, 1994); Schnelle, *Antidocetic Christology*; 참조. Frey, *Die johanneische Eschatologie*, 3:405-7.

101 베다니의 익명의 여인이 예수에게 향유를 붓는 장면(막 14:3-9)은 요한복음의 향유 붓는 내러티브(요 12:1-11)의 기초가 되지만, 이제 이 익명의 여인은 두 자매 중 하나인 베다니의 마리아로 밝혀진다.

102 따라서 Hartwig Thyen, "Die Erzählung von den Bethanischen Geschwistern (Joh 11,1-12,19) als 'Palimpsest' über synoptischen Texten," in *The Four Gospels 1992*, Festschrift Frans Neirynck, ed. F. van Segbroeck, 3 vols., BETL 100 (Leuven: Peeters, 1992), 3:2021-50; idem, *Johannesevangelium*, 537-38.

다시 자기 형제들에게 돌아갈 것을 요구하지만, 설령 나사로가 다시 돌아간다 하더라도, 그들이 그를 믿고 회개하지 않을 것이라는 답을 듣는다 (26-31절). 요한복음 11:1-12:19은 바로 그 가능성을 발전시킨다. 즉 나사로는 산 자들에게 돌아오고, 사람들은 그를 보러 나오지만(12:9), 유대교 지도자들은 믿지 않는다. 그들은 죽은 자 가운데서 나사로를 소생시킨 예수를 오히려 사형에 처한다.

그러나 해당 본문은 요한복음의 고 기독론 가운데 가장 감동적인 이야기임이 틀림없다. 게다가 이 본문의 화용론에 의하면 이 본문은 독자가 자신의 기독론적 전제를 수정하고 예수의 정체성과 역할에 대한 견해를 더욱 심화시킬 것을 요구한다. 여기서는 다음과 같은 측면이 중요하다.

a) 나사로의 누이들이 예수에게 병든 친구의 병을 고쳐줄 것을 요구할 때 그들은 치유자로서 예수에 대한 신뢰를 표현한다. 그들이 나중에 그가 만약 거기에 있었다면 동생이 죽지 않았을 것이라며 예수에게 불만을 표출할 때(요 11:21, 32) 예수의 정체성과 역할에 대한 그들의 긍정적이면서도 불충분한 견해가 공개적으로 드러난다. 그들의 관점에서 보면 예수가 거기에 있었다면 나사로가 치유를 받을 수 있었지만, 그가 일단 죽은 이상 모든 희망은 사라졌다. 누이들은 예수를 생명을 부여하는 신적인 존재로 보기보다는 인간 치유자로 여겼고, 그들의 눈에는 예수의 부재(不在)가 가장 중요한 문제로 보인 것 같다. 이것은 요한복음의 고별 담화에서 언급된 문제들과 맥을 같이한다. 거기서는 예수의 떠남(13:33, 36; 16:7), 즉 부활 이후에 그가 더 이상 이 세상에 남아 있지 않고 그들의 시

야에서 사라진다는 점(14:18, 20; 16:10, 16-19)이 고별 담화를 읽는 자들에게 가장 심각한 문제였던 것으로 보인다. 복음서 저자는 바로 그런 이유에서 예수가 떠나는 것이 필요했으며(16:7) 그는 부재 기간에도 그의 추종자들을 적극 지원하고 있음을 보여주고자 노력한다.[103] 따라서 마르다와 마리아가 표출한 불만은 독자 공동체가 갖고 있는 두려움 및 소망과 연결되어 있어 이 이야기 전체는 그들의 기독론적·종말론적 신념과의 상호작용으로 읽힐 수 있다.

b) "그날"의 부활을 바라는 마르다의 소망(11:24)은 예수의 신적 권위와 현세에 생명을 부여하는 능력을 과소평가한다. 따라서 예수의 "나는 ~이다" 말씀(25-26절)은 이를 단도직입적으로 수정해준다. 이 내러티브는 죽은 자들의 종말론적 부활을 부정하지는 않지만, 예수의 생명 부여 능력은 그의 현존(나중에는 그의 말씀)에서 나타나고, 영원한 생명은 그를 믿는 모든 자에게 전달된다는 개념을 확인한다.

c) 이 내러티브는 예수가 분명히 나사로가 병들었다는 사실을 알고 있었음에도(11:3) 그를 당장 보러 가지 않았다는 점에서 독자들에게 실망을 안겨주었을 수도 있다. 하지만 예수는 나중에 더 큰 기적을 행하기 위해 나사로가 죽을 때까지 기다렸던 것으로 보인다. 심리학적으로 이런 행동은 상상조차 불가능하며 친구들과 추종자들을 사랑하는 예수의 모습

---

103   고별 담화의 목적에 관해서는 다음의 상세한 논의를 참조하라. Frey, *Die johanneische Eschatologie*, 3:119-34.

과도 일치하지 않는다. 따라서 우리는 이 본문에서나 요한복음의 다른 본문에서 사용된 "암시, 부정적인 반응, 지나치게 긍정적인 행동"에 대한 문학적인 해석을 추구하게 된다.[104] 이 요한복음 본문은 의도적으로 독자들의 기대를 저버리고 "내재 독자의 반응을 유발하기" 위해 오히려 독자들의 실망감을 활용한다. 즉 이 본문은 "내재 독자의 기독론적 기대를 내재 저자의 기독론적 기대와 일치시킴으로써 내재 독자의 기대를 투명하게 할 뿐 아니라 이를 수정하고 심화시킨다."[105] 이 과정은 또한 단지 어떤 예언자나 치유자가 아닌 신적 생명의 소유자인 예수의 권위와 정체성에 대한 심오한 깨달음을 가져다준다.

d) 마지막 측면도 중요하다. 이 일화에는 죽음과 삶의 모티프에 대한 점진적인 깨달음이 들어 있다. 예를 들어 나사로의 병에 관한 소식을 전해 듣고 예수가 한 발언은 사실상 냉소적으로 들린다. 그럼에도 그의 발언은 이 일화 전체에 대한 강령을 제시한다. "이 병은 죽을 병이 아니라

---

104 이것은 특별히 요 2:3-5에서 예수가 그의 어머니의 암시를 거부했지만, 여전히 기적으로 이어지는 사건에서 볼 수 있다. 이것은 또한 4:48에서 왕의 신하를 거부하는 모습에서도 찾아볼 수 있는데, 이는 그의 아들의 치유, 곧 긍정적인 행동으로 이어진다. 더 나아가 이와 유사한 구조가 요 7장에서도 발견되는데, 거기서 예수의 형제들은 그에게 예루살렘에 올라갈 것을 권한다. 그는 처음에는 이를 거절하지만, 형제들이 제안한 것을 그대로 이행함으로써 모든 것이 그대로 이루어진다. 참조. Charles H. Giblin, "Suggestion, Negative Response, and Positive Action in St. John's Portrayal of Jesus (John 2,1-11; 4,46-54; 7,2-14; 11,1-44)," *NTS* 26 (1979/1980): 197-211; Adele Reinhartz, "Great Expectations: A Reader-Oriented Approach to Johannine Christology and Eschatology," *LT* 3 (1989): 61-76. 또한 Frey, *Die johanneische Eschatologie*, 1:327-29.

105 따라서 Reinhartz, "Great Expectations," 66.

하나님의 영광을 위함이요, 하나님의 아들이 이로 말미암아 영광을 받게 하려 함이라"(11:4). 나사로의 죽음의 현실이 점점 더 분명하게 나타나는 가운데[106] 예수의 생명을 다스리는 능력 또한 점차적으로 더 강하게 드러난다.[107] 그러나 이 이야기가 전개되는 과정에서도 나사로를 살리러 가는 예수가 이 기적 이후에 자신이 직면할 죽음에 한 걸음 더 가까이 다가가고 있다는 인식은 더욱 확고해진다(16절). 다른 한편으로 그는 오직 부활한 자로서 "부활"이며, 그는 자신의 죽음과 부활의 예기(prolepsis, 豫期)로서, 그리고―어떤 의미에서는―그 죽음과 부활의 결과로서 나사로를 불러낸다. 그가 베푸는 영생은 궁극적으로 "백성을 대신하여" 자기 목숨을 내어주는 행동에 근거한다(51-52절). 따라서 이 기적을 서술하는 것이나 이 서술된 기적 자체는 예수의 전반적인 구속 사역에 기초한다. 나사로의 부활은 예수를 믿는 자들에게 주어지는 생명의 한 실례이며(11:25-26; 5:24-25), 종말론적으로 말하자면 육체적 죽음 때 예고된 부활의 한 예시다(6:39, 40, 44, 54).[108]

---

106   11절: 그가 잠들었다. 14절: 그가 죽었다. 17절: 예수가 도착하니 그가 이미 무덤에 나흘 동안 있었다. 39절: 그가 냄새가 난다.

107   11절: 예수가 그를 깨우러 간다. 24절: 나사로가 마지막 날에 부활할 것이다. 25-26절: 예수 자신이 부활이다. 43-44절: 나사로가 무덤에서 나오고 수의가 벗어진다.

108   참조. Frey, *Die johanneische Eschatologie*, 3:457-62.

4.3 요한복음 담화에서 드러난 예수의 신적 권위: ἐγώ εἰμι 말씀

요한복음의 고 기독론은 예수의 십자가 처형과 부활 사건의 관점에서 기록된 예수의 여러 담화에서 추가적으로 나타난다. 우리는 요한복음에 기록된 예수의 모든 담화의 현재 형태는 부활 이후에 형성되었으며, 그 안에는 그의 "때"를 가리키는 사건들과 함께 그의 사역 전반에 대한 회고적 견해를 보여주는 다수의 언어학적 특징도 포함되어 있음을 염두에 두어야 한다. 이러한 특징은 예수의 고별 담화에서 가장 두드러지게 나타난다. 예수는 이 담화에서, 심지어 죽음과 부활을 맞이하기 이전에도, 자신이 이미 영화롭게 되었고(요 13:31-32), 자신이 세상을 이겼다(16:33)고 말할 때는 그리스어 부정과거나 현재 완료 동사를 사용하는 반면, 전에는 제자들과 함께 있었지만(17:12), 이제는 더는 이 세상에 있지 않다(17:11)고 말할 때는 미완료 동사를 사용한다.[109] 예수는 이러한 동사들을 사용하여 분명히 자신의 영화(13:31), 승리(16:33), 또는 세상을 떠남(17:11) 등 내러티브 안에서 여전히 미래에 일어날 사건들을 회고한다. 따라서 요한 공동체의 부활 이후의 관점은 예수의 말씀과 담화에서 나타나고, 복음서 전체를 관통하는 발전한 기독론을 표상하며 아주 분명하게 복음서 내러티브 안으로 침투한다.

---

109   때때로 이러한 회고적인 형태는 다른 요한복음 담화에서도 발견된다. 참조. 요 3:13. 여기서는 예수가 아버지께로 올라가는 것이 그리스어 완료형으로 기록된다. 다음을 보라. Frey, *Die johanneische Eschatologie*, 3:252-54.

가장 독특한 점은 예수의 신적 권위가 요한복음 예수의 설교를 특징 짓는 ἐγώ εἰμι 말씀에서 표현된다는 것이다. 요한복음에서 ἐγώ εἰμι는 "술어 없이"[110] 사용될 뿐 아니라 떡, 빛, 목자, 포도주[111] 같은 은유적인 술어 및 연관된 형태[112]와 함께 사용된다. 이 다양한 형태는 서로 연관되어 있으며,[113] 따라서 예수의 말씀에서 독특하게 나타나는 일관된 언어 수단으로 해석되어야만 한다.[114] 그 언어 형태를 보면 이 어구는 성경에서 신적 계시를 나타내는 고정 문구 אֲנִי הוּא("내가 그니라") 또는 אֲנִי יְהוָה("내가 여호와니라")를 채택하는데, 이 문구는 70인역에서 ἐγώ εἰμι로 번역되었다.[115] 따라서 예수는 불타는 떨기나무에서 나타난 하나님의 계시의 말씀(출 3:14)이나 에스겔과 제2이사야에서 나타나는 하나님의 자기 계시 말씀으로 말한다. 성육신한 하나님의 말씀인 예수가 하나님이 자신을 계시할 때 사용하는 "계시 문구"를 사용하는 것보다 더 좋은 방법은 아마도 없을 것이다.

---

110   6:20; 8:24, 28, 58; 13:19; 18:5, 6, 8.

111   6:35, 41, 48, 51; 8:12 (참조. 9:5); 10:7, 9, 11, 14; 11:25; 14:6; 15:1, 5.

112   4:26; 8:18, 23; 9:5; (여기서부터는 거꾸로) 7:34, 36; 12:26; 14:3; 17:24. 또한 "나는 ~ 이다" 공식은 1:19-21의 세례자 요한의 부정적인 "나는 ~가 아니다"와 1:30, 33-34, 49; 4:19(예수의 "나는 ~이다"가 4:26에서 처음 등장하기 전에)의 지시대명사의 변형("이 것은 ~이다"/"너희는 ~이다")을 위해 예비된다.

113   참조. David M. Ball, *"I Am" in John's Gospel: Literary Function, Background and Theological Implications,* JSNTSup 124 (Sheffield: Sheffield Academic, 1996); Hartwig Thyen, "Ich bin das Licht der Welt: Das Ich-und Ich-Bin-Sagen Jesu im Johannesevangelium," *JAC* 35 (1992): 19-42; idem, "Ich-bin-Worte," *RAC* 17 (1995): 147-213.

114   유일한 예외는 요 9:9에서 치유받은 자가 자신을 밝힐 때다.

115   Thyen, "Ich bin das Licht der Welt"와 idem, "Ich-bin-Worte" 외에도 이 말씀의 배경에 대한 Catrin H. Williams, *I Am He: The Interpretation of Ani Hu in Jewish and Early Christian Literature,* WUNT 2/113 (Tübingen: Mohr Siebeck, 2000)의 철저한 연구를 보라.

이 문구 사용은 이미 요한복음 내러티브 도입부에서 "나는 ~가 아니다"라는 세례자 요한의 부정의 말(1:20-21)과 나다나엘(49절)과 사마리아여인(4:19)의 "당신은 ~이다"라는 고백을 통해 예고된다. 사마리아 여인과 만난 자리에서 예수는 자신이 메시아임을 밝히며, 처음으로 "내가 그라"(26절: "네게 말하는 내가 그라")는 문구를 사용한다. 술어 생략형의 이 문구는 6:20에서 광풍이 이는 가운데 나타난 예수가 제자들에게 ἐγώ εἰμι라고 말하며 그들을 위로할 때—"**내니** 두려워하지 말라"—사용된다. 이 이야기에서 이 어구는 마가복음의 이야기(막 6:20)에서 수용한 것일 수도 있지만, 공관복음에서는 이 어구가 계획적인 기능이 없는 반면, 요한복음 저자는 이 어구를 예수의 신적 권위를 표현하기 위한 계획적인 기능으로 발전시킨다.

이 문구가 이렇게 술어 없이 사용될 때는 단순히 무언가를 인정하는 것에 관한 것이 아니라[116] 하나님이 예수 안에서 그의 구원 또는 심판의 행위를 통해 자신을 계시하신다는 통찰을 드러낸다(이것은 위로의 통찰

---

116   Rudolf Bultmann(*Das Evangelium des Johannes*, 20th ed. [Göttingen: Vandenhoeck & Ruprecht, 1985 (1941)], 167-68, n. 2)은 그의 영향력 있는 주석서에서 술어가 없는 "나는 ~이다" 말씀을 은유적인 술어의 말씀과 구별했으며, 후자 중 대부분을 "인정 문구"(recognition formulas), 즉 새로운 내용이 드러나지 않고 단순히 이전에 소망했던 것이 예수 안에서 성취된 것을 나타내는 표현이라는 그의 해석학의 문맥에서 해석했다. 이로써 "나는 ~이다" 어록은 Bultmann의 해석학적 관심사와 그의 계시와 믿음에 대한 이해의 문맥에서 너무 일방적으로 해석되었다. 만약 우리가 이러한 진술과 서술 생략형 "나는 ~이다" 어록 간의 언어학적 상호 연관성을 고려한다면 이러한 해석은 더 이상 유지될 수 없다. 다음을 보라. Thyen, "Ich bin das Licht der Welt," 36-37.

일 수도 있고, 두려움을 주는 통찰일 수도 있다). 이 사실은 예수의 체포 장면에서 반복적으로 나타나는 ἐγώ εἰμι 말씀을 듣고 무장한 유대 군인들과 로마 군인들이 뒤로 물러나 예수 앞에서 땅에 엎드러질 때 공개적으로 드러난다. 이러한 "본의 아닌 경배"는 예수의 말씀이 지닌 신적 능력을 잘 드러낸다. 이것은 또한 "세상의 빛"(8:12)이라는 예수의 자기 계시 다음에 나오는 간략한 설명을 통해서도 확인된다. 8:16에서 예수는 이 문구를 거의 주해 방식으로 설명한다. "내가 혼자 있는 것이 아니요, 나를 보내신 이가 나와 함께 계심이라." 아버지와 아들의 통일성(10:30)은 "내가 그라"는 예수의 말씀―또한 은유적으로 확대된 말씀―안에서 가장 밀도 있게 드러난다. 예수는 단지 자신의 권위뿐만 아니라 하나님의 권위로 말한다. "내가 그라"는 계시 문구는 성경에서 유래하여 우리에게 익숙한 다양한 은유(떡, 빛, 목자, 포도주)[117]와 연결되어 있는데, 이 은유의 말씀은 요한복음에 기록된 예수의 담화에서 가장 핵심적인 말씀이라고 할 수 있다. 따라서 이 말씀들은 요한복음 예수의 기독론적 자기 계시 및 요한복음의 고기독론을 가장 독특하게 나타낸다.

---

117   다음을 보라. Thyen, "Ich bin das Licht der Welt," 231-50.

4.4 역설적인 서술에서 드러난 신성: 요한복음의 수난 이야기

예수의 신성은 그의 표적과 담화에서뿐 아니라 역설적인 형태로 그의 "때" 곧 그의 심문과 십자가 처형 기사에서도 드러난다. 예수의 죽음(그리고 부활)은 요한복음의 서술에서 매우 큰 비중을 차지하며, 거기서 저자의 궁극적인 의도는 독자들이 예수의 떠남과 죽음으로 인해 실족하지 않고 부활의 관점에서 그가 십자가에 못 박히고 영화롭게 된 자임을 올바르게 인식하게 하는 것이다.[118]

예수의 죽음을 해석하는 것에 대한 요한복음의 특별한 관심은 공관복음에 없는 고별 담화를 포함하여 엄청난 공간을 할애한 수난 내러티브에서 잘 드러난다. 하지만 C. H. 도드가 "수난의 책"이라고 부른 요한복음의 후반부는 이 복음서에서 유일하게 예수의 수난과 죽음을 다루는 부분이 아니다. 복음서에는 이미 초반부터 이러한 해석을 가능케 하는, 거미줄처럼 연결된 정보가 존재하며, 이러한 정보는 독자들에게 이러한 해석학적 단서들을 미리 제공해준다. 1:29에서 "하나님의 어린양"이 언급된 것, 2:22에서 예수가 실제로 "성전된 자기 육체"를 헐고 다시 세우겠다는 것에 대한 설명, 3:14에서 뱀을 들어 올리는 것에 대한 암시, 그리고 설명을 위한 여러 여담 등 예수에 대한 배신과 그의 죽음을 예고하는 내

---

118 광범위한 논의는 다음을 보라. Frey, "Die *theologia crucifixi* des Johannesevangeliums"; idem, *Glory of the Crucified One*, 172-76.

용은 거의 모든 장(章)에서 찾아볼 수 있다. 복음서 저자는 예수의 죽음에 대한 구원론적 해석의 범주들을 전달하고, 십자가 처형 사건과는 전혀 어울리지 않으면서도 예수의 "때"를 가리키는 사건들을 역설적으로 해석하는 "승귀"와 "영화"라는 독특한 범주들을 도입한다. 따라서 뱀에 관한 이야기는 인자의 "들림"에 대한 시각적인 예시로 다루어지고, 12:23에서 예수는 "인자가 영광을 얻을 때가 왔도다"라고 선포한다. 일부 학자들의 제언과 달리 이것은 예수의 죽음의 잔혹함을 우회적으로 평가절하하는 것으로 이해될 수 없다. 오히려 이것은 하나님의 종이 "높이 들려 크게 영화롭게"(사 52:23 LXX) 될 것이라고 말하는 성경 구절에 근거한 해석이다. 요한에게 있어 이러한 예수의 수난과 죽음에 대한 깊고도 참된 이해는 성경에 기초한 것이며, 부활 이후에 성령의 중재로 주어진 가르침이다.

이것은 또한 요한이 설계한 수난 이야기에서도 나타난다.[119] 이 이야기는 처음부터 예수가 의식적으로, 그리고 의도적으로 자신의 수난을 자처한다는 개념을 따라 설계되었다(요 13:1-3; 18:4). 그는 사악한 음모의 희생자가 아니다. 오히려 그는 자신이 당하는 수난의 일거수일투족에서 아버지와 하나가 되어 능동적으로 행동하는 자다. 따라서 자신의 때로부터 도피하거나(12:27) 죽음의 "잔"을 회피하는(18:11) 생각은 철저하

---

119 요한복음의 수난 이야기에 나타난 신학 모티프에 관해서는 철저한 연구가 뒷받침된 다음의 단행본을 보라. Manfred Lang, *Johannes und die Synoptiker. Eine redaktionsgeschichtliche Analyse von Joh 18-20 vor dem markinischen und lukanischen Hintergrund*, FRLANT 182 (Göttingen: Vandenhoeck & Ruprecht, 1999), 308-32.

게 거부되며,[120] 예수의 최후의 말씀은 오직 모든 것을 성취했다는 의미의 승리(요 19:30)일 뿐, 결코 하나님이 자신을 버렸음을 한탄하는 외침(막 15:34)일 수 없다.

따라서 예수는 유다에게 그가 행할 것을 지시하고(13:26-27), 제자들이 풀려나도록 군인들의 손에 자신을 스스로 넘겨준다(8절). 안나스(20, 23절)와 빌라도(34절; 19:11)에게 심문을 받을 때 그는 장엄하고 자신감이 넘치는 태도로 대응한다. 그는 피고인임에도 자신을 심문하는 자에게 유죄 판결을 내리고(19:11), 자신의 십자가를 적극적으로 지고 가며(17절), 성경 말씀을 성취하고(28-29절), 심지어 자신의 영혼을 스스로 포기하면서까지 죽음을 맞이한다(30절). 이 모든 행동은 마가복음 내러티브와 의도적으로 대조를 이루며, 이 두 복음서 사이에 존재하는 여러 가지 차이점은 요한복음이 다른 자료를 사용했기 때문이 아니라 두 복음서가 신학적으로 서로 다른 의도를 지니고 있기 때문이다.

이것은 요한복음의 수난 이야기에 담긴 신학적인 요소에서 더욱 분명하게 볼 수 있다. 빌라도와 만난 자리에서 예수는 이 세상에 속하지 않은 나라에 대한 자신의 왕권을 공언하고(18:36-37), 십자가상에서는 왕으로 널리 공표된다(19:19-23). 그의 왕권은 그를 고발하는 자들의 정치적

---

120 마가복음의 겟세마네 일화에 대한 비판적 수용과 거부에 관해서는 다음을 보라. Frey, "Das vierte Evangelium auf dem Hintergrund der älteren Evangelientradition: Zum Problem: Johannes und die Synoptiker," in idem, *Die Herrlichkeit des Gekreuzigten: Studien zu den Johanneischen Schriften I*, ed. J. Schlegel, WUNT 307 (Tübingen: Mohr Siebeck, 2013), 265-71; 또한 아래 123-26쪽을 보라.

주장과 다르다. 그런 측면에서 그는 빌라도가 반복해서 선언하듯이 죄가 없다. 그러나 독자들은 역설적으로 그가 오히려 진정한 왕이라는 것을 알아야 하며, 우리는 여기서 왕의 대관식에서 볼 수 있는 요소들을 포착할 수 있다.[121] 즉 그는 스스로 왕권을 공포하고(18:36), 왕복을 입고 왕관을 머리에 쓰며(19:2), 부정적인 외침("십자가에 못 박게 하소서", 15절)으로 반응하는 군중 앞에 서고(14절), "높이 들려" 십자가 위에 즉위하는 한편(16절), 십자가 위에는 전 세계 언어로 기록된 패가 붙여진다(19절). 저자의 이러한 내러티브 설계를 통해 이 요소들은 역설적으로 반전을 일으키는 이미지를 조성하는 데 기여한다. 예수는 비록 실제로 십자가에 못 박히긴 했지만, 영적으로는 진정한 왕으로서 왕위에 올랐고, 그의 나라는 하나님 나라를 실현한다(참조. 3:3, 5).

이 역설은 분명하다. 예수가 죽임을 당한 이유는 그가 자신을 스스로 하나님의 아들이라고 주장했기(또는 그가 하나님의 아들**이었기**) 때문이지만(19:7), 그는 죽음을 통해 진정한 왕으로서 통치하기 위해 높임을 받고 왕위에 올랐다. 이 요한복음 수난 내러티브의 설계는 독자들에게 이러한 관점의 변화를 암시함으로써 그들이 심지어―그리고 특히―이 십자가에 못 박힌 자 안에서 하나님의 영광을 인식할 수 있게 하려는 목적을 갖고

---

121 참조. Frey, *Die johanneische Eschatologie*, 3:271-75; idem, "From the 'Kingdom of God' to 'Eternal Life': The Transformation of Theological Language in the Fourth Gospel," in *John, Jesus, and History*, vol. 3: *Glimpses of Jesus through the Johannine Lens*, ed. Paul N. Anderson, Felix Just, and Tom Thatcher, ECL 18 (Atlanta: SBL, 2016), 439-58 (455-57).

있다. 이러한 신학적 내러티브 설계 안에서 이 복음서 전체는 독자들에게 그러한 관점을 상기시키고, 예수에 대한 그들의 생각을 심화시키며, 저자의 발전한 영적 통찰에 따라 그의 죽음과 떠남에 대한 참된 이해를 함양하기 위한 목적으로 구성되었다.

5. 요한복음의 신학적 목적: 참된 깨달음

이러한 통찰은 어디로부터 나오는가? 그리고 또 어떻게 진화했을까? 과연 어떠한 주변 상황들이 예수의 신적 권위와 참된 왕권을 바라보는 저자의 독특한 관점에 기여했을까?

북미의 학자들이 고안해낸 두 가지 획기적인 접근법은 이 문제와 씨름했고, 요한 공동체와 회당 중심의 유대교가 서로 "결별"하게 된 경위를 설명하고자 노력했다. J. 루이스 마틴의 주장에 의하면[122] 요한복음의 고 기독론은 오직 회당과 거리를 두게 된 결과(따라서 상당히 "비유대교적인" 요소)로만 온전히 설명이 가능하다. 하지만 이것은 저자의 고 기독론적 관점에서 보면 성경이 말하는 하나님의 유일성(oneness)이 위협을 받지 않는다는 저자의 신념을 제대로 설명해주지 못한다. 요한복음에 의하면 아버지와 아들은 여전히 한 분 하나님이며 둘이 아니다. 그리고 이러한 유

---

122   Martyn, *History and Theology*, 125-43.

일신 사상에 근거한 "이위일체적" 유일성(unity)은 남성 명사가 아닌 중성 명사 ἕν(헨)에 의해 한정된다. 또한 레이먼드 브라운은 대안적으로 (성전에 비판적인) "이단적" 유대인과 사마리아인 그룹들의 영향 가능성을 가설적으로 제시했다.[123] 이 이론에 의하면 이 그룹들은 궁극적으로 회당의 "정통성"과의 분열을 초래한 기독론적 발전을 촉발시켰다. 그러나 우리가 여전히 유대교 회당의 정황에 속해 있던 요한 기독론의 초기 단계를 재구성할 수 없다면 그런 추론은 근거 없는 추론일 뿐이다.

나는 여기서 우리가 "기독교적인" 영향을 과소평가해서는 안 된다고 생각한다. 만약 요한복음 저자의 견해가 "종파적" 분열의 정황에서 발전하지 않고, 초기 기독교의 또 다른 견해―특히 마가복음―와 함께 공개적으로 논의되었다면 요한복음의 기독론은 예수가 메시아로서 종말론적 구원과 영생을 가져다준다는 관점의 결과를 표현한다고밖에 이해될 수 없다. 이러한 복음 전승의 주요 흐름에 근거한 설명이 이단적 형태의 유대교나 이방 종교의 영향을 거론하는 설명보다 더 타당하다.

물론 요한복음이 지상의 예수를 하나님과 가장 가까운 존재로 간주해야 한다는 신념을 최초로 표명한 것은 아니다(물론 요한복음이 아주 예리하게 표현하고 있긴 하지만 말이다). 예수는 이미 마가복음에서 죄를 사하는 권세를 갖고 있으며(막 2:7), 바울 서신에서도 이미 그를 신의 영역에서 온 사자로 소개하고(빌 2:6), 한 분 하나님과 동일한 수준에서 그를 언급한다

---

123   Brown, *Community of the Beloved Disciple*, 36-47.

(고전 8:6). 이러한 표현은 모두 동시대 유대인들에게 모욕적으로 보일 수 있었으며, 심지어 신성모독으로도 보일 수 있었다. 물론 이러한 신념들은 동시대 유대교의 비교적 다원론적인 세계와 반드시 분리되었음을 의미하지는 않았다.

이러한 정확한 발전 과정이 더 이상 세밀하게 재구성될 개연성은 거의 없다. 하지만 요한복음에서 제시하는 신학적 이유는 신중하게 받아들여져야 한다. 이는 그것이 요한 공동체의 자아상을 형성하고 있기 때문이다. 요한복음에 따르면 부활 이후 제자들에게 깊은 통찰을 제공함으로써 요한 기독론의 틀을 마련한 장본인은 성령-보혜사다. 이 과정은 요한복음에서 성경에 비추어 예수의 이야기를 상기하는 것으로 묘사된다(요 16:13-15; 14:26). "높이 들리다"와 "영화롭게 하다"라는 표현이 고난 받는 종과 연관되어 나타나는 이사야 52:13(70인역) 같은 본문도 이러한 범주를 전달하는 데 중요한 역할을 할 수 있었지만, 궁극적으로 그리스도의 의미에 대한 요한복음 저자의 이해는 바로 종말론적 구원이 예수의 죽음과 부활에 기초하며 그에 대한 믿음을 통해 중재된다는 견해를 철저하게 재고한 결과다. 만약 예수의 종말론적 적실성(relevance)이 철저하게 재고된다면 그의 권위와 정체성에 초점을 맞추는 것과 그것을 기능적·존재론적 용어뿐 아니라 심지어 신적 범주로 묘사하는 것은 불가피할 것이다.

예수의 종말론적 적실성(또는 그의 출현에 대한 사람들의 반응)에 비추어 보면 이러한 의미의 궁극적인 이유에 대해 질문하거나 심지어 예수와 아버지의 연합(요 10:30)과 피조물에 대한 하나님의 원초적인 뜻과 사랑

(3:16) 안에 있는 구원의 궁극적인 이유에 대해 질문하는 것은 필요해 보인다.

6. 현대 신학에 대한 도전으로서 요한복음의 고(高) 기독론

따라서 요한복음 저자는 신학으로서의 기독론을 기독론으로서의 신학으로 소개한다. 이것은 고대 독자에게뿐만 아니라 현대의 신학적 해석에 있어서도 커다란 도전이 아닐 수 없다. 과연 초강대국, 인기 연예인, 가상의 영웅 등 현대 사상의 맥락에서 예수를 "하나님"으로 부르는 것은 어떤 의미일까? 또한 그리스도, 곧 십자가에 못 박히고 영화롭게 된 자 안에 계신 참된 하나님을 본다는 것은 무슨 의미일까? 과연 이것은 우리의 전통적이며 현대적인 범주와 가치에 어떤 영향을 미칠까? 본서에서는 이러한 여러 가지 이슈를 다룰 만한 공간이 없기 때문에 나는 우리의 하나님 개념과 기독론에 대한 이중적 도전을 간략하게 언급하는 것으로 만족해야 할 것이다.

첫째, 우리가 직면한 도전은 기독교의 하나님 개념을 확인하고 전유하는 것이다.[124] 만약 십자가에 못 박힌 자가 궁극적으로 하나님이라면 아버지는 아들의 죽음으로 인해 영향을 받지 않을 수 없다. 이를 달리 표현

---

124   참조. Frey, *Glory of the Crucified One*, 333-44.

하자면 살아계신 하나님은 죽을 수밖에 없는 자들의 편에 그대로 머물러 있지 않고, 인간의 죽음과 인간의 역사를 모두 포용하신다. 따라서 하나님 아들의 죽음을 통해 하나님 "아버지"의 형상은 크게 재구성되고 구조적으로 변화한다. 만약 이것이 성경의 하나님이라면 이것은 철학적인 신학의 모든 사상과 현저하게 대조된다.

더 나아가 하나님—즉 성경의 하나님—은 이제 "아들"과의 독점적인 관계로 새롭게 그리고 궁극적으로 정의된다. 여기서 아들은 자신의 사역 안에서, 그리고 아버지를 "반영하는" 방식으로 하나님을 보여주고(요 1:18), 이로써 예수를 "보는" 자는 아버지를 "본다"(요 14:7, 9). 따라서 어떤 형상으로도 표현할 수 없는, 눈에 보이지 않는 하나님은 그리스도 안에서—그리고 그리스도의 역사가 시작된 **이래로**—한 "형상"을 갖게 되는데, 이 형상은 하나님의 본성을 알 수 있는 유일한 수단이 된다.

이러한 해석학적 도전은 또한 기독론과 연관되어 표현될 수 있다. 존재론적 시대 이후에 예수를 "하나님"이라고 부르는 것은 과연 어떤 의미인가? 어떻게 하면 우리는 예수의 참된 인성에 의문을 품지 않을 수 있을까? 과연 우리는 그리스도의 "두 본성" 기독론을 단순히 반복할 수 있을까? 아니면 그것을 수정해서 표현해야 할까?

우리는 복음서 저자가 모든 사람과 존재론적으로 다른 예수에 대한 견해를 갖고 있었다는 사실을 부인할 수 없다.[125] 그러나 그는 또한 동시

---

125   이것은 Rudolf Bultmann에 의해 거부되는데, 대다수는 해석학적 고려 사항 때문이거나

대인들이 예수의 진정한 영광을 인식하지 못하고 부활 이후에야 비로소 오직 제자들에게만 드러났다는 사실을 잘 알고 있었으며, 십자가를 "영화"로 이해하는 개념은 이 기간에 발전했다.

이것은 저자가 예수 이야기를 서술할 때 역사적 예수를 단순히 "그의 모습 그대로" 그리기보다는 예수 이야기에 대한 기억을 부활과 성령의 가르침에 비추어 새롭게 구성했다는 사실을 해석학적인 관점에서 잘 알고 있었음을 암시한다. 이것은 지상의 예수가 걸어간 길에서 넘치도록 드러난 그 영광이 소급하여 인식되고 도입되었음을 의미한다. 예수의 표적들에서 드러난 영광은 실제로 부활 이후에 주어진 통찰의 관점에서 기록된 내러티브 본문을 통해 드러난 영광이다. 더군다나 예수의 태초의 영광(17:5)과 그의 "성육신"에 대한 개념은 예수의 지상 사역의 전제 조건이기보다는 부활절 계시의 궁극적인 결과다.

기독교 교리는 선재성과 성육신의 논리적·시간적 우선순위를 빠르게 수용했지만, 역사적으로 그리고 (내가 추측하듯이) 요한복음 저자의 인식 속에서도 이 우선순위는 부활절 경험과 지상 예수에 대한 기억을 상기시키고 궁극적으로 예수의 이미지를 복음서 내러티브를 통해 새롭게 재구성한 부활절 이후의 성령에 기인한다. 이것이 그를 신적 존재로 묘사함으로써 예수의 인성이 위태롭게 되는 것을 막는 유일한 해석이다.

현대의 철학적 고찰과 관련이 있다. 따라서 그는 기독론을 오직 구원론으로(즉 인간 존재를 위한 그리스도의 기능으로)밖에 표현할 수 없었다.

따라서 예수의 신성에 대한 존재론적 이해는 부적절해 보인다. 물론 요한복음 저자도 이러한 이해에 공감했을 테지만 말이다. 이것을 인정한다면 예수의 신적 권위와 정체성에 대한 기능적인 이해는 여전히 가치 있는 해석학적 선택이다. 종말론적인 생명이 오로지 그에게만 주어졌기에 예수는 하나님이다. 눈에 보이지 않는 하나님이 그의 사역과 그의 (서술된) 역사 안에서 영원한 사랑으로 (우리 인간과의 관계 속에서) 나타나셨기 때문에 그는 신적 존재로 묘사될 수 있다.

2장

역사적 예수 탐구
요한복음의 역사적 전승

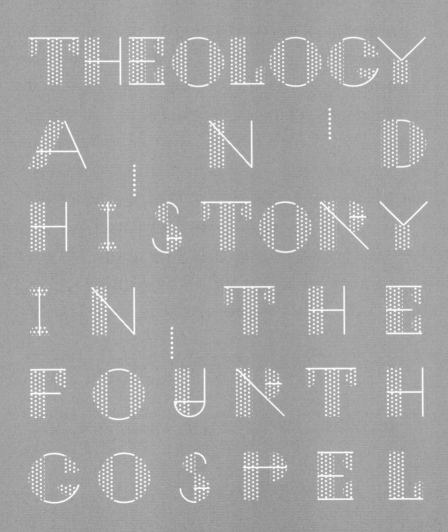

THEOLOGY
AND
HISTORY
IN THE
FOURTH
GOSPEL

요한복음은 역사인가, 아니면 신학인가? 아니면 이 둘의 결합인가? 만약 이 둘의 결합이라면 이 둘은 서로 어떻게 연관되어 있는가? 앞 장에서 소개한 대로 요한복음이 기독론에 초점을 맞추고 있다는 논의에 따라 우리는 요한복음이 주로 신학에 관심을 두고 있으며, 이로써 요한복음의 역사적 가치는, 대부분이 허구가 아니라 할지라도, 상당한 의구심을 자아낸다고 결론지을 수 있다. 하지만 이 복음서는 나사렛 예수의 이야기와 그의 사역 및 죽음을 허구적으로 서술하기보다는 "사실적인" 이야기로 서술하며, 서술하는 "역사" 또한 신학적 의미에 기초한다고 명시한다.

이번 장에서 나는 요한복음에 나타난 역사적 전승 탐구나 심지어 역사적 예수 탐구에서 발견되는 난제들을 다루고자 한다. 먼저 우리는 요한복음 연구사를 포함하여 현대 학문에서 요한복음의 비역사화 (dehistorization)로 불리는 것에 대해 간략하게 살펴볼 것이다.[1] 이어서 우

---

1   다음을 보라. Paul N. Anderson, *the Fourth Gospel and the Quest for Jesus: Modern Foundations Reconsidered*, LNTS 321 (New York: T&T Clark, 2006), 43-74. 따라서 그는 "예수의 비요한화"(De-Johannification of Jesus)에 대해 말한다(74-97). 또한 다음도 보라. Robert Kysar, "The Dehistoricizing of the Gospel of John," in *John, Jesus, and History*, vol. 1: *Critical Appraisals of Critical Views*, ed. Paul. N. Anderson, Felix Just, and Tom

리는 요한복음에서 일부 역사적으로 유효한 전승이나 정보를 살펴보기에 앞서 요한복음의 해석과 방법론의 문제와 관련하여 역사적 탐구에 강조점을 두고 있는 최근 추세를 검토할 것이다. 요한복음 저자는 예수에 대한 자신만의 이야기를 만들어내고 자신에게 허용된 기독론적인 통찰을 온전히 표현하기 위해 자신에게 주어진 전승을 자신의 내러티브 및 신학적 관심사에 따라 수용하고 재구성하는데, 우리는 여기서 그가 이런 작업을 어떻게 전개하는지를 분석할 수 있다.

1. 신약학계의 요한복음의 비역사화

현대 비평학자들은 요한복음에 나타난 역사적 예수 탐구를 거의 포기하고 역사적 예수 탐구에서 요한복음을 완전히 배제시켰다.

비록 위의 이러한 진술은 단지 20세기 초반에[2] 알베르트 슈바이처, 아돌프 윌리허, 또는 윌리엄 브레데[3] 같은 학자에 의해 도출된 비판적 "합

Thatcher, SBL Symposium Series 44 (Atlanta: SBL, 2007), 75-102; Jack Verheyden, "The De-Johannification of Jesus: The Revisionist Contribution of Some Nineteenth-Century German Scholarship," in idem, 109-20; Mark Allan Powell, "The DeJohannification of Jesus: The Twentieth Century and Beyond," in idem, 121-32.

2   다음을 보라. Jörg Frey, *Die johanneische Eschatologie*, vol. 1: *Ihre Probleme im Spiegel der Forschung seit Reimarus*, WUNT 97 (Tübingen: Mohr Siebeck, 1997), 38-39.

3   Adolf Jülicher, *Einleitung in das Neue Testament* (Tübingen: Mohr Siebeck, 1894), 다수의 후기 판본과 함께; William Wrede, *Charakter und Tendenz des Johannesevangeliums*

의"를 대변해주지만, 몇몇 근본적인 관찰은 요한복음에 관해 가장 이른 시기에 이루어진 학문적 논의로 거슬러 올라간다.

2세기 말에 알렉산드리아의 클레멘스는 예수의 "육체적인 것" (σωματικά)에 관해 기록한 세 명의 복음서 저자와 달리 요한은 "영적 복음서"(πνευματικὸν εὐαγγέλιον, *Hyp.* 6)를 집필했다고 말했다.[4] 이러한 지적은 요한복음에 나타난 다수의 "육체적인" 내용을 영적으로 해석하는 전통을 확립했다. 근본적으로 그의 지적은 네 권으로 구성된 복음서 모음집의 출현으로 인해 생길 수밖에 없었던 문제에 대한 초기 반응이기도 했다. 즉 이것은 내용과 구조, 연대순과 지리, 다수의 내러티브·언어학적 요소와 관련하여 사복음서 간의 차이점, 특히 공관복음과 요한복음 간의 차이점에 관한 문제다. 오리게네스[5]와 몹수에스티아의 테오도르[6] 같이 고대

(Tübingen: Mohr, 1903); Albert Schweitzer, *Die Geschichte der Leben-Jesu-Forschung* (Göttingen: Vandenhoeck & Ruprecht, 1913), ET: *The Quest of the Historical Jesus: First Complete Edition*, trans. W. Montgomery, J. R. Coates, S. Cupitt, and J. Bowden (London: SCM Press, 2000).

4 에우세비우스, *Hist. eccl.* 6.14.7에 의하면. 다음도 보라. Jörg Frey, *The Glory of the Crucified One: Christology and Theology in the Gospel of John*, trans. W. Coppins and C. Heilig, BMSEC 6 (Waco: Baylor University Press, 2018), 199-200.

5 오리게네스(*Comm Jo.* 10.2)는 이미 사복음서에 대한 정확한 비교가 복음서의 신빙성을 일반적으로 의심하거나 오직 한 복음서에만 집착하거나 또는 더 이상 서신서에서만 진리를 찾지 않는−그의 관행처럼−방향으로 이끌었다. 초기 교회에서 사복음서 간의 차이점을 어떻게 다루었는지에 대해서는 다음을 참조하라. Helmut Merkel, *Die Widersprüche zwischen den Evangelien: Ihre polemische und apologetische Behandlung in der Alten Kirche bis Augustin*, WUNT 13 (Tübingen: Mohr, 1971).

6 이제 영어로 번역된 그의 요한복음 주석을 보라. Theodore of Mopsuestia, *Commentary on the Gospel of John*, ed. Joel C. Elowsky, Ancient Christian Texts (Downers Grove, Ill.: InterVarsity, 2010).

교회의 일부 작가들은 이 어려운 문제(예. 예수 사역의 연대기 또는 성전 청결 문제)를 공개적으로 지적했지만, 대다수는 요한복음의 "목격자" 진술을 선호하거나 이 기사들을 서로 조화시키려고 노력했다. 아우구스티누스는 「복음서 저자들의 합의에 관하여」(De consensu evangelistarum)[7]에서 이 두 가지 옵션 가운데 후자를 선택했으며, 이러한 조화 방법은 오늘날에 이르기까지 교회의 해석학적 관행으로 자리 잡았다.

해석자들이 비평적인 역사적 사고의 출현과 더불어 복음서 저자를 한 인간으로 볼 수 있는 자유를 주장하면서 이러한 작업의 설득력이 점차적으로 사라졌으며, 이는 복음서 저자들의 개인적인 관심사와 관점을 새롭게 받아들이는 방향으로 나아갔다.[8] 이러한 구조 속에서 세 권의 공관복음 간의 차이점은 공공연하게 논의되었고,[9] 이러한 차이점을 조화시키려는 견해는 점차적으로 외면당했으며,[10] 요한복음을 사도의 목격자 증

---

7   아우구스티누스와 그의 유산에 관해서는 다음을 보라. Francis Watson, *Gospel Writing: A Canonical Perspective* (Grand Rapids: Eerdmans, 2013), 13-61.

8   따라서 1778년의 Gotthold Ephraim Lessing, "Neue Hypothese über die Evangelisten als bloß menschliche Geschichtsschreiber betrachtet," in *G. E. Lessings Werke*, ed. P. Rilla, (München: Aufbau, 1976), 7:614-35.

9   Reimarus의 연구와 그 영향력에 관해서는 다음을 보라. Henk J. de Jonge, "The Loss of Faith in the Historicity of the Gospels," in *John and the Synoptics*, ed. Adalbert Denaux, BETL 101 (Leuven: Peeters, 1992), 409-21.

10   Johann Gottfried Herder, "Von Gottes Sohn, der Welt Heiland, nach Johannis Evangelium: Nebst einer Regel der Zusammenstimmung unserer Evangelien aus ihrer Entstehung und Ordnung," in *Sämmtliche Werke*, ed. B. Suphan, vol. 19 (Berlin: Weidemann, 1880), 253-424은 그의 요한복음 해석에서 문학적·미학적 목적으로 이를 수행했다. "연합할 수 없는 것은 각 복음서 저자의 공을 인정하며 그대로 내버려두자. 사람, 송아지, 사자, 독수리는 함께 가며 영광의 보좌를 운반하기를 원하지만, 그것을 한 형태로, 하나의 디아테사론으

언으로 간주하는 전통적인 견해에는 의문이 제기되었다.[11] 하지만 19세기 중반에 이르러 두 자료 가설은 공관복음 문제 해결을 위한 가장 탁월한 문학적 해결책으로 부상한 반면,[12] 요한복음에 관한 문제들은 해석자들의 난제로 남게 되었다. 따라서 19세기에 역사적 예수의 이미지는 여전히 공관복음의 내용과 요한복음의 내용의 조합으로 만들어졌다.[13] 19세기 해석자들에게는 팔레스타인의 자갈밭으로부터 분리된 요한복음 담화의 "영적인" 예수가 마지막 때에 "구름을 타고" 재림할 공관복음의 예수보다 더 매력적이었으며 받아들이기가 더 쉬웠다.[14]

로 합쳐지기를 원치 않는다.…네 명의 복음서 저자가 있고, 각자의 목적, 색깔, 시간, 장소가 있다"(416).

11   Carolus Theophilus Bretschneider, *Probabilia de evangelii et epistolarum Joannis, Apostoli, indole et origine eruditorum iudidiis modeste subiecit* (Leipzig: Stein, 1820)는 요한복음의 사도 요한 저작설에 대해 가장 철저하게 의문을 제기했다. 다음과 같은 초기 연구도 보라. Edward Evanson, *The Dissonance of the Four Generally Received Evangelists, and the Evidence of Their Respective Authority Examined* (Ipswich: George Jermyn, 1792). 참조. Jörg Frey, "Auf der Suche nach dem Kontext des vierten Evangeliums," in idem, *Die Herrlichkeit des Gekreuzigten. Studien zu den Johanneischen Schriften I*, ed. J. Schlegel, WUNT 307 (Tübingen: Mohr Siebeck, 2013), 45-87 (52-53).

12   두 문서 가설(지금까지 공관복음 문제에 대한 대다수의 해결책)은 Heinrich-Julius Holtzmann, *Die synoptischen Evangelien, ihr Ursprung und geschichtlicher Charakter* (Leipzig: Engelmann, 1863)에 의해 확고하게 자리 잡았다.

13   다음을 보라. Albert Schweitzer, *Geschichte der Leben-Jesu-Forschung*, 9th ed. (Tübingen: Mohr, 1984), 226.

14   종말론 문제는 특별히 현대 복음서 비평을 촉발시켰는데, 이는 18세기 말에 동양학 학자 Hermann Samuel Reimarus에 의해 유작으로 편집된 파편들, 19세기에 Ferdinand Christian Baur가 시도한 헤겔적인 "합"(合), 그리고 20세기에 Rudolf Bultmann이 전개한 종말론의 실존주의적 "재정의"에서 가장 두드러지게 나타난다. 광범위한 개관은 다음을 보라. Frey, *Die johanneiche Eschatologie*, 1:10-11(Reimarus에 관해), 33-36(Baur에 관해), 85-119(Bultmann에 관해).

새롭게 부상하던 요한복음에 대한 비평적 견해 중 가장 영향력이 컸던 견해는 초기 기독교 역사에 대한 헤겔적 관점에서 요한복음을 읽은 페르디난트 크리스티안 바우어의 이상적인 해석이었다. 바우어는 요한복음의 역사적 예수 묘사를 단순히 "복음서 프롤로그에 나타난 기본 개념의 자유로운 상술"로 간주했다.[15] 비록 요한복음과 요한 서신의 기록 연대를 아주 늦은 기원후 170년경으로 추정한 그의 견해는 그의 추종자 대다수에 의해 받아들여지지 않았지만, 그의 영향력은 요한복음이 목격자 증언이 아닐뿐더러 요한복음에 기록된 예수의 담화도 자유롭게 구성된 것이기에 예수 전승의 철저한 변화를 반영한다는 통찰을 확립하는 데 크게 이바지했다.[16] 19세기 말에 대표적인 학자들은 요한복음이 일종의 "신학적 알레고리"이며,[17] 따라서 역사적 예수를 재구성하기에는 사실상 부적절하다는 데 동의했다.[18] 즉 예수에 관한 역사적으로 유효한 정보는 마가

---

15 Ferdinand Christian Baur, "Über die Composition und den Charakter des Johannesevangeliums," *ThJ* 3 (1844): 1-191, 397-475, 615-700 (474); 다음을 보라. Jörg Frey, "Ferdinand Christian Baur and the Interpretation of John," in *Ferdinand Christian Baur and the History of Early Christianity*, ed. Martin Bauspiess, Christof Landmesser, and David Lincicium, trans. R. F. Brown and P. C. Hodgson (Oxford: Oxford University Press, 2017), 206-35 (220).

16 참조. Frey, *Die johanneische Eschatologie*, 1:37-38.

17 따라서 Alfred Loisy, *Le quatrième évangile* (Paris: Picard, 1903), 75는 더 나아가 "형식적으로 역사적 그리스도의 설교와 전혀 공통점이 없는 사색이 풍부한 작품"이라고 말한다.

18 예컨대 다음을 보라. Adolf Jülicher, *Einleitung in das Neue Testament*, 1st ed. (Tübingen: Mohr 1894). 요한복음은 "육신으로 오신 그리스도 이야기에 거의 가치를 부여하지 않는…제3세대 기독교의 종교적 성향이 담긴 철학적인 시"다. 이 복음서는 "아마도 그 당시 가장 위대한 기독교 사상가가 [어떻게] 진리와 현실을 순진하게 동일시하면서…구세주의 지상의 변화를 상상했을 것이다."

복음, 말씀 자료, 다른 공관복음 자료 등에서 발췌할 수 있지만, 요한복음에서는 그렇게 할 수 없다는 것이다. 따라서 20세기에 접어들면서 예수 탐구가 도출해낸 가장 중요한 결론은 이제 요한복음의 영적인 요소 없이도 지상의 예수에 대한 이미지를 그릴 수 있다는 것이었다.[19] 이러한 결론을 가장 설득력 있게 설명한 학자가 바로 알베르트 슈바이처였다. 그가 주창한 "철저한 종말론적" 예수 해석은[20] 종교사학파뿐 아니라 루돌프 불트만과 그의 추종자들의 출현을 위한 무대를 마련해주었다. 예수의 종말론과는 크게 대조적으로 요한복음은 이제 가장 확실하게 비종말론적이

---

19   19세기 말의 개신교 자유주의 신학은 예수의 가르침을 요한복음의 일부 요소와 함께 재구성하면서 언제나 어느 정도 "영적으로" 해석했다. 따라서 하나님 나라는 철저하게 종말론적이기보다는 더욱더 현재적으로 보였고, 철저하게 "내세적"이기보다는 더욱더 내부적이었다. 그런 측면에서 Schweitzer가 주창한 예수와 그의 하나님 나라 가르침에 대한 "철저한 종말론"은 혁명적이었다.

20   Johannes Weiss가 도입했고, Albert Schweitzer의 탁월한 "예수의 삶 연구" 역사를 통해 효과적으로 전파된 이 운동에 관해서는 다음을 보라. *History of New Testament Research From Jonathan Edwards to Rudolf Bultmann*. 1906년의 초판은 *The Quest for the Historical Jesus: A Critical Study of Its Progress from Reimarus to Wrede*, trans. W. Montgomery (London: A&C Black, 1910)라는 영역본으로 출간되었고, 증보개정판인 *Geschichte der Leben-Jesu-Forschung*은 *The Quest of the Historical Jesus: First Complete Edition*, trans. W. Montgomery, J. R. Coates, S. Cupitt, and J. Bowden (London: SCM Press, 2000)으로 번역되었다. Schweitzer의 "철저한 종말론"에 관해서는 다음을 보라. Wendell Willis, "The Discovery of the Eschatological Kingdom: Johannes Weiss and Albert Schweitzer," in *The Kingdom of God in 20th Century Interpretation*, ed. Wendell Willis (Peabody, Mass.: Hendrickson, 1987), 1-14.

며[21] "신비스러운" 복음서로 간주된다.[22]

그러나 20세기 초에도 두 가지 문제, 곧 요한복음과 공관복음의 상관관계와 요한복음의 자료 문제는 여전히 미결 상태로 남아 있었다. 이 두 가지 문제는 과연 요한복음이 서로 다른 내러티브 자료를 주요 자료로 사용했는지 아니면 공관복음(대체로 마가복음)을 사용했는지(매우 선별적이며 독특하게), 그리고 이로써 요한복음의 역사적 자료의 가치에 관한 문제에 직접적인 영향을 미쳤는지와 연관되어 있다.

2. 요한복음의 자료와 마가복음 의존설 논쟁

당연히 요한복음의 역사적 가치의 문제는 그 자료의 활용 문제와 직결되어 있다. 만약 요한복음이 후대의 작품이며 목격자에 의해 작성되지 않았

---

21 또는 Bultmann의 용어를 빌리자면 "비-묵시론적." Bultmann은 "종말론"이란 용어의 철저한 재정의를 통해 이 복음서 저자의 작품을 초기 기독교 사상의 "종말론적 인식" 가운데 가장 분명한 표현으로 간주할 수 있었다. 참조. Jörg Frey, "Johannine Christology and Eschatology," in *Beyond Bultmann. Reckoning a New Testament Theology*, ed. Bruce W. Longenecker and Mikeal C. Parsons (Waco: Baylor University Press, 2014), 101-32; idem, *Die johanneische Eschatologie*, 1:86-118.

22 다음을 보라. Frey, *Die johanneische Eschatologie*, 1:43-47. Schweitzer에 의하면 묵시론적인 종말론적 기대의 실패 이후에 유일하게 가능했던 예수와의 관계는 신비적인 관계였다. 이것은 바울에 관한 그의 저서인 *Die Mystik des Apostels Paulus* (Tübingen: Mohr, 1930)에서도 나타나는데, 이 저서는 소위 바울의 새 관점이라는 더 최근의 바울 연구에도 상당한 영향을 미쳤다.

다면 우리는 이 복음서가 과연 예수 운동 초기 또는 지상 예수의 역사에 대한 타당한 정보를 제공하는 초기 (기록 또는 구전) 자료를 활용했는지를 질문해야 한다.

따라서 예수의 역사나 가르침에 대한 자료를 하나 더 발견했다는 기대감이 요한복음에 대한 초기의 자료비평적 접근에 강한 동기부여가 되었다는 사실은 결코 우연이 아니다. 한스-힌리히 벤트(Hans-Hinrich Wendt)[23]는 1886년에 예수의 담화에 담긴 한 자료(그는 이것이 사도 요한에게 서 유래했다고 생각함)를 재구성하고자 노력했다. 공관복음의 기사보다 철학적으로 더 잘 받아들여지고, 기적 기사 때문에 쉽게 배제될 수 없는 예수의 가르침을 반영하는 자료를 찾으려는 열망은 그의 연구에 큰 원동력이 되었다.[24] 1908년에 그와 동시대 인물인 율리우스 벨하우젠은 요한복음 원문(Grundschrift, 기본 문서)은 예수의 사역 기간이 오직 1년에 불과하며 긴 담화를 포함하고 있지 않았다고 주장했다. 하지만 그때에도 예수 사역에 대한 마가복음의 구조를 보완하면서도 길고도 반복적인 교리적 담화—그는 이것을 유대인 예수의 가르침에 관한 자료로 간주하지 않음—가 생략된 예수에 관한 내러티브 자료를 추가적으로 복구하려는 그

---

23   Hans Hinrich Wendt, *Die Lehre Jesu*, 2 vols. (Göttingen: Vandenhoeck & Ruprecht, 1886). 그는 이것을 차기 작품에서 추가로 발전시켰다. *Die Lehre*라는 저서에서 Wendt는 Alexander Schweizer와 Christian Hermann Weisse가 더 초기에 개진한 일부 사변적 제언을 발전시켰다. 다음을 보라. Frey, *Die johanneische Eschatologie*, 1:51-53.

24   참조. Gilbert van Belle, *The Signs Source in the Fourth Gospel: Historical Survey and Critical Evaluation of the Semeia Hypothesis*, BETL 116 (Leuven: Peeters, 1994), 11-12.

의 열망이 그의 연구에 큰 원동력이 되었다.[25]

　비록 루돌프 불트만은 전적으로 신학적인 이유에서 역사적 예수 탐구에 관심이 없었지만, 요한복음의 자료에 대한 그의 견해는[26] 본래 셈족 배경에서 유래한 요한복음 전승의 궤적을 가리킨다고 볼 수 있다. 그는 요한복음의 담화와 프롤로그 배후의 찬송시가 요단강 건너편 지역의 영지주의를 따르는 세례자 요한 집단―즉 공관복음 전승보다 더 원문에 가까운 배경―에서 유래했을 가능성을 제기했다.[27] 하지만 특히 불트만의 계시 담화에 대한 그의 자료 이론과 요한복음 또는 저자의 영지주의적 배경에 대한 그의 추론은 그를 따르는 학파 내에서도 널리 받아들여지지 않았다. 다른 학자들은 다소 늦은 감이 없진 않지만 첫 번째 쿰란 문서 발견

25　다음을 보라. Julius Wellhausen, *Das Evangelium Johannis* (Berlin: Reimer, 1908). Wellhausen이 요한학계에 도입한 편집비평 방법론에 관해서는 다음을 보라. Frey, *Die johanneische Eschatologie*, 1:53-66. Wellhausen의 복음서 비평은 다음을 보라. Baird, *History of New Testament Research*, 2:151-56. 그의 예수 이미지에 관해서는 다음을 보라. Hans-Dieter Betz, "Wellhausen's Dictum 'Jesus was not a Christian, but a Jew' in Light of Present Scholarship," *ST* 45 (1991): 83-110.

26　Bultmann의 자료 이론은 D. Moody Smith, *The Composition and Order of the Fourth Gospel: Bultmann's Literary Theory* (New Haven, Conn.: Yale University Press, 1965)의 철저한 연구를 보라. 또한 Frey, *Die johanneische Eschatologie*, 1:119-42.

27　Bultmann의 관점에서 이 복음서 저자는 세례자 요한을 존경하는 영지주의 집단 출신의 전 세례자 제자였으며 향후 예수를 믿게 되었다. 따라서 Bultmann은 복음서 저자가 본래 어떤 신화의 구원자 또는 세례자와 관련이 있는 자료―특히 영지주의 계시 담화와 초기 로고스 찬양시―를 사용했고, 예수와 관련된 자료는 이차적으로만 사용하여 요한복음에 결합시켰다고 가정했다. 비록 요한복음 작성 이전에 로고스 찬양시가 (다양한 버전으로) 존재했다는 가설을 지지하는 학자가 많지만, Bultmann이 재구성한 계시 담화는 오직 그의 제자들 가운데 소수에 의해서만 받아들여졌다. 다음을 보라. Frey, *Die johanneische Eschatologie*, 1:127-29.

이후 사해 문헌과의 유사성이 요한복음 자료나 저자가 팔레스타인 유대교 배경을 갖고 있을 뿐만 아니라[28] 요한복음의 역사적 자료가 더 큰 가치를 지니고 있다는 견해를 지지해준다는 과감한 주장을 펼쳤다.[29] 하지만 사해 문헌이 요한복음에 포함된 유대교 요소를 더 잘 이해하도록 했다는 사실을 제외하면[30] 복음서 저자의 배경이나 역사적 자료의 가치에 대한 이러한 주장은 그리 오래되지 않아 과장된 것으로 판명났다.[31]

이와 거의 동시에, 그러니까 제2차 세계대전이 진행되는 동안에 학계에서는 요한복음의 공관복음 의존설 또는 독립설과 관련하여 주목할

---

28 따라서 Karl Georg Kuhn, "Die in Palästina gefundenen hebräischen Texte und das Neue Testament," *ZTK* 47 (1950): 192-211은 요한복음의 "고향"은 사해 문서의 비정통적 또는 (그가 생각했듯이) 영지주의적 팔레스타인 유대교라고 주장했다(209-10). 이와 비슷한 수준의 과감한 후대의 주장은 다음을 보라. James H. Charlesworth, "The Dead Sea Scrolls and the Gospel according to John," in *Exploring the Gospel of John*, Festschrift D. Moody Smith (Louisville: Westminster John Knox, 1996), 69-97. 그는 "그리스도인이 된 어떤 에세네파의 생생한 기억"에 관해 추론한다(88).

29 따라서 특히 William F. Albright, "Recent Discoveries in Palestine and the Gospel of St. John," in *The Background of the New Testament and Its Eschatology*, Festschrift C. H. Dodd (Cambridge: Cambridge University Press, 1956), 153-71 (특히 170-71); Frank Moore Cross, *The Ancient Library of Qumran and Modern Biblical Studies* (London: Duckworth, 1958), 161-62: "요한복음은 믿을 만한 역사적 자료를 보존한다. 이 자료는 에세네파의 영향이 여전히 강했던 아람어 또는 히브리어를 사용하던 환경에서 처음 형성되었다."

30 최근의 논의는 다음을 보라. Jörg Frey, "Recent Perspectives on Johannine Dualism and Its Background," in *Text, Thought, and Practice in Qumran and Early Christianity*, ed. Ruth A. Clements and Daniel R. Schwartz, STDJ 84 (Leiden: Brill, 2009), 127-57.

31 더 균형 잡힌 견해는 다음을 보라. Richard J. Bauckham, "Qumran and the Fourth Gospel: Is There a Connection?" in *The Scrolls and the Scriptures: Qumran Fifty Years After*, ed. Stanley E. Porter and Craig A. Evans, JSPSup 26 (Sheffield: Sheffield Academic Press, 1997), 267-79; Frey, "Recent Perspectives on Johannine Dualism," 127-57.

만한 변화가 일어났다. 바우어[32]에서부터 테오도르 찬[33]과 한스 빈디쉬[34]에 이르는 초기 학자들을 비롯하여 영국의 벤자민 위스너 베이컨[35]이나 버닛 H. 스트리터[36] 같은 학자들은 요한복음이 특히 마가복음에 의존한다고 보았고, 따라서 학자들의 질문은 과연 요한복음 저자가 공관복음을 보충하거나 대체하고자 했는지로 귀결될 수밖에 없었다.[37] 학계의 변화는 케임브리지의 젊은 성직자 퍼시팔 가드너-스미스가 제2차 세계대전 직후에 쓴 작지만 영향력 있는 책을 통해 일어났다.[38] 가드너-스미스는 대부분 베이컨과의 논쟁에서 마가복음과 요한복음 간의 공통점을 단

---

32 다음을 보라. Ferdinand Christian Baur, *Kritische Untersuchungen über die kanonischen Evangelien* (Tübingen: Fues, 1847), 239-80; Heinrich Julius Holtzmann, "Das schriftstellerische Verhältnis des Johannes zu den Synoptikern," *ZWT* 12 (1869): 62-85, 155-78, 446-56.

33 Theodor Zahn, *Einleitung in das Neue Testament*, 2nd ed., 2 vols. (Leipzig: Deichert, 1900), 2:500-529.

34 Hans Windisch, *Johannes und die Synoptiker: Wollte der vierte Evangelist die älteren Evangelien ergänzen oder ersetzen?* UNT 12 (Leipzig: Hinrichs, 1926).

35 Benjamin W. Bacon, *The Fourth Gospel in Research and Debate* (New York: Moffat, Yard & Co., 1910), 368. Bacon의 학문에 관해서는 다음을 보라. Baird, *History of New Testament Research*, 2:299-305.

36 36 Burnett H. Streeter, *The Four Gospels: A Study of Origins Treating of the Manuscript Tradition, Authorship, and Dates* (London: Macmillan, 1924); Streeter에 관해서는 다음을 보라. Baird, *History of New Testament Research*, 2:265-66.

37 따라서 Windisch, *Johannes und die Synoptiker*에 포함된 주요 질문들.

38 P. Gardner-Smith, *Saint John and the Synoptic Gospels* (Cambridge: Cambridge University Press, 1938); 참조. D. Moody Smith, *John among the Gospels: The Relationship in Twentieth-Century Research* (Minneapolis: Fortress, 1992), 37-44; 그리고 Joseph Verheyden, "P. Gardner-Smith and the 'Turn of the Tide,'" in *John and the Synoptics*, ed. A. Denaux, BETL 101 (Leuven: Peeters, 1992), 423-52의 이 책의 주장과 수용에 대한 철저한 비판적 분석.

지 피상적으로만 검토하고 이 둘의 차이점을 크게 강조했고, 이 차이점에 근거하여 요한복음의 독립성을 주장했다(비록 입증하진 못했지만).[39] 이 새로운 관점은 혁명적으로 보였고, 이 관점의 웅변술은 많은 이들의 마음을 사로잡았다. 이 책에 대한 W. F. 하워드와 특히 C. H. 도드[40] 같은 영국 학자의 긍정적인 반응, 그리고 불트만과 그의 학파의 견해와 요한복음 독립성의 양립 가능성[41]은 영국[42]과 독일[43] 학계에서 제시한 요한복음의 독립성에 일시적으로 새로운 돌파구를 마련해주었다. 한편 북미에서는 요한복음 전승과 표적 자료(또는 심지어 표적 복음)의 독립적 발전 또는 궤적 개

---

39   다음의 비평을 보라. Ismo Dunderberg, *Johannes und die Synoptiker*, Annales Academiae Scientiarum Fennicae / Dissertationes humanarum litterarum 69 (Helsinki: Akateeminen Kirjakauppa, 1994), 23; Verheyden, "P. Gardner-Smith." 그는 이 책의 주장을 다음과 같이 요약한다. "유사점들은 문학적 의존성에 대한 불충분한 증거로 간주되고, 차이점들은 이 가설에 기초한 합리적인 설명을 제공한다고 볼 수 없다"(427); "공관복음다운 일화들에 대한 Gardner-Smith의 분석은 거의 의존설을 강하게 반대하는 슬로건의 모음집처럼 읽힌다"(429).

40   Wilbert F. Howard, *Christianity according to St. John* (London: Duckworth, 1943), 17, n. 2; C. H. Dodd, *History and the Gospel* (London: Nisbet, 1938), 80, n. 2; later idem, *The Interpretation of the Fourth Gospel* (Cambridge: Cambridge University Press, 1953), 449, n. 2; idem, *Historical Tradition in the Fourth Gospel* (Cambridge: Cambridge University Press, 1963), 8, n. 2.

41   요한복음의 독립설은 요한복음 전승의 뿌리가 초기의 세례자 요한 그룹의 배경과 기적 및 수난 내러티브의 요한복음 이전 자료설에 있다는 가설과 더 잘 조화를 이룬다.

42   또한 우리는 요한복음의 문학적 우선설의 아버지인 John A. T. Robinson이 Gardner-Smith에게 큰 영향을 받았다는 점을 지적해야 한다. 다음을 보라. John A. T. Robinson, "The New Look on the Fourth Gospel," in *Studia Evangelica 1*, ed. Kurt Aland et al. (Berlin: Akademie-Verlag, 1959), 338-50 (340).

43   예컨대 제2차 세계대전 이후의 요한복음 연구에 관한 첫 번째 보고서에 대한 긍정적인 반응은 다음을 보라. Ernst Haenchen, "Aus der Literatur zum Johannesevangelium 1929-1956," *TRev* 23 (1955): 295-335 (303).

넘이 다수의 견해가 되었고, 헬무트 쾨스터와 제임스 로빈슨,[44] 레이먼드 E. 브라운,[45] J. 루이스 마틴,[46] 로버트 T. 포트나,[47] 웨인 A. 믹스,[48] D. 무디 스미스[49] 등 많은 학자들이 이 견해에 동의했다.

물론 반대의 목소리도 항상 존재했다. 그 가운데 가장 주목할 만한 학자는 1955년에 권위 있는 주석서를 집필한 C. K. 바레트[50]와 여전히 요한복음의 마가복음 의존설을 지지한 불트만의 마르부르크 대학 후배 동료였던 베르너 게오르크 퀴멜이었다.[51] 하지만 다수의 학자가 요한복음 이전 자료에 대한 다양한 재구성에 의문을 제기하기 시작한 1980년

---

44   참조. James M. Robinson, "The Johannine Trajectory," in Helmut Koester and James M. Robinson, *Trajectories through Early Christianity* (Philadelphia: Fortress, 1971), 232-68; Helmut Koester, *Ancient Christian Gospels: Their History and Development* (Philadelphia: Trinity, 1990), 250-51.

45   Raymond E. Brown, *The Gospel according to John*, vol. 1, AB 29 (New York: Doubleday, 1966), xlvii.

46   J. Louis Martyn, *History and Theology in the Fourth Gospel*, 3rd ed. (Louisville: Westminster John Knox), 31, n. 5.

47   Robert T. Fortna, *The Gospel of Signs: A Reconstruction of the Narrative Source Underlying the Fourth Gospel*, SNTSMS (Cambridge: Cambridge University Press, 1970).

48   Wayne A. Meeks, "The Man from Heaven in Johannine Sectarianism," *JBL* 91 (1972): 44-72.

49   다음을 보라. Smith, *John among the Gospels*; idem, "Jesus Tradition," in *Handbook for the Study of the Historical Jesus*, ed. Tom Holmén and Stanley E. Porter, 4 vols. (Leiden: Brill, 2010), 3:1997-2039 (2038).

50   Charles Kingsley Barrett, *The Gospel according to St. John: An Introduction with Commentary and Notes on the Greek Text* (London: SPCK, 1955), 34-45.

51   Werner Georg Kümmel, *Einleitung in das Neue Testament* (Heidelberg: Quelle & Meyer, 1963), 137.

대에 이르기까지 요한복음 및 그 전승의 독립설 또는 "우선설"[52]의 영향력은 줄어들지 않았다.[53] 요한복음 이전 자료에 대한 추론에 반대하는 견해는 언어학 및 내러티브 연구의 영향, 요한복음 문체의 일관성에 대한 인식,[54] 그리고 여러 자료의 다양성과 자료비평학자들 주장의 순환성에 많은 영향을 받았다.[55] 길버트 판 벨레 등 다른 학자들이 제기한 표적-자료 이론[56]이 몰락하고 수난 내러티브 안에 별도의 자료가 존재한다는 이

---

52   따라서 초기 저작설을 제언한 학자들은 다음과 같다. John A. T. Robinson, *The Priority of John* (London: SCM, 1985); Klaus Berger, *Im Anfang war Johannes: Datierung und Theologie des vierten Evangeliums* (Stuttgart: Quell, 1997).

53   더 상세한 내용은 다음을 참조하라. Jörg Frey, "Das vierte Evangelium auf dem Hintergrund der älteren Evangelientradition: Zum Problem: Johannes und die Synoptiker," in *Die Herrlichkeit des Gekreuzigten: Studien zu den johanneischen Schriften I*, ed. Juliane Schlegel, WUNT 307 (Tübingen: Mohr Siebeck, 2013), 239-94 (255-60).

54   다음을 보라. Eugen Ruckstuhl and Peter Dschulnigg, *Stilkritik und Verfasserfrage im Johannesevangeliums: Die johanneischen Sprachmerkmale auf dem Hintergrund des Neuen Testaments und des zeitgenössischen hellenistischen Schrifttums*, NTOA 17 (Freiburg Schweiz: Universitätsverlag; Göttingen: Vandenhoeck & Ruprecht, 1991); 또한 Fortna 가설의 위조에 관해서는 다음을 보라. Eugen Ruckstuhl, "Sprache und Stil im johanneischen Schrifttum," in idem, *Die literarische Einheit des Johannesevangeliums*, enl. new ed., NTOA 17 (Freiburg Schweiz: Universitätsverlag; Göttingen: Vandenhoeck & Ruprecht, 1987), 304-31; 또한 Frey, *Die johanneische Eschatologie*, 1:429-45.

55   Georg Richter와 Jürgen Becker의 자료 이론에 대한 철저한 비평은 다음을 보라. Frey, *Die johanneische Eschatologie*, 1:273-97.

56   Van Belle, *Signs Source in the Fourth Gospel*; Frans Neirynck, "The Signs Source in the Fourth Gospel: A Critique of the Hypothesis," in *Evangelica II: 1982-1991: Collected Essays*, ed. F. van Segbroeck, BETL 94 (Leuven: Leuven University Press, 1991), 651-77; 참조. Udo Schnelle, *Antidocetic Christology in the Gospel of John: An Investigation of the Place of the Fourth Gospel in the Johannine School*, trans. Linda M. Maloney (Minneapolis: Fortress, 1992); Daniel Marguerat, "La 'source des signes' existe-t-elle?" in *La communauté johannique et son histoire*, ed. Jean-Daniel Kaestli et al. (Geneva: Cerf, 1990), 60-93.

론[57]에 의문이 제기되면서 프란즈 나이렁크와 마우리츠 사베,[58] 마르틴

57　참조. Manfred Lang, *Johannes und die Synoptiker: Eine redaktionsgeschichtliche Analyse von Joh 18-20 vor dem markinischen und lukanischen Hintergrund*, FRLANT 182 (Göttingen: Vandenhoeck & Ruprecht, 1999). 그는 요한복음 수난 내러티브는 요한복음의 해석의 관점을 고려하면 마가복음과 (일부 본문은) 누가복음을 통해 완전하게 설명될 수 있음을 설득력 있게 보여준다. 물론 반대하는 견해도 여전히 존재한다. 예컨대 Jürgen Becker, *Das Evangelium nach Johannes*, vol. 2: *Kapitel 11-21*, 3rd ed., ÖTK 4/2 (Gütersloh: Gütersloher Verlagshaus, 1991), 634-38; 그리고 더 최근에는 Frank Schleritt, *Der vorjohanneische Passionsbericht: Eine historisch-kritische und theologische Untersuchung zu Joh 2,13-22; 11,47-14,31 und 18,1-20,29*, BZNW 154 (Berlin: de Gruyter, 2007).

58　다음을 보라. Frans Neirynck, "John and the Synoptics," in *Evangelica: Gospel Studies—Étude d'Évangile*, ed. F. van Segbroeck, BETL 60 (Leuven: Peeters, 1982), 365-400; idem, "John and the Synoptics: The Empty Tomb Stories," in *Evangelica II*, 571-99; idem, "The Anonymous Disciple in John 1," in *Evangelica II*, 617-49; idem, "The Signs Source in the Fourth Gospel: A Critique of the Hypothesis," in *Evangelica II*, 651-77; idem, "John 4:46-54: Signs Source or Synoptic Gospels," in *Evangelica II*, 679-87; idem, "John 5:1-18 and the Gospel of Mark: A Response to Peder Borgen," in *Evangelica II*, 699-711; Maurits Sabbe, "The Arrest of Jesus in Jn 18,1-11 and Its Relation to the Synoptic Gospels," in *L'Évangile de Jean: Sources, redaction, théologie*, ed. Marinus de Jonge, BETL 44 (Gembloux: Duculot; Leuven: Leuven University Press, 1977), 203-34; idem, "The Anointing of Jesus in Jn 12,1-8 and Its Synoptic Parallels," in *The Four Gospels 1992*, Festschrift Frans Neirynck, ed. F. van Segbroeck, 3 vols., BETL 100 (Leuven: University Press, 1992), 3:2051-82; idem, "The Trial of Jesus before Pilate in John and Its Relation to the Synoptic Gospels," in *John and the Synoptics*, ed. Adalbert Denaux, BETL 101 (Leuven: Peeters, 1992), 341-85. 또한 다음의 보고서도 보라. Michael Labahn and Manfred Lang, "Johannes und die Synoptiker: Positionen und Impulse seit 1990," in *Kontexte des Johannesevangeliums*, ed. Jörg Frey and Udo Schnelle, WUNT 175 (Tübingen: Mohr Siebeck, 2004), 443-515 (450-51).

헹엘,[59] 우도 쉬넬레,[60] 하르트비크 투엔,[61] 리처드 보컴[62] 같은 학자들은 요한복음 저자가 공관복음 전승과 본문을 최종편집본과 이에 첨가된 21장에서뿐만 아니라 복음서 집필 과정에서도 활용했다는 견해를 재정립했다. 이는 요한복음 저자가 복음서 장르를 독립적으로 재창조했다기보다는 마가복음 저자가 최초로 고안해낸 것을 수용하고 수정했음을 암시한다.[63] 이것은 또한 요한복음의 내러티브 구조가 기본적으로 공관복음 구조 위에 세워졌으며[64] 공동체의 또 다른 전승으로 보충되었음을 암시한다. 물론 여기서 말하는 의존성은 마가복음, 마태복음, 누가복음 사이

59   Martin Hengel, *Die johanneische Frage: Ein Lösungsversuch, mit einem Beitrag zur Apokalypse von J. Frey*, WUNT 67 (Tübingen: Mohr Siebeck, 1993), 208-9; idem, *The Johannine Question* (London: SCM Press, 1989), 75.

60   Udo Schnelle, "Johannes und die Synoptiker," in *The Four Gospels 1992*, 2:1799-814; idem, *Einleitung in das Neue Testament*, 8th ed. (Göttingen: Vandenhoeck & Ruprecht, 2013), 577-81.

61   Hartwig Thyen, "Johannes und die Synoptiker," in *John and the Synoptics*, ed. Adalbert Denaux, BETL 101 (Leuven: Peeters, 1992), 81-107; idem, "Die Erzählung von den Bethanischen Geschwistern (Joh 11,1-12,19) als 'Palimpsest' über synoptischen Texten," in *The Four Gospels 1992*, 3:2021-50(요한복음 텍스트와 다른 세 복음서 사이에서 나타나는 모든 과감한 가설과 함께).

62   Richard J. Bauckham, "John for Readers of Mark," in *The Gospels for All Christians*, ed. Richard J. Bauckham (Grand Rapids: Eerdmans, 1998), 147-71.

63   참조. Schnelle, "Johannes und die Synoptiker," 1801-2; idem, *Einleitung in das Neue Testament*, 580; Frey, "Das vierte Evangelium," 264.

64   복음서 작성과 관련한 중요한 주장 가운데 하나는 막 6-8장과 요 6장, 그리고 수난 내러티브의 공통적인 내러티브 순서다. 다음을 보라. Schnelle, "Johannes und die Synoptiker," 1805-13; idem, *Einleitung in das Neue Testament*, 578; Ian D. Mackay, *John's Relationship with Mark: An Analysis of John 6 in the Light of Mark 6-8*, WUNT 2/182 (Tübingen: Mohr Siebeck, 2004).

에 존재하는 의존성과는 다르다. 하지만 이것은 요한복음 저자가 자신의 자료를 의도적으로 구성하는 과정에서 취사선택하는 방법을 사용했다고 볼 경우에만 성립된다(참조. 요 20:30-31).[65]

이보다 한층 더 도발적인 견해는 리처드 보컴의 실질적인 주장이다. 그는 요한복음이 마가복음을 활용했을 뿐만 아니라 마가복음 독자들을 염두에 두고 그들에게 보충 자료[66]와 전통적인 복음 이야기에 대한 더 깊은 신학적 해석을 제공했다고 주장한다.

나는 이러한 주장이 가드너-스미스 이전의 이론들과 대체로 일치하며 상당히 설득력이 있다고 생각한다. 요한복음의 내러티브 순서는 많은 경우 저자가 마가복음을 알고 있다는 전제하에 가장 잘 설명된다.[67] 또한 이 두 복음서의 공동 일화와 어록의 많은 부분도 여전히 요한복음 저자가

---

65 요한복음(또는 복음서 저자)의 독립설 지지자들은 종종 요한복음 전승과 공관복음 전승의 조화가 요한복음의 후기 편집(예. 요 21장) 과정에서 발생한 반면, 그 편집 단계보다 앞선 요한 공동체는 공관복음 자료에 대해 몰랐다는 점을 수용했다.

66 Bauckham, "John for Readers of Mark," 170은 요한복음이 마가의 이야기를 보충할 뿐 아니라 보완하지만, 반대로 마가복음도 요한의 이야기를 보완하는 것으로 읽을 수 있다고 주장한다. 이것은 연대기 문제를 비롯하여 베다니의 마리아를 예수에게 향유를 붓는 여인으로(요 11:2) 또는 가야바를 현직 대제사장으로(11:49) 보는 것에 올바르게 적용된다. 그러나 이러한 중요한 수정 작업은 과소평가되어서는 안 된다.

67 따라서 무리를 먹임(요 6:1-15 // 막 6:32-44), 바다에 나타남(요 6:16-21 // 막 6:45-52), 바다를 건넘(요 6:22-25 // 막 6:53-54), 표적을 구함(요 6:26 // 막 8:11-13), 베드로의 고백(요 6:66-71 // 막 8:27-30)을 포함하여 요 6장의 순서와 수난 내러티브의 순서(다음을 보라. Schnelle, *Einleitung in das Neue Testament*, 577).

공관복음 전승을 알지 못했다는 전제하에[68] 두 복음서의 공동 구전,[69] 요한복음의 공관복음 이전 자료 수용, 요한복음 이전 자료의 공관복음 이전 자료 수용,[70] 또는 단순히 요한복음의 후기 편집 수준에서의 조화 작업[71] 등 훨씬 더 복잡한 가설 제시보다는 마가복음의 직접적인 영향이 이를 더 잘 설명한다. 요한복음의 독립성을 지지하는 학자들의 논거는 단순히 역사적 개연성이 결여되어 있는 경우가 많다.[72] 예수의 수세와 성만찬 제정에 대한 침묵 등 요한복음의 독특한 차이점이나 예수의 마지막 말씀에서 약간의 차이점을 나타내는 요한복음 수난 내러티브의 독특한 설계는 요한복음의 기독론과 신학의 관점에서 마가복음을 비판적으로 수용하고

---

68 공관복음 자료의 독립성 또는 무지는 어떤 특정한 종류의 수용보다 훨씬 더 입증하기 어렵다는 방법론적인 문제는 거의 고려되지 않는다. 다음을 보라. Frey, "Das vierte Evangelium," 258.

69 따라서 Jürgen Becker, *Das Evangelium nach Johannes*, vol 1: *Kapitel 1-10*, 3rd ed., ÖTK 4/1 (Gütersloh: Gütersloher Verlagshaus, 1991), 45.

70 따라서 예컨대 Anton Dauer, *Die Passionsgeschichte im Johannesevangelium*, SANT 30 (München: Kösel, 1972), 121, 164 등.

71 따라서 Bultmann의 주석서에 나오는 그의 요 21장에 대한 논평과 요한복음의 "교회 차원의 편집"에 대한 다른 해석자들의 견해.

72 이것은 우리가 요한 공동체를 포함하여 초기 기독교 그룹들이 고립된 분파가 아니라 주변 세계는 물론 다른 예수 추종자들과도 소통했다는 점을 고려할 때 특히 타당하다. 다음을 보라. Richard J. Bauckham, "For Whom Were Gospels Written," in Bauckham, *The Gospels for All Christians*, 9-48. 추가 논의는 다음을 참조하라. Craig L. Blomberg, "The Gospels for Specific Communities *and* All Christians," in *The Audience of the Gospels: The Origins and Function of the Gospels in Early Christianity*, ed. Edward W. Klink III, LNTS 353 (London: T&T Clark, 2010), 111-33; Richard J. Bauckham, "Is There Patristic Counter-Evidence? A Response to Margaret Mitchell," in Klink, *Audience of the Gospels*, 68-110; Martin Hengel, *Die vier Evangelien und das eine Evangelium von Jesus Christus*, WUNT 224 (Tübingen: Mohr Siebeck, 2008), 184-96.

수정한다고도 이해할 수 있다.[73]

이 점을 설명하기 위해 나는 내가 보기에 가장 확실하고 설득력 있는 예를 제시할 것이다.[74] 예수의 겟세마네 기도에 관한 일화(막 14:32-42)는 요한복음의 수난 내러티브에서 서술되지 않는다. 하지만 이 일화는 과연 정말로 복음서 저자나 그의 독자들에게 알려지지 않았던 것일까? 복음서 곳곳을 살펴보면 이 이야기의 모티프(예. 괴로워하는 예수의 모습, 죽음을 피하거나 지나가게 해달라는 기도, "잔을 마시다", "그때", 대적이 가까이 왔다 등)가 상당히 다른 방식으로 수용되는 예를 여러 본문에서 발견할 수 있다.

a) 고별 담화 첫 단원 끝부분에서 요한복음 14:31의 "일어나라. 여기를 떠나자"(ἐγείρεσθε, ἄγωμεν ἐντεῦθεν)는 분명히 예수가 체포되는 이야기로 전환하는 마가복음 14:42의 "일어나라. 함께 가자. 보라! 나를 파는 자가 가까이 왔느니라"(ἐγείρεσθε, ἄγωμεν· ἰδού, ὁ παραδιδούς με ἤγγικεν)를 수용한다. 그러나 요한복음은 18:1-11에서 예수가 체포되는 이야기가 서술될 때까지 세 장에 걸쳐 고별 담화를 이어나간다. 마가복음의 겟세마네 일화의 마지막 두 말씀을 인용한 것[75] 외에 대적이 가까이 다가오는 모티프도 등장한다. 이 모티프는 직전 구절에서 소개되는데, 여기서 요한복음

---

73 흥미롭게도 요 3:24은 "마치 이미 독자들/청자들이 그것을 알고 있고, 연대기 관련 문제가 문제시되고 있던 것처럼" 요한의 투옥에 대한 공관복음 기사의 상세한 내용을 암시한다(Bauckham, "John for Readers of Mark," 153).

74 Frey, "Das vierte Evangelium," 265-71.

75 그러나 마지막 두 말씀이 정확하게 일치하는 것을 인용으로 볼 수 있을지는 논쟁의 대상이지만, 이 경우에는 다른 여러 모티프가 이 주장을 강화해준다. (1) 요 14:30b의 인접 문맥에 등장하는 대적의 도래 모티프, (2) 18:1에서 내러티브가 계속됨.

은 유다를 언급하는 대신에 죽임을 당한 예수와 곧 조우하게 될 "이 세상의 임금(14:30b)을 언급한다.

b) 요한복음 14:31의 짧은 인용문은 마가복음 의존설을 입증할 수 없지만, 겟세마네 이야기로부터 여러 모티프를 수용한 본문이 두 개 더 있다는 사실은 이 가설을 강화한다. 자신의 "때"(23절)를 선포한 후 예수는 12:27-28에서 "지금 내 마음이 괴로우니 무슨 말을 하리요? 아버지여! 나를 구원하여 이때를 면하게 하여 주옵소서. 그러나 내가 이를 위하여 이때에 왔나이다. 아버지여! 아버지의 이름을 영광스럽게 하옵소서"라고 말한다. 우리는 여기서 괴로워하는 예수 모티프(막 14:34; 참조. 시 41/42편 LXX), 그 "때"의 모티프(마가복음의 겟세마네 일화에서 두 번 언급됨; 막 14:35, 41), "이 때"로부터 구원해달라는 예수의 기도(마가복음의 내용과 형식을 따름)를 발견할 수 있다. 두 본문의 중요한 차이점은 요한복음이 마가복음의 겟세마네 기도를 명시적으로 거부한다는 것이다. 요한복음 12:28에서 예수의 기도를 문자 그대로 인용한 것은 신적 명령 또는 필연성을 가리키며, 이것이 바로 요한복음 저자가 그 "때"를 피하게 해달라는 기도의 의미를 공개적으로 거부할 필요가 있다고 생각하게 된 이유다.

c) 나중에 예수는 (마가복음의 겟세마네 장면에 이어) 자신이 체포되는 상황에서 검으로 자신을 방어하려는 제자들을 저지하면서 "아버지께서 주신 잔을 내가 마시지 아니하겠느냐?"(요 18:11)라고 말한다. 또한 여기서 예수가 자신의 운명을 아버지의 뜻을 따라 자발적으로 받아들이는 모습과 함께 "잔을 마시는" 모티프가 사용된 점은 예수의 겟세마네 기도의

반전을 보여준다.

요한복음 저자가 서로 동떨어져 있는 다른 세 문맥에서 마가복음의 겟세마네 기사의 여러 모티프를 언급한 점은 그가 마가의 이야기를 알고 있었음에도 이를 그대로 전하기보다는 그 중심 모티프를 수용하고, 자신의 기독론적 통찰에 따라 이를 수정하거나 심지어 거부했다는 전제하에서만 설명 가능하다. 요한복음의 관점에 의하면 예수는 실제로 죽음의 잔을 회피할 수 없었고 따라서 마가복음의 기도를 명시적으로 거부할 수밖에 없었다. 이와 마찬가지로 요한복음의 기록론적 관점에서 보면 예수는 하나님으로부터 실제로 버림 받았다고 느낄 수 없었고, 따라서 그의 마지막 십자가 발언은 시편 22편의 고통 받는 의인의 탄식(막 15:34에서처럼)이 아니라 의도적인 승리와 성취의 외침으로 전환한다(요 19:30).

요한복음이 겟세마네 일화의 여러 모티프를 소개하는 방식은 중요한 의미를 담고 있다. 이 일화는 비록 여기서 서술되진 않지만, 그 모티프 중 하나인 그 "때"는 예수의 죽음을 둘러싼 사건들을 설명하는 중요한 핵심 단어로 사용될 뿐 아니라 또한 광범위하게 사용된다.[76] 나아가 다른 모티프들도 서로 다른 세 문맥(12, 14, 18장)에서 다양하게 결합하여 사용된다. 상대적으로 그리 중요하지 않은 마가복음 기사의 결말 부분("일어나라. 여기를 떠나자!")은 그대로 재현되지만, 이 일화의 중요 골자인 이때가 지

---

76   요한복음에 나타난 예수의 때 모티프에 관해서는 다음을 보라. Frey, *Die johanneische Eschatologie*, 2:216-21.

나가게 해달라는 예수의 기도는 명백하게 생략되고 요한복음 기독론과 더 잘 어울리는 기도로 대체된다. 이 모티프들이 서로 다른 세 문맥에서 다양하게 결합하여 사용된 점은 오직 저자가 이 일화를 그대로 수용했다는 사실로만 설명이 가능하며, 그 정반대의 설명으로는 불가능하다. 게다가 이러한 편집 작업은 저자가 이 전승들을 단순히 자신의 이야기 구성을 위한 창고로 사용했다는 추론만으로는 설명될 수 없고, 오히려 12:27-28과 18:11에서 마가복음의 이야기를 공개적으로 비판한 것으로, 즉 자신이 거부한 개념들을 적극적으로 활용한 것으로 이해해야 한다.

이것은 오직 내재 독자들이 이 예수의 기도를 알고 있었을 경우에만 가능하다. 다시 말해 이러한 추론은 그들이 요한복음의 예수(혹은 그의 말씀을 기록한 복음서 저자)에게 명시적으로 비판을 받은 예수의 수난 내러티브를 포함하여 공관복음 자료에 대해 알고 있었을 경우에 한해서만 가능하다. 적어도 요한복음 저자는 여기서 마가복음 독자들(또는 청자들)을 향해 이야기하며, 예수가 의도적으로 자신의 "때"에 맞추어 아버지께서 주신 "잔을 마신다는" 자신의 기독론적 견해를 소개하기 위해 그 이야기를 사용한다(다시 말하면 예수는 요 19:30이 확인해주듯이 아버지와 같은 마음으로, 그리고 자신의 사명을 성취하는 차원에서 죽음을 받아들인다).

우리는 이 자리에서 추가적인 예를 제시하지 않고서도 요한복음이 공관복음을 전제하며, 예수의 초기 전승, 특히 마가복음(어쩌면 누가복음의 일부 내용도 포함하여)을 선별하여 비판적으로 재해석한 것으로 보는 것이 가장 좋다고 결론지을 수 있다.[77] 위에서 제시한 예에 비추어 볼 때 요한복음 저자가 공관복음 자료에 대해 전혀 몰랐다거나 자신의 복음서를 독립적으로 기록했다는 생각은 더 이상 유지될 수 없다.

요한복음의 자료비평에 대한 이러한 결론이 가져다주는 결과는 분명하다. 만약 마가의 이야기에 대한 지식이 요한복음 이야기의 기초가 된다면 요한복음의 배후에―요한복음의 기적 기사든 수난 기사든 간에―다른 일련의 이야기 자료가 실제로 존재했음을 입증하는 것은 불가능하다. 물론 다른 이야기 자료에 대한 지식이나 그 존재를 배제하는 것도 불가능하다. 이것은 기껏해야 가정적으로 추론할 수는 있지만, 확실하게 입증할 수는 없다. 만약 우리가 여기서 오컴의 면도날 이론을 적용한다면―즉 최소한의 가정으로 설명할 수 있는 것이 가장 좋은 것이라면―가장 좋은 방법은 (꽤 자유롭게 사용한) 마가복음을 가장 기초적인 자료로 삼는 것이다. 그렇다면 우리는 마가복음에 없는 일화들에 대해서는 요한복음 저자가 별개의 내러티브 전승[78]과 어록[79](아마도 요한 공동체와 그들의 언어를 통해 형성되고 전달된)을 사용했을 것으로 추론―또한 어떤 경우에는 입증―할 수 있다. 하지만 복음서 저자의 선택과 창의력 또한 과소평가되어서는

---

77   참조. Schnelle, *Einleitung in das Neue Testament*, 580-81; Hengel, *The Johannine Question*, 75.

78   이것은 기적 이야기들과 관련하여 이미 입증되었다. 다음을 보라. Michael Labahn, *Jesus als Lebensspender: Untersuchungen zu einer Geschichte der johanneischen Traditionen anhand ihrer Wundergeschichten*, BZNW 9 (Berlin: de Gruyter, 1999).

79   요한복음 담화 배후에 있는 전통적인 말씀들에 관해서는 다음을 보라. Michael Theobald, *Herrenworte im Johannesevangelium*, HBS 34 (Freiburg im Breisgau: Herder, 2002).

안 된다. 모든 자료—성경과 예수의 초기 전승—에 대한 저자의 자유롭고 창의적인 사용은 공관복음과 다르며, 이러한 사실은 복음서들 가운데 요한복음을 독특한 작품으로 만들어준다. 우리는 이 복음서 저자가 자료들을 자신의 복음서에 완전히 통합시켰다고 전제할 수 없으며, 따라서 요한복음의 자료를 정확하고 완벽하게 재구성하려는 시도는 "공상 과학 소설"로 간주할 수밖에 없다.[80]

그러나 요한복음의 역사적 자료의 가치 문제는 이러한 결론으로 해결되지 않는다. 오히려 정반대로 요한복음의 마가복음 의존설은 요한복음의 비역사화를 강화하는 것으로 보인다. 만약 요한복음과 마가복음의 차이점을 주로 요한복음 저자의 신학적 의도로 설명한다면 이러한 차이점은 예수 또는 초기 공동체의 역사를 재구성하기 위한 대안적 정보를 수집하는 데 기여할 가능성은 낮다. 만약 요한복음 저자가 마가복음을 알고 있었거나 심지어 마가복음 독자들을 대상으로 요한복음을 썼다면 저자의 서술은 예수 전승의 역사적 기원에서 훨씬 더 멀어진다.

그러나 요한복음은 신화도, 단순한 알레고리도, 하르트비크 투엔의 과감한 표현처럼 공관복음 위에 "덮어쓴 고대 문서"도 아니다.[81] 요한복음은 사실적 내러티브로서[82] 지상 예수의 이야기를 공관복음과 유사한

---

80   따라서 자료비평의 방법론적인 성과는 매우 제한적이다. Bultmann의 주석서에서 소개한 것처럼 다양한 자료를 자신의 복음서를 집필하는 데 활용하는 복음서 저자의 이미지는 그 어떤 역사적 개연성도 없다. 다음을 보라. Frey, *Die johanneische Eschatologie*, 1:141-42.

81   따라서 Thyen, "Die Erzählung von den Bethanischen Geschwistern (Joh 11, 1-12,19)."

82   "서사학, 사실성, 허구의 틀 안에서" 전개되는 요한복음 내러티브의 특징 연구에 관해서

방식으로, 그리고 마가복음이 최초로 "고안해낸" 장르를 의도적으로 수용하는 방식으로 서술한다. 요한복음은 지상 예수의 사역과 죽음에 관한 내러티브로서 세례자 요한과의 만남에서부터 부활 이후의 출현까지 어떤 특정 지역의 분명한 장소들과 확실한 시간에 일어난 사건을 다룬다.

하지만 복음서 저자는 예수 이야기를 그토록 자유롭게 재구성하면서 어떻게 동시에 이러한 주장을 견지할 수 있을까? 초기 전승들을 거부하거나 수정하며 "대안적 사실들"을 제공하면서 그는 어떻게 더 나은 이야기를 서술한다고 주장할 수 있을까? 이러한 질문은 역사적인 문제뿐만 아니라 신학적인 문제까지도 모두 다룬다.

따라서 신빙성 있는 해석은 역사적인 질문을 간과할 수 없다. 이러한 해석은 요한복음을 마가복음과 다른 공관복음 그리고 그 자료들의 다른 관점과 비교해야 하며, 요한복음 내러티브 자료의 가치와 요한복음 배후에 있는 역사적 전승에 대해 질문해야 한다. 일부 질문은 더 이상 답변이 불가능하거나 역사적 사건이나 정황의 대략이 전승 과정에서 점차적으로 사라졌다고 말하는 것이 옳을 것이다. 하지만 역사적 질문을 배제하

는 다음을 보라. Susanne Luther, "From Bethlehem, according to the Promise, or Rather from Nazareth? Narrative and History in John's Gospel," *Early Christianity* 8 (2017): 9-29 (18-23). 여기서 요한복음 내러티브는 "허구화하는 문학적 전략이 사용된 사실적 텍스트"로 분류된다(21). 서사학 이론에서 사용되는 "허구적"(fictional)과 "사실적"(factual)이란 용어에 관해서는 다음을 보라. G. Genette, "Fictional Narrative, Factual Narrative," *Poetics Today* 11 (1990): 755-74. 학제간의 논의는 다음을 보라. *Wirklichkeitserzählungen: Felder, Formen und Funktionen nicht-literarischen Erzählens,* ed. Christian Klein and Matias Martinez (Stuttgart: Metzler, 2009).

는 것은, 현대의 일부 해석 전략에서 흔히 찾아볼 수 있듯이,[83] 본문의 주장에 대한 부적절하고도 불충분한 대응책이 될 것이다.

3. 요한복음의 역사 탐구: 최근 접근법에서 나타나는 방법론적인 문제

하지만 우리는 요한복음의 역사적 전승에 대해 어떤 질문을 던질 수 있을까? 과연 우리는 요한복음 본문에 들어 있는 요소들의 역사적 자료의 가치를 어떻게 판단할 수 있을까? "요한복음의 역사적 전승"에 대한 C. H. 도드의 선구자적인 연구는 수십 년 동안 이와 관련된 문제를 다룬 유일한 연구였다. 비록 도드가 공관복음에 대한 요한복음의 독립성을 전제하긴 했지만, 그의 연구는 요한복음 저자가 적어도 마가복음을 알고 있었다고 확신하는 학자들에게도 가치 있는 연구였다.[84] 지난 20년 동안만 보더라

---

83   비록 이 텍스트의 공시적 독법과 내러티브 독법이 아주 많은 관찰을 불러일으키고 전반적으로 훨씬 더 적절한 이해를 가능하게 했지만, 역사적인 질문을 간과하는 행위는 근본주의나 단정적 회의주의 중 하나에 물타기일 뿐, 이 두 가지 모두 부적절하다. 이러한 도전의 관점에서 볼 때 건전한 문헌학적·역사적 방법은 필수적이다.

84   Dodd, *Historical Tradition*. 그 이후의 논의는 다음을 참조하라. Don A. Carson, "Historical Tradition in the Fourth Gospel: After Dodd, What?" in *Gospel Perspectives*, vol. 2: *Studies of History and Tradition in the Four Gospels*, ed. R. T. France and David Wenham (Sheffield: JSOT Press, 1981), 83-145. 더 최근의 논의는 다음을 보라. Francis J. Moloney, "The Fourth Gospel and the Jesus of History," *NTS* 46 (2000): 42-58; Craig A. Evans, "The Historical Reliability of John's Gospel: From What Perspective Should it be Assessed?"

도 역사적 문제에 대한 관심을 되살리고 요한복음의 역사적 자료에 더 긍정적인 가치를 부여하려는 시도는 적지 않았다.

우리는 현 시점에서 이 모든 시도를 상세하게 소개하고 논의할 수는 없다. 그 대신 우리는 소위 요한복음의 "재역사화"라고 부를 수 있는 다양한 시도에서 찾아볼 수 있는 방법론적인 문제들을 자세히 들여다볼 것이다.

이러한 접근법 가운데 일부는 아직도 요한복음이 어떤 사도적 목격자에 의해 작성되었다는 확신이 그 저변에 깔려 있다.[85] 우리는 이러한 전통적인 주장이 안고 있는 다수의 문제를 여기서 모두 다룰 수는 없지만,[86]

in *The Gospel of John and Christian Theology*, ed. Richard J. Bauckham and C. Moser (Grand Rapids: Eerdmans, 2008), 91-119; James H. Charlesworth, "The Historical Jesus in the Fourth Gospel: A Paradigm Shift?" *JSHJ* 8 (2010): 3-46. 더 최근의 포괄적인 분석은 다음을 보라. D. Moody Smith, "Jesus Tradition in the Gospel of John," in Holmén and Porter, *Handbook for the Study of the Historical Jesus*, 3:1997-2039; Jörg Frey, "Johannesevangelium," in *Jesus Handbuch*, ed. Jens Schröter and Christine Jacobi (Tübingen: Mohr Siebeck, 2017), 137-45.

85   따라서 예컨대 Don A. Carson, *The Gospel according to John* (Leicester: InterVarsity; Grand Rapids: Eerdmans, 1991), 40-81; Craig L. Blomberg, "The Historical Reliability of John: Rushing in Where Angels Fear to Tread?" in *Jesus in Johannine Tradition*, ed. Robert T. Fortna and Tom Thatcher (Louisville: Westminster John Knox, 2001), 71-82; idem, *The Historical Reliability of John's Gospel: Issues and Commentary* (Downers Grove, Ill.: InterVarsity, 2002); Andreas J. Koestenberger, "Early Doubts of the Apostolic Authorship of the Fourth Gospel in the History of Modern Biblical Criticism," in idem, *Studies on John and Gender: A Decade of Scholarship*, Studies in Biblical Literature 38 (New York: Peter Lang, 2001), 17-47; idem, *John*, BECNT (Grand Rapids: Baker, 2004).

86   내가 제기한 요한복음 저작설에 관한 전통적인 견해의 문제점은 다음을 보라. Frey, "Das Corpus Johanneum und die Apokalypse des Johannes: Die Johanneslegende, die Probleme der johanneischen Verfasserschaft und die Frage der Pseudonymität der Apokalypse," in

설령 이 저자가 예수의 사역 전체를 직접 경험한 목격자라 하더라도 그의 역사에 관한 언급이 다른 복음서의 것보다 더 신뢰할 만하다는 견해를 보장해주지는 않을 것이다. 따라서 일부 보수 학자들(로마 가톨릭[87] 또는 개신교[88])이 다양한 이유에서 옹호할 책임을 느끼는 요한복음 저작권에 대한 전통적인 견해는 요한복음의 역사적 신빙성을 판단하는 데 있어 결정적이거나 유용한 기준이 될 수 없으며, 그런 관점에서 자신의 견해를 표명하는 학자들은 복음서 저자의 신학적 의도와 창의성을 과소평가할 위험이 더 크다고 할 수 있다.[89]

Poetik und Intertextualität der Apokalypse, ed. S. Alkier, T. Hieke, and T. Nicklas, WUNT 346 (Tübingen: Mohr Siebeck, 2015), 71-133(특히 90-103).

87 제2차 바티칸 공의회 이전의 가장 탁월한 로마 가톨릭 주석서인 Marie-Joseph Lagrange, Évangile selon Saint Jean, 2nd ed., EBib 16 (Paris: Gabalda, 1925)을 참조하라. 더 최근의 로마 가톨릭 학계에 관해서는 다음을 보라. Benedikt Schwank, Evangelium nach Johannes: Erläutert für die Praxis (St. Ottilien: EOS, 1998); Robert Mercier, L'Évangile "pour que vous croyez": Le quatrième évangile (selon Saint Jean) (Montreal: Wilson & Lafleur, 2010).

88 위 각주 85에 언급한 저자들 외에, 보수주의의 "고전", 영국의 F. C. Baur의 대적인 Joseph Barber Lightfoot와 독일의 Harnack과 현대 자유 신학의 대적인 Theodor Zahn을 참조하라. Joseph Barber Lightfoot, Biblical Essays (London: Macmillan, 1983), 47-122; idem, The Gospel of St. John: A Newly Discovered Commentary, ed. Ben Witherington III and Todd D. Still (Downers Grove, Ill.: IVP Academic, 2015); 참조. Martin Hengel, "Bishop Lightfoot and the Tübingen School on the Gospel of John and the Second Century," Durham University Journal: Supplement (1992): 23-51 (repr. in Lightfoot, The Gospel of St. John, 326-59); Geoffrey L. Treloar, Lightfoot the Historian: The Nature and Role of History in the Life and ought of J. B. Lightfoot (1828-1889) as Churchman and Scholar, WUNT 2/103 (Tübingen: Mohr Siebeck, 1998). Zahn의 학문에 관해서는 그의 매우 탁월한 신약성경 개론과 그의 요한복음 주석을 보라. Theodor Zahn, Einleitung in das Neue Testament, 3rd ed., 2 vols. (Leipzig: Deichert, 1906); idem, Das Evangelium des Johannes, repr. of the 5th/6th edition (Wuppertal: Brockhaus, 1983 [1921]).

89 다음을 보라. Frey, Glory of the Crucified One, 28-30.

하지만 이러한 요한의 "재역사화"는 전통적인 요한복음 저작설을 전제하지 않는 학자들에 의해서도 지지를 받아왔다. 파피아스[90](기껏해야 예수의 마지막 며칠 간의 행적만을 목격했을 것으로 보임)의 글에 언급된 장로 요한을 이 복음서의 저자로 간주하는 리처드 보컴은 요한복음의 역사 서술적 특징들을 지적하며 복음서 저자는 이전에 생각했던 것보다 역사에 더 특이한 관심을 갖고 있었다고 결론짓는다.[91] 폴 앤더슨은 요한복음의 역사적 자료의 가치를 재고할 것을 강력히 요구했고, 이에 힘입어 세계성서학회(SBL)의 "요한, 예수, 그리고 역사"라는 토론 그룹은 이 문제를 보다 더 폭넓게 논의했다. 이 프로젝트는 앤더슨의 단행본 한 권을 비롯하여 상세한 연구가 담긴 세 권의 논문집을 출간했다.[92] 기고자 명단에는 이 프로젝트를 지지하는 학자들뿐만 아니라[93] 비판적인 목소리를 내는 학자

---

90 Richard J. Bauckham, "The Beloved Disciple as an Ideal Author," *JSNT* 39 (1993): 21-44, repr. in idem, *The Testimony of the Beloved Disciple: Narrative, History, and Theology in the Gospel of John* (Grand Rapids: Eerdmans, 2007), 73-91; idem, "Papias and Polykrates on the Origins of the Fourth Gospel," *JTS* 33 (1993): 24-69. 또한 Hengel, *Die johanneische Frage*, 75-113, 219-224, and 275-325.

91 Richard J. Bauckham, "Historiographical Characteristics of the Gospel of John," *NTS* 53 (2007): 17-36, repr. in idem, *Testimony of the Beloved Disciple*, 93-112.

92 Paul N. Anderson, *The Fourth Gospel and the Quest for Jesus: Modern Foundations Reconsidered*, Library of New Testament Studies (London: T&T Clark, 2006; 2nd ed., 2007); Anderson, Just, and Thatcher, eds., *John, Jesus and History*, vol. 1; *John, Jesus, and History*, vol. 2: *Aspects of Historicity in the Fourth Gospel*, ed. Paul N. Anderson, Felix Just, and Tom Thatcher, ECL 12 (Atlanta: SBL, 2009); *John, Jesus, and History*, vol. 3: *Glimpses of Jesus through the Johannine Lens*, ed. Paul N. Anderson, Felix Just, S.J., and Tom Thatcher, ELC 18 (Atlanta: SBL, 2016).

93 예컨대 다수의 요한복음 전문가의 다소 비평적인 견해를 보라. Gilbert van Belle and Sydney Palmer, "John's Literary Unity and the Problem of Historicity," in Anderson, Just,

들까지 포함되어 있어 학문적으로 매우 중요한 자극제 역할을 하고 있다. 또한 이 논문집에 수록된 다수의 강령적인 진술과 일부 논문은 방법론에 대해 다양한 문제를 제기한다.

따라서 여기서 우리는 가치 있는 결론에 도달하기 위해 피해야 할 방법론적인 문제와 교착점에 초점을 맞출 것이다.

3.1 "역사화 접근법"과 저자의 관점 간과하기

첫 번째 방법론적 교착점은 내가 다른 곳에서 "역사화 접근법"이라고 부른 것에 근거를 두고 있다.[94] 찬과 웨스트코트[95] 같은 탁월한 보수 학자들뿐만 아니라 일부 현대 복음주의 주석가들[96]의 지지를 받고 있는 독법은

---

and Thatcher, *John, Jesus, and History*, 1:217-28; John Painter, "Memory Holds the Key: The Transformation of Memory in the Interface of History and Theology in John," in idem, 229-45; Jean Zumstein, "Story, Plot, and History in the Johannine Passion Narrative," in Anderson, Just, and Thatcher, *John, Jesus, and History*, 3:109-18; Annette Merz, "Response to the Essays in Part 2," in idem, 299-317; Michael Theobald, "Johannine Dominical Sayings as Metatexts of Synoptic Sayings of Jesus: Reflections on a New Category within Reception History," in idem, 383-406; Jörg Frey, "From the 'Kingdom of God' to 'Eternal Life': The Transformation of Theological Language in the Fourth Gospel," in idem, 439-48.

94   다음을 보라. Frey, *Glory of the Crucified One*, 7-11.

95   Brooke Foss Westcott, *The Gospel according to St. John: The Greek Text with Introduction and Notes*, 2 vols. (London: Murray. 1908); and Zahn, *Das Evangelium des Johannes*.

96   따라서 Leon Morris, *The Gospel according to John* (Grand Rapids: Eerdmans, 1995); Carson, *Gospel according to John*; Andreas J. Köstenberger, *John*, BECNT (Grand Rapids: Baker Academic, 2004); Blomberg, *Historical Reliability of John's Gospel*.

요한복음을 주로 지상 예수의 시대와 역사에 관한 정보를 제공하는 것으로 이해한다. 본문의 모든 요소는 예수와 동시대인들이 살던 시대 및 역사와 관련이 있지만, 후대 또는 요한복음 저자와 그의 독자들의 관점은 무시되거나 대체로 거부된다.

이것이 바로 요한복음을 읽는 고전적인 방법 중 하나다. 이것은 지배적인 "신학적" 읽기와 대조를 보이지 않는 가운데 고대 사회에서 이미 적용한 방법이며, 장 칼뱅[97] 같은 종교개혁자들도 이 방법을 사용했다. 이 접근법은 요한복음 저자가 지상 예수의 이야기를 일어난 일 그대로 서술하고, 또 "사랑하는 제자" 곧 "이 일들을 기록한"(요 21:24) 목격자(적어도 예수의 수난에 대해)가 승인한 이야기를 서술한다고 주장하는 사실과 일치하는 것 같다. 학자들이 요한의 저작에 관한 전승을 당연시하고 요한복음과 공관복음의 차이점을 간과하거나 서로 조화시킨다면 "역사화 접근법"은 아무런 문제가 없다.

그러나 해석자들이 특정 본문의 내용을 설명하고 공관복음과의 차이점을 설명하는 방식을 자세히 살펴보면 이 접근법의 취약점이 드러난다.

이 접근법의 주해적 영향을 설명하기 위해 우리는 하나님 나라에 들어가기 위해서는 "물과 영으로" 태어나야 한다고 말하는 예수와 니고데

---

97 다음 책에 실린 라틴어 텍스트 판본을 보라. Johannes Calvin, *In Evangelium secundum Johannem Commentarius*, ed. Helmut Feld, 2 vols., Ioannis Calvini opera omnia denuo recognita, ser. 2, vol. 11/1-2 (Geneva, 1997-1998).

모의 대화(요 3:5)를 간략하게 살펴볼 필요가 있다. 이 말씀은 기독교 전통에서 주로 기독교 세례와 연관되어왔는데, 세례를 기독교 공동체의 입교 의식으로 인식하고 있는 독자들에게는 상당히 자연스러운 생각이다. 그러나 역사화를 지지하는 저자들은 예수가 니고데모에게 한 말씀이 기독교 세례를 가리킬 수 없다고 주장한다. 아무튼 예수와 동시대를 살았던 바리새인 니고데모는 그 당시 이것을 세례에 대한 언급으로 이해하지 못했을 것이다.[98] 오히려 이 저자들은 이 말씀이 니고데모가 당대의 역사적 인물로서 알고 있던 유대교 정결 의식이나 요한의 세례 관행을 가리킨다고 주장한다.[99] 다른 주장들은 출산에 관한 고대 유대인들의 의학 개념이 들어 있는 상당히 동떨어진 자료에 의존하는데, 거기서 "물"은 사람의 정액이나 출산 과정에 대한 완곡어법이다.[100] 다른 학자들은 요한복음 문맥

---

[98] Richard J. Bauckham(*Gospel of Glory: Major Themes in Johannine Theology* [Grand Rapids: Baker Academic, 2015], 82;『요한복음 새롭게 보기』[새물결플러스 역간])는 이 기준을 이렇게 표현한다. "타당성 있는 해석은 예루살렘에서 예수의 지상 사역 초기에 그와 유대 공의회 바리새파 의원인 니고데모가 나눈 대화가 그 내러티브 문맥에서 말이 통해야 한다." 적어도 Bauckham은 이 기준이 "이 내러티브가 실제로 일어난 대화에 대한 역사적 보고서라는 전제"와 혼동을 일으키지 않기를 원한다(82). 그러나 문제는 어떤 해석이 바리새인들과 예루살렘, 그리고 니고데모 같은 인물의 지적 배경에 관해 자료에 기초한 지식과 더불어 역사적인 지식을 소유한 독자로서 우리에게 말이 되어야 하는지, 아니면 예수 당시 예루살렘의 역사적 상황에 관한 직접적인 지식이 없거나 거의 없고, 그 당시에 활동한 어떤 유대 지도자의 사상계에 대한 어떤 역사적 성찰이 없는 요한복음 독자들에게 말이 되어야 하는지에 관한 것이다. 그들에게는 특히 "유대인들" 또는 유대 지도자들과 관련하여 비판적인 역사적 구분 없이 어떤 지평의 혼합이 훨씬 더 요구되었고, 이것은 또한 이 복음서의 다른 본문들에 나타난 "유대인들"의 이미지를 통해 확인된다.

[99] 다음을 보라. Bauckham, *Gospel of Glory*, 85.

[100] 다음을 보라. Bauckham, *Gospel of Glory*, 86-87.

에서 초점이 영적 출생에 있기 때문에 물에 대한 언급은 그리 중요하지 않다고 강조한다.[101] 하지만 유대 자료의 사용에 있어 그들의 주장이 부적절하다는 것 외에도 그들은 1세기 말 기독교 독자들이라면 당연히 알았을 법한 이 측면, 즉 이것이 예수의 영역 안으로 들어가는 기독교 입교, 곧 세례라는 이름으로 알려진 물 의식을 가리킨다는 점을 완전히 무시한다.[102] 어떤 해석이 설득력이 있으려면 그 의미가 내러티브 문맥(예수와 니고데모의 대화) 안에서 통해야 하는 것은 당연한 일이다. 하지만 그것이 당연한 일이라 하더라도 우리는 예수 당시 예루살렘의 어떤 유대인이—우리의 역사적 지식에 따라—이해할 법한 요한복음의 의미에 과연 우리가 한계를 정할 수 있는지 진지하게 질문해야 한다. 요한복음 저자가 가야바와 빌라도 같은 역사적 인물이 역사적 정황에서는 결코 말할 수 없었던

---

101 이러한 경향은 Bauckham의 제언(*Gospel of Glory*, 89-90)에서도 발견된다. 그는 이 표현은 "성령인 양수(羊水)"로 이해해야 하며, 예수의 말씀은 다음과 같이 표현될 수 있다고 말한다. "하나님 나라에 들어가려면 사람은 인간 어머니의 양수(羊水)가 아니라 성령인 양수로 태어나야만 한다." Bauckham이 지적하듯이 이러한 독법은 위에서부터 내려오는 성령을 통해 이루어지는 영적 회복에 관한 성경 본문을 통해 쉽게 이해할 수 있다(사 32:15 LXX; 겔 26:17; 호 1:10). 그러나 요 3:5의 구문법은 독자가 물을 과거의 육체적 출생과 연결하고 영은 (양수로서의 물이라는 또 다른 은유와 함께) 미래의 영적 출생과 연결해야 한다는 것을 암시하지 않는다. 따라서 세례의 일차적인 지시 대상 없이 이 문제를 해결하려는 Bauckham의 시도는 설득력이 없다. "3:5에 세례에 대한 이차적인 지시 대상"이 있고, 순교자 유스티누스(*1 Apol.* 61.3-5) 같은 초기 독자들도 이를 인식했음을 그 또한 시인하듯이, 우리는 이것이 요한복음 독자들에게도 일차 지시 대상일 수 없었는지 질문해야 한다.

102 이러한 독법은 요한 공동체 또는—요한복음의 더 폭넓은 청중에 대한 Bauckham의 견해가 옳다면—요한복음 저자가 상정한 더 폭넓은 독자층이 세례에 대해 (기독교 세례로든 예수의 이름으로 주는 세례로든) 알지 못했다는 추론을 요구한다.

진리를 발화한 것으로 서술하듯이 1세기 말의 기독교 독자에게도 다른 의미가 가능했을지도 모른다. 만약 요한복음 저자가 가야바가 예수의 대속적 죽음에 관한 진리를 말하게 하고, 빌라도가 예수의 결백을 증언하게 한다면 그것을 그 역사적 정황에서 이해하는 것은 불가능하다. 하지만 요한복음 독자들에게 이것은 예수에 대한 진리를 증언하는 것이다. 이와 마찬가지로 우리는 요한복음 독자들이 니고데모 이야기를 어떻게 받아들이고 이해했는지를 고려해야 하며, 그렇게 할 때 비로소 기독교 입교 의식인 세례가 독자들에게 이해가 되는 것이다.

여기서부터 역사화 접근법의 교착점은 더욱더 분명해진다. 이 접근법은 요한복음이 시공간에서 일어나는 지상의 예수 이야기를 전달하고자 한다는 사실을 진지하게 받아들인다. 하지만 이 접근법은 요한복음의 이야기가 저자와 그의 공동체, 그리고 그 시대라는 후대의 관점에서 기록되었으며, 이야기의 서술과 신학적인 언어에 영향을 미친 후대의 발전과 문제들과 통찰을 전제한다는 사실을 간과한다. 역사적 사건들과 지상 예수의 실제 말씀을 확인하고 싶은 열망 때문에 이 접근법은 요한복음이 저자의 관점에서 기록되었고, 이 관점에는 요한 공동체의 후일의 경험과 저자의 신학적 통찰에 영향을 받은 사건 서술 그리고 예수의 말씀 표현 방식도 포함된다는 점을 간과한다.

3.2 본문을 초월한 설명과 심리학적 추론

역사화 접근법에서 나타나는 또 다른 교착점은 해석자들이 본문 설명이나 심리학적 추론을 통해 복음서에 서술된 사건의 순서나 대화의 개연성을 설명하려는 시도에서 발견된다.

우리는 요한복음 14:31에서 문학적 난제(aporia)를 발견한다. 거기서 예수는 제자들에게 이제 그곳을 떠날 것을 제안한 후에도 실제로 기드론 골짜기 건너편에 있는 동산에 도착하기까지 계속해서 제자들에게 세 장에 걸쳐 더 이야기한다. 찬(Zahn)은 예수가 요한복음 15-17장에 기록된 말씀을 "더 이상 식탁에 앉은 상태에서 하지 않고 서서 또는 걸어가면서" 했다고 추론한다.[103] 웨스트코트는 심지어 예수가 제자들과 함께 황금 포도나무가 그려져 있는 성전 문을 지나면서 포도나무에 관한 말씀을 했을 수도 있다고 추론한다.[104] 이 두 해석자는 이 **본문**의 순서가 **역사적** 사건의 순서로도 개연성 있게 보이도록 하기 위해 본문의 지지를 받지 않는 "사건들"을 삽입하지만, 본문의 문제를 설명하는 다른 견해는 고려하지 않는다. 요한복음 14:31의 문학적 난제에 대해 잘 알고 있는 벤 위더링턴 3세도 요한복음 13-17장에 담긴 내용은 나중에 요한복음의 담화에 편입되기 전에 예수가 유월절 저녁에 이틀에 걸쳐 전한 말씀일 수 있다고 설

---

103 Zahn, *Das Evangelium des Johannes*, 576. 더 최근의 것은 다음을 참조하라. Blomberg, *Historical Reliability of John's Gospel*, 205.

104 Westcott, *Gospel according to St. John*, 2:187, 197.

명한다.[105] 이것은 문학적 통일성을 유지하기 위해 본문에 투입된 또 하나의 역사화 추론에 불과하지만, 본문의 지지를 전혀 얻지 못한다.

이러한 추론과 더불어 역사화 접근법은 여러 가지 가능성을 창조하거나 기껏해야 각 해석자의 상상이나 추측에 지나지 않는 여러 가지 개연성만을 만들어낼 뿐이다. 그런 설명은 우리가 자료 선택과 설계 과정에서 볼 수 있는 복음서 저자의 자유와 독립성을 인정하는 순간 더 이상 쓸모없는 것이 된다.

물론 우리는 독자들이 상상력을 동원하여 행간과 빈 공간을 채워나가리라는 것을 서사학을 통해 알고 있다. 이것은 교부들의 글이나 다수의 현대 해석에서도 발견된다. 하지만 이렇게 만들어진 개연성은 역사적 정확성의 개연성이 아니라 개인 독자의 창의적 상상력의 개연성에 불과하다.

예수와 사마리아 여인의 대화 사이의 공백[106]과 의미의 수준에 변화를 가하는 예수의 의도에 대해 추론하는 것은 확실히 고무적이다. 하지만 이것은 그 대화가 본문의 내용 그대로 전개되었음을 입증해주지 못한다.

---

105 Ben Witherington III, *John's Wisdom: A Commentary on the Fourth Gospel* (Louisville: Westminster John Knox, 1995), 231.

106 예컨대 학자들은 종종 왜 이 여인이 당시의 관습처럼 아침이나 저녁에 오지 않고 대낮에 오는지를 설명하고자 했고, 그녀에 대한 평판이 매우 나빴기 때문에 그녀가 다른 사람들과 마주치는 것을 회피했다고 추론했다(Morris, *Gospel according to John*, 228). 하지만 이것은 본문에 의해 입증되지 않는다. 왜냐하면 이 여인은 나중에 실제로 그 마을 사람들을 불러 예수에 관해 알리기 때문이다(요 4:28-30). 아무튼 4:6의 여담은 또 다른 설명, 아마도 상징적인 설명을 요구하며, 단순히 정확한 역사적 기사의 일부분이라고 볼 수 없다.

이보다 더 유용한 예는 가나의 포도주 기적 이야기다(요 2:1-11). 여기서 해석자들은 언제나 본문에서 설명하지 않은 많은 내용을 추론했다.[107] 왜 예수의 어머니와 가족이 초대를 받았을까? 왜 포도주가 일찍 동이 났을까? 예수가 어머니의 제안을 나중에 받아들여 그녀가 요구한 기적을 행하긴 했지만, 그가 어머니의 제안을 가혹하게 거절한 이유는 무엇일까? 고데[108]와 찬 같은 현대의 역사화 해석자들은 일부 교부들의 글에서처럼 사건의 순서와 대화의 개연성을 살리기 위해 심리학적인 추론에 의존한다. 그들은 예수의 어머니가 신랑의 친척이었을 것이라고 제안한다.[109] 혹은 나다나엘이 가나 출신이므로 그가 제자들을 그 잔치에 초대했을 것이라고 말한다.[110] 해석자들은 예수의 제자들이 포도주를 너무 많이 마셔서 포도주가 첫날에 동이 나고 말았다고도 말한다.[111] 다른 이들은 예수가 아직 기적을 행하지 않았기 때문에 심지어 마리아조차도 기적을 기대할 수 없었고, 따라서 그녀가 예수와 그의 친구들에게 가게에 가서 포도주를 더

---

107 해석사에 대한 개관은 다음을 보라. Jörg Frey, "Das prototypische Zeichen (Joh 2,1-11)," in *The Opening of John's Narrative (John 1:19-2:22): Historical, Literary, and Theological Readings from the Colloquium Ioanneum in Ephesus*, ed. R. Alan Culpepper and Jörg Frey, WUNT 385 (Tübingen: Mohr Siebeck, 2017), 165-216 (188-94).

108 Frédéric Godet, *Kommentar zu dem Evangelium des Johannes*, 4th ed., 2 vols. (Hannover: Meyer, 1903).

109 Friedrich Lücke, *Commentar über das Evangelium des Johannes*, 3rd. ed., 2 vols. (Bonn: Weber, 1840/1843), 1:468; and Alfred Wikenhauser, *Das Evangelium nach Johannes*, RNT 4 (Regensburg: Pustet, 1948), 73.

110 따라서 Lagrange, *Évangile selon Saint Jean*, 51.

111 따라서 Zahn, *Evangelium des Johannes*, 150.

사 올 것을 요구했을지도 모른다고 제안한다.[112] 이러한 설명은 당연히 너무나도 황당하다.

학자들은 예수가 어머니의 요구를 거절한 것도 이제는 그가 성인이며 그러한 힌트를 더 이상 어머니께로부터 받을 필요가 없음을 표현한 것으로 해석한다. 또 다른 제안은 마리아가 예수에게 당시 상황을 전했을 때 예수의 신적 능력에 대해 몰랐기 때문에 그녀는 아무런 잘못이 없다고 설명한다.[113] 일상의 심리학이나 교리적인 사고에 근거한 이 모든 추론은 본문에서 나온 것이 아니라 논리적 또는 심리학적 개연성을 확보하기 위해 내러티브의 공백을 메우는 공상 소설에 불과하다(이는 또한 독자들의 관심이 실제로 서사 장치로부터 멀어지게 한다). 물론 이 본문의 서사 논리는 그러한 공백과 더불어 작동하기도 하지만, 이것은 내러티브의 일부이거나 문학적 설계 영역에 속한 것이지, 역사적 신빙성을 드러내기 위한 것은 아니다.

우리는 요한복음 저자가 회고적이며 신학적인 관점 또는 교훈적인 관점에서 자신의 자료를 자유롭게 선택하고 설계한 점을 인식하면 할수록 역사화 접근법이 부적절하다고 판단할 수밖에 없다. 이 접근법은 요한복음 내러티브가 저자의 내러티브 및 신학적 관점에서 기록되었다는 점

---

112 Zahn, *Evangelium des Johannes*, 150; Bernhard Weiss, *Das Johannes-Evangelium*, 9th ed., KEK 2 (Göttingen: Vandenhoeck & Ruprecht, 1902), 91.

113 따라서 니사의 그레고리오스의 설교에서. 참조. Adolf Smitmans, *Das Weinwunder zu Kana: Die Auslegung von Jo 2,1-11 bei den Vätern und heute*, BGBE 6 (Tübingen: Mohr Siebeck, 1966), 106.

을 간과하며, 이 관점에는 공동체들이 그때까지 축적한 경험과 특히 부활 이후 성령의 가르침을 통해 얻은 신학적 통찰도 포함된다. 따라서 요한복음 내러티브는 의도적으로 **해석된** 역사이며, 단순히 "실제로 일어난 일을 그대로" 서술하는 이상(理想)을 따르는 이야기가 아니다.[114] 따라서 요한복음에서 역사적 전승을 찾는다는 것은 예수의 사역 이야기 전체를 구성하는 저자의 부활 이후의 관점과 그의 독특한 기독론을 고려해야 함을 강력히 요구한다.

3.3 요한복음과 공관복음의 조화와 "연동"

역사적 정확성의 문제는 요한복음과 공관복음이 서로 모순될 때 가장 분명하게 드러난다. 교부들도 이러한 어려움—예를 들어 성전 정화 사건을 묘사하거나(요 2:13-22; 막 11:15-17 평행 본문) 예수 사역의 시작을 서술할 때(요 1:19-2:11; 막 1:14-45; 참조. 요 3:24)—을 일찍이 간파했다. 오리게네스는 만약 어떤 해석이 더 높은 수준의 영적 진리를 추구하지 않으면(그가 궁극적으로 그것을 추구했듯이, *Comm. Jo.* 10.2) 복음서 간의 정확한 비교가 역사적 신빙성을 일반적으로 논박하거나 복음서 중 하나만을 선택하는 방

114　독일의 역사학자이자 역사주의 이론가인 Leopold von Ranke의 명언을 참조하라. 그는 과거를 극복하거나 미래를 위해 가르치는 것이 아니라 단순히 "실제로 있었던 일"을 전하는 것이 역사 서술의 과제라고 본다(*Sämmtliche Werke*, vols. 33/34 of *Geschichten der romanischen und germanischen Völker von 1494 bis 1514*, 2nd ed. [Leipzig: Duncker & Humblot, 1874], vi).

향으로 나아갈 수 있음을 지적한다.

전통적인 해석(요한복음의 사도 저작설에 근거한)은 종종 공관복음보다 요한복음을 더 선호하는데, 이는 연대순뿐만 아니라 예수의 말씀의 더 영적인 구성에 있어서도 그러하다. 하지만 요한복음과 공관복음에서 최상급의 역사적 신빙성을 추구하는 저자들에게는 조화 작업에 한계가 없어 보인다.

학자들 사이에 가장 많이 논의된 전형적인 사례는 성전 정화 사건이다.[115] 마가복음에서 이 사건은 예수가 그의 사역 말미에 죽음의 유월절을 지키기 위해 예루살렘으로 올라가는 단 한 번의 여행의 문맥에서 일어난다. 그러나 요한복음에서는 이 일화가 예수가 사역 초기에 유월절을 지키기 위해 예루살렘에 올라가는 첫 번째 여행의 문맥에서 서술되는 반면, 마가복음에서는 이 이야기가 전혀 언급되지 않는다. 요한복음에서 이 첫 번째 여행은 예루살렘에서 일어날 예수와 유대인들의 충돌을 예고하는 일종의 강령적인 일화로서 기능한다. 이 일화는 마가복음에서 예수가 체

---

115 요한복음의 성전 사건과 그 의미에 대한 역사적 해석에 관해서는 다음을 보라. Jean Zumstein, "Johannes 2:13-22 im Plot und in der Theologie des vierten Evangeliums," in Culpepper and Frey, *The Opening of John's Narrative (John 1:19-2:22)*, 275-88; Frey, "Temple and Identity in Early Christianity and in the Johannine Community: Reflections on the 'Parting of the Ways'," in *Was 70 CE a Watershed in Jewish History? On Jews and Judaism before and after the Destruction of the Second Temple*, ed. Daniel R. Schwartz and Zeev Weiss, AJEC 78 (Leiden: Brill, 2012), 447-507 (452-53, 468-69). 또한 다음을 보라. Johanna Rahner, "*Er sprach aber vom Tempel seines Leibes*," BBB 117 (Bodenheim: Philo, 1998).

포되는 계기가 되지만, 요한복음에서 유일하게 볼 수 있는 반응은 예수의 말씀을 놓고 "유대인들"과 충돌하는 것뿐이다. 거기서 예수는 성전 파괴와 재건에 관해 이야기한다(요 2:20). 유대인들은 이 말씀을 물리적인 성전에 대한 언급으로 오해하지만, 저자는 이 말씀을 예수의 몸(즉 그의 죽음과 부활)과 연결한다. 여기서는 이 말씀이 공관복음과는 달리(참조. 막 13:1-2; 14:57-58 평행 본문) 성전 사건과 직접적으로 연결된다. 다른 차이점도 있다. 요한복음의 예수는 채찍을 사용하며 훨씬 더 폭력적으로 행동하고, 소와 양을 내쫓으며, 공관복음에서 인용한 본문과는 다른 본문을 암묵적으로 시사한다. 이러한 차이점 때문에 학자들은 요한복음 기사가 공관복음과는 무관하게 기록되었다고 주장했다.[116] 하지만 앞에서 제시한 사례에 비추어 볼 때 오히려 우리는 요한복음 저자와 그의 독자 중 일부가 공관복음 전승을 알고 있었고 요한복음의 특징에 대해서도 알고 있었음을 인정해야 한다.

그러나 가장 결정적인 질문은 예수가 언제 성전에서 이런 행동을 했으며, 이 행동이 그의 사역과 죽음에 어떤 의미를 부여했는지에 관한 것이다. 과연 이 행동은 공관복음이 주장하듯이 그의 사역 말미에 그의 죽

---

116 따라서 최근에 James F. McGrath, " 'Destroy This Temple': Issues of History in John 2:13-22," in Anderson, Just, and Thatcher, *John, Jesus, and History*, 3:35-44. 다음의 논의도 참조하라. Michael Theobald, "Stellt die johanneische Erzählung von der sogenannten 'Tempelreinigung' Jesu (Joh 2,13-22) eine Relecture ihrer synoptischen Parallelen dar? Kontroverse in der Forschung, nicht im Text," in *Kontroverse Stimmen im Kanon*, ed. Martin Ebner et al., Quaestiones Disputatae 279 (Freiburg im Breisgau: Herder, 2016), 228-60.

음을 초래한 유월절 정황에서 일어났는가? 아니면 그는 예언자로서 그의 사역 초기에 이 성전 정화 사건을 일으킨 것인가? 또 아니면 사역 초기에 한 번, 그리고 사역 말기에 한 번, 모두 두 번에 걸쳐 예루살렘 성전을 정화한 것인가?[117] 찬(Zahn)은 이 두 기사를 예수의 생애에 일어난 단일 사건으로 보고, 이 사건을 예수의 사역 초기에 배치한 요한복음의 연대기를 선호하는 반면,[118] 모리스, 카슨, 쾨스텐버거, 블롬버그 같은 일부 현대 변증론자들은 여전히 실제로 예수 사역 기간에 두 번의 정화 사건이 있었을 가능성을 고려한다.[119] 그 어떤 정경 복음서도 실제로 이 가능성을 뒷받침해주지 않음에도 불구하고 이 학자들은 이 "해결책"을 선택한다. 즉 이것

---

117 기독교 역사에서 많은 주석가들이 이러한 조화를 해결책으로 선택했다. 다음을 보라. François-Marie Braun, "L'expulsion des vendeurs du temple," *RB* 38 (1929): 178-200.

118 Zahn, *Das Evangelium des Johannes*, 178-79. 비록 Zahn의 견해로는 마태복음이 여전히 공관복음서 가운데 가장 이른 시기에 기록되었지만, 그는 이 복음서가 요한복음보다 더 주제 중심적으로 기록되어 있어 요한복음에 연대기적 우선권을 부여할 수 있었다. 다른 해석자들은 요한복음의 배치를 선호한다. R. J. Campbell, "Evidence for the Historicity of the Fourth Gospel in John 2:13-22," in *Studia Evangelica*, vol. 7, ed. Elizabeth A. Livingstone (Berlin: Academie Verlag, 1982), 101-20; Robinson, *Priority of John*, 127-31. Robinson은 46년 간의 건축 기간이 기원전 19년에 시작하여 기원후 27년에 완공한 성전 준공 사업과 잘 들어맞는다는 주장을 펼친다. McGrath, "'Destroy This Temple'," 39도 성전 안에서의 행동과 성전 말씀(예수의 말씀으로서)의 결합이 아마도 마가복음에서처럼 둘로 나뉜 것보다 더 원형에 가까울 것이라는 주장과 함께 요한복음 기사를 선호한다.

119 Morris, *Gospel according to John*, 167; Carson, *Gospel according to John*, 177; Köstenberger, *Gospel according to John*, 111(이 입장은 이미 그의 초기 연구에서도 나타난다). 다음을 보라. *Encountering John: The Gospel in Historical, Literary, and Theological Perspective* ([Grand Rapids: Baker, 1999], 76-78); Blomberg, *Historical Reliability of John's Gospel*, 89-90. 가장 최근에는 Allan Chapple, "Jesus' Intervention in the Temple: Once or Twice?" *JETS* 58 (2015): 545-69을 참조하라. 그는 기사들 간의 차이점에 근거하여 예수의 삶에서 이 별개의 두 사건이 일어났다고 순진하게 결론 내린다.

은 단순히 서로 다른 텍스트의 본문들을 서로 결합하여 조화시키는 것이다. 블롬버그는 이러한 해결책을 지지하면서 이 두 텍스트는 "그 어느 지점에서도 서로 모순되지 않으며, 전체적인 조화를 이루는 하나의 개연성 있는 이야기로 결합될 수 있다"고 말한다.[120]

이 해석자들은 자신들의 변증론적인 목적을 따라 요한복음과 공관복음 가운데 어느 쪽이 더 정확한지를 결정하는 대신 소위 이들 간에 서로 모호하게 연동된 부분만을 지적한다. 이것은 전승의 출처와는 상관없이 이 이야기를 다른 전승에서 비롯된 내용으로 설명하고 보충하는 것을 의미한다.[121] 따라서 블롬버그는 요한복음의 "역사적 신빙성"에 관한 책에서 요한복음의 나사로 이야기를 근거로 공관복음에서 예수가 왜 예루살렘에 마지막으로 올라갔는지를 추론한다. 나사로의 질병이 공관복음의 예수가 왜 그의 마지막 유월절을 위해 예루살렘으로 올라갔는지를 설명한다는 것이다.[122] 더 나아가 그는 예수가 성전을 헐겠다고 위협했다는 사람들의 거짓 증언(막 14:58-59)도 성전 관련 말씀을 예수의 예언자적 말씀으로 소개하는 요한복음 2:19을 끌어와 설명한다. 블롬버그에 의하면 역사적으로 신뢰할 만한 예수의 예언으로 간주되는 이 요한복음의 말씀

---

120 Blomberg, *The Historical Reliability of the Fourth Gospel*, 90; 다음도 보라. Paul Trudinger, "The Cleansing of the Temple: St. John's Independent, Subtle Reflections," *ExpTim* 108 (1997): 329-30.

121 Morris, *Gospel according to John*, 40-63; Carson, *Gospel according to John*, 52-55; Blomberg, *Historical Reliability of John's Gospel*, 53-4.

122 Blomberg, *Historical Reliability of John's Gospel*, 53.

도 공관복음의 심문 장면에서 왜 거짓 증인들이 이 말씀을 인용하는지를 설명해준다.[123] 물론 예수가 성전의 재건을 실제로 예고했다면 그들의 말이 왜 거짓 증언으로 불리는지 의구심이 들지만 말이다.

이러한 설명은 요한복음과 공관복음이 "모두 신뢰할 만하다"는 주장을 고수하고 싶은 마음에서 비롯되겠지만,[124] 모든 글은 그 글이 속한 문맥에서 해석되어야 한다는 방법론적인 원칙을 외면하는 처사다. 이러한 설명은 오히려 다른 텍스트의 "역사적" 정보를 가지고 다른 복음서의 내용을 보충한다. 이러한 해석은 복음서의 자료나 복음서 간의 문학적 관계성을 무시한 채 공관복음과 요한복음을 단순히 역사적 예수에 대한 보완 자료 정도로 취급한다. 요한복음과 공관복음이 서로 독립적이라는 주장은 두 전승이 다양한 구전 전승을 수용했을 가능성에 따라 두 전승은 서로 조화를 이루거나 역사적으로 서로 연동된 증언으로 해석될 수 있다는 견해를 지지한다. 하지만 이런 과정에서 역사적 방법론은(물론 상식은 말할 것도 없고) 모든 성경 기사의 역사적 "진실"을 변호하는 연역적 추리의 원칙에 의해 희생당하고 만다.

---

123 Blomberg, *Historical Reliability of John's Gospel*, 53.
124 Blomberg, *Historical Reliability of John's Gospel*, 85.

3.4 사복음서 간의 "상호 유동성"과 불확실한 절충주의

이와 유사한 문제는 역사적 예수 탐구에 요한복음을 다시 투입함으로
써 요한복음의 "비역사화"(dehistoricization)와 예수의 "비요한화"(de-
Johannification)에 대항하려는 폴 앤더슨(Paul Anderson)의 시도에서도 찾
아볼 수 있다. 앤더슨은 대표적인 비평 방법의 문제점을 다룰 때[125] 앞 단
원에서 서술한 접근법의 직설적인 변증법을 영리하게 회피한다. 그러
나 그의 주장의 근거도 비슷한 문제를 안고 있다. 그의 주장은 "상호 유
동성"이라는 이름 아래 사복음서의 관계를 새롭지만 복잡하게 재구성
한다.[126] 이로써 요한복음은 궁극적으로 마가복음과 더불어 예수 이야기
의 두 번째 자료의 지위를 탈환하고, 예수는 "이중 시각적 관점"(bi-optic
perspective)에서 소개된다.[127]

　　요한복음과 마가복음 간의 유사점과 차이점에 근거하여 다소 기계적
인 논증을 펼치는 앤더슨은 마가복음 이전 전승과 요한복음 이전 전승이
서로 영향을 주는 두 전승 간의 초기 연관성을 제안한다.[128] 그는 마가복음
이 집필된 지 얼마 지나지 않아 요한복음 초본이 기록되었고, 저자는 마가

125　참조. Anderson, *Fourth Gospel and the Quest for Jesus*, 43-99.

126　Anderson, *Fourth Gospel and the Quest for Jesus*, 104-12; 참조. idem, *The Christology of the
　　Fourth Gospel: Its Unity and Diversity in the Light of John 6*, WUNT 2/78 (Tübingen: Mohr
　　Siebeck, 1996).

127　Anderson, *Fourth Gospel and the Quest for Jesus*, 127.

128　Anderson, *Fourth Gospel and the Quest for Jesus*, 106.

복음을 확대하고 보완했으며 때로는 이를 수정했다고 주장한다.[129] 누가복음은 이보다 나중에 기록되었고 요한복음에 영향을 주었지만, 기독교의 또 다른 "분파"(sector)에서 작성된 마태복음은 요한복음의 최종본에 의해 다시 수정되었다.[130] 이러한 복잡한 재구성을 통해 앤더슨은 검증하기 어려운 다수의 비평적 가설, 특히 두 판본의 요한복음이 존재했다는 견해와 초기의 구전 수준에서 상호 구전 교류가 있었다는 개념을 수용한다. 다른 한편으로 앤더슨은 이러한 가설에 근거하여 각각의 전승에서 가장 개연성 있어 보이는 것만을 취하는 일종의 역사적 절충주의를 전개한다.

앤더슨도 궁극적으로는 성전 정화 사건을 예수 사역 초기의 한 예언자적 징조로 받아들인다.[131] 앤더슨은 예수의 담화가 전적으로 요한복음의 언어와 문체로 서술되어 있음에도, "성령의 방식과 진리의 통치에 관한 [예수의] 가르침"[132]이 상당한 역사적 개연성을 지니고 있음을 주장하고 싶어 한다. 따라서 19세기 말의 경우처럼 역사적 예수의 이미지는 요한복음의 텍스트를 통해 새롭게 "영적으로" 해석된다. 이는 마가복음과

---

129 그러나 이러한 추론은 이 복음서의 초판이 왜 마가복음의 연대기를 바로잡을 수 있는지와 같은 질문을 유발한다. Anderson(*Fourth Gospel and the Quest for Jesus*, 111)은 마가가 예수 이야기를 올바른 순서로 소개하지 않았다고 주장하는 파피아스의 증언을 언급한다 (Eusebius, *Hist. eccl.* 3.39.15). 그러나 이것은 오직 히에라폴리스의 파피아스가 다른 복음서, 그러니까 아마도 요한복음이 마가복음의 순서보다 더 정확하다고 여겼다는 것을 증명할 뿐이다. 그의 증언은 요한복음이 연대기적·역사적 관점에서 실제로 더 정확하다는 견해를 지지해주는 논증을 제시하지 못한다.

130 Anderson, *Fourth Gospel and the Quest for Jesus*, 119-25.

131 Anderson, *Fourth Gospel and the Quest for Jesus*, 158-61.

132 Anderson, *Fourth Gospel and the Quest for Jesus*, 171.

요한복음의 관계를 "상호 유동성"이라는 불분명한 용어를 사용하여 상대적으로 불확실하게 규정함으로써 가능해진다. 이러한 내용이 "요한, 예수, 역사" 프로젝트의 기초가 되는 한, 이 프로젝트의 방법론적 근거는 너무나도 불분명하며, 기존 연구의 궤도를 교정하겠다는 앤더슨의 의도는 심지어 더 자의적일 뿐만 아니라 방법론적으로 부정확한 결과를 초래할 수도 있다.

3.5 역사 서술의 특징과 역사적 정확성 기준의 결여

흥미롭게도 리처드 보컴은 요한복음 저자의 역사 서술 의도를 상술함으로써 이 복음서가 심지어 공관복음의 수준을 넘어설 정도로 고대 역사 서술의 특징들을 활용한다는 증거를 제시한다.[133] 보컴은 요한복음이 많은 곳에서 정확한 지형을 묘사하며, 정확한 연대순으로 유대 명절을 기록하고, 단지 신학적 의도로만 설명할 수 없는 수난 이야기를 담고 있다고 주장한다. 물론 보컴은 이러한 내용이 신학적 틀 안에 내재되어 있음을 잘 알고 있다. 하지만 또 다른 한편으로 그는 고대 역사가들이 자료를 사용하는 데 있어 선별적이었다고도 주장할 수 있다. 즉 그들은 이야기에 여담을 추가하고, 서술된 사건을 해석하는 대화나 담화를 활용하며, 심지어

---

133   Richard J. Bauckham, "Historiographical Characteristics in the Gospel of John," *NTS* 53 (2007): 17-36.

신빙성을 확보하기 위해 일부 목격자 증언을 소개하기도 한다. 따라서 요한의 서술 기법은 고대 역사가들이 사용한 기법과 크게 다르지 않다.

그러나 요한복음에 "역사 서술"이라는 고대 장르를 부여하는 것이 요한복음 기사의 역사적 정확성 또는 "역사성"을 지지해주지는 않는다.[134] 보컴과 다른 학자들이 제시한 본문에 포함된 요소들은 다수의 고대 저자들이 사용한 검증 전략 가운데 가장 중요한 부분으로서[135] 개연성이나 신빙성이 있는 내러티브를 구성하는 데 유용하지만, 역사적 정확성을 입증해주지는 못한다. 비록 고대에도 다양한 유형의 역사 서술이 존재했지만,[136] 역사 서술은 언제나 수사학적·문체적 장치를 활용했다.[137] 예

---

134 참조. Stefan Schreiber, "Die Vita des Königs Jesus: Über die Gattung des Johannesevangeliums," in *Historiographie und Biographie im Neuen Testament und seiner Umwelt*, ed. Thomas Schmeller, NTOA 69 (Göttingen: Vandenhoeck & Ruprecht, 2009), 127-54 (134-35). "따라서 오늘날의 역사적 문제와 관련하여 제아무리 역사라는 장르를 부여한들 얻을 수 있는 것은 아무것도 없다."(135).

135 더 최근의 역사 이론의 관점에서 이러한 전략을 철저하게 다루는 논의는 다음을 보라. Susanne Luther, *Die Authentifizierung der Vergangenheit: Literarische Geschichtsdarstellung im Johannesevangelium*, Habilitationsschrift University of Mainz (2018), in preparation for WUNT (Tübigen: Mohr Siebeck, 2019).

136 "실용적" 역사 서술과 "감성적인" 역사 서술 간의 차이점에 관해서는 다음을 보라. Detlev Dormeyer, "Pragmatische und pathetische Geschichtsschreibung in der griechischen Historiographie, im Frühjudentum und im Neuen Testament," in Schmeller, *Historiographie und Biographie*, 1-33.

137 다음을 보라. Luther, "From Bethlehem, according to the Promise," 13-15. 또한 Knut Backhaus, "Spielräume der Wahrheit. Zur Konstruktivität in der hellenistischGeschichtssch reibung," in *Historiographie und fiktionales Erzählen: Zur Konstruktivität in Geschichtstheorie und Exegese*, ed. Knut Backhaus and Gert Häfner, BThS 86 (Neukirchen-Vluyn: Neukirchener, 2007), 1-29.

를 들어 역사 서술에 관한 루키아노스의 저서[138]는 고대의 역사 서술이 종종 청중에게 호소하기 위해 소설의 속성도 수용할 수 있었다는 점을 보여준다. "역사 서술적 사실은 내러티브 설계를 통해 역사 서술적 내러티브 안에 배치되는데, 이는 과거의 현실에 설명을 제시하고 적나라하게 드러난 사실에 의미를 부여하는 목적을 수행한다."[139] 이러한 목적을 달성하기 위해 "허구적인 서술 방식은 항상 현실을 이해하기 위한 용도로 사용되었다."[140] 이러한 허구적인 요소는 "진실의 내용을 축소하지 않고, 현실을 다른 방식으로—과거 사건에 대한 모방이나 정확한 묘사가 아닌, 의식적인 허구적 구성을 통해—표현한다. 따라서 고대 문학에서 허구는 일반적으로 역사 서술과 상반되지 않는다. 허구적인 요소는 오히려 내러티브 및 수사학적 진술과 더불어 "'허구'가 적절하게 사용된다는 가정하에 과거의 현실을 (재)구성하는 과정에서 '허구'를 받아들이는 문학적 역사 서술의 특정 양식을 창조하는 데 사용된다."[141]

---

138 Lucian, *De historia conscribenda*. Luther, "From Bethlehem, according to the Promise—or Rather from Nazareth," 14의 해석도 보라. 나는 루키아노스의 텍스트를 반어적으로 읽어야 한다고 생각하지 않는다(Clare K. Rothschild, "Irony and Truth: The Value of *De Historia Conscribenda* for Understanding Hellenistic and Early Roman Period Historiographical Method," in *Die Apostelgeschichte im Kontext antiker und frühchristlicher Historiographie*, ed. Jörg Frey et al., BZNW 162 [Berlin: de Gruyter, 2009], 277-91이 제안한 것처럼).

139 Luther, "From Bethlehem, according to the Promise," 15.

140 Luther, "From Bethlehem, according to the Promise," 14.

141 Luther, "From Bethlehem, according to the Promise," 15.

이러한 결론은 헤이든 화이트, 폴 리쾨르, 외른 뤼젠[142] 등 서사와 역사에 대한 현대 이론가들에 의해 확인되었다. 그들은 또한 "우리가 (유일하게) 접할 수 있는 역사적 과거의 건설적·서사적 형태"[143]를 강조함으로써 객관적인 과거 묘사는 모두 그 자체로 허구이거나 환상임을 강조한다.

따라서 이 사실은 설령 요한복음이 다수의 역사 서술 장치와 검증 요소를 보여준다 하더라도 요한복음이 더 정확한 역사적 사실을 보여준다는 주장을 입증해줄 수 없다. 비록 장소들의 이름과 특정 사건의 발생 시점이나 다른 세부적인 내용에 관한 정보가 요한의 이야기를 예수의 세계에서 실제로 일어난 사실적인 기사로 보게 하는 데 크게 이바지하지만, 이 요소들은 복음서에 담긴 정보가 역사적으로도 정확한 정보임을 입증해주지 못한다. 왜냐하면 이러한 요소는 신뢰할 만한 이야기를 만들기 위해 삽입된 허구적인 요소일 수도 있기 때문이다.

a) 요한복음은 유대 팔레스타인, 특히 예루살렘 장소에 대한 구체적인 정보를 많이 제공해주며,[144] 많은 경우 공관복음보다 사건이 발생한 장

---

142 참조. 예컨대 Hayden White, *The Content of the Form: Narrative Discourse and Historical Representation* (Baltimore: John Hopkins University Press, 1987); idem, "The Fictions of Factual Representation," in *The Literature of Fact*, ed. Angus Fletcher (New York: Columbia University Press, 1976), 21-44; Paul Ricoeur, *Temps et récit*, 3 vols. (Paris: Seuil, 1983-1985); Jörn Rüsen, "Historisches Erzählen," in *Zerbrechende Zeit: Über den Sinn der Geschichte* (Cologne: Böhlau, 2001), 43-105.

143 Luther, "From Bethlehem, according to the Promise," 16.

144 목록은 다음을 보라. Luther, *Authentifizierung der Vergangenheit*, 78, Urban C. von Wahlde, "Archaeology and John's Gospel," in *Jesus and Archaeology*, ed. James H. Charlesworth (Grand Rapids: Eerdmans, 2006), 523-86 (526-27)과 관련하여.

소를 더 정확하게 알고 있다.[145] 이러한 정보에 의하면 요한복음의 이야기는 분명히 예수의 실제 세계와 그가 살았던 시대를 배경으로 하지만 일부 장소에 대한 정보는 예루살렘, 유대, 갈릴리처럼 상징적인 의미를 전달할 수도 있다. 이것들은 가버나움 회당에서 행한 예수의 떡 담화에 대한 여담처럼 문학적인 목적을 수행할 수도 있다(요 6:59). 많은 경우 이것은 복음서 저자가 자신의 정보를 어떻게 입수했는지에 의문을 제기한다. 과연 그는 예루살렘의 일부 장소를 개인적으로 알고 있었던 것일까, 아니면 갈릴리나 사마리아에 있는 공동체들의 지역 전승을 담은 기록 자료[146]에서 온 것일까?[147] 어떤 경우이든 간에 장소에 관한 진술은 특정 이야기를 역사적 정황에 배치하는 것 이상의 역할을 수행한다. 이러한 진술은 또한 개연성이나 신빙성을 만들어낸다. 그리고 심지어 이것은 역사적 정확성의 표시이기보다는 잘 구성된 서술이라는 허구적 장치일 수도 있다.

b) 시간에 대한 언급도 마찬가지다. 요한복음은 공관복음보다 더 정확하다.[148] 이러한 요소는 예컨대 유대 명절에 관한 언급과 세 번의 유월

---

145   참조. Bauckham, "Historiographical Characteristics," 99.

146   표적 자료설 지지자들은 요 2-4장에 기록된 장소의 이름을 기적 모음집의 여정을 통해 설명하는 것을 좋아한다. 다음을 보라. Michael Theobald, *Das Evangelium nach Johannes*, vol. 1, RNT (Regensburg: Pustet, 2007), 279-280.

147   Karl Kundsin, *Topologische Überlieferungsstoffe im Johannes-Evangelium*, FRLANT 22 (Göttingen: Vandenhoeck & Ruprecht, 1925)은 이것을 제안한다.

148   Bauckham, "Historiographical Characteristics," 101은 다음과 같이 말한다. "요한복음의 더 정확한 연대기는 당대의 유능한 독자들에게 공관복음에 비해 더 역사 서술에 가까운 것으로 비추어졌을 것이다."

절 언급과 관련하여 서사의 시간을 설정한다. 그중 일부는 특정 사건이 일어난 정확한 시간을 제시한다(예. 요 1:39의 제 십시 또는 4:6의 제 육시). 하지만 이러한 언급은 상징적 의미를 전달하거나 다중적인 의미를 만들어 내고[149] 이는 시간적 상상력을 불러일으키거나 그럴 법한 시간 구조 안에 이야기를 배치할 뿐만 아니라 특정한 신학적 의도를 전달하는 데에도 기여한다. 또한 특정 사건에 대한 정확한 시간 설정이 목격자의 개인적인 지식이나 기억, 수집한 자료 사용, 혹은 이야기 구상에 관한 저자의 허구적인 사고에서 비롯되었는지에 대해서도 질문이 제기된다. 어떤 경우이든 간에 이러한 요소는 역사적 정확성이나 연대적 정확성을 입증하는 데 사용될 수 없다.

c) 증인이나 목격자에 대한 언급은 역사 서술에서 중요한 요소이며, 요한복음 저자가 예수에 대한 다수의 증인과 특히 사랑하는 제자를 목격자로 묘사하는 방식은 고대 역사 서술 기법과 비교할 만하다.[150] 비록 사랑하는 제자라는 인물을 통한 확증이 증언의 신빙성을 높여주긴 하지만, 그것은 역사적 정확성의 증거로 채택될 수 없다.[151] 더 나아가 요한복음의 확증 체계는 여러 측면에서 제대로 작동하지 않는다.[152] 익명의 인물로서

---

149   이러한 예는 예수의 죽음의 때 또는 요한복음의 수난 연대순을 가리킬 수 있는 요 4:6에서 찾아볼 수 있다(18:28; 19:14, 31). 요한복음의 시간 표식에 대한 해석은 다음을 보라. Frey, *Die johanneische Eschatologie*, 2:173-203.

150   Bauckham, "Historiographical Characteristics"; idem, *Jesus and the Eyewitnesses: The Gospels as Eyewitness Testimony* (Grand Rapids: Eerdmans, 2008; 2nd ed., 2017).

151   따라서 올바르게 Luther, *Authentifizierung der Vergangenheit*, 135.

152   다음을 보라. Luther, *Authentifizierung der Vergangenheit*, 169-71.

사랑하는 제자의 정체는 여러 본문(공관복음을 포함하여[153])을 조합할 경우에만 추측이 가능한 한편, 다른 목격자들(예. 예수의 어머니, 2:6-9의 하인들, 또는 다른 제자들)은 확증을 위한 용도로 사용되지 않는다. 게다가 몇몇 중요한 본문은 예수가 니고데모나 사마리아 여인, 또는 빌라도와 나눈 대화를 목격자 증언으로 사용할 수 없다. 따라서 "목격자 증언에 기초한 기사도 단순히 어떤 사건을 관찰한 내용을 기록한 것이 아니다."[154] 오히려 이것은 "다면적 상상"을 포함하며,[155] 이로써 역사뿐만 아니라 어쩌면 서술된 이야기에 담긴 신학이나 참된 해석을 인증해준다.

위에서 언급한 방법론적 교착점, 독법에 대한 "역사화" 접근법, 외부적인 역사적·심리학적 설명에 대한 추론, 공관복음과의 조화 또는 "상호유동성"이라는 모호한 추론, 고대 역사 서술의 특징 또는 기법에 대한 언급은 요한복음의 "역사성"을 높여주기는커녕, 요한복음의 역사적 배경을

---

153   사랑하는 제자와 세베대의 아들 요한은 요한복음 본문에서 서로 동일시되지 않는다. 요한복음에서는 세베대의 아들들이 오직 요 21:2에서만 언급된다. 만약 사랑하는 제자가 1:36-39에서 안드레와 함께 부름을 받은 익명의 제자와 동일시된다면 세베대의 아들 요한과의 동일시는 가능하지만, 오직 막 1:16-19의 첫 번째 제자들의 목록에 의해서만 가능하다. 따라서 세베대의 아들 요한을 요한복음 저자로 인정하는 것은 여러 본문을 결합한 결과이며, 이것은 복음서 텍스트에 의해 명시적으로 뒷받침되는 것은 아니다. 참조. Frey, "Das Corpus Johanneum," 75-82. 다른 여러 가지 주장은 다음을 보라. James H. Charlesworth, *The Beloved Disciple: Whose Witness Validates the Gospel of John?* (Valley Forge: Trinity Press, 1995).

154   따라서 Arthur J. Dewey, "The Eyewitness of History: Visionary Consciousness in the Fourth Gospel," in *Jesus in Johannine Tradition*, ed. Robert T. Fortna and Tom Thatcher (Louisville: Westminster John Knox, 2001), 59-70 (68).

155   Dewey, "Eyewitness of History," 69.

밝히는 데 도움을 주지 못한다. 이러한 접근법은 요한복음 자료의 명확성을 밝혀주지 못하며, 저자 특유의 선별성과 자율성, 그의 부활 이후의 관점, 그의 신학적 의도를 과소평가한다.

요한복음 집필에 활용된 이러한 요소들을 고려하면 저자가 실제로 사건을 "있는 그대로" 서술하려고 했는지가 전혀 확실하지 않다. 요한복음은 신화도 알레고리도 아니다. 하지만 해석자들이 과거의 사건을 정확하게 묘사한다는 의미에서 요한복음을 역사 서술로 간주한다면 요한복음 역시 비슷한 오해를 받게 될 것이다.

4. 방법론에 관한 결론과 기준

요한복음의 역사적 자료의 가치에 대해 올바른 판단을 내리기 위해 우리는 요한복음의 몇 가지 특성과 특히 공관복음 전승과 다른 점을 간략하게 살펴볼 것이다. 이러한 차이점은 책임 있고 합리적인 학문을 추구하기 위해 역사적 언급 대상과 정확성에 대한 우리의 결단을 요구한다.

4.1 부인할 수 없는 변화

우리는 과연 자료의 선택과 편집에서, 그리고 지리와 연대순에서 나타나는 차이점과 예수의 언어, 표현법, 신학적 메시지에서 더욱 두드러지게 드러나는 차이점 등 마가복음과 요한복음의 차이점을 어떻게 이해할 수 있을까? 크리스토퍼 터킷(Christopher Tuckett)이 주장했듯이 이러한 차이점은

> 요한복음과 공관복음이 똑같이 역사적 예수를 정확하게 반영한다고 보기 어렵게 만든다.…대다수의 학자들은 하나님 나라에 초점이 맞추어진 메시지와 광범위한 비유 사용이 예수의 가르침의 가장 큰 특징이라는 데 동의한다. 또한 예수의 가르침이 훨씬 더 하나님 중심적(하나님과 하나님의 왕적 통치에 핵심을 둔)에서 후대의 그리스도 중심적(예수 자신의 인격의 중요성에 초점을 맞춘)으로 이동한 것은 반대의 경우보다 훨씬 더 상상하기 쉽다. 따라서 역사적 예수의 가르침은 요한복음보다 공관복음 전승에 더 정확하게 나타날 개연성이 높다.[156]

단순히 시험적으로 생각해보자. 만약 우리가 몹수에스티아의 테오도로나 현대 비평학 초창기에 "사랑하는 제자"의 증언을 여전히 선호한 프리드리히 슐라이어마허[157] 같은 저자들을 따른다면 당장 정반대의 질문이

---

156 Christopher Tuckett, "Sources and Methods," in *The Cambridge Companion to Jesus*, ed. Markus Bockmuehl (Cambridge: Cambridge University Press, 2001), 121-37 (126-27)은 Gilbert van Belle and Sydney Palmer, "John's Literary Unity and the Problem of Historicity," in Anderson, Just, and Thatcher, *John, Jesus, and History*, 1:217-28 (228)에 의해 인용된다.

157 Schleiermacher는 이 저작이 전반적으로 예수의 어떤 절친한 친구의 진정성과 지식을 전달하는 느낌을 준다고 생각했다. Schleiermacher가 신학적으로나 역사적으로 요한복음을

제기될 것이다. 그렇다면 마가복음이나 마태복음은 왜 사도적 목격자가 제시하는 최초의 증언에서 그토록 많이 벗어난 것일까? 공관복음은 왜 예수의 말씀을 그토록 다른 방식으로 서술하기 위해 예수의 "실제" 언어와 표현법으로부터 완전히 벗어났을까? 오직 이러한 결과만을 머릿속에 그린다면 공관복음 전승에서 요한복음의 형태로 전환된 과정을 수용하는 것이 훨씬 더 쉬워 보인다.

나는 특히 언어와 표현법에 관한 논증이 상당히 분명하다고 생각한다.[158] 요한복음에 나타난 몇 안 되는 "공관복음 같은" 말씀과 공관복음 어록 전승에 담긴 단 하나의 "요한복음" 말씀(마 11:25-28 // 눅 10:21-22)을 제외하면 요한복음에 기록된 예수의 언어는 공관복음에 나오는 그의 언어 및 표현법과 완전히 다르다. 공관복음의 예수의 가르침에서 사용하는 장르—예언자적이며 지혜 문학적인 말씀, 짧은 경구, 그리고 특히 비유—는 요한복음에서 찾아볼 수 없으며, 복음서 전체에서 더 길고 반복적이며 나선형 담화로 대체되거나 거대한 은유적인 관계망을 구축하는 긴 대화로 대체된 것으로 보인다.[159] 이러한 담화와 대화 가운데 일부 말씀은 전통적인 말씀으로 분류될 수 있지만,[160] 이러한 "알맹이" 말씀(예. "나는 ~

선호한 이유(그리고 David Friedrich Strauss의 비판적인 반응)에 관해서는 다음을 보라. Frey, *Die johanneische Eschatologie*, 1:23, 31.

158 다음 문단은 대체로 다음의 글에서 발췌한 것이다. Frey, "From the 'Kingdom of God' to 'Eternal Life'," 441.

159 요한복음에 나타난 "은유적인 관계망"에 관해서는 다음을 보라. Jan G. van der Watt, *Family of the King: Dynamics of Metaphor in the Gospel of John*, BIS 44 (Leiden: Brill, 2000).

160 포괄적으로는 다음을 보라. Theobald, *Herrenworte im Johannesevangelium*.

이다" 말씀)의 표현법은 공관복음의 예수의 말씀의 표현법과 대체적으로 다르다. 언어학의 기준에 따라 관찰하면 이러한 말씀들의 간극은 더욱더 벌어진다. 공관복음 전승에서 유래한 예수의 말씀 가운데 일부는 본래 그의 아람어 표현 양식으로 회귀될 가능성을 암시하지만,[161] 요한복음의 예수의 말씀의 경우에는 그것이 거의 불가능하다(비록 요한복음에도 몇몇 아람어 용어와 이름이 등장하지만 말이다).[162]

따라서 우리의 결론은 분명하다. 즉 예수는 공관복음 전승의 표현법과 양식을 사용해 짧은 경구나 비유로 말했든지, 아니면 요한복음의 표현법을 사용해 긴 담화와 긴 모범적인 대화로 말했다. 예를 들어 대외적인 말씀 선포 스타일(공관복음에서처럼)과 소수만을 위한 은밀한 가르침 스타일(요한복음의 고별 담화처럼)로 구분하려는 시도는 본문의 지지를 받지 못한다. 그 이유는 요한복음의 담화와 대화의 스타일은 일관되고, 요한복음 2-12장에 기록된 예수의 대외적인 가르침은 앞에서 언급했듯이 공관복음의 스타일과 다르기 때문이다. 따라서 요한복음에서 예수가 개인이나 무리에게 공히 세례자 요한(참조. 요 1:30-34; 3:31-36)이나 요한복음 화자,

---

161   Joachim Jeremias, *Neutestamentliche Theologie: Erster Teil: Die Verkündigung Jesu*, 3rd ed. (Gütersloh: Gerd Mohn, 1973)의 중요한 연구를 참조하라. 또한 다음을 보라. Matthew Black, *An Aramaic Approach to the Gospels and Acts*, 3rd ed. (Cambridge: Clarendon, 1967); 더 최근에는 Maurice Casey, "The Role of Aramaic in Reconstructing the Teaching of Jesus," in Holmén and Porter, *Handbook for the Study of the Historical Jesus*, 2:1343-75.

162   학자들 중에는 요한복음의 아람어 원문설을 주장하기도 하지만, 이러한 주장은 학계에서 폭넓게 인정받지 못했다. 예컨대 다음을 보라. Charles Fox Burney, *The Aramaic Origin of the Fourth Gospel* (Oxford: Clarendon, 1922).

또는 요한 서신 저자가 사용하는 동일한 표현법으로 말한다는 점을 볼 때 우리는 그것이 요한 공동체의 언어이며 전통적인 예수의 말씀이 요한 공동체나 요한복음 저자(들)의 언어와 표현법으로 변했다는 결론을 피할 수 없을 것이다.

언어학적·신학적 고려 사항은 이러한 변화를 암시한다. 즉 가장 초기의 층들에 속한 공관복음 전승은 역사적 예수의 가르침에 더 가깝다.[163] 공관복음과 비교하면 요한복음의 예수의 말씀은 그 언어뿐만 아니라 그 내용과 신학에 있어서도 훨씬 더 철저하게 변했다. 이것이 바로 요한복음의 고 기독론이 복음서 담화에서 그토록 강하게 표현되어 있을 뿐만 아니라 요한복음의 예수의 자기 소개가 공관복음의 예수의 암묵적인 메시아적/기독론적 주장과 큰 대조를 이룬다는 점을 적시하는 문학적 설명이다.

이 설명은 "나는 ~이다"나 십자가 상의 "다 이루었다"(요 19:30) 같이 널리 알려진 고귀한 말씀(모두 요한복음의 표현법과 어휘로 표현됨)을 포함하여 요한복음의 예수의 선언적 진술에도 동일하게 적용된다. 이 모든 말씀은 엄밀한 의미에서 지상 예수의 "진정한" 말씀이라고 할 수 없고, 오히려[164]

---

163 다음을 보라. Jeremias, *Neutestamentliche Theologie*, 123-46; 또한 Maurice Casey, *Jesus of Nazareth: An Independent Historian's Account of His Life and Teaching* (London: T&T Clark, 2010), 108-20.

164 Peter W. Ensor, "The Johannine Sayings of Jesus and the Question of Authenticity," in *Challenging Perspectives on the Gospel of John*, ed. John Lierman, WUNT 2/219 (Tübingen: Mohr Siebeck, 2006), 14-33은 "바로 그 단어"(*ipsissima verba*)에서 "바로 그 발언"(*ipsissima dicta*)을 거쳐 "바로 그 문장"(*ipsissimae sententiae*)에 이르기까지 "진정성"에 대한 다양한 범주를 도입하고자 하지만(25-33), 이것은 "진정성"이란 범주를 "살리

복잡한 요한복음의 구조 체계에 녹아들기 전에 앞서 번역뿐 아니라 변화의 과정을 거쳤다고 보아야 할 것이다.

마지막으로 또 다른 측면도 고려할 필요가 있다. 만약 복음서 저자가 엄청난 변화 과정을 거친 전승을 그냥 무의식적으로 수용하지 않고 해당 전승을 능동적으로 해석하고 공관복음과의 차이점을 인식한 상태에서 또는 다른 전승이나 다른 견해를 접한 청중을 대상으로 복음서를 집필했다면, 우리는 저자가 그 차이점을 의도적으로 조화시키거나 감추지 않고,[165] 오히려 그 차이점을 그대로 남겨두거나 또는 심지어 이를 만들어냈다는 사실을 신학적으로 깊이 고려해야 한다. 물론 전승의 변화는 복음서 저자가 요한복음의 말씀 선포 형성 과정에 얼마나 열정적으로 관여했는지와 무관하게 예수 운동 초기부터, 그리고 요한 공동체 전승 초기부터 이미 시작되었다. 하지만 이러한 변화는 복음서 집필 과정에서 의도적으로 수용되고 또 지속되었으며, 예수의 가르침은 요한복음에서 새로운 문학적 형태를 갖게 되었다. 만약 이것이 사실이라면 우리는 복음서 저자가 어떻게 이러한 과정을 정당화할 수 있었는지, 또는 심지어 어떻게 역사적·연

거나" 또는 요한복음을 위조 혐의로부터 "구하려는" 시도에 불과하며 더 이상의 명료성을 가져다주지 못한다. 아무튼 번역과 변화의 과정은 요한복음에 담긴 예수의 말씀에 전제되어 있다. 공관복음과 요한복음의 담화 간에 존재하는 일부 유사성을 입증하려는 변증적 시도는 다음을 보라. Philipp Bartholomä, *The Johannine Discourses and the Teaching of Jesus in the Synoptics* (Tübingen: Francke, 2012).

165 예수와 세례자 요한의 동시 사역을 언급하는 요 3:24에서 저자는 공관복음 전승과 그 사건들의 순서를 사뭇 다르게 알고 있는 독자들을 염두에 둔 것으로 보이는 설명을 삽입한다.

대기적 정보를 마음대로 수정하고 초기 전승으로부터 전해받은 예수 이야기의 줄거리를 수정할 수 있었는지 묻지 않을 수 없다.[166] 따라서 여기서 이 문제는 복음서 저자 또는 예수의 이야기를 기록한 "역사가"에게 "허용된" 범위가 어떻게 되는지에 대한 우리의 견해와 편견에 달려 있다.

4.2 방법론적 고려 사항

그렇다면 다소 일관된 언어와 표현법에도 불구하고, 또 저자가 "자신의 자료를 철저하게 편집함으로써 해당 자료가 최종본 배후에 감추어져 있다"는 사실에도 불구하고 우리는 어떻게 요한복음의 역사적 전승을 식별할 수 있을까?[167] 우리는 어떻게 요한복음 안에서 역사적 개연성을 지닌 전승과 정보를 확인하고 구분하고 평가할 수 있을까?

만약 우리가 지적으로 정직하고자 한다면 단순한 조화나 임의적인 절충주의가 배제되어야 함은 마땅하다. 또한 단순한 가능성이나 내러티브의 개연성은 역사적 정확성에 대한 타당한 논거가 될 수 없다. 왜냐하면 개연성 있는 서술이 반드시 역사적으로도 정확한 서술은 아니기 때문이다. 비록 요한복음의 서술이 사실적인 이야기로 만들어졌지만, 이것은 요한복음이 실제로 예수 사역의 역사를 "있는 그대로" 묘사했음을 의미

---

166   이 문제에 관해서는 아래 3장을 보라.
167   따라서 Keener, *Gospel of John*, 1:xxvii; Painter, "Memory Holds the Key," 231-32도 이를 채택한다.

하지는 않는다.

역사적 전승을 재구성하고 요한복음 내러티브의 역사적 자료의 가치를 평가하는 작업은 역사적 연구의 일반적인 어려움과 "역사적 예수" 탐구(들)에서 잘 알려진 구체적인 아포리아(난제)를 공유한다.[168] 여기서 우리가 이러한 판단을 내릴 수 있는 것은 우리가 요한복음 외에도 예수 이야기에 대한 또 다른 자료들을 소유하고 있기 때문이다. 하지만 우리는 공관복음에서보다 요한복음에서 더 많은 어려움에 봉착한다. 이는 요한복음의 자료 사용이 누가복음이나 마태복음에서 마가복음이나 Q문서를 사용한 것보다 훨씬 더 선별적이며 자율적이기 때문이다.

a) 아무튼 역사적 평가를 위한 전제 조건은 내러티브 기저에 있는 **자료**의 명확성을 확보하는 것이다. 그러나 여기서 말하는 명확성은 자료를 사용하는 요한복음 저자의 자율성에 의해 제한된다. 비록 요한복음 저자는 (내가 앞에서 주장했듯이) 마가복음을 알고 있었지만, 많은 곳에서 마가복음으로부터 이탈한다. 따라서 우리에게 주어진 과제는 과연 이와 같은 이탈이 그의 신학적 관심사, 그의 내러티브 전개 또는 연출 전략으로 가

---

168   예수 탐구 역사 및 초기 탐구 시대, "탐구 없는" 시대(Bultmann의 영향력 아래), "새로운 탐구", "제3차 탐구"와 그 이후에 관해서는 다음을 보라. Casey, *Jesus of Nazareth*, 1-61; 또한 Jörg Frey, "Der historische Jesus und der Christus der Evangelien," in *Von Jesus zur neutestamentlichen Theologie: Kleine Schriften II*, ed. Benjamin Schliesser, WUNT 368 (Tübingen: Mohr Siebeck, 2016), 29-84 (31-51); David S. du Toit, "Redefining Jesus: Current Trends in Jesus Research," in *Jesus, Mark, and Q: The Teaching of Jesus and Its Earliest Records*, ed. Michael Labahn and Andreas Schmidt, JSNTS 214 (Sheffield: Sheffield Academic, 2001), 82-124.

장 잘 설명되는지, 아니면 추가적인 문서 자료나 구전 자료를 상정해야 할 충분한 이유가 있는지를 결정하는 것이다. 만약 마가복음이 요한복음 이야기의 기저에 있는 일련의 내러티브 자료로 추정된다면 표적 자료나 요한복음 이전의 수난 기사 같은 자료의 존재 여부는 더 이상 확인될 수 없다. 비록 일부 내러티브는 공관복음 본문이나 전승의 수정 및 확대의 결과로도 설명될 수 있겠지만,[169] 다른 내러티브들은 저자가 자신이 속한 공동체로부터 물려받은 별개의 구전 또는 기록에서 취했을 수도 있다.[170]

b) 추가 자료의 사용 여부는 어떤 요소가 요한복음 내러티브에 완전히 들어맞지 않거나 가나의 혼인 기사에서 예수의 동생들이 그의 제자들과 함께 언급된 경우처럼(2:1-2, 12) 이어지는 단락에서 다시 "사용되지" 않을 때 고려해볼 수 있다.[171] 추가 자료는 요한복음의 전반적인 신학적 관심사와 어떤 긴장 관계를 드러내는 곳에서도 발견될 수 있다. 역사적 예수 탐구에서 흔히 사용하는 기준(기본적으로 예수의 말씀을 역사적으로 평가하기 위한 기준)에 대한 논쟁에 우리가 설사 합류하지 않더라도[172] 우리는

---

169   따라서 예컨대 요 4:46-54의 왕의 신하 치유 사건이나 요 5:1-16의 베데스다 연못의 안식일 치유 사건, 또는 심지어 요 9:7의 선천적 시각장애인 치유 사건.

170   요한복음의 기적 이야기에 대한 자료비평적 문제에 관해서는 Labahn, *Jesus als Lebensspender*의 철저한 논의를 보라.

171   이 이야기 배후에 있는 자료비평에 관해서는 다음을 보라. Frey, "Das prototypische Zeichen," 172-78.

172   예수의 활동에 관해서는 다음을 보라. Craig A. Evans, "Authenticating the Activities of Jesus," in *Authenticating the Activities of Jesus*, ed. Bruce Chilton and Craig A. Evans (Leiden: Brill, 1999), 3-29. 예수 연구에서 사용하는 기준에 관해서는 다음을 보라. Martin Hengel and Maria Schwemer, *Jesus und das Judentum*, vol. 1 of *Geschichte des frühen Christentums*

기본적으로 팔레스타인 유대 정황에 잘 들어맞고, 또 두 번째로(더 중요함) 복음서 전승이나 요한복음 신학의 일반적인 발전과 대비되는 것을 오래된 전승으로 간주할 수 있다. 나중에 논의하겠지만, 여기서 적절한 한 가지 예는 요한복음 3:22, 26(그리고 4:2)에 기록된 예수의 세례 사역에 관한 기사다. 그의 세례 사역은 주로 요한복음에서 예수의 증인으로 묘사되는 세례자 요한의 이미지와 일치하지 않으며, 본래부터 두 사람이 친했다는 암시가 점차적으로 사라져가는 복음서 전승의 일반적인 발전 궤도와도 일치하지 않는다. 이것은 오래된 전승을 가리킬 수 있으며, 아마도 요한복음 3:22과 3:26에 기록된 전승의 역사적 개연성을 가리킬 수 있다. 하지만 대다수의 경우 확실성의 정도는 제한적이며, 그러한 전승을 정확하게 재구성하는 것은 거의 불가능하다.

c) 게다가 요한복음의 대화와 담화 배후에 있는 전통적인 말씀을 구별하는 것은 더욱 어렵다. 여기서 우리는 복음서에서 형성된 표현의 특징, 즉 이중 "아멘" 도입구, 변형된 표현(예. 요 3:3과 3:5) 또는 요한 서신과

(Tübingen: Mohr Siebeck, 2007), 262-70; Casey, *Jesus of Nazareth*, 101-42; 또한 Gerd Theissen and Dagmar Winter, *Die Kriterienfrage in der Jesusforschung: Vom Di»erenzkriterium zum Plausibilitätskriterium*, NTOA 34 (Freiburg Schweiz: Universitätsverlag; Göttingen: Vandenhoeck & Ruprecht, 1997); Stanley E. Porter, *The Criteria for Authenticity in Historical-Jesus Research: Previous Discussion and New Proposals*, JNTS 191 (Sheffield: Sheffield Academic, 2000); Dale C. Allison, "How to Marginalize the Traditional Criteria of Authenticity?" in Holmén and Porter, *Handbook of the Historical Study of Jesus*, 1:3-30; Stanley E. Porter, "How Do We Know What We Think We Know? Methodological Reflections on Jesus Research," in *Jesus Research: New Methodologies and Perceptions*, ed. James H. Charlesworth (Grand Rapids: Eerdmans, 2014), 82-99.

유사한 어구(참조. 요 3:16과 요일 4:9, 10) 같은 요소들을 꼽을 수 있다. 미하엘 테오발트는 전통적인 말씀을 구별하는 기준과 관련하여 자신의 의견을 조심스럽게 내놓았다.[173] 그는 신약성경과 그 밖의 문헌에서 여러 차례 나타나는 예를 언급하는데, 여기에는 내본문적(intratextual) 재개 또는 인용, 문학적 문맥 안에서의 표현법적/형식적 독립성 또는 주어진 문맥 안에서의 긴장 등이 포함된다. 하지만 대다수의 경우 우리는 요한 공동체의 언어에 의해 형성된 전승으로밖에 되돌아갈 수 없다. 물론 이 전승은 (예수의 '목소리를 그대로 반영하는 말씀'[ipsissima vox]은 말할 것도 없고) 최초의 예수 전승의 언어 양식과 아무런 관계가 없다. 따라서 요한복음에 기록된 예수의 말씀은 모두 신학적으로 철저한 변화를 경험했다는 결론을 피할 수 없고, 그 말씀이 역사적 예수의 말씀을 대변한다는 주장은 대부분 입증될 수 없다. 따라서 지적인 정직성은 말할 것도 없고 이러한 비판적인 구별은 반드시 필요하다.

5. 요한복음의 역사적으로 유효한 정보

지난 세기의 학자들은 요한복음에 담긴 전승의 상당수가 역사적으로 유효하다고 주장했다. 이러한 주장은 다양한 종류의 자료와 다양한 수준의

---

173   Theobald, *Herrenworte im Johannesevangelium*, 56-58.

확실성에 대해 다양하게 전개된다.

5.1 저자에 대한 간접적인 암시

첫째, 학자들은 요한복음 저자와 그의 지식, 그리고 좀 더 잠정적으로 그의 배경과 출신에 대한 증거를 일부 수집하고자 노력했다. 물론 텍스트에 나타나 있는 지식은 언제나 단순히 저자의 지식에서 비롯된 것이 아니라 저자가 수용한 전승에서 비롯된 것일 수 있기 때문에 주의가 필요하다. 하지만 우리는 요한복음의 언어, 지리, 문화에 관한 내용을 통해 저자가 어느 정도 히브리어와 아람어, 팔레스타인 유대교, 내러티브의 지리적 배경을 잘 알고 있었으리라는 결론에 도달할 수 있다.

따라서 마르틴 헹엘은 아마도 저자가 팔레스타인 유대인으로서 유대 반란 때 소아시아의 디아스포라 지역으로 이주한 것으로 추정한다.[174] 그는 요한복음이 도마-디두모(요 11:16; 20:24; 21:2), 게바(1:42), 마리아/마리암(20:16), 실로암(9:7), 가바다(19:13), 골고다(19:17) 같은 다수의 음역된 아람어 이름과 메시아(1:41; 4:25, 오직 요한복음에서만 음역됨), 랍비, 강조형 랍오니(20:16; 참조. 막 10:51) 같은 아람어 용어를 소개한다는 점을 증거로 제시한다. 요한복음은 이러한 이름과 용어의 일부를 그리스어로 번

---

174 Hengel, *Johannine Question*, 109-10; idem, *Die johanneische Frage*, 278-81.

역하고,[175] 일부는 정확하게 해독하고,[176] 또 일부는 상징적으로 설명한다
(실로암, 9:7).

예루살렘과 그 주변 지역(갈릴리는 제외)에 대한 지식은 더 상세하
다.[177] 특정하기 어려운 지역에 대한 언급도 있는데, 아마도 이 지역들은
"요단강 건너편 베다니"(1:28; 참조. 10:40)와 물이 많거나 샘이 많은 "살렘
가까운 애논"(3:23) 같이 갈릴리 지역보다는 남쪽에 위치해 있었을 것이
다. 놀랍게도 이러한 지리에 대한 세세한 정보는 유대와 예루살렘 지역에
집중된다. 나아가 저자는 유대 명절,[178] 관습, 율법에 관한 엄청난 분량의
지식을 자랑한다. 그는 유대교(더 정확하게 말하자면 바리새파[179]) 정결 의식
에 사용되는 돌항아리(2:6)의 적합성에 대해 잘 알고 있었고, 할례법이 안
식일법을 범한다는 사실도 알고 있었으며(7:37), 유월절 양의 뼈를 꺾어

---

175 메시아(1:41; 4:25), 게바(1:42), 도마(11:16; 20:24), 가바다(19:13), 골고다(19:17).
176 따라서 요한의 아들 시몬(1:42; 21:15, 하지만 참조. 바요나, 마 16:17), 시몬 가룟의 아들
     유다(요 6:71; 13:2, 26).
177 성전 헌금궤(8:20), 솔로몬 행각(10:23), 안나스와 가야바의 집(18:13, 24), 성(벽)에서
     가까운 골고다(19:17, 20).
178 참조. Gale A. Yee, *Jewish Feasts and the Gospel of John* (Wilmington, Del.: Michael Glazier,
     1989); Luc Devilliers, *La Fête de l'Envoyé* (Paris: Gabalda, 2002); Maarten J. J. Menken,
     "Die jüdischen Feste im Johannesevangelium," in *Israel und seine Heilstraditionen im
     Johannesevangelium*, Festschrift Johannes Beutler, ed. Michael Labahn, Klaus Scholtissek,
     and Angelika Strothmann (Paderborn: Schöningh, 2004), 269–86; Dorit Felsch, *Die Feste
     im Johannesevangelium. Jüdische Tradition und Christologische Deutung*, WUNT 2/308
     (Tübingen: Mohr Siebeck, 2011); Gerry Wheaton, *The Role of Jewish Feasts in John's Gospel*,
     SNTSMS 162 (Cambridge: University Press, 2015).
179 특히 다음을 보라. Roland Deines, *Jüdische Steingefäße und pharisäische Frömmigkeit:
     Ein archäologisch-historischer Beitrag zum Verständnis von Johannes 2,6 und der jüdischen
     Reinheitshalacha zur Zeit Jesu*, WUNT 2/52 (Tübingen: Mohr Siebeck, 1993).

서는 안 된다는 규정도 암암리에 암시한다(19:36-37). 그는 또한 유대인과 사마리아인 간의 분열(4:9), 초막절 마지막 날의 의미와 제단 앞에 붓는 물의 중요성(7:37), 겨울에 맞이하는 수전절(10:22), "유월절을 위한 준비일"(18:28; 19:31),[180] "유월절 첫째 날과 일치했던 예수의 죽음 바로 다음 안식일의 특별한 의미"[181]에 관해서도 알고 있었다. 요한복음 이야기 안에서 이러한 세세한 정보는 모두 팔레스타인 지역의 특성과 저자의 신빙성을 드러내는 데 기여한다.

이와 관련하여 우리는 저자가 이러한 세세한 정보 가운데 일부를 다양한 자료나 공동체 전승에서 가져왔음을 인정해야 한다. 하지만 해설을 위한 내러티브 여담(4:9과 10:22의 이름에 대한 번역과 설명 또는 관습에 대한 설명)이나 수난 기사의 사건 순서를 나타내는 성경 구절(19:36-37)은 오히려 저자의 지식과 의도를 나타내며, 따라서 문화, 법률, 성경에 관한 저자의 지식을 드러내는 증거로 간주될 수 있다. 그러나 우리는 그 지역이나 문화에 관한 저자의 지식이 그의 서술의 역사적 정확성을 추가로 입증하는 논거로 활용될 수 없다는 점을 지적할 필요가 있다. 심지어 장소, 율법, 관습에 익숙한 목격자도 어떤 사건이나 사물을 후대의 관점에서 상당히 다르게 서술할 수 있다. 따라서 요한복음의 역사적 자료의 가치는 저자의 팔레스타인 유대 배경을 주장하는 것으로 입증되지 않는다.

---

180   Hengel, *Johannine Question*, 111.
181   Hengel, *Johannine Question*, 111.

5.2 유대 역사에 관한 역사적 자료로서 요한복음

마르틴 헹엘이 중요한 소논문에서 보여주었듯이[182] 요한복음은 고대 유
대교 역사의 일부를 역사적으로 고증하는 데 유용한 자료다. 예를 들어
요한복음 4:5은 미쉬나(m. Menaḥ. 10:2)에서 다시 언급되기 전에 수가를
처음으로 사마리아의 주요 마을로 언급한 본문이다.[183] 더 일반적으로
4:4-42의 일화는 야곱의 우물과 땅(흥미롭게도 요셉의 무덤은 아님)에 관한
지역 전승과 관련하여 유대인들과 사마리아인들 간의 논쟁에 관해 상당
한 지식을 자랑한다.[184] 이와 마찬가지로 10:22도 고대 자료로서는 처음
으로 "타 엥카이니아"(τὰ ἐγκαίνια)라는 그리스 이름으로 수전절을 언급한
다. 요한복음은 또한 신약성서 저자로서는 유일하게 디베랴 마을을 언급
하는데(6:1, 23f.; 21:1), 이 마을은 기원후 17년에 헤롯 안티파스에 의해 세

---

182 Martin Hengel, "Das Johannesevangelium als Quelle für die Geschichte des antiken
Judentums," in *Judaica, Hellenistica et Christiana. Kleine Schriften II*, WUNT 109
(Tübingen: Mohr Siebeck, 1999), 293-334.

183 Hengel, "Das Johannesevangelium als Quelle," 300-302은 수가(= 아스칼)가 폼페이우스
에 의해 유대인의 지배로부터 해방된 후(기원전 63년) 원래부터 이방인 도시였던 네압볼
리(= 나블루스)가 이를 능가할 때까지 사마리아인들의 가장 중요한 마을이 되었다.

184 다음을 보라. Hengel, "Das Johannesevangelium als Quelle," 301. 지역 전승의 설
명은 완전히 명확하지 않다. 우리는 Jürgen Zangenberg, *Frühes Christentum in
Samarien: Topographische und traditionsgeschichtliche Studien zu den Samarientexten im
Johannesevangelium*, TANZ 27 (Tübingen: Francke, 1998), 105(참조. Kundsin, *Topologische
Überlieferungsstoffe*, 29-30)이 주장하듯이 요 4장이 사마리아 선교(참조. 행 8장)나 수가
에 있는 기독교 공동체에 관한 초기 전승을 활용하는지, 아니면 이 텍스트를 완전히 유대
지방 사람의 관점에서 구성한 복음서 저자의 문화 지식에 불과한 것인지는 오직 추론에
맡길 수밖에 없다.

워졌으며, 기원후 19년에는 그의 사분통치령의 새 수도가 된다. 더 나아가 학자들 사이에서 오랫동안 논쟁의 대상이었던 다섯 행각이 있는 베데스다 연못에 대한 요한복음의 묘사는 "현재 남아 있는 이 연못의 고고학적 유물과도 잘 어울린다.[185] 마지막으로 요한복음의 수난 기사는 예루살렘의 상황은 물론, 빌라도의 로마 당국과 대제사장 가문 간의 협력 관계를 사실적으로 보여주는데, 그 당시 안나스는 그의 사위 가야바의 재임 기간에도 가문의 "숨겨진 권력자" 자리를 여전히 꿰차고 있었다.[186]

그러나 이것은 요한복음의 기사가 마가복음의 기사보다 역사적으로 더 현실에 가깝다는 것을 의미하지는 않는다. 예를 들어 요한복음 저자가 안나스가 예수를 심문하는 기사를 삽입했다고 해서(18:12-27) 그가 반드시 더 정확한 전승을 활용했다는 것을 의미하지 않는다. 이것은 산헤드린 공의회에서 예수가 그의 메시아 주장과 관련하여 익명의 대제사장에게 심문을 받고 신성모독죄로 사형 선고를 받은 내용(막 14:53-65)만을 담고 있는 초기 전승에 추가된 것으로 설명이 가능하다. 요한복음은 충분히 상상 가능한 서사적·신학적 이유에서 실제 대제사장인 가야바가 산헤드린 공의회를 주도한 사실을 11:47-53에서 이미 서술한다. 유대 당국자들은 예수가 죽은 자를 다시 살리는 신적 권세를 분명히 드러내자 그를 죽이기

---

185   Shimon Gibson, "The Excavations at the Bethesda Pool in Jerusalem," in *Sainte-Anne de Jérusalem: La Piscine Probatique de Jésus à Saladin: Le Projet Béthesda (1994-2010)*, Proche-Orient Chrétien, Numéro Spécial (Beirut: Faculté des sciences religieuses, 2011), 17-44 (23).

186   Hengel, "Das Johannesevangelium als Quelle," 322-34.

로 결정한다. 하지만 저자는 산헤드린 공의회에 대한 이 자료를 11장에서 이미 사용했기 때문에 수난 기사에서는 이 공간을 다른 방식으로 채울 필요가 있었다. 흥미롭게도 그는 여전히 18:24, 28에서 예수가 본디오 빌라도에게 송치되기 전에 가야바에게 먼저 보내졌다는 매우 짧은 기사를 소개한다. 하지만 그 장면에서는 아무런 일도 일어나지 않는다. 이는 아마도 추가로 소개할 전승이 더 이상 없었기 때문일 것이다. 따라서 저자는 마가복음의 산헤드린 공의회 장면 대신에 가야바의 장인이자 가문의 최고 권력자인 또 다른 제사장 안나스의 등장과 함께 새로운 장면 하나를 추가해야만 했다. 안나스와의 만남은 마가복음의 산헤드린 공의회 장면에서처럼(참조. 막 14:54, 66-72) 베드로가 예수를 부인하는 장면과 연결된다. 하지만 대제사장과 산헤드린 공의회의 사형 언도가 이미 서술되었기 때문에 이제는 실제 재판이나 판결 장면이 아닌 심문 장면만을 포함할 수 있었는데, 이 장면은 예수의 공개적인 가르침을 회고적으로 확인하는 계기가 된다. 물론 이 추론은 개연성이 없지 않다. 저자는 제사장 가문과 로마 당국 간의 실리적인 관계와 안나스와 그의 가문의 중요성에 대해 상당한 지식을 갖고 있었다. 하지만 본문을 자세히 살펴보면 우리는 이 장면 역시 초기 전승에 추가된 허구일 개연성이 높다는 결론에 도달한다.

우리는 여기서 복음서 저자의 문화와 역사에 대한 지식이 그가 허구적인 장면을 구상하지 못하도록 막기보다는 오히려 개연성 있고 신뢰할 만한 내러티브를 작성하도록 이끌었다는 점을 볼 수 있다. 이는 나중에 예수가 빌라도를 만나는 장면(요 18:28-19:16a)에서도 마찬가지다. 이 장면은 일곱 장면으로 잘 꾸며져 있지만, 사실은 마가복음의 짧은 기사를 신학적인 의도에 따라 허구적으로 확대한 것으로 간주된다.[187] 우리는 적어도 예수의 나라와 그의 실제 기원에 관한 빌라도와 예수의 사적인 대화(18:33-38a; 19:9b-12a)가 이 복음서(그리고 사랑하는 제자)를 검증하는 증거로 사용될 수 없으며, 이러한 대화는 아마도 이 이야기에 대한 저자의 신학적 해석을 뒷받침해주기 위해 꾸며졌을 것이다. 그렇다면 이러한 저자의 창의적인 해석은 결코 부정될 수 없다. 따라서 이러한 기사 작성과 특히 빌라도와 예수의 사적인 대화는 저자가 만들어낸 허구로밖에 간주될 수 없지만, 카이사르에게 고발하겠다는 협박과 함께 빌라도에게 압박을 가하는 유대 지도자들의 모습은 유대 지방의 정치적 긴장을 제대로 간파한 확고한 지식에 근거한다. 따라서 복음서 저자는 본디오 빌라도가 유대 당국의 고소 때문에 고작 몇 년도 지나지 않아 실제로 해임된 사실도 알고 있었을 것이다. 헹엘이 올바르게 주장했듯이 요한복음에서 가장 놀라운 수수께끼 중 하나는 정확한 역사적 사실과 이 자료에 대한 창의적인 신학적 설명의 독특한 결합이다.[188] 따라서 이 두 가지 측면은 복음서에

---

187 이 이야기에 대한 나의 해석은 다음을 참조하라. Jörg Frey, "Jesus und Pilatus: Der wahre König und der Repräsentant des Kaisers im Johannesevangelium," in *Christ and the Emperor*, ed. Gilbert van Belle and Joseph Verheyden, BTS 20 (Leuven: Peeters, 2014), 337-93.

188 Hengel, "Das Johannesevangelium als Quelle," 334: "이것은 아마도 초기 기독교 내러티브 문헌에서 유일하게 정확한 역사의 상세함과 그 자료의 창의적인 신학적 구성의 조합을 보여준다." Hengel은 이 작품을 묘사하는 데 심지어 "예수-미드라쉬"라는 용어까지 사용한다.

대한 철저한 역사적 고증을 통해 검증되어야 한다.

5.3 예수와 그의 사명에 관한 역사적 전승

요한복음 저자의 배경과 고대 유대 역사에 관한 정보(요한복음은 이 부분에서 종종 경시되어온 역사적 자료의 가치를 보여줌) 외에도 우리는 요한복음이 역사적으로 유효한 정보를 담고 있다고 볼 수 있는 요소들을 적어도 선별적으로 다룰 필요가 있다. 이러한 요소를 가장 잘 수집해놓은 저서는 여전히 요한복음에 담긴 역사적 전승을 다룬 C. H. 도드의 단행본이다.[189] 도드가 궁극적으로 공관복음에 대한 요한복음의 독립성을 지지함에도[190] 요한복음 서사에 담긴 특정 요소들의 역사적 타당성에 대한 그의 주장은 단순히 그 전제에 기초하지 않는다. 도드가 확인한 전승 가운데 상당수는 요한복음의 마가복음 의존성이란 틀 안에서도 이해될 수 있다. 다른 전승은 특히 수난 기사의 정황에서 공관복음의 기사를 신학적인 의도에 따라 재서술한 것으로도 설명될 수 있다.[191] 여기서 나는 오직 역사적으로 유효

---

189   이것은 "곧 대체될 것 같지 않는 작품"이다(Smith, "Jesus Tradition," 2000).
190   Dodd, *Historical Tradition*, 8-9; 423. 그의 케임브리지 동료 교수 Gardner-Smith의 견해를 지지하는 Dodd의 견해는 위 116-17쪽을 보라.
191   나는 마가복음과 차이를 보이는 요 18:1-11의 예수 체포 일화는 신학적인 목적을 위해 수정된 것으로 가장 잘 설명된다고 생각한다. 다음을 보라. Sabbe, "Arrest of Jesus in Jn 18,1-11"; Lang, *Johannes und die Synoptiker*, 61-86. 반론은 다음을 보라. Dodd, *Historical Tradition*, 80-81. 발을 씻어준 사건에 또 다른 전승을 제안하는 것 또한 의심스러워 보인다(Dodd, *Historical Tradition*, 64처럼). 안나스의 심문과 빌라도 앞에서의 재판에 관해서

하다고 여길 수 있는 요한복음의 정보를 선별적으로 다룰 것이다.[192]

a) 역사적 탐구에 매우 적합한 분야는 바로 예수 및 그의 제자들과 세례자 요한의 관계에 관한 연구다.[193] 공관복음과 달리 요한복음은 예수의 몇몇 제자들(안드레와 아마도 베드로를 포함하여)이 본래 세례자 요한이 주도한 예언자 운동 출신이었을 것이라는 견해를 지지하는 증거를 제공한다(참조. 요 1:35).[194] 이 사실은 예수 자신과 세례자 요한 및 그의 운동 간의 밀접한 관계를 암시하는데,[195] 요한복음의 다른 본문도 이를 암시한다(참조. 3:22-30). 만약 이것이 사실이라면 예수가 요한에게 세례를 받은 사건은 단순히 어떤 일회성 사건이 아니라 그 이전에도 관계를 맺고 있었고, 그후에는 더 오랜 관계 또는 교제가 지속되었을 개연성을 암시한다. 또한 이 사실은 예수와 그의 일시적인 "멘토" 사이에 간격을 둠으로써 예수의 독특성을 부각시키려는 공관복음에 의해 억제된 것으로 보인다. 공관복음 내러티브는 예수가 세례자 요한이 투옥된 이후에 비로소 복

는 위 92-95쪽을 보라.

192   예수 연구를 위한 요한복음 자료의 가치에 관한 나의 소논문도 보라. Frey, "Johannesevangelium," 특히 144.

193   포괄적인 논의는 다음을 보라. Dodd, *Historical Tradition*, 248-312; 참조. Smith, "Jesus Tradition," 2003-5.

194   참조. John P. Meier, *Companions and Competitors*, vol. 3 of *A Marginal Jew: Rethinking the Historical Jesus* (New York: Doubleday, 2001), 222. "베드로와 다른 제자들이 세례자 요한의 제자 그룹에서 예수를 처음 만났을 것이라는 요한복음의 암시는 사실일 수 있다."

195   이에 관해서는 다음의 철저한 논의를 참조하라. John P. Meier, *Mentor, Message, and Miracles*, vol. 2 of *A Marginal Jew*, ABRL (New York: Doubleday, 1994), 100-30; Hengel and Schwemer, *Jesus und das Judentum*, 320-39; 다소 다른 관점에서는 다음을 보라. Casey, *Jesus of Nazareth*, 178-85.

음을 선포하기 시작했음을 강조하지만, 일부 말씀과 요한과 예수의 가르침 사이의 밀접한 관계는 정반대로 두 인물 간의 밀접한 관계를 암시한다.[196] 그런 측면에서 공관복음의 연대기는 지나치게 도식적이며, "엘리야"라는 칭호와 함께 예수로부터 높은 평가를 받은 세례자 요한의 영향력을 억제함으로써 구원 역사에서 예수의 독특한 위치를 확보하려는 공관복음의 영향을 받았다(마 11:14). 따라서 세례자 요한의 운동과 예수 운동 간의 개인적인 관계를 보여주는 요한복음의 정보는 (마가복음과 다른 공관복음에서 이미 축소되고 억제된[197]) 예수와 세례자 요한의 관계가 이미 오래된 것임을 보여주는 단서로 보인다. 이러한 "당혹감의 기준"(criterion of embarrassment)은 우리로 하여금 이러한 단편적인 정보를 공관복음 내러티브와 연대기보다 훨씬 더 신뢰하도록 만든다.

b) 연대기적으로 세례자 요한 및 예수의 사역과 같은 시기에 생성된 전승도 이와 밀접하게 연관되어 있다(요 3:22-23). 이러한 전승은 세례자 요한이 투옥된 이후에 예수가 자신의 사역을 시작했다고 소개하는 마가복음과 공개적으로 모순을 일으킨다. 당혹감의 기준에 따라 우리는 이 신뢰할 만한 역사적 예수에 관한 정보를 고려하지 않을 수 없다.

---

196 참조. Hengel and Schwemer, *Jesus und das Judentum*, 326-29. 공통 요소는 특별히 도래할 심판에 관한 묵시적 관점을 포함한다. 이스라엘과 그 지도자들은 갑자기 심판을 당할 것이며(눅 12:16-20; 13:1-5; 참조. 10:13-15; 11:31), 이스라엘 가운데 분열을 일으킬 것이고(17:34-35), 가난한 자와 우는 자와 굶주린 자들을 위해 상황을 반전시킬 것이며(14:11; 17:33; 참조. 6:20-22), 오직 즉각적인 회개만이 그 심판으로부터 구원해줄 것이다(13:5).

197 예수의 세례 사역에 관한 전승(3:22, 26)은 아래 191-97쪽을 보라.

이 사실은 세례자 요한의 시대와 예수의 시대로 구분하는 마가복음에 상당한 의문이 제기된다는 점을 통해서도 확인된다. 문제는 요한에게 세례를 받고 광야에서 40일을 보낸 후에(마 1:12-13) 어떻게 예수가 세례자 요한이 투옥된 후에야 비로소 말씀을 선포하기 시작했는지를 우리가 상상하느냐에 달려 있다. 과연 마가는 독자들이 예수가 자신의 사역을 시작할 수 있을 때까지 어디선가 대기하고 있었다고 상상하기를 원했을까? 분명히 마가가 사용한 내러티브 기법은 여기서 어떤 불투명한 시간을 단축하거나 숨긴다. 마가는 예수의 수세(9-11절), 광야에서의 시험(12-13절), 선포된 말씀의 요약과 그의 공적 사역에 관한 내러티브의 시작(14-15절), 첫 번째 제자들을 부름(16-20절) 등에 관한 여러 전승을 하나로 연결한다. 그러나 이러한 연결에도 불구하고 14a절은 예수의 사역과 요한의 사역 사이에 시간적 구분을 분명하게 명시한다.

다른 복음서들은 다양한 기법을 사용하여 요한과 예수 사이의 간극을 확대한다. 누가는 마가복음 1:14을 수용하지 않고 누가복음 3:23-38에 계보를 삽입함으로써 요한과 예수의 사역을 구분한다. 게다가 누가는 마지막 예언자 요한을 포함하여 율법과 예언자 시대와 예수의 사역과 함께 도래하는 하나님 나라 시대 사이에 구원사적 구분을 도입한다(16:16). 마태는 단순히 마가복음의 연대기 도식을 수용하는 한편, 예수와 세례자 요한 사이에 확실한 거리를 두는데, 이때 그는 요한이 오히려 예수에게 세례를 받아야 마땅하다고 말하면서 예수의 세례에 문제를 제기한다(마 3:14-15). 요한복음은 한걸음 더 나아가 예수의 수세 이야기를 생략하고 세례자 요한을 단순히 증인의 역할로 교체한다(요 1:19-34). 따라서 네 정경 복음서는 예수를 완전히 다른 범주의 인물로 소개하고, 그를 그의 선임자와 거리를 두며, 요한이 예수보다 더 뛰어난 인물로 보이지 않게 한다. 이러한 관점에서 보면 요한복음 3:22-23, 25-26에 기록된 단편적인 정보는 훨씬 더 주목할 만하다. 이 구절들에 의하면 예수와 요한은 적어도 한동안은 같은 시기에 활동했으며, 예수 역시 적어도 한동안은 물에 잠그는 의식을 행했다(즉 "세례를 베풀었다", 3:22, 26). 이 사실 또한 공관복음 저자들에게 알려지지 않았고, 편집에 의해 삽입된 것으로 보이는 4:2의 내러티브 여담은 이 점을 문제 삼는다.

하지만 요한복음 3:22-24은 복음서 저자의 역사적 전승 활용의 연대기를 나타내는 방식을 이해하는 데 상당히 유용하다. 요한복음 3:24은 저자가 이미 독자들도 알고 있을 것으로 예상하는 예수 사역의 시작에 대한 다른 기사와 자신의 기사 간의 차이점을 분명하게 설명한다. 그는 여기서 공관복음의 견해를 거부하고 자신의 전승을 옹호하는 것처럼 보인다. 우리는 다음 단락에서 이 점을 다시 다룰 것이다.[198]

c) 마가복음의 연대기 도식을 고려하면 우리는 예수의 사역 기간과 관련하여 요한복음과 공관복음의 차이점을 나름대로 평가할 수 있는 한 가지 단서를 발견할 수 있다. 예수의 사역 기간은 공관복음을 따르면 단 1년도 채 되지 않지만, 요한복음을 따르면 2년 또는 3년이 된다. 하지만 우

---

198   아래 193-95쪽을 보라.

리에게는 어느 연대기를 선택할지를 결정하거나 예수의 사역 기간을 결정할 만한 외적 단서가 전혀 없다. 요한복음의 연대기는 아마도 집필 또는 편집의 결과일 개연성이 높다. 첫 번째 유월절은 본래 예수가 수난당하기 전에 일어난 성전 사건을 사역 초기 문맥으로 이동하면서 "생겨났고" 이로써 요한복음 2:13에서 "또 다른" 유월절이 언급된다. 2년 내지 3년의 연대기를 나타내는 "이정표"[199]라고 할 수 있는 6:4은 예수가 명절을 위해 순례의 길을 떠나지 않은 상태에서 두 번째 유월절을 언급한다. 그럼에도 유월절을 언급하는 이 여담이 5천명을 먹이는 이야기와 떡에 관한 담화에서 유래했다고 추론할 충분한 이유가 있다. 이를테면 이것은 저자가 이 자료를 유월절과 연결하거나 심지어 최후의 만찬과 연결하려 했음을 의미한다. 따라서 이렇게 연장된 사역 기간은 "역사적인" 이유보다는 문학적인 이유에서 기인한 것이다.[200]

하지만 만약 마가복음의 짧은 연대기 또한 도식적이라면 공관복음은 이 지점에서 역사적으로 더 가치 있는 자료를 갖고 있다고 주장할 수 없다. 설령 요한복음에서 명절에 순례의 길에 오르는 여행이 기독론적인 기능을 수행한다 하더라도 예수가 갈릴리에 사는 경건한 유대인으로서 공적 사역을 시작하기 전과 사역 기간 도중에 종종 순례의 길에 올랐기 때문에[201] 그는 마지막 유월절을 맞이했을 때 이미 예루살렘 당국자들에

---

199   따라서 Wellhausen, *Das Evangelium Johannis*, 28: "Meilenzeiger."
200   이에 관해서는 아래 197-200쪽을 보라.
201   참조. 눅 2:41. 예수가 유대 지방과 예루살렘에 대해 잘 알고 있었을 것이라는 암시는 (심

게 알려졌을 개연성이 있다.[202] 따라서 적어도 예수의 사역이 1년 이상 지속되었을 것이라는 의미에서 요한복음 기사는 일반적으로 공관복음보다 더 개연성이 높다. 그러나 정보의 부족으로 이 시점에서 더 정확한 판단을 내리는 것은 불가능하다.[203]

d) 그러나 연대기적으로 가장 어려운 난제는 예수가 죽은 날짜를 특정하는 것이다. 사복음서는 모두 예수가 안식일 하루 전날인 금요일 유월절에 죽었다는 데 동의하지만, 그가 죽은 날과 유월절 사이의 정확한 관계에 있어서는 차이점을 나타낸다. 공관복음에 의하면 예수는 유월절 첫째 날 밤과 아침 사이에 체포되어 사형 선고를 받기 이전에 유월절을 기념하는 식사를 한다. 따라서 그가 죽은 날은 니산월 15일 금요일이다. 그러나 요한복음에 의하면 예수의 심문과 죽음은 여전히 예비일(즉 니산월 14일 금요일)에 일어나며, 따라서 최후의 만찬은 유월절을 기념하는 식사

지어 마가복음에 의해서도) 예수가 베다니 사람들과 특별한 관계를 맺고 있는 듯한 모습에서 발견된다(막 14:3-9). 다음을 보라. Hengel and Schwemer, *Jesus und das Judentum*, 556.

202 따라서 Paula Fredriksen, *Jesus of Nazareth, King of the Jews: A Jewish Life and the Emergence of Christianity* (New York: Knopf, 2000), 238-41; 참조. Smith, "Jesus Tradition," 2002-3.

203 또 다른 가능한 주장은 요 2:20의 46년에 대한 언급인데, 이는—만약 이 건물이 헤롯이 통치한 지 열여덟째 해에(Josephus, *Ant.* 15,380), 즉 기원전 20/19년에 짓기 시작한 것이라면—기원후 27/28년을 가리킬 수 있으며, 이는 눅 3:1에서 디베료 황제가 통치한 지 열다섯 해에 세례자 요한이 등장했다는 누가의 연대기와 대략 일치한다. 만약 이것을 예수의 십자가 처형 해인 기원후 30년과 연결한다면(참조. Hengel and Schwemer, *Jesus und das Judentum*, 556) 우리는 대략 3년의 기간에 도달한다. 그러나 요 2:20의 비교적 정확한 숫자를 어떻게 설명할 수 있을지는 불분명하다. 참조. Frey, *Die johanneische Eschatologie*, 2:154, n. 3.

가 될 수 없다(요 18:28; 19:14, 31).

학자들은 지금까지 이 두 기사를 조화시키려고 노력해왔다. 예를 들어 일부 학자들은 성전의 공식 달력과 쿰란 및 관련 운동(쿰란뿐만 아니라 유대와 예루살렘의 기타 지역곳에서도 일어난) 공동체에서 따랐을 것으로 추정되는 태양력 간의 차이점을 지적한다.[204] 하지만 이러한 지적은 쿰란 학자들이나[205] 성경 해석자들의 폭넓은 지지를 얻지 못했다. 따라서 연대기적 모순은 쉽게 해결되지 않는다.

역사적으로는 마가복음의 연대기나 요한복음의 연대기를 주장하는 것이 모두 가능하다. 요아힘 예레미아스는 최후의 만찬에 관한 그의 독창적인 연구에서 예수의 최후의 만찬은 유월절 식사였으며, 따라서 공관복음의 연대기가 역사적으로 정확하다고 강하게 주장했다.[206] 마르틴 헹엘은 비록 마가복음의 도식적인 기사에 일부 모순이 있다는 점을 인정하지만, 이 연대기를 따른다.[207] 한편 존 P. 마이어는 요한복음의 연대기를

---

204   참조. Annie Jaubert, *La Date de la Cène* (Paris: Gabalda, 1957); idem, "Jésus et le calendrier de Qumrân," *NTS* 7 (1960/1961): 1-30; Josef Blinzler, "Qumran-Kalender und Passionschronologie," *ZNW* 39 (1958): 223-51; Eugen Ruckstuhl, "Zur Chronologie der Leidensgeschichte Jesu," SNTU 10 (1985): 27-61; 11 (1986): 97-129.

205   참조. James C. VanderKam, "The Origin, Character, and Early History of the Qumran Calendar: A Reassessment of Jaubert's Hypthesis," *CBQ* 41 (1979): 390-411.

206   Joachim Jeremias, *The Eucharistic Words of Jesus*, trans. Norman Perrin (Philadelphia: Fortress, 1966), 20-23, 62-84; 또한 Hengel and Schwemer, *Jesus und das Judentum*, 582-586.

207   Hengel and Schwemer, *Jesus und das Judentum*, 556.

지지하는 논증을 펼쳤다.[208] 그의 주장의 핵심은 다음과 같다. "예수의 체포, 심문, 죽음이라는 일련의 사건들이 유월절 식사를 하는 날 저녁에 일어났다는 것은 상상할 수 없다."[209] 마이어에 의하면 "그 당시 예루살렘의 유대 최고 당국자들이 사형에 상응하는 범죄 혐의가 있는 사람을 체포하고, (사형에 처할 수 있는) 그 사건을 심리하기 위해 즉시 산헤드린 공의회를 소집하고, 증인들이 참석한 가운데 공식 재판을 열고, 피의자에게 사형 선고를 내리고, 같은 날 그를 처형하도록 송치하는 일을 모두 니산월 15일 유월절 밤과 새벽에 진행했을" 개연성은 낮다.[210] 게다가 유월절을 기해 발표하는 사면 조치는 유월절 식사 이전에 시행될 경우에만 개연성이 있다. 예수가 유월절 이전에 죽었다는 요한복음의 기록은 다른 초기 기독교 자료(베드로복음 5장)와 유대교 자료(b. Sanh. 43a)의 추가적인 지지를 받는다.

한편 예수의 죽음이나 그의 최후 운명의 순간에 대한 정확성이 결여된 요한복음의 연대기[211]는 아마도 저녁에 유월절 어린양이 유월절 식사를 위해 도살되는 시점을 가리킨다고 볼 수 있다. 이것은 "하나님의 어린양"인 예수에 대한 예언(요 1:29, 36)과 유월절 어린양의 뼈를 꺾지 말라는 유월절 규정(출 12:10 LXX, 46; 시 34:20; 민 9:12)을 십자가에 달린 예수에게

---

208   John P. Meier, *The Roots of the Problem and the Person*, vol. 1 of *A Marginal Jew* (New York: Doubleday, 1991), 390-401.
209   따라서 Smith, "Jesus Tradition," 2022의 요약.
210   Meier, *Marginal Jew*, 1:396.
211   참조. Frey, *Die johanneische Eschatologie*, 2:181-86.

적용한 것과 상당히 잘 어울린다(요 19:36). 따라서 요한복음의 일관된 본문들은 유월절에 어린양이 실제로 성전에서 도살당할 때 예수가 죽었으며, 이 사실은 모형론적으로 그가 참된 종말론적 유월절 어린양이었음을 암시한다.[212]

따라서 우리가 만약 어느 복음서가 예수의 죽음과 관련된 연대기를 수정했는지를 결정해야 한다면 요한복음이 자신의 기독론과 일치시키려는 목적하에 연대기를 수정했을 가능성이 더 높다. 그러나 무디 스미스는 "요한복음 저자가 그런 연대기를 사실로 전제하고 그것을 해석했을 가능성도 있다"고 올바르게 추론한다.[213] 연대기 수정 가능성은 반대 방향으로도 검토 가능하다. 과연 우리는 마가복음 저자가, 혹은 그가 사용한 수난 기사 자료에서 이미 예수와 그의 제자들이 마지막으로 함께 한 "평범한" 식사에 관한 전승을 유월절 식사로 교체했다고 가정할 수 있을까? 이러한 가정은 다른 내러티브 요소들도 교체했다는 것을 전제하는데, 여기에는 떡과 잔을 해석하는 말씀뿐만 아니라 **할렐** 시편에 대한 언급도 포함된다. 따라서 역사적 예수의 마지막 식사가 실제로는 유월절 식사였다는 증거는 막강하며, 만약 예수가 단순히 유월절 식사를 하루 전날에 가질 수 없었다면 이 논증의 무게는 "신학화된" 요한복음보다는 공관복음 편으로 기운다고 할 수 있다. 하지만 이 두 가지 가능성은 각각 장점과 문제

---

212   필론, 요세푸스 미쉬나 자료에 관해서는 다음을 보라. Frey, *Die johanneische Eschatologie*, 2:184.

213   Smith, "Jesus Tradition," 2023.

점을 갖고 있으며, 주석가들과 역사가들의 견해는 여전히 나뉘어 있다.[214] 예수의 사역 가운데 이처럼 중요한 시점에서 서로 모순을 일으키는 이 두 연대기를 두고 역사적으로 명확한 결정을 내릴 수 없다는 사실은 놀랍기 그지 없다.

e) 요한복음에 담긴 다른 단일 전승 가운데 대다수는 역사적으로 평가하기 어렵지만, 베드로, 안드레, 빌립이 벳새다 출신이라는 정보(요 1:44)—오직 요한복음에만 들어 있음—는 적어도 역사적으로 유효해 보인다. 또한 21:2에서 나다나엘이 갈릴리 가나 출신이라는 진술은 가나의 두 가지 기적이 일어난 장소(2:1-11; 4:46-54)와 연관된 팔레스타인 전승으로 거슬러 올라갈 수 있다. 하지만 이 전승의 기원과 연대는 확정 지을 수 없다. 따라서 이 지역들이 다른 지역의 이름들처럼 예수 운동 초기에 어떤 중요한 의미를 지니고 있었는지, 그리고 이로써 지역의 전승이나 초기 자료에서 특정 사건들을 이 지역과 연관 지을 수 있었는지가 쟁점으로 남는다.

---

214 예컨대 수난에 대한 요한복음 연대기를 선호하는 견해는 다음을 보라. Rudolf Schnackenburg, *Das Johannesevangelium*, 4 vols., HTK 4/1-4 (Freiburg im Breisgau: Herder, 1965-1984), 3:306-7; Raymond E. Brown, *The Death of the Messiah, from Gethsemane to the Grave: A Commentary on the Passion Narratives in the Four Gospels*, ABRL (New York: Doubleday, 1998), 2:1351-73. 마가복음 연대기를 선호하는 견해는 다음을 보라. Rudolf Pesch, *Das Markusevangelium*, 3rd ed., 2 vols., HTK 2/1-2 (Freiburg im Breisgau: Herder, 1984), 2:323-28; Donald A. Hagner, *Matthew*, 2 vols., WBC 33 (Dallas: Word, 1993-1995), 772-73; Barrett, *Gospel according to John*, 50-51; Keener, *Gospel of John*, 2:1100-103.

5.4 초기 공동체 역사에 기초한 역사적 전승

우리는 역사적 전승의 일부가 지상 예수의 역사로 거슬러 올라가기보다
는 부활 이후에 유대 팔레스타인이나 다른 지역에서 형성된 초기 공동체
에서 유래했을 가능성을 이미 살펴보았다. 따라서 예를 들어 사마리아 일
화가 사마리아 지역에서 전개된 초기 전도 활동(행 8:4-25을 통해서도 확인
됨)으로 거슬러 올라갈 수는 있지만,[215] 이러한 일화를 역사적 예수의 삶
에서 실제로 일어난 사건으로 상정하기엔 어려움이 있다. 특히 사마리아
여인과의 대화는 주변에 다른 사람이 전혀 없는 상태에서 이루어진 사적
인 대화로 소개되고 있기에 그 내용은 증인들이 복음서의 진술을 인증해
준다는 요한복음의 주장의 지지를 얻지 못한다.[216]

요한복음의 "유대인들"(Ἰουδαῖοι)과 "바리새인들"의 이미지도 마찬
가지다. 후자와 관련하여 J. 루이스 마틴(그리고 그를 따르는 다수의 학자들)
은 예수의 대적자로서 바리새인들의 이미지—특히 요한복음 5-12장에
서, 그리고 회당에서 출교 명령을 내릴 수 있는 권한을 포함한 그들의 "공
식적인" 역할(9:22)—는 후대의 상황을 반영한다고 올바르게 지적한다.[217]
하지만 요한복음의 "유대인들"에 관한 자료를 전부 단순히 복음서 저자

---

215   위 172-73쪽을 보라.
216   3:1-21의 예수와 니고데모의 대화와 18:28-19:16의 예수와 빌라도의 은밀한 대화도 마
      찬가지다.
217   참조. Martyn, *History and Theology*; Frey, *Glory of the Crucified One*, 13-14 and 52.

의 시대로 귀속시키거나 요한복음이 집필될 당시나 얼마 전에 요한 공동체가 직면한 도전과 연관 짓는 것은 한편으로 치우치는 것이다. 심지어 "아포쉬나고고스"(ἀποσυνάγωγος, 출교, 9:22; 12:42; 16:2)에 대한 언급도 유대계 예수 추종자들과 이미 디아스포라에서 시작된 지역 회당 당국자들 간의 갈등과 분열을 가리킬 수 있다. 아마도 이러한 갈등과 분열은 바울 시대보다 더 이른 시기나 같은 시기 또는 얼마 후에 시작되어[218] 2세기에 들어서서도 상당 기간 지속되었을 것이다.[219] 게다가 메시아의 기원과 출현에 대한 유대인들의 다양한 생각을 수용하면서 벌어진 예수의 메시아 주장에 대한 논쟁은[220] 디아스포라보다는 유대 팔레스타인 지역의 초기로 거슬러 올라간다고 볼 수 있다. 물론 이러한 논쟁과 대화는 이제 요한복음의 문체를 따라 형성되어 복음서의 서사 구조에 포함되어 있지만 말이다. 이것은 요한복음 3:25-26에서 볼 수 있는 세례자 요한의 추종자들과 예수 운동 간의 경쟁 모티프에도 동일하게 적용된다. 거기서 이 모티프는 요한과 예수가 같은 시기에 활동을 전개하는 정황에서 나타나지만, 여전히 세례자 요한의 추종자 그룹이 존재했던 유대 팔레스타인 지역의 예수 운동 초기에 더 잘 어울리는 듯하다.

---

218 이 사건들은 아마도 복음서 저자와 그의 독자들의 "현재"에 해당하기보다 이 복음서가 작성되기 수년(어쩌면 심지어 10-20년) 전에 일어났을 것이다. 이 견해를 지지하는 특별한 증거는 독자들 사이에 이미 이방인 "그리스도인들"이 있고, 이 공동체가 "이" 양 떼와 흩어진 다른 양 떼의 양으로 구성되어 있다는 사실이다(10:16; 참조. 11:51-52). 이는 큰 충격을 일으킨 이 결별 사건이 이미 수년 전에 일어났음을 암시한다.

219 다음을 보라. Frey, "*Toward Reconfiguring Our Views on the 'Parting of the Ways'.*"

220 참조. Bauckham, "Messianism according to the Gospel of John"과 위 57-63쪽을 보라.

5.5 두 단계가 아니라 적어도 세 단계

이 모든 고려 사항에 비추어볼 때 우리는 요한복음이 다양한 역사적 단계로 구성된 복합체라는 결론에 도달한다.

a) 우선 지상 예수의 시대 및 역사를 가리키는 단계가 있다. 이 단계는 일반적으로 시간과 공간을 나타내는 표시와 이야기의 등장인물들(1세기 초 팔레스타인 지역의 서사 세계에서 살며 행동하는 예수와 그의 제자들, 그리고 동시대 유대인들)을 통해 유지된다. 다른 복음서들처럼 요한복음도 지상의 예수 이야기를 전한다고 주장하며, 널리 알려진 어려움이 있음에도 불구하고 어떤 부분에서는 적어도 역사적으로 가치 있는 정보를 예수 시대의 것으로 취급하는 것이 가능하다.

b) 복음서 텍스트에 포함된 다른 역사적 전승들은 예수 당시의 역사로 거슬러 올라갈 수 없으며, 부활 이후에 요한 공동체가 형성되고 발전하는 과정에서 예수 추종자 공동체가 겪은 갈등이나 경험을 반영한다. 비록 이러한 전승의 기원과 정황을 정확하게 파악하는 것은 어렵지만, 우리는 이보다 더 긴 역사가 가져다준 문제와 경험과 통찰이 요한복음 텍스트 안으로 침투해 들어왔다는 점을 고려하지 않을 수 없다.

c) 신학적으로 가장 영향력 있는 세 번째 단계는 복음서 저자의 기독론적·신학적 통찰의 단계인데, 여기서 저자는 이야기의 설계를 통해, 예수와 화자의 담화를 통해, 그리고 또한 여러 등장인물의 다양한 진술을 통해 그리스도의 참된 존엄성에 대한 자신의 견해를 전달한다. 따라서 이

단계는 기독론적인 통찰이 전달되는 단계다. 이 통찰은 더 긴 과정을 통해(요한복음의 관점에서는 성령의 가르침을 통해) 더욱더 증가했으며, 저자와 독자들의 관점에서 서술되지 않고 나사렛 예수의 사역이 이루어진 시공간에서 서술된다.

저자와 독자의 단계와 역사적 예수의 단계의 상호작용은 J. 루이스 마틴이 말한 "2단계 드라마"로 잘 표현된다.[221] 그러나 중간 단계에 속한 정보를 대략적으로 파악만 할 수 있다 하더라도 우리는 이 패턴을 확대하여 최소한 세 단계를 상정해야 한다. 요한복음은 적어도 세 시대—지상 예수의 시대, 유대 팔레스타인과 향후 디아스포라의 예수 추종자로 구성된 초기 공동체 시대, 그리고 (가장 주목할 만한) 복음서 저자와 그의 공동체 및 그의 독자들의 시대—에 관한 정보를 활용하는 다단계 내러티브다. 문제는 많은 경우 이 복잡한 관계망이 더 이상 해체될 수 없다는 것이며, 이로써 복음서 전체를 복음서 저자의 수준에서(즉 신학적 또는 상징적 본문으로) 읽거나 복음서 전체를 지상 예수의 역사 수준에서(즉 "역사화하는" 방식으로) 읽는 것이 어느 정도 가능하다. 하지만 우리에게 주어진 방법론적 도전은 이 두 단계를 염두에 두고, 가능한 한 텍스트에 대상을 부여하며, 비록 많은 전승을 적절하게 배치하는 것이 더 이상 불가능함에도 불구하고, 이 두 단계 사이에서 발전한 전승과 통찰을 이해하는 것이다.

---

221   Martyn, *History and Theology*, 46.

6. 발견되지 않았거나 우연히 발견된 역사적 정확성

그러나 가장 중요한 것은 주어진 역사적 전승을 수용하거나 배제하고, 활용하거나 생략하는 요한복음 저자의 자율성이다. 이러한 관찰은 그의 가장 큰 관심사가 예수의 사역 기간에 "실제로" 일어난 일을 매우 정확하게 보고하거나 그보다 앞선 저자들의 기사를 역사적 정확성의 관점에서 수정하는 것이 아니라는 결론을 요구한다. 그의 관심은 일차적으로 고대의 관점에서나 현대의 관점에서 역사 서술에 있지 않고, 주로 그의 내러티브 연출과 신학적 관심사에 따라 결정된다. 이것은 우리가 이미 언급한 두 가지 현상을 깊이 검토할 때 더욱더 분명해진다.

6.1 예수의 세례 사역: 발견되지 않은 역사적 정보의 단편

첫째, 복음서 저자가 공관복음의 다른 정보와 비교하여 수용하고 때로는 심지어 "변호"하기까지 하는 역사적으로 유효한 전승이 있다. 하지만 놀랍게도 그는 그 전승을 적극적으로 활용하지도 않을뿐더러, 그의 신학적 목적을 위해 사용하지도 않는다. 해당 전승은 요한복음 3:22, 26과 4:1(4:2은 여담을 통해 또 이를 즉시 "수정한다")에서 세 번 언급되는 예수의 "세례 베푸는" 사역에 관한 것이다.[222]

---

222   추가 논의는 나의 소논문을 참조하라. Jörg Frey, "Baptism in the Fourth Gospel, Jesus and

새로운 장면으로 전환하는 요한복음 3:22의 내용에 따르면 니고데모와 대화를 나눈 예수는 그의 제자들과 함께 유대 지방으로 간다.[223] 저자는 "[예수께서] 그들과 함께 지내시면서 세례를 베푸셨다"(καὶ ἐκεῖ διέτριβεν μετ᾿ αὐτῶν καὶ ἐβάπτιζεν)라고 보고할 때 두 동사를 미완료형으로 사용한다. 예수는 유월절 이후에 즉시 갈릴리로 가지 않고 유대 지방에서 제자들과 한동안 시간을 보낸다.[224] 이보다 더 놀라운 점은 그가 (습관적으로 또는 반복적으로) 그 지역에서 "물에 잠그는 의식을 행했다"는 것인데, 이것은 독특한 정보다. 공관복음 가운데 그 어떤 복음서도 예수나 그의 제자들이 지상 사역 기간 동안 세례 사역을 행했다고 말하지 않는다. 공관복음은 오히려 예수와 세례자 요한 및 그의 사역 사이에 거리를 두고자 노력했다.[225] 따라서 그런 전승이 훗날 모든 사람이 예수의 독특성에 대해 조금도 의심하지 않고 받아들이게 된 때에 "날조"되었으리라고 상상하

John as Baptizers: Historical and Theological Reflections on John 3:22-30 and 4:1-3," in *Expressions of the Johannine Kerygma in John 2:23-5:18: Historical, Literary, and Theological Readings from the Colloquium Ioanneum 2017 in Jerusalem*, ed. R. Alan Culpepper and Jörg Frey, WUNT (Tübingen: Mohr Siebeck, 2019 [in preparation]).

223   3:22의 여정에 관한 내용이 어떤 자료에서 유래하여 2:12과 어떤 연결고리를 형성하는지(이 자료에 따르면 예수가 예루살렘으로 올라가지 않고 더 일반적으로 유대 지방으로 갔다는 암시와 더불어)에 대해서는 논란이 있지만, 아무튼 현재 본문은 예수가 예루살렘으로부터(물론 이 역시 유대 지방에 속해 있다) 유대 지방으로 갔음을 상정한다. 그러나 다음을 보라. Jerome Murphy O'Connor, "John the Baptist and Jesus: History and Hypotheses," *NTS* 36 (1990): 359-74 (363).

224   참조. Walter Bauer, *Das Johannesevangelium*, 3rd ed., HNT 6 (Tübingen: Mohr, 1933), 63. 요 7-10장에서도 이와 유사한 여정을 전제하지만, 이것은 단순히 여러 다른 유대 명절(요 7-8장은 초막절, 요 10장은 수전절)과 연결된 여러 전승이 추가된 결과일 수 있다.

225   위 178-80쪽을 보라.

는 것은 거의 불가능하다. (예수의 이름으로) 거행되는 "기독교" 세례가 예수의 죽음과 부활 이전에는 불가능했기에(참조. 마 28:18-20) 복음서 저자가 단순히 기독교 세례의 기원을 역사적 예수의 사역에 두기 위해 예수가 세례를 베푼 것으로 묘사했다고 가정하기는 어렵다.[226] 이 구절이 초기 전승을 반영하며, 심지어 지상 예수의 시대와 사역을 언급한다면, 우리는 도래할 심판 앞에서 회개나 죄 사함의 의미가 담긴 세례자 요한의 세례가 변형된 것으로밖에 생각할 수 없다. 그렇다면 과연 예수는 실제로 한동안 요한의 세례를 "모방"한 것일까?

이어지는 구절들은 살렘 근처에 있는 애논이라는 곳에서 동시에 진행된 요한의 사역(그는 요한복음에서 "세례자"로 불리지 않는다)을 소개한다.[227] 요한복음은 특정되지 않은 또 다른 장소에서 세례를 베푸는 예수의 모습을 소개한다. 요한과 예수의 이러한 불필요한 경쟁으로 인해 요한의 제자들은 불만을 표출한다. 동시에 진행된 경쟁 사역에 관한 정보는 분명히 전승의 일부였으며, 저자가 그런 정보를 날조했을 가능성은 매우 희박하다. 이러한 사실은 요한복음 3:24의 여담에서도 확인된다. 분명히 복음서 저자는 예수가 요한의 투옥 이후에 사역을 시작했다는 마가복음 1:14에

---

226 복음서 저자가 세례의 중요성을 부각시키기 위해 예수의 세례 사역을 꾸며냈다는 생각은 개연성이 없다. 실제로 세례는 요한복음의 지배적인 주제가 아니며 기껏해야 간접적인 언급과 은유를 통해 암시될 뿐이다. 더 나아가 예수의 세례 사역은 4:2에서 다시 한번 문제시된다. 이는 복음서 저자가 예수가 세례를 주었다는 점을 공동체 전승에서 채택했음을 확인해준다(3:26).

227 이 장소는 아마도 더 북쪽에 위치한 그리심산 동편일 것이다(다음을 보라. Craig S. Keener, *The Gospel of John: A Commentary* [Grand Rapids: Hendrickson], 1:576).

대해 알고 있는 독자들에게 이 부분을 설명할 필요성을 느낀다. 그런 독자들에게 이 여담은 요한과 예수가 어떻게 사역을 동시에 진행할 수 있었는지를 설명해준다. "이는 요한이 아직 옥에 갇히지 않았기 때문이다."

흥미롭게도 요한복음 저자는 마가복음의 연대기 패턴과 자신의 공동체 전승을 서로 타협하는데, 여기서 그는 자기 (공동체) 전승을 선호할 뿐 아니라 심지어 이를 옹호한다. 그러나 그의 설명은 단지 연대기 문제에만 집중된다. 다른 복음서들이 예수의 세례 사역에 관해 전혀 알지 못한다는 사실은 단지 나중에 4:2의 두 번째 여담에서 (비록 불충분하긴 하지만) 예수가 세례를 준 것이 아니라 그의 제자들이 준 것이라고 추론할 때 비로소 드러난다.[228]

요한과 예수가 동일한 사역을 동시에 진행했다는 사실은 후대 그리스도인들에게 상당히 당혹스러운 일이었다. C. H. 도드가 올바르게 지적했듯이 "초기 교회의 생각에는…예수가 어느 시점에서라도 요한과 같은 위치에 있었다는 사실이…달갑지 않았을 것이다."[229] 네 복음서가 한결같이 연대기적으로나 구원사적으로 요한과 예수 사이에 거리를 두려고 했

---

228 공관복음도 예수의 제자들이 그의 생전에 세례를 주는 사역에 대해 언급하지 않으므로 궁극적으로 4:2의 여담은 실제적인 해결책이 되지 못한다. 다수의 저자는 4:2을 어떤 수정자가 편집을 통해 후대에 삽입한 것으로 간주한다. 참조. Wellhausen, *Das Evangelium Johannis*, 20; Rudolf Bultmann, *Das Evangelium des Johannes*, KEK 2 (Göttingen: Vandenhoeck & Ruprecht, 1941), 128, n. 4; Schnackenburg, *Das Johannesevangelium*, 1:458; and Schnelle, *Das Evangelium nach Johannes*, 120. 또한 Dodd, *Historical Tradition*, 285.

229 따라서 Dodd, *Historical Tradition*, 292.

다는 점을 고려하면 예수의 세례 사역에 관한 내용은 역사적으로 마가복음 연대기보다 훨씬 더 신뢰할 만하다.[230] 이 사실은 예수가 처음에는 한동안 세례자 요한의 추종자였으며, 따라서 그가 "회개와 죄 사함"(막 1:4; 눅 3:3)을 위한 요한의 세례를 받아들이고, 그의 묵시론적 메시지를 수용할 뿐만 아니라 요한의 세례와 동일한 세례 사역을 특정 기간 동안 행했다는 점을 뒷받침해준다.

만약 이것이 역사적으로 유효하다면 공관복음 전승은 이 사실을 완전히 제거한 것이 된다. 모든 정경 복음은 예수의 독특성과 그가 죄가 없다는 점, 그리고 그의 출현과 함께 새 시대가 도래했다는 점을 보증하기 위해 요한과 예수 사이의 연대기적·신학적 거리 확보에 모든 노력을 기울였다. 요한복음 역시 심판의 예언자라는 요소를 모두 삭제함으로써 세례자 요한의 이미지를 근본적으로 개선하고, 예수의 세례에 대해 침묵하며, 요한을 그리스도의 단순한 증인이나 그의 첫 번째 신자로 만들면서 이러한 수정 작업에 동참한다.

그러나 결과적으로 요한복음 저자는 세례자 요한의 이미지를 자신의 신학에 따라 재구성하면서도 단편적으로나마 예수의 세례 사역에 대한 역사적 정보를 우리에게 제공해준다. 이러한 전승의 단편은 여전히 역

---

230   참조. John P. Meier, *Mentor, Message and Miracles*, vol. 2 of *A Marginal Jew*, ABRL (New York: Doubleday, 1994), 122. "여기서는 당혹감의 기준이…작용한다. 만약 역사적 예수가 세례를 주었다면 공관복음 전승 전체는 이 사실이 너무나도 당혹스러워 단순히 예수의 이 공적인 측면을 삭제한 것이다(요한복음이 예수가 세례를 받은 사실을 삭제한 것처럼!)."

사적 예수가 사역 초기에는 세례자 요한과 공관복음에 나타난 그의 가르침, 그리고 심지어 그의 세례 의식에 훨씬 더 가까웠음을 증언한다. 이것은 공관복음 저자들에 의해 억제된 정보이며, 이러한 경쟁 관계를 오직 예수의 탁월성에 대한 요한복음의 최종적 증언(요 3:27-30)의 시발점으로 사용하는 저자로서는 더더욱 통합하기 어려운 정보다. 그런 이유에서 그는 난해한 예수의 세례 사역을 그대로 보존한다. 그리고 비록 그는 세례가 공동체의 정황에서 일종의 입교 의식에 해당한다는 점을 잘 알고 있었지만(3:5), 예수가 이미 "세례를 베풀었다"는 사실을 후대 공동체의 관행으로 확립하기 위한 기반으로 사용하지 않는다. 놀랍게도 그는 역사적으로 가치가 있는 전승을 그 어떤 용도로도 사용하지 않으며, (복음서 저자나 후대 편집자가 삽입한) 어떤 여담은 심지어 예수가 세례를 주었다는 생각조차도 그의 제자들이 세례를 준 것이라는 말로 지워버린다.

본 단락의 주장에서 가장 중요한 점은 다음과 같다. 비록 복음서 저자가 세례자 요한의 이미지를 대폭 수정하거나 기독교 세례에 대한 가르침을 소개하기 위해 역사적 가치가 있는 정보를 사용할 수는 없었지만, 앞에서 논의된 본문에서 우리는 역사적으로 가치 있는 정보의 단편들을 발견한다. 요한복음이 역사적으로 가치 있고 신빙성 있는 정보를 소유하고 있지만, 저자는 거기에 초점을 맞추거나 그 전승을 가지고 무언가를 시도하지 않는다. 그는 경쟁 대상인 공관복음 전승에 맞서 자신의 전승을 옹호한다. 하지만 그는 자신의 전승이 역사적으로 더 정확하다는 점을 강조하지도 않고, 자신의 신학적 목적을 위해 그 정보를 활용하지도 않는다. 이러한 사실은 요한복음의 역사적 관심사나 정확성을 확보하려고 애쓰는 모든 학자들의 다양한 견해에 결정적으로 의문을 제기한다!

6.2 요한복음 연대기: 역사적으로 더 개연성이 있지만 우발적으로 만들어진 연대기

앞의 항목을 보완할 두 번째 항목이 추가로 필요하다. 요한복음은 마가복음에 비해 역사적으로 더 우수한 본문에서 더 정확한 역사성을 다소 우발적으로 확보한다. 다시 말하면 요한복음은 더 정확한 역사성을 확보하려는 노력 없이 단순한 문학적 작업을 통해 이를 확보한다.

우리는 지금 우리가 다루려는 문제를 앞에서 이미 간략하게 논의한 바 있다. 즉 마가복음은 유월절을 단 한 번만 언급하지만(2:13; 6:4; 11:55), 요한복음은 세 번의 유월절을 언급하는 구조를 갖고 있다. 우리에게는 예수의 사역이 1년 이상 지속되었고, 그가 마지막 유월절을 지키기 위해 예루살렘에 한 번 이상 올라갔다고 볼 수 있는 좋은 근거가 있다. 예수가 오직 요한의 투옥 이후에 사역을 시작했고, 마지막 유월절을 위해 예루살렘으로 올라가기 전에는 갈릴리와 그 주변 지역에서만 활동했다는 마가복음의 연대기적·지리적 구조는 상당히 도식적인 성격을 띤다. 우리가 이미 살펴보았듯이 요한과 예수가 한동안 동시에 활동했다는 믿을 만한 전승은 이미 존재하며, 예수가 더 오랫동안 사역했을 가능성도 있기에 이 문제에 관해서는 요한복음이 역사적으로 더 진실에 가깝다고 볼 수 있다.

그러나 요한복음 저자가 어떻게 3년의 연대기에 도달했는지를 고려하면 우리는 그가 마가복음을 역사적으로 바로잡거나 더 정확한 연대기를 작성하려는 목적과는 전혀 다른 여러 이유에서 새로운 연대기를 제시했다고 결론 내릴 수밖에 없다. 2:13의 첫 번째 유월절은 성전 정화 기사와 연관되어 있으며, 저자는 수난 문맥에 있던 이 일화를 예수의 초기 사역 이야기로 이동할 때 예수가 유월절에 예루살렘에 모습을 드러낸 이유를 언급해야만 했다. 따라서 예수의 "첫 번째" 순례 여행은 다른 여행에 대한 전승을 사용하지 않고 단순히 문학적 작업에 의해 이루어진다. 이 여행은 또한 니고데모와의 만남을 위한 배경(3:1-11), 이어지는 담화, 예수가 유대 지방에서 더 오래 체류한 데 대한 전통적인 정보를 제공한다(22절). 한편, 돌아오는 여행은 사마리아 여인과의 만남을 위한 틀을 제공한다. 저자가 이 여행을 꾸며낸 목적은 예수의 여행이나 일정을 정확하게 묘사하려는 데 있지 않고, 계획적·연출적 측면에서 성전에서 발생한 충돌을 예수의 사역 초기로 효과적으로 전환하려는 데 있다.

　　요한복음 6:4의 "두 번째" 유월절에 대한 언급도 이와 비슷하다. 여기서 해석자들은 5장과 6장의 순서가 바뀌었다고 가정함으로써 종종 연대기 문제를 "제거"하고 싶은 유혹을 받아왔지만, 그러한 추론을 지지할 만한 근거는 전혀 없다.[231] 6:4의 유월절에 관한 언급이 명절을 위한 여행

231　만약 우리가 6:4의 유월절을 2:13의 유월절과 동일시한다면 결과는 1년 남짓한 기간이었을 것이며, 요한복음의 구조는 마가복음의 구조와 무척 유사했을 것이다. 이것이 바로 5장과 6장이 바뀌었다거나 이 복음서의 초기 형태 또는 자료가 이 순서를 따랐을 것이라는 추론을 뒷받침해주는 모티프였다. 하지만 이러한 추론(예. Wellhausen, Bultmann, 또는 Becker의 주석)은 폭넓은 지지를 받지 못했다. 또한 그 결과도 설득력이 없다. 예수는

과 연관되어 있지 않다는 사실은 인상적이다. 오히려 예수는 이 기간에 갈릴리에 머무른다. 심지어 이 유월절이 왜 5천 명을 먹인 일화 초반의 여담에서 언급되고 있는지는 불분명하다.

만약 우리가 해당 본문을 편집에 의한 삽입으로 가정하지 않고 원문 그대로 읽는다면 유월절에 대한 언급은 독자들이 5천 명을 먹인 일화와 이어지는 떡 담화를 유월절의 지평 안에서 해석할 수 있도록, 다시 말해 예수의 죽음의 배경이나 5천 명을 먹인 이야기(6:11)와 떡 담화의 마지막 단락(52-58절)에 암시된 공동체 식사의 배경에서 해석할 수 있도록 하는 의미론적 신호를 보낸다.[232] 어느 경우이든 간에 유월절에 대한 이 언급은 일차적으로 이야기의 시간을 나타내기 위함이 아니라(비록 그런 기능을 수행하긴 하지만) 독자들이 다음 장에 나오는 일화들과 대화들이 지닌 의미를 파악하게 하는 의미론적 힌트를 제공한다. 이것은 연대기의 정확성을 향상시키기 위함이 아니라 많은 무리를 먹인 사건에 대한 전통적인 이야기를 적절하게 이해하게 하기 위함이다.

따라서 유월절에 대한 이 두 언급(2:13과 6:4)은 이야기의 시간 프레임이나 연대기를 꾸며내거나 심지어 예수의 사역을 더 잘 표현하고 역사

유월절 기간 동안 예루살렘에 남아 있다가 아직 유월절 기간임에도 곧바로 갈릴리로 갔어야 했을까? 예수가 얼마 동안 유대 지방에 머물렀다가(3:22-24) 사마리아를 거쳐 그곳으로 간 것과 더불어 2:13의 유월절이 지난 후에 서술된 사건들은 아마도 유월절이 끝나기 전의 며칠간보다는 더 긴 시간이 필요했을 것이다. 또한 6:4은 유월절 바로 직전을 가리킨다. 5장과 6장의 전치설은 요한복음의 연대기 문제를 해결하거나 요한복음의 연대기를 마가복음의 연대기와 조화시키지 못한다.

232 참조. Frey, *Die johanneische Eschatologie*, 2:179.

적으로 더 정확하게 묘사하기 위해 도입된 것이 아니다. 이 언급은 더 개연성 있는 시간 프레임을 제공하는 효과를 냈을 수도 있지만, 그것이 복음서 저자의 목적은 아니었다. 혹자는 심지어 그가 다른 연출 의도와 의미론적 목적에 입각하여 우발적으로 이처럼 "더 나은" 연대기를 완성했다고도 말할 수 있을 것이다. 요한복음은 이 시점에서 역사적으로 사실에 더 가까울 수 있지만, 그의 더 타당한 역사적 구조는 그가 역사적 예수를 더 정확하게 묘사하려 했기 때문이 아니라 문학적으로나 연출적으로 더 나은 효과를 내려고 했기 때문에 가능했다.

7. 재구성, 재서술, 재상상: 요한복음의 역사적 전승 수정

여기서 우리는 다시 한번 요한복음 내러티브가 일차적으로 역사적 예수를 역사적으로 정확하게 표현하려는 목적에 따라 만들어진 것이 아니라고 결론지을 수 있다. 그보다는 신학적 의도와 연출적 의도가 우선순위를 차지하고, 저자는 엄청난 자유를 누리며 자신에게 주어진 전승을 선별적으로 활용한다. 따라서 우리는 저자가 어떻게 자신에게 주어진 전승을 그토록 광범위하게 수정할 수 있다고 느꼈는지 물어야 한다.

요한복음 전승의 수정 작업은 기본적으로 세 가지 범주로 나누어 설명할 수 있다. 나는 이것을 **재구성, 재서술, 재상상**으로 묘사한다. 나는 각각의 범주를 설명하기 위해 한두 가지 의미 있는 사례를 제시할 것이다.

7.1 재구성(Replotting)

나는 상당히 분명한 첫 번째 범주─특히 마가복음에 대한 사전 지식을 전제할 경우─를 "재구성"이라고 부른다. 이것은 연출 효과나 신학적 연관성이란 이유에서 예수 이야기에 등장하는 내러티브 요소를 원 문맥에서 다른 문맥으로 전환하는 것을 말한다. 이것은 역사적으로 더 정확한 문맥에 배치하거나 더 나은 전승 또는 역사 지식에 기초하여 소개하기 위함이 아니다.

성전 정화 사건은 본래 수난 내러티브에 속해 있었지만 다른 문맥으로 재배치되어 이제는 예수의 전체 사역 기간과 연결된 많은 예들 가운데 하나다.[233] 예수의 권위의 정당성 문제(막 11:27-33)는 이미 요한복음 2:18-22에서 제기되고─거기서는 막 14:58의 성전 관련 말씀(요 2:19)과 연결되어 있음─신성모독에 대한 고발(막 14:61-64)은 이미 요한복음 10:22-39에서 다루어지며, 예수를 죽이겠다는 산헤드린의 결정(막 14:1-2, 53-64)은 이미 요한복음 11:46-54에서 내려지고, 베다니에서 예수에게 기름을 붓는 사건(막 14:3-9)은 그의 수난이 시작되기 전의 위치로 전환되어(요 12:12-19) 그의 장례를 위한 기름 부음의 예기(prolepsis)로 해석된다. 이러한 전환은 모두 예수의 공적 사역을 그의 죽음과 한층 더 밀

---

233   참조. Jean Zumstein, *Das Johannesevangelium*, trans. K. VollmerMateus, KEK (Göttingen: Vandenhoeck & Ruprecht, 2016), 661의 목록.

접하게 연결하여 그의 죽음의 그늘 아래 두거나[234] 반대로 그의 죽음을 그의 파송과 그 사역의 완성으로 소개하려는 의도로 설명될 수 있다(19:28-30). 이러한 전환은 복음서 저자의 자료 사용을 통해 이루어지지 않고 예수의 죽음(그리고 그 죽음에 대한 올바른 이해)을 그의 사역의 핵심 모티프로 만들려는 그의 신중한 결정에서 비롯된 것이다.[235]

이러한 전반적인 기법은 요한복음의 성전 사건을 이해하는 데 도움을 준다. 성전에서 일어난 충돌 사건의 서술은 예수와 동시대 유대인들 및 유대 당국자들 간의 만남을 계획적으로 도입하는 역할을 하며, 그의 사역은 처음부터 그가 이 땅에서 걸어갈 길의 종착점, 곧 그의 죽음의 "때"(2:4)와—그 죽음을 올바르게 이해하는 데 있어 중요한—그의 부활(2:20-21)의 그늘 아래 놓여 있다.

마가복음에서는 성전 정화 사건이 성전 당국자들이 마침내 예수를 체포하고 기소할 수 있는 외적 계기—역사적으로 보면 상당히 일리가 있는—를 제공하지만, 요한복음에서는 예수가 나사로를 다시 살림으로써 자신의 신적 정체성과 권위를 입증하는 사건이 예수를 유대 지도자들이 죽이기로 한 계기가 된다. 요한복음의 구조 안에서는 성전 경내에서의 도

---

234 이것은 그의 죽음과 부활에 대한 다수의 예기적 언급을 통해서도 암시된다. 참조. Frey, "Die *theologia crucifixi* im Johannesevangelium," 194-200.

235 Zumstein, *Johannesevangelium*, 661: "이러한 재구성은 복음서 저자가 사용한 자료에서 기인한 것이 아니라 그의 의도적인 결정을 나타낸 것이다. 그는 복음서의 첫 번째 섹션 곳곳에 흩어져 있는 주요 수난 사건들을 서술함으로써 독자가 예수의 죽음을 이 책의 핵심 주제로 인식하도록 유도한다."

발이 예수가 체포되고 고소당하는 사건에 즉각적으로 영향을 미치지 않는다. 따라서 성전 사건에 관한 전승은 예수와 유대 당국자들 간의 갈등을 계획적으로 보여주는 서곡으로서 예수의 사역 초기로 전환될 수 있다. 이 전승은 또한 예수가 예루살렘에서 강한 반대에 직면하면서도 갈릴리와 사마리아, 그리고 그리스인들 사이에서 그를 추종하는 자들을 만나게 되는, 지리학적으로 중요한 상징성을 갖고 있다.

이 사실은 요한복음 기사와 공관복음 기사(막 11:15-17 평행 본문) 간의 몇 가지 차이점을 자세히 살펴보면 알 수 있다.[236]

a) 요한복음은 예수가 성전에서 행한 행동을 한층 더 폭력적이며 격렬하게 묘사한다. 요한복음만 채찍을 언급하고, 예수가 장사하는 자들뿐만 아니라 소와 양까지 내쫓는 모습을 매우 공격적이며 폭력적으로 묘사한다. 게다가 예수는 (마가복음과 마태복음에서처럼) 환전상들의 상을 둘러엎을 뿐 아니라 동전이 담긴 그릇까지도 쏟아버린다(요 2:15). 물론 이것은 완전히 다른 폭력 사건을 보여주려는 것이 아니라, 이 이야기의 내용을 대폭 수정하여 유대인들과의 갈등의 시발점으로 재서술하는 저자의 의도를 보여준다.[237]

---

236 이 단락에서 나는 다음 소논문에서 지적한 내용을 약간 수정하여 활용한다. Frey, "Temple and Identity," 482-85; 참조. Zumstein, "Johannes 2:13-22," 278-280.

237 공관복음의 평행 본문에 비해 시각장애인의 치유에서 선천적 시각장애인의 치유로(요 9장), 또는 치유받은 자가 보는 앞에서 치유를 행하는 것에서 멀리 떨어진 곳에서 치유하는 것으로(4:46-54) 점점 심화되어가듯이 심화된 폭력은 요한복음의 기적 이야기가 한층 더 심화되는 방식과 비교될 수 있다.

b) 내러티브 안에서 언급된 성경 구절과는 별개로(2:16) —이 성경 구절은 마가복음 11:16의 이사야 56:7과 다름[238] —이 사건은 요한복음 2:17의 여담에서 추가로 언급된 성경 구절을 통해 해석된다. "제자들이 성경 말씀에 '주의 전을 사모하는 열심이 나를 삼키리라'(Ὁ ζῆλος τοῦ οἴκου σου καταφάγεταί με) 한 것을 기억하더라." 제자들의 "기억"에 대한 언급은 이 해석이 "기억나게" 하는 성령의 사역을 통해(14:26; 참조. 16:13-15) 부활 이후에 제자들에게 주어진 통찰의 일부임을 암시한다(참조. 2:22; 12:16).[239] 시편 69:10(68:10 LXX) —수난 전승에서 자주 인용되는 탄원시(참조. 요 15:25; 19:28) —은 의미 있는 수정 하나를 제외하면 70인역을 그대로 따른다. 70인역에서 이 탄원은 부정과거로 "주의 집을 위하는 열성이 나를 삼키고(κατέφαγέν με)"라고 기록되어 있지만, 이제 이 인용문은 미래형으로 바뀌어 예언의 말씀으로서 미래의 사건을 가리킨다.[240] 이 시편의 말씀은 분명히 예수의 말씀으로 읽힌다. 즉 예수는 하나님의 집인 성전에 열심을 내는 사람인데, 그의 열정은 앞으로 그의 수난 때에 그를 삼킬 것이다. 따라서 성전 사건은 수난 사건과 연결되고, 거기서 예수와 유대 당국자들 간의 갈등은 궁극적으로 그의 죽음을 초래할 것이다. 비록 이 이야기가

---

238 내 생각에는 이러한 차이는 독립된 전승을 전제할 만큼 설득력 있는 주장은 아니다. 사 56:7(LXX)을 인용하는 것에서 슥 14:21을 단순히 암시하는 것으로 바뀐 것은 이 이야기의 변화로 충분히 설명될 수 있다.

239 참조. Frey, "The Gospel of John as a Narrative Memory of Jesus," in *Memory and Memories in Early Christianity*, ed. Simon Butticaz and Enrico Norelli, WUNT 398 (Tübingen: Mohr Siebeck, 2018), 278-83.

240 참조. Frey, *Die johanneische Eschatologie*, 2:69-71.

더 이른 시기의 예수 사역의 정황으로 이동하긴 하지만, 예수가 체포되고 기소되는 계기를 제공한 마가복음의 성전 일화의 역할은 여기서 전제되고 암묵적으로 채택된다. 따라서 요한복음 2:17은 복음서 저자가 이 일화에 대한 마가복음 전승도 알고 있었으며, 이 전승을 자유롭게 사용한다는 점을 추가로 보여준다.

c) 세 번째 측면도 고려해볼 만하다. 성전 사건은 여기서 수난 문맥에 포함된 또 다른 전승인 마가복음 14:58의 성전 말씀과 결합한다.[241] 이 전승은 예수의 변형된 말씀의 형태를 띠고, 여기서는 그가 성전에서 행한 행동에 대한 해석의 일부로 기능한다(요 2:19). 공관복음 전승과는 대조적으로 이 성전 행동과 성전 말씀은 여기서 하나로 통합된다. 예수의 성전 정화 사건은 권위에 대한 표적을 요구하는 "유다이오이"(Ἰουδαῖοι, 유대인들)의 도전(18절)으로 이어진다. 여기서 예수는 명령의 성격을 띤 성전 말씀으로 대응한다. 그는 유대인들에게 성전을 헐라고 말하며 그것을 자신이 사흘 만에 다시 세울 것을 약속한다. 유대인들과 예수의 제자들은 이 말씀을 오해하는데, 이 오해는 정확한 해석을 제시하는 내러티브 해설로 이어진다. "그러나 예수는 성전된 자기 육체를 가리켜 말씀하신 것이라"(21절). 이 내러티브 해설은 제자들이 부활 이후에야 비로소 예수의 말

241 　마가복음은 이 말씀을 거짓 증인들의 입을 통해 제시하는 반면, 요한복음은 이 말씀을 심지어 이 성전을 헐면 그(예수)가 다시 세우리라는 실제로 예수가 한 말씀으로 소개한다. 이 말씀의 변화는 아마도 설명을 위한 내러티브 여담(2:21)에서 확정된 예수의 운명과의 관계에서 비롯되었을 것이다. 예수의 몸은 그의 원수들에 의해 무너질 것이지만, 자신의 권위로 죽은 자들 가운데서 부활할 것이다.

씀의 참된 의미를 깨닫게 되었다는 또 다른 힌트와 결합한다.

d) 성전 모티프에는 2:21의 설명과 더불어 한층 더 심오한 의미가 추가된다. 비록 현시점에서는 단지 독자들을 위한 여담으로만 등장하고 그 대상이 정확하게 밝혀지지는 않지만, 예수의 말씀은 헤롯의 성전과는 전혀 다른, 자신이 직접 세울 "새" 성전을 암시한다. 독자들은 이제 예수가 (이미 지상적 출현을 통해) 하나님을 만날 수 있는 "장소"라는 생각을 하게 된다. 예수의 몸은 이제 성전으로 불리고, 나중에는 "그[의] 배에서 생수의 강이 흘러나오리라"(7:38)는 말씀이 나오는데, 이는 분명히 에스겔 47장에 언급된 성전의 강을 암시한다. 십자가에 못 박히고 부활한 자의 몸은 사람들이 하나님과 교제를 나눌 수 있는 장소다.

이 성전 말씀과 함께 이 일화 전체는 여러 전승과 결합하여 예수의 죽음과 부활의 의미를 해석하는 역할을 한다. 저자는 수난 기사의 두 전승을 한곳으로 모음으로써 예수 사역의 시작과 그의 죽음 및 부활 사건을 밀접하게 연결한다. 예수의 성전에 대한 열심은 이미 죽음을 각오하고 나아가는 그의 길과 연결되어 있으며, 이는 70인역 시편 68:10을 확실하게 수정한 인용문을 통해 추가로 확인된다.

저자는 분명히 성전 정화 사건이 예수의 수난과 밀접하게 연관되어 있고, 그 수난 전승에서는 이 정화 사건이 예수의 체포와 죽음의 참된 원인이었음을 잘 알고 있다. 하지만 요한복음 저자의 통찰과 견해에 따르면 예수가 죽게 된 실제 원인은 단지 그가 성전에서 단 한 번 행한 폭력 행위 때문이 아니라 그의 참된 정체성이 생명을 부여하는 하나님으로 드러났기 때문이다. 따라서 저자는 내러티브의 플롯을 수정하여 나사로의 부활 이야기를 삽입함으로써 예수의 신적 존엄성을 그의 죽음의 실제 원인으로 제시한다. 성전 사건은 이제 예수와 유대 당국자들 간의 갈등을 알리는 서곡으로, 그의 임박한 죽음에 대한 예기적인 암시로, 그리고 나아가 성전 은유의 기독론적 사용을 위한 중요한 발판으로 제시된다.

여기서 볼 수 있듯이 이러한 해석의 이점은 많으며, 요한복음의 신학적 관점에서 보면 이러한 이점은 역사적 정확성의 상실이나 자료에 대한 신뢰도의 상실을 크게 능가한다. 사실 요한복음의 성전 사건 해석은 이 사건이 단순히 예수의 수난 사건을 위한 출발점이 아니라 이를 크게 능가한다는 사실을 보여준다. 요한복음에서 이 사건은 예수의 정체성 및 그의 사역과 밀접하게 연관되어 있고 강한 상징적 의미를 지닌 전형적인 일화로 바뀐다.

7.2 재서술(Renarrating)

두 번째 범주는 독특한 신학적 통찰이나 관심사에 따라 전통적인 이야기를 의도적으로 다시 서술하는 것이다. 요한복음에서는 모든 전승이 대체로 수정 과정을 거쳤기 때문에 우리는 여기서 다수의 예를 제시할 수 있다.

재서술 범주는 앞에서 성전 사건을 다룰 때 이미 검토한 바 있다. 거기서 어떤 일화가 다른 곳으로 이동하여 다른 전승과 결합하는 현상은 훨씬 더 폭력적인 묘사, 소와 양에 대한 언급과 그릇(vessel)에 대한 언급 삭제,[242] 예수의 "내 아버지의 집"에 대한 언급과 함께 (수정되어) 인용된 성경 구절 등 요한복음 2:14-16의 독특한 수정 작업을 동반한다. 이러한 재서술은 모두 이 일화에 새로운 연출적·기독론적·상징적 의미를 부여한다.

a) 아주 분명한 예로는 요한복음에서 묘사하는 세례자 요한의 이미지를 꼽을 수 있다.[243] 공관복음 전승, 마가복음, 말씀 자료에서 세례자 요한은 임박한 심판의 날을 가리키며 즉각적인 회개를 촉구하는 심판의 예언자로 소개된다. 또한 비록 저자가 공관복음의 "세례자"에 대해 알고 있다는 좋은 증거가 있음에도 불구하고 그에 대한 요한복음의 이미지는 이와 전혀 다르다. 요한복음에는 요한의 외모, 곧 그의 옷과 음식에 관한 묘사가 없으며, 그의 임박한 심판 선포에 대한 언급도 없고, 그의 세례와 의미에 대한 상세한 소개도 없을뿐더러, 세례자 요한의 기원과 출생에 대한 정보도 전혀 나타나 있지 않다. 요한복음에서 세례자 요한은 단순히 메시아의 모든 역할을 거부하고, 단순히 광야에서 외치는 자의 소리이자 이스라엘을 위해 보냄을 받은, 그 무명의 인물의 증인으로 자신을 소개한다.

242　"[그는] 아무나 그릇(vessel)을 가지고 성전 안으로 지나다님을 허락하지 아니하시고"(막 11:16)는 생략된다. 이 내러티브의 정확한 의미는 확정하기 어려우며, 첫 독자들에게도 이미 불분명했을 것이다. 요한복음의 목적에 따르면 이 내용은 불필요하며 쉽게 생략될 수 있었다.

243　마가복음과 요한복음에 나타난 세례자 요한 이미지의 관계는 다음을 보라. Frey, "Das vierte Evangelium," 271-77.

요한복음은 마가복음에 기록된 세례자 요한의 세 가지 말씀을 같은 순서로 수용하고 약간 수정하지만,[244] 하나님의 어린양으로서의 예수에 관한 독특한 증언을 자유롭게 덧붙인다(요 1:29). 성령이 예수 위에 비둘기처럼 내려온 그의 수세 사건은 이미 잘 알려진 이야기이지만, 요한복음은 이 사건을 명시적으로 서술하지 않는다. 그 이유는 혹여나 세례자 요한과 예수가 서로 "비교"의 대상이 되어 요한이 예수보다 "더 위대한" 자로 비춰질 수 있는 상황을 피하고자 했기 때문일 것이다. 저자는 자신에게 주어진 역사적 전승의 울타리에서 완전히 벗어나 예수의 구원론적 역할이나 심지어 성령을 부어주는 자로서의 신적 존엄성을 증언하는 증인으로서(3:34) 세례자 요한을 소개하려는 신학적 의도를 갖고 그의 이미지를 새롭게 쇄신한다. 세례자 요한의 모습은 회개를 촉구하는 종말론적 예언자와 엘리야의 역할을 수행하는 선구자의 이미지에서 그리스도에 대한 초기 증인 또는 초기 "그리스도인"의 이미지로 바뀐다.

세례자 요한에 대한 요한복음의 묘사에도 역사적으로 유효한 요소들―특히 요한과 예수 사이의 초기의 친밀한 관계, 세례자 집단에 속한 예수의 몇몇 제자의 배경과 관련하여―이 들어 있지만, 세례자에 대한 전반적인 묘사는 역사적 정확성의 관점에서 보면 분명히 개연성이 떨어진

---

244   참조. Dietrich-Alex Koch, "Der Täufer als Zeuge des Offenbarers: Das Täuferbild von Joh 1,19-34 auf dem Hintergrund von Mk 1,2-11," in *The Four Gospels,* Festschrift Frans Neirynck, ed. F. van Segbroeck et al., 3 vols., BETL 100 (Leuven: University Press, 1992), 3:1963-84. 또한 다음을 보라. Frey, "Das vierte Evangelium," 274.

다. 세례자에 대한 묘사는 초기 전승을 취사선택하여 창의적으로 재서술된다. 상당수의 전승은 생략되고, 다른 전승들은 보충된다. 결국 증인의 언어는 심지어 예수의 언어와도 결합된다(3:31-36). 이러한 재서술은 모두 예수의 종말론적 역할(참조. 또한 10:40)과 그의 참된 신적 존엄성을 증언하는 증인으로서의 요한의 역할을 묘사하기 위함이다. 세례자 이야기의 재서술에서 개념적·기독론적 측면은 초기의 세례자 전승에서 유래한 대략적인 역사적 그림을 무색하게 만든다.

　　b) 신학적 의도에 따라 재서술된 내용 가운데 다소 더 복잡한 예로는 2:1-11의 포도주 기적 사건을 꼽을 수 있는데, 우리는 여기서 다수의 문제가 제기되는 이 논쟁에 뛰어들 수 없다.[245] 공관복음에는 평행 본문이 없기 때문에 학자들은 이 일화의 출처가 될 만한 자료를 열심히 찾았다. 그들은 이 내러티브보다 더 단순한 버전을 재구성한 후, 이 버전을 표적 자료의 일부로 간주하거나 (이 자료에 대해 의구심이 들면) 4:46-54의 두 번째 가나 기적 전승과 연관이 있어 보이는 또 다른 전승의 일부로 간주했다.[246] 물론 나는 이 복음서 본문 배후에 있는 자료를 따로 분리하여 해당 본문을 확정하는 것이 불가능하다고 생각한다. 하지만 복음서 저자가 단순히 이 이야기를 공관복음 본문(예. 막 2:18-22)에 대한 완전히 허구적

245　참조. Frey, "Das prototypische Zeichen"; 또한 다음을 보라. Frey, "From the *Semeia* Narratives to the Gospel as a Significant Narrative: On Genre-Bending in the Johannine Miracle Stories," in *The Fourth Gospel as Genre Mosaic*, ed. Kasper Bro Larsen, Studia Aarhusia Neotestamentica 3 (Göttingen: Vandenhoeck & Ruprecht, 2015), 209-32.

246　Labahn, *Jesus als Lebensspender*, 특히 469-470의 주장을 보라.

알레고리로 "창작"하지 않고[247] 구전 또는 기록으로 전해져 내려온 내러티브 전승을 활용했다고 볼 가능성도 여전히 남아 있다. 이 전승은 아마도 갈릴리 시골의 결혼식 배경과 예수의 가족(어머니와 형제들)의 결혼식 참석, 돌항아리의 물을 포도주로 변화시킨 예수의 행동(아마도 그의 어머니의 요구에 따라)을 포함했을 것이다.[248] 이 전승은 어떤 특별한 신학적 깊이를 담고 있지 않으며, 이처럼 "대중적인" 내러티브가 어떻게 유대 팔레스타인 지역에서 생겨날 수 있었는지는 여전히 불투명하며 온갖 추론만 무성할 뿐이다. 이 전승은 아마도 예수의 가족이 가버나움으로 이동하게 된 경위(2:12)와 연관되어 있을 개연성이 높다.[249]

아무튼 우리의 논의와 관련하여 중요한 점은 이 전승이 얼마나 간략한지 또는 세밀한지와 상관없이 바로 이 복음서 저자가 이 전승에 상징적인 의미를 부여하여 일종의 모범적인 "표적 내러티브"와 요한복음의 이야기를 만든 장본인이라는 사실을 깨닫는 것이다.[250] 이 과정에서 이 이야

---

247   따라서 Zbyněk Garský, *Das Wirken Jesu in Galiläa bei Johannes: Eine strukturale Analyse der Intertextualität des vierten Evangeliums mit den Synoptikern*, WUNT 2/325 (Tübingen: Mohr Siebeck, 2012), 134–48의 추론. 참조. Hartwig Thyen, *Das Johannesevangelium*, HNT 6 (Tübingen: Mohr Siebeck, 2005), 152. 그에 의하면 이 일화는 혼인 잔치의 손님들이 신랑이 그들과 함께 있을 동안에는 금식할 수 없다는 이 말씀을 생동감 있게 설명한다.

248   참조. Frey, "Das prototypische Zeichen," 177의 고려 사항.

249   가버나움(마가복음에서 예수가 처음으로 활동한 장소)에 대한 언급은 요 2장에서 다소 어색하며, 2:12의 여정에 관한 내용은 이 문맥에 그리 잘 어울리지 않는다. 이것은 이 내용이 전승에서 비롯된 것이며, 예수의 어머니와 형제들이 등장하는 이 이야기 또한 전승에 의한 것일 수밖에 없다는 강력한 논증이다.

250   기적 내러티브의 특징과 공관복음 기적 내러티브의 장르와 다른 점에 관해서는 다음을

기는 독자들이 복음서의 다른 부분에 눈을 돌리게 하거나 이 일화의 특별한 의미를 깨닫게 하는 이야기로 꾸며졌다. 요한복음의 화자는 이 일화를 "사흘째 되던 날"에 배치함으로써 요한복음 1:29, 35, 43의 날짜와 연결한다. 이것은 아마도 예표론적으로 천지 창조의 한 주간을 가리킴과 동시에 예수가 부활한 날이나 심지어 시내산에서 하나님의 영광이 나타난 날(출 19:10-11, 16)을 암시할 것이다.[251] 그는 예수의 "때"라는 이상한 표현을 삽입하여 독자들이 그것이 어느 때를 가리키는지를 곰곰이 생각하게 함으로써 궁극적으로 가나 일화를 예수의 수난 및 부활과 연관 짓도록 유도한다.[252] 저자는 아마도 2:6에 "유대인의 정결 예식"에 대한 언급을 삽입하고, 신랑이 다른 사람들과 다르게 행동했다는 말을 덧붙임으로써 신랑에 대한 언급이 실제로 예수와 연관될 수 있는지에 대한 의문을 유발한다(예수는 나중에 3:27-30에서 공개적으로 신랑으로 불린다).

이 전통적인 기적 이야기를 표적 내러티브로 재구성한 것은 바로 이 복음서 저자의 탁월한 문예적 능력이다. 이 내러티브는 단순히 과거의 어떤 기적 사건에 관한 보고서가 아니라 예수의 죽음과 부활 사건에 담긴 깊은 의미를 읽어내는 작업, 즉 요한복음의 보편적인 관점에서 그 의미를

보라. Frey, "From the *Sēmeia* Narratives to the Gospel."

251 타르굼에서 사흘째 날은 주의 영광이 드러나는 날로 명시적으로 해석된다. 다음을 보라. Birger Olsson, *Structure and Meaning in the Fourth Gospel*, ConBNT 6 (Uppsala: Almquist & Wiksell, 1974), 103-4; Frey, "Das prototypische Zeichen," 182-83.

252 요한복음에 나타난 예수의 때 모티프에 관해서는 다음을 보라. Frey, *Die johanneische Eschatologie*, 2:215-21.

읽어내는 작업을 요구한다. 가나 일화의 서사적 재구성은 신학적 의미 전달을 위해 전승을 재서술하고 재구성한 사례로 꼽힌다. 따라서 저자는 이 일화가 요한복음 내러티브 전체와 연결되도록 복잡한 관계망을 조성하고, 이로써 예수의 사역 전반에 대한 깊은 이해로 이끄는 여러 단계의 은유적 또는 상징적 의미를 독자들에게 제공한다.

　　c) 그러나 요한복음의 재서술을 가장 잘 설명해주는 예는 다름 아닌 수난 기사다. 앞에서 밝혔듯이 요한복음의 수난 내러티브는 특별한 수난 전승이나 자료를 전제하지 않으며, 요한복음의 목적과 신학적 방향을 고려하면 대체적으로 공관복음 기사(특히 마가복음)의 배경에서 설명이 가능하다.[253] 요한복음 내러티브의 많은 요소는 (요한 공동체의 전승을 통해 얻은 기독론적 통찰의 관점에서) 예수의 죽음을 올바르게 이해하는 것이 요한복음의 가장 중요한 목표 중 하나임을 보여준다. "예수의 때"에 대한 언급, 두 번의 유월절, 배신자, 예수를 잡거나 죽이려는 대적들의 의도, "하나님의 어린양"에 대한 언급(요 1:29), "성전된 자기 육체"를 헐고 다시 세우는 것에 대한 설명(2:21), 높이 들린 인자에 대한 선언(3:14-15), "양을 위하여 목숨을 버릴" 선한 목자에 대한 가르침(10:11, 15, 17)은 모두 예수의 죽음을 이해하는 데 필요한 범주를 독자들에게 제공한다. 요한복음은 긴 고별 담화와 더불어 예수의 "떠남"(departure)과 후일의 "부재"(absence)의 문제를 다루고, 요한복음 13장에서 이 단락의 시작은 예수의 수난을 이해

253　참조. 위 121-27쪽을 보라.

하기 위한 기독론적 "기본 설정"(default setting)이라고 할 수 있는 길고도 복잡한 담화를 제공한다. 즉 예수는 이미 자신에게 일어날 일에 대해 알고 있었고(13:1), 그가 아버지께로 돌아갈 것을 알고 있었지만(3절), 그는 자기 사람들을 끝까지 사랑했다(2절).

결과적으로 요한복음의 수난 내러티브는 (심지어 그의 고난과 관련해서도) 예수를 능동적인 존재로 소개한다. 그는 자기 죽음을 스스로 맞이했고, 모든 순간 모든 사건의 주권자가 되었다. 그는 유다에게 사악한 일을 하도록 지시했고(13:27), 그를 잡으러 온 무리에게 자신을 넘겨주었으며(18:4-8), 주권을 가지고 대제사장에게 대답했고(20-21절), 심지어 빌라도 앞에서 마치 자신이 그의 죄와 다른 이들의 죄를 심판할 수 있는 사람처럼 말했다(19:11). 마지막으로 그는 다른 이의 도움 없이 스스로 자신의 십자가를 졌고(17절), 성경을 성취했으며(28절), 모든 것을 다 이루었다고 선포했고(30절), 능동적으로 머리를 숙일 뿐 아니라[254] 죽는 순간에도 자신의 영혼을 능동적으로 내어주었다($\pi\alpha\rho\acute{\epsilon}\delta\omega\kappa\epsilon\nu$ $\tau\grave{o}$ $\pi\nu\epsilon\hat{\upsilon}\mu\alpha$).

이 모든 것은 저자가 초기 전승을 요한복음의 기독론에 따라 의도적으로 재구성한 것으로 이해할 수 있다. 따라서 마가복음을 비판적으로 평가하고 거부한 사실은 요한복음에서 겟세마네 이야기가 의도적으로 생

---

[254] Bastian Lemitz, "Der Tod Jesu und das Nicken des Zeus: Zur Wendung $\kappa\lambda\acute{\iota}\nu\alpha\varsigma$ $\tau\grave{\eta}\nu$ $\kappa\epsilon\varphi\alpha\lambda\grave{\eta}\nu$ (Joh 19,30)," in *Erzählung und Briefe im johanneischen Kreis*, ed. Uta Poplutz and Jörg Frey, WUNT 2/420 (Tübingen: Mohr Siebeck, 2016), 241-56의 흥미로운 지적을 보라.

략되고 각기 다른 세 본문에서 암시될 때 비로소 명확하게 드러난다.[255] 또한 예수의 겟세마네 기도는 거부되고 하나님의 이름이 영화롭게 되기를 원하는 기도로 대체되었다(12:27-28). 그는 나중에 체포되는 장면에서 아버지에게서 죽음의 잔을 분명하게 받아들인다(18:10). 결과적으로 버림받음으로써 하나님께 울부짖는 모습은 없고, 자신의 사명과 성경과 하나님이 베푸시는 구원의 뜻을 성취하는 승리만이 그 자리를 대신한다(19:30).[256] 그러나 τετέλεσται는 또한 하나님이 일곱째 날에 창조 사역을 완수하셨음을 암시하며, 이로써 예수의 죽음(과 부활)을 통해 성취된 구원이 새 창조라는 하나님의 사역으로 묘사된다.[257]

어떤 점에서는 역사적 전승으로부터 이탈하는 모습이 특히 더 인상적이다. 예를 들면 예수가 체포되는 장면에서, 아니 스스로 자신을 내어주는 장면에서 더더욱 그러하다. 첫째, 유다는 예수가 자수했기 때문에 그를 지목하기 위해 입을 맞출 필요가 없었다. 이보다 더 놀라운 사실은 예수가 자신을 술어 없이 "에고 에이미"(Ἐγώ εἰμι, 나는 ~이다)로 소개하자 무장한 성전 경비병들과 군인들이 뒤로 물러나 땅에 엎드렸다는 점이다. 무의식중에 이루어진 그들의 "경배"(proskynesis)는 예수의 말씀에 담긴 신

---

255 위 124-25쪽을 보라.
256 참조. Frey, *Glory of the Crucified One*, 172-73.
257 참조. 요 20:22. 또한 Martin Hengel, "Die Schriftauslegung des 4. Evangeliums auf dem Hintergrund der urchristlichen Exegese," in *Jesus und die Evangelien: Kleine Schriften V*, ed. Claus-Jürgen Thornton, WUNT 211 (Tübingen: Mohr Siebeck, 2007), 601-43 (639-41).

적 권위를 보여주며, 결과적으로 그의 신적 정체성을 드러낸다. 이보다 더 특이한 점은 요한복음에서 예수를 체포하려는 무리가 마가복음의 유대 지도자들의 종(즉 성전 경비병들)의 수보다 훨씬 더 많다는 점이다. 요한복음에서는 온 세상이 예수를 따르는데,[258] 유대인들과 이방인들, 유대 지도자들의 종과 수백 명의 군인으로 구성된 로마 군대($\sigma\pi\epsilon\tilde{\imath}\rho\alpha$)[259]도 여기에 포함된다. 이처럼 모든 군인이 암암리에 예수를 경배하며 땅에 엎드리는 장면은 상당히 우스꽝스럽지만, 이것이 바로 요한복음 저자가 전달하려는 분명한 메시지이며, 이것이 바로 자신이 체포되어 수난당하고 죽음을 맞이하는 순간에도 자신의 신적 존엄성을 드러내는 인물로 예수를 소개하는 목적이다. 그러나 이것은 또한 다른 한편으로 이 복음서 저자가 신학적 진실을 전달할 수 있는 인상적인 시나리오를 만들기 위해 역사적 타당성과 개연성이 있는 시나리오(그리고 그에게 주어진 자료에서 유래한 정보)를 포기할 수밖에 없었다는 것을 의미한다.

7.3 재상상(Reimagining)

이러한 재서술의 과정은 다양한 허구적인 내용을 추가하는 것을 포함한다. 예를 들어 예수와 빌라도가 왕국과 진리에 관해 은밀하게 나눈 대화

---

258 참조. 요 12:19.
259 마가복음에서 $\sigma\pi\epsilon\tilde{\imath}\rho\alpha$는 오직 예수가 십자가에 못 박히기 전에 그를 조롱하기 위해서만 동원된다(막 15:16). 그러나 그의 체포 과정에는 연루되지 않는다.

등 일부 본문(요 18:35-38; 19:8-11)은 분명히 허구로 간주할 수밖에 없다. 이는 예수가 니고데모나 사마리아 여인과 나눈 은밀한 대화처럼 복음서 저자가 목격자 증언을 활용했다고 주장할 수 없는 경우에도 마찬가지다. 여기서 우리는 고대 역사 서술에서도 저자가 서술된 사건을 해석하는 수단으로써 대화와 담화를 삽입하는 예를 발견한다.

그렇다면 우리는 심지어 요한복음에서도 신학적 허구로서 완전히 허구적인 이야기를 발견할 가능성을 열어두어야 할까? 이러한 생각은 다수의 성경 해석자와 독자들이 받아들이기 어렵다. 그러나 나는 특히 특수 자료를 전제할 수 없는 경우에 우리는 그러한 가능성을 외면할 수 없다고 생각한다. 여기서 나는 중요한 한 가지 예, 곧 예수가 제자들과 가진 최후의 만찬에서 발을 씻어준 일화를 제시할 수 있다(13:4-15). 물론 최후의 만찬은 초기 전승에 깊이 뿌리를 두고 있다. 그 전승에서 최후의 만찬은 배신자의 정체 확인과 성만찬 제정을 위한 틀을 마련해준다.

비록 유월절 만찬은 아니지만, 요한복음에는 예수와 제자들이 함께 나눈 만찬이 있다.[260] 이 문맥에서 유다는 예수를 배신할 인물로 드러나고, 심지어 자신에게 맡겨진 일을 하라는 지시를 받는다(13:27). 그러나 놀랍게도 성만찬 제정이나 (더 정확히 말하자면) 떡과 포도주에 대한 해석

---

260 연대기 문제는 위 182-86쪽을 보라.

은 생략되고,[261] 제자들의 발을 씻어주는 예수의 다른 행동이 대신한다.[262] 학자들은 이런 세족 의식이 요한 공동체 내에 또는 심지어 예수의 역사 안에 존재했는지를 놓고 격렬한 논쟁을 벌였지만,[263] 최후의 만찬에서 예수가 제자들의 발을 씻어준 행위에 관한 초기 전승을 개연성 있게 재구성한 연구는 없다.[264]

따라서 여기서 이 두 가지 해석과 더불어 제자들의 발을 씻어주는 이야기가 공관복음의 성만찬 제정을 대체하는 허구적·상징적 내러티브로 만들어졌을 가능성이 제기된다. 따라서 하르트비크 투엔(Hartwig Thyen)은 그의 주석서에서 이 일화 전체가 "나는 섬기는 자로 너희 중에 있노

---

261 엄밀히 말하면 마가복음에는 성만찬 "제정"이 없다. 예수를 기념하여 식사를 반복하라는 명령은 오직 바울-누가 전승에만 나온다(눅 22:19; 고전 11:24-25).

262 발을 씻어주는 이야기는 다음을 참조하라. Jörg Frey, "'Ethical' Traditions, Family Ethos, and Love in the Johannine Literature," in *Die Herrlichkeit des Gekreuzigten*, 767-802 (793-96); Anni Hentschel, "Die Fusswaschung—ein verhindertes Ritual," *Zeitschrift für Neues Testament* 35 (2015): 66-74; idem, "Grössere Liebe und grössere Werke—die Fusswaschung als Sinnbild der Liebe im Johannesevangelium," in *Liebe*, ed. Martin Ebner et al., JBTh 29 (Neukirchen-Vluyn: Neukirchener, 2015), 99-117.

263 이것은 예컨대 Jerome H. Neyrey, "The Foot Washing in John 13:6-11: Transformation Ritual or Ceremony," in *The Social World of the First Christians*, Essays in Honor of W. A. Meeks, ed. L. M. White (Minneapolis: Fortress, 1995), 198-213; H. Weiss, "Foot Washing in the Johannine Community," *NovT* 21 (1979): 298-325이 주장했다. 다음을 보라. Hentschel, "Die Fusswaschung."

264 다음의 철저한 논의를 참조하라. Christoph Niemand, "Die Fusswaschungserzählung des Johannesevangeliums: Untersuchungen zu ihrer Entstehung und Überlieferung im Urchristentum," SA 114 (Rome: Pontificio Ateneo S. Anselmo, 1994), 236-56. 그는 13:9-10abc에 담긴 본래 매우 짧은 전승을 (아무런 해석도 없이) 전제한다.

라"라는 누가복음 22:27 말씀으로부터 발전했다고 주장한다.[265] 이미 누가복음에서는 이 윤리적·실천적 측면이 제자들 사이에서 일어난 논쟁에 포함되어 있다(22:24-26; 참조. 막 10:41-45). 다른 측면들도 공관복음의 본문들을 활용했을지 모른다. 예를 들면 사랑의 행위로서 발을 씻어주는 이야기는 누가복음 7:36-50(참조. 요 12:3-8)에서 예수의 발에 향유를 부은 여인의 이야기에서 영감을 얻었을 수 있다.

이처럼 공관복음의 평행 본문을 고려하면 공관복음에 없는 세족 이야기에 관한 전승을 탐구하거나 서술된 장면의 "역사성"을 탐구하는 것은 문제가 있어 보인다.[266] 비록 요한복음이 최후의 만찬에서 떡과 잔을 해석하는 부분을 생략하지만, 발을 씻어주는 장면은 어쩌면 요한복음 독자들도 이미 알고 있을 법한 행위들을 대체하는 것으로 보인다. 일부 성만찬 전승에도 나타나 있듯이 여기서도 이 행위를 반복하거나 모방할 것을 촉구하는 내용(13:14-17)이 나오지만, 고대 사회에서 흔히 볼 수 있는 모방(mimesis)이라는 윤리적 관행의 배경에 비추어 보면[267] 이러한 촉구는 독자들이 이러한 의식을 문자적으로 행하기보다는 이 모범 사례에서 보여주는 자세를 모방해야 한다는 점을 암시한다.

---

265 Thyen, *Johannesevangelium*, 592.
266 대다수 비평 주석서는 역사성의 문제를 다루지 않는다. Keener, *Gospel of John*, 2:901의 짧은 논평은 여전히 불분명하다.
267 다음을 보라. Jan G. van der Watt, "Reciprocity, Mimesis and Ethics in 1 John," in *Erzählung und Briefe im johanneischen Kreis*, ed. Uta Poplutz and Jörg Frey, WUNT 2/420 (Tübingen: Mohr Siebeck, 2016), 257-76 (261-66).

어쨌든 우리는 이 복음서의 첫 독자들이 13:4-11의 "기독론적" 해석에서 암시한 대로 이 행위에 담긴 "더 깊은" 의미를 파악할 수 있었으리라고 전제해야 한다. 따라서 이 일화는 어떤 예기적이며 상징적인 해석으로서 예수의 죽음과 관련이 있다. 예수의 죽음은 이처럼 예상치 못한 상황에서 가족이나 손님이나 지인에게 베푸는 사랑의 행위로 볼 수 있는 이 서사적 행위에 의해 해석된다. 여기서 이 행위는 예수의 행위를 따라야 하는 제자들에게 보여주는 모범적 사례다(15절). 즉 그들은 단순히 누군가의 발을 씻어주거나 서로 발을 씻어주는 것이 아니라 예수가 그들을 사랑한 것처럼 서로 사랑해야 한다. 그리고 이 사랑의 "새" 계명(34-35절)이 (바울과 누가의 성만찬 제정 전승에 나타나듯이) "새" 언약에 대한 암시가 생략된 문맥에서 등장하는 것은 결코 우연이 아니다.

따라서 예수의 최후의 만찬 문맥에 포함된 세족 이야기는 허구적으로 만들어진 상징적 내러티브에서 유래했을 수도 있으며 그 배후에는 "역사적" 전승이 없었을 수도 있다. 그러나 이러한 내러티브도 예수의 죽음을 전례가 없는 사랑의 모범으로 해석하려는 복음서 저자의 전반적인 의도를 잘 보여준다.

8. "요한복음을 요한복음 되게 하라!": 요한복음의 독특성

요한복음의 독특성을 강력하게 주장하는 의미에서 "요한복음을 요한복음 되게 하라!"는 구호를 내건 학자는 바로 제임스 던(James Dunn)이다.[268] 이 소논문에서 그는 해석자들에게 요한복음을 다른 세 권의 복음서(즉 초기 복음서 전승)나 후대 교회 교리의 관점으로 해석하는 것을 경고한다. 공관복음보다 요한복음은 "관점의 일대 변화"를 보여준다.[269] 요한복음 저자는 비록 성육신한 예수의 이야기를 그대로 보존하고 싶어 했지만, 초기 전승에 관해서는 상당히 자유롭게 생각했다. 던은 요한복음에는 상당히 주목할 만한 "자유와 제약의 상호작용" 즉 "우리가 공관복음에서 발견하는 것보다 더 큰 자유"가 존재하지만,[270] 또 후대의 일부 영지주의적 복음서와 문헌에서 발견되는 것보다 더 큰 제약도 존재한다고 말한다. 이 둘의 상호작용은 이 문제를 자세히 살피고 탐구할 것을 요구한다.

좀 더 다른 표현을 빌리자면 요한복음 저자는 계속해서 기독교의 창시 이야기, 즉 명확히 규정된 시공간에서 일어난 예수의 이야기를 전한다. 하지만 그는 예수가 진정으로 누구인지에 대한 분명한 신학적 확신에 근거하여 이 이야기를 전한다. 이러한 신학적 견해와 더불어 예수가 누구

---

268 James D. G. Dunn, "Let John be John! A Gospel for Its Time," in *Das Evangelium und die Evangelien*, ed. Peter Stuhlmacher, WUNT 28 (Tübingen: Mohr, 1983), 309-39.

269 Dunn, "Let John be John," 334.

270 Dunn, "Let John be John," 339.

인지에 대한 적절한 이해를 독자들에게 전달하려는 복음서 저자의 의도는 예수에 대한 기억을 놀라운 수준으로 재형성한다. 이것은 역사적 정확성에 기초한 성경의 매우 현대적이며 "역사주의적인" "진리" 개념을 고수하는 사람들로서는 받아들이기 어려워 보인다. 그러나 복음서 저자는 그런 개념을 따르지도 옹호하지도 않는다. 그의 진리 개념은 관계적·기독론적 근거에 기초한다. 따라서 복음서 저자는 예수 그리스도의 진정한 신적 존엄성을 묘사하려는 자신의 관심사에 따라 복음서 이야기를 재구성하거나 재서술하고 심지어는 허구적으로 지어낸다. 그는 지상 예수의 기본적인 이야기에 일관성을 유지하며 이 일을 진행했지만, 후대의 저자들은 그 관계를 느슨하게 하고 천상의 구세주가 설파하는 계시의 말씀들을 더 자유롭게 표현했다. 요한복음의 이러한 독특한 특징은 저자가 예수의 이야기를 그의 지상 역사와 부활 이후의 기독론적 통찰 사이의 "경계"에 둔다는 데 있으며, 이러한 독특한 배치는 복음서 저자의 독특한 이야기 설계와 때때로 당혹스러우리만큼 자유로운 역사적 전승 활용에서 그 이유를 찾아볼 수 있다.

3장

영적 복음서

더 깊은 신학적 이해를 위한
예수 이야기 개작하기

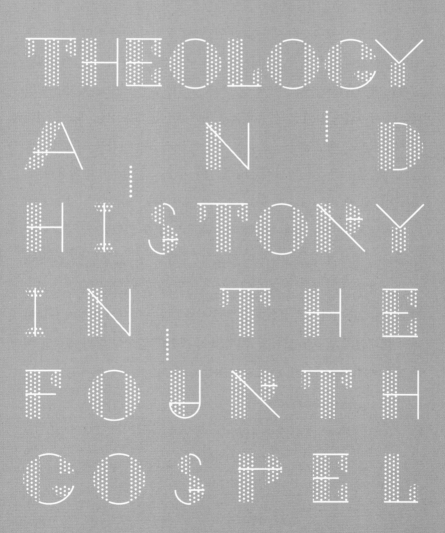

THEOLOGY
AND
HISTORY
IN THE
FOURTH
GOSPEL

앞 두 장에서 이미 입증했듯이 요한복음은 현저하게 높은 기독론에 지대한 영향을 받아 성육신한 예수를 한 인간으로뿐만 아니라 이미 신적인 존재로 묘사한다. 요한복음 저자는 예수의 이야기를 **재구성**하고, 전통적인 일화를 **재서술**하며, 심지어 예수가 제자들의 발을 씻어주는 행위나 니고데모나 사마리아 여인 또는 빌라도와 나눈 은밀한 대화 같은 새로운 일화를 허구적으로 **재상상**하는 등 그에게 주어진 전승과 마가복음과 그의 공동체 전승에서 유래한 역사적 전승을 매우 자유로운 방식으로 활용한다.

이러한 관찰은 다음과 같은 질문을 제기한다. "어떻게 저자는 자신이 물려받은 전승에 대해 그토록 자유롭게 느낄 수 있었을까?" 혹은 "어떻게 그는 역사적 정확성에 있어 그토록 "경솔할" 수 있었을까?" 아무리 그의 기법 가운데 일부가 고대 역사 서술자들의 관행과 일치한다고 하더라도,[1] 이 복음서의 독특성은 허구적인 정보보다는 역사적 사실에 도달하려는 현대인의 열망에 도전을 주며, 특히 진리의 말씀이 담겨 있다고 여겨지는 책의 경우에는 더 큰 도전이 아닐 수 없다.

---

1   위 151-53쪽에서 언급한 Richard Bauckham과 Susanne Luther의 연구를 참조하라.

역사적 자료로서 요한복음의 가치를 옹호하려는 수많은 시도는 다수의 독자와 해석자에게서 볼 수 있는 이러한 지속적인 열망을 적절하게 대변해주지만, 이미 살펴본 바와 같이, 저자의 실제 처리 과정은 그러한 견해를 지지해주지 않는다. 저자는 역사적 예수에 대한 우리의 지식에 중요한 정보를 더해주며 어떤 곳에서는 심지어 우리의 비판적인 관점에서도 가치가 있는 역사적 전승들을 하나로 통합한다. 하지만 앞에서 논의한 사례를 보면 그는 그 전승으로 아무것도 만들어내지 않는다. 더 나아가 우리의 역사적 논리에 의하면 마가의 연대기보다 일반적으로 더 개연성 있는 그의 연대기는 단지 문학적인 관심과 작업에 의해 만들어진 것이며, 이러한 관심과 작업은 역사적 정확성보다는 연출적 또는 신학적 측면을 고려한 결과다.

그렇다면 저자는 역사나 전승에 대한 자신의 엄청난 자율성을 어떻게 정당화할 수 있을까? 그는 예수의 전반적인 이미지만이 아니라 그의 언어와 주요 용어 및 메시지까지도 수정하면서 마가복음으로부터 그토록 크게 이탈한 사실을 어떻게 설명할 것인가? 일부 현대 비평학자들이 예수의 이미지를 한 인간에서 신적인 존재로, "유대인 예언자에서 이방인의 하나님으로" 바꾸어놓았다며 요한을 비난했듯이 그도 불법 개조나 심지어 위조 혐의로 기소당해야 하지 않을까?[2]

---

2   따라서 다음의 책의 제목을 주목하라. Maurice Casey, *From Jewish Prophet to Gentile God* (Louisville: Westminster John Knox, 1992).

1. 영적 복음서: 성령-보혜사, 기억, 그리고 깨달음

1.1 비평적 질문과 요한복음의 권위 주장

내 견해는 심지어 이 복음서 안에도 이러한 논쟁이 요한 공동체 안에 실제로 존재했다는 흔적이 남아 있다는 것이다. 그들 사이에는 이처럼 예수에 관한 이야기와 담화가 바뀐 데는 문제가 없지 않으며 누군가의 승인이 필요하다는 인식이 있었다. 이 논쟁은 요한복음 16:13-15의 고별 담화에서 "보혜사"("옹호자"라는 의미)[3]로 불리는 성령의 마지막 말씀을 통해 재구성될 수 있는데, 거기서 예수는 미래에 있을 성령의 가르침에 대해 이렇게 말한다. "그가[4] 스스로 말하지 않고 오직 들은 것을 말하며 장래 일

---

[3] 이 용어는 어떤 법정의 기능을 암시하는데, 이는 요 15:26과 16:7-11의 보혜사 말씀에서 가장 분명하게 표현된다. 이 용어와 그 해석에 관해서는 다음을 보라. David Pastorelli, *Le Paraclet dans le corpus johannique*, BZNW 142 (Berlin: de Gruyter, 2006). 흥미롭게도 예수는 요일 2:1에서 παράκλητος라고 불린다. 따라서 승귀하신 그리스도는 제자들의 첫 번째 조력자이거나 옹호자다. 물론 그는 아버지께서 계신 곳에 거하시고, 성령은 이 땅에서 그를 대신하여 일하신다(참조. 롬 8:34).

[4] 해명의 차원에서 나는 성령을 성별로 구별하는 것이 얼마나 불충분한지를 잘 알고 있음을 강조하지 않을 수 없다. 그러나 요한복음에서 성령의 인격적인 측면이 매우 명확하게 나타나 있듯이, 요한복음이 성령을 "인격화"하는 예수 운동의 긴 발전 과정의 마지막 단계에 있다는 점을 감안하면(참조. Jörg Frey, "How Did the Spirit Become a Person?" in *The Holy Spirit, Inspiration, and the Cultures of Antiquity: Multidisciplinary Perspectives*, ed. Jörg Frey and John R. Levison, Ekstasis 5 [Berlin: de Gruyter, 2014], 243-371), 성령은 (그리스어에서 τὸ πνεῦμα가 그렇듯이) 중성으로 취급될 수 없음이 분명해진다. 비록 히브리어 전통에서는 성령(*ruah*)이 문법상 여성이며, "어머니"로서 성령의 개념이 일부 초기 기독교 텍스트에도 나타나 있지만(참조. 오리게네스와 히에로니무스가 인용한 히브리인 복음 단편; 다음을 보라. Origen, *Comm. Jo.* 2.12 on John 1:3), 여기서 남성 대명사가 사용

을 너희에게 알리시리라"(16:13). 그리고 "그가 내 영광을 나타내리니 내 것을 가지고 너희에게 알리시겠음이라"(14절, 그리고 15절에서 부분적으로 반복됨).[5] 성령이 "스스로 말"할 수 없다고 말하는 것은 의미가 있다. 우리는 심지어 예수가 사역 기간에도 무언가를 "스스로" 행하지 않는다는 점을 발견한다. 오히려 그는 아버지께서 하시는 일을 그가 본 대로만 행하고(5:19), 아버지께 들은 것만 행한다(5:30). 이것은 예수가 독자적으로 행했기 때문에 불법이라는 의미가 아니라 아버지로부터 승인을 받은 것임을 의미한다.[6] 이와 마찬가지로 성령은 "스스로" 가르치지 않고, 그의 가르침은 오히려 예수의 가르침에서 취한 것이며, 예수의 승인을 받은 것이다. 따라서 예수가 아버지의 승인을 받은 것처럼 성령-보혜사의 가르침도 예수의 승인을 받은 것이다.

된 것은 요한복음이 ὁ παράκλητος를 사용한 것뿐만 아니라 성령의 "인격화"—즉 "그를" 어떤 의도적으로 행동하고 말하는 존재로 개념화하는 것—가 (성육신하고 승귀하신) 그리스도에게 귀속시켰던 사역을 주로 성령에게 귀속시키는 데서 비롯된 것이다. 그럼에도 성령에게 "성별을 부여하는 것"이 얼마나 불충분한 것인지는 늘 염두에 둘 필요가 있다.

5   이 말씀에 관해서는 다음을 참조하라. Jörg Frey, *Die johanneische Eschatologie*, vol. 3: *Die eschatologische Verkündigung in den johanneischen Texten*, WUNT 117 (Tübingen: Mohr Siebeck, 2000), 190-95; 특히 Christina Hoegen-Rohls, *Der nachösterliche Johannes: Die Abschiedsreden als hermeneutischer Schlüssel zum vierten Evangelium*, WUNT 2/84 (Tübingen: Mohr Siebeck, 1996), 188-94; Christian Dietzfelbinger, *Der Abschied des Kommenden: Eine Auslegung der johanneischen Abschiedsreden*, WUNT 95 (Tübingen: Mohr Siebeck, 1997), 192-95.

6   5:19-30에서는 이것이 특히 죽은 자를 살리거나 생명을 주고 심판을 실행하는 데 대한 권한을 가리키는데, 유대 전승에서 이 두 행위는 오직 하나님만이 할 수 있는 권한이었다. 예수는 5:22-23과 5:26-27에서 이러한 권한을 주장한다. 참조. Frey, *Die johanneische Eschatologie*, 3:354-69.

성령(또는 요한 공동체의 어떤 교사)이 승인을 받지 않고 "스스로" 가르칠 수 있다는 생각은 늘 있었기 때문에 그 생각을 분명하게 거부할 필요가 있었다. 고별 담화가 요한복음의 한 부분을 차지하고, 또 우리가 본문 안에서 요한 공동체가 부활 이후에 직면한 두려움과 고통과 문제를 볼 수 있듯이[7] 우리는 이 말씀을 성령의 가르침이 물려준 유산에 관한, 또는 요한 공동체 안에서 활동했던 설교자들과 교사들의 가르침에 관한 내적 논의를 보여주는 증거로 해석할 수 있다. 따라서 우리는 여기서 요한 학파의 삶과 기독론적 가르침, 그리고 이에 관한 내적 논쟁을 어느 정도 엿볼 수 있다. 해당 교사들이 자신들의 가르침을 "스스로" 계발함으로써 그들의 가르침은 승인을 얻지 못하고 불법적이라는 비난을 받은 데 반해 이 말씀은 이 가르침이 예수를 영화롭게 할 뿐만 아니라 예수의 가르침에서 취한 것—즉 예수와 밀접한 관계가 있으며, 성육신하고 승귀하신 주님의 승인을 받은 것—임을 강조한다.

더 일반적으로 이 말씀은 내용 면에서나 형식적인 측면에서 예수의 승인을 얻어 예수와 그의 정체성 및 존엄성은 물론 그의 사역과 역사에 대해 참되고 정당한 해석을 제공한다는 요한복음의 신학적 주장을 뒷받침한다. 따라서 요한복음 예수의 이미지와 거기에 서술된 예수의 이야기는 공동체의 승인을 받은 참된 이야기로 간주된다. 물론 복음서 저자와

---

7   참조. Frey, *Die johanneische Eschatologie*, vol. 2: *Das johanneische Zeitverständnis*, WUNT 110 (Tübingen: Mohr Siebeck, 1998), 250-52; Hoegen-Rohls, *Der nachösterliche Johannes*.

그의 공동체가 요한복음 내러티브가 역사적 전승을 정확히 표현한다거나 동시대인들의 눈 앞에서 일어난 지상 예수의 역사를 정확히 묘사하는 것이 아니라는 점을 잘 알고 있었음에도 불구하고 말이다.

1.2 예수에 대한 요한복음의 기억의 창시자로서 성령

보혜사의 말씀은 또한 성령이 이 공동체를 모든 진리로 인도한다고 주장하고 있기에 중요하다. 만약 여격 ἐν τῇ ἀληθείᾳ πάσῃ(모든 진리로)가 여기서 올바른 독법이라면[8] 이는 진리가 성령의 인도하에 공동체 안에 머물거나 이동할 수 있는 공간이나 영역 같이 어떤 총체성(totality)을 지닌 것으로 간주되고 있음을 암시한다.[9] 요한복음에서 ἀλήθεια라는 용어에 담긴 기독론적 의미 때문에 진리의 영역은 일종의 정확성 또는 역사적 정확성에 의해서가 아닌 그리스도와의 관계에 따라 묘사된다.[10] 성령의 사역

8 　성령은 모든 진리로 인도하지 않고, 주어진 진리의 영역 안으로 인도한다. 따라서 "진리"라는 개념은 공간적인 개념으로 구성되어 있고, 아마도 "진리"는 하나님과 예수 자신이 "진리"로 제시되는 개념으로(요 14:6)—즉 물질과 그 이해의 대응(*adaequatio rei et intellectus*, Thomas Aquinas, *Quaestiones disputatae de veritate* 1.1이 정의한 것처럼)이라는 아리스토텔레스의 개념이 아닌 인격적인 또는 관계적인 진리로—이해되어야 할 것이다. 따라서 성령은 요한복음에서 "진리의 영"으로도 불릴 수 있다(14:26; 16:13).

9 　참조. Frey, *Die johanneische Eschatologie*, 3:192-93.

10 　요한복음의 "진리" 개념에 관해서는 다음의 중요한 소논문을 보라. Rudolf Bultmann, "ἀλήθεια," *TDNT* 1:239-48; 또한 Ignace de la Potterie, *La vérité dans Saint Jean*, 2 vols., AnBib 73-74 (Rome: Biblical Institute, 1977); Christof Landmesser, *Wahrheit als Grundbegriff neutestamentlicher Wissenschaft*, WUNT 113 (Tübingen: Mohr Siebeck, 1999); Peter G. Kirchschläger, *Nur ich bin die Wahrheit: Der Absolutheitsanspruch des johanneischen*

은 공동체와 성육신하고 승귀하신 그리스도 사이의 친밀한 관계를 유지하는 것으로 묘사된다. 더 나아가 성령의 가르침은―심지어 역사에 대한 주목할 만한 자유와 예수 전승의 점진적인 재형성까지도―공동체를 진리와 부활하고 승귀하신 예수와의 교제 안에 보존하는 데도 적절한 것으로 간주한다.

만약 우리가 이 점을 예수의 말씀을 가르치고 상기시키는 성령의 사역에 관한 내용을 담고 있는 요한복음 14:26의 두 번째 보혜사 말씀과 연결한다면[11] 우리는 (요한복음의 말씀 선포나 그 실제 저자의 배후에 있는 권위로서) 성령이 해야 할 사역이 어떤 것인지에 대해 한층 더 분명한 이미지를

Christus und das Gespräch zwischen den Religionen, HBS 63 (Freiburg im Breisgau: Herder, 2010).

11   이 말씀에 관해서는 다음을 보라. Christina Hoegen-Rohls, *Der nachösterliche Johannes*, 111-34. 요한복음에 나타난 성령의 특별한 기능에 관해서는 다음을 보라. Frey, *Glory of the Crucified One: Theology and Christology in the Fourth Gospel*, trans. W. Coppins and C. Heilig, BMSEC 6 (Waco: Baylor University Press, 2018), 368-72; Frey, "How Did the Spirit Become a Person?" 364-71; Dietzfelbinger, *Der Abschied des Kommenden*, 202-26. 내 견해로는 비록 요 14장의 말씀(여기서 성령은 예수의 요구에 따라 아버지로부터 보냄을 받음)과 요 15장과 16장의 말씀(여기서 성령은 부활하신 예수에 의해 보냄을 받음) 간에 약간의 차이가 있긴 하지만, 이 다섯 가지 보혜사 말씀은 서로 일관되게 해석되어야 한다. 하지만 이것은 Jürgen Becker ("Die Abschiedsreden Jesu im Johannesevangelium," *ZNW* 61 [1970]: 215-46)가 주장했듯이 반드시 서로 다른 문학적 단층에서 비롯되었다고만 볼 수 없다. 이 복음서 텍스트 전체 안에서 우리는 요 1-12장 및 18-20장의 성령에 관한 본문과 "보혜사"라는 특정 용어가 등장하는 고별 담화 본문 사이에 존재하는 일관성을 확인할 필요가 있다. 그러나 이 용어는 이 말씀들의 완전히 다른 개념이나 기원을 가리키기보다는 고별 담화의 형식 및 주제와 특별히 연결되어 있는 것 같다(다음을 보라. Dietzfelbinger, *Der Abschied des Kommenden*, 208-9; Pastorelli, *Le Paraclet dans le corpus johannique*, 159-60).

얻을 수 있을 것이다. 매우 흥미롭게도 요한복음은 바울 서신과 누가-행전과는 대조적으로 성령의 사역을 환상이나 황홀경 또는 방언과 기적 행함을 통해 표현하지 않는다.[12] 성령에 대한 언급은 전적으로 그의 말씀의 효능, 곧 "로고스의 기능"에 초점이 맞추어져 있다. 성령은 말씀을 상기시키고, 제자들을 가르치며(14:26), 진리에 대한 우주적 법정[13]에서 마치 그들을 변호인처럼 지원함으로써 증인이 되게 하고(15:26), 그들을 모든 진리로 인도한다(16:13-15). 성령은 선생으로서 부활 이후의 삶을 살아가는 제자들에게 이 이야기와 예수의 말씀을 기억나게 하여 그들을 부활하신 주님과 교제하게 만든다.

하지만 여기서 말하는 기억나게 하는 사역은 무엇을 의미할까? 이것은 예수의 말씀을 그대로 재현하는 정확한 기억으로 인식될 수 있다. 문자 그대로 정확하게 재현하기 위해 고정된 전승을 암기하는 고대의 문화적 관행은 이러한 생각을 지지해줄 수도 있다. 하지만 랍비 유대교를 통해 널리 알려지고, 공관복음의 초기 전승을 통해 알 수 있듯이[14] 이러한

---

12 예수가 기적을 행하는 문맥에는 성령에 대한 언급이 없고, 제자들이 부활 이후에 성령을 통해 기적을 행해야 한다는 개념도 없다. 요 14:12(참조. 5:20)에 언급된 "더 큰 일"조차도 기적이 아니라 요 20:23의 말씀에 따라 더 폭넓고 보편적인 정황에서 예수의 구원 사역을 계속해나가는 것을 가리킬 것이다. 참조. Frey, *Die johanneische Eschatologie*, 3:352-54.

13 재판 모티프는 요 16:7-11에서 지배적으로 나타나지만, 이것은 Andrew Lincoln(*Truth on Trial: The Lawsuit Motif in the Fourth Gospel* [Peabody, Mass.: Hendrickson, 2000])이 설득력 있게 입증했듯이 이 복음서 전체를 특징짓는 모티프다.

14 참조. Birger Gerhardsson, *Memory and Manuscript: Oral Tradition and Written Transmission in Rabbinic Judaism and Early Christianity*, ASNU 22 (Lund: Gleerup, 1964);

관행이 현 문맥에 적용될 개연성은 별로 없다. 예수의 언어와 문체의 변화, 그리고 그러한 "점진적인" 가르침의 유산을 두고 공동체 내에서 벌어진 논쟁의 흔적은 다른 방향을 가리킨다. 예수의 말씀을 기억한다는 것은 말씀을 그대로 정확하게 표현하는 것이 아니라 예수의 말씀에 담긴 더 깊은 의미를 드러냄으로써 그의 사명과 인격을 더 올바로 이해하는 과정에 초점을 맞추는 것을 의미한다.

이것은 내가 요한복음의 특성과 관점을 이해하는 데 결정적이라고 생각하는 두 본문을 통해 확인된다. 이것은 2:22과 12:16에 등장하는 내러티브 여담인데,[15] 거기서는 ὑπομιμνήσκειν 동사가 등장하지 않고(14:26에서처럼) 관련 동사 μιμνήσκεσθαι가 사용된다. 성전 정화 사건, 예수의 정통성에 대한 표적을 보여달라는 유대인들의 예수의 정통성 표적 요구, 유대인들을 놀라게 한 성전 말씀을 서술하고 나서 저자는 2:21에서 첫 번째 내러티브 여담을 덧붙인다. 저자는 성전을 헐고 다시 짓겠다는 말씀에서 예수는 실제로 "성전된 자기 육체"(21절)를 가리켜 말했다고 설명하면서 예수가 죽고 부활한 후에야 비로소 얻을 수 있고 표현할 수 있는 통찰

Gerhardsson, "Der Weg der Evangelientradition," in *Das Evangelium und die Evangelien*, ed. P. Stuhlmacher, WUNT 28 (Tübingen: Mohr Siebeck, 1983), 79-102; 참조. Rainer Riesner, *Jesus als Lehrer: Eine Untersuchung zum Ursprung der Evangelien-Überlieferung*, 3rd ed., WUNT 2/7 (Tübingen: Mohr Siebeck, 1988); Samuel Byrskog, *Jesus the Only Teacher: Didactic Authority and Transmission in Ancient Israel, Ancient Judaism and the Matthean Community*, ConBNT 24 (Stockholm: Almqvist & Wiksell, 1994).

15   다음을 보라. Frey, *Die johanneische Eschatologie*, 2:221-23; 또한 Hoegen-Rohls, *Der nachösterliche Johannes*, 33-39.

을 전달한다. 두 번째 내러티브 여담 또는 설명에서 저자는 다음과 같이 덧붙인다. "죽은 자 가운데서 살아나신 후에야 제자들이 이 말씀하신 것을 기억하고(ἐμνήσθησαν) 성경과 예수께서 하신 말씀을 믿었더라"(22절). 이와 유사한 말씀은 12:16에서도 나타난다. 나귀를 탄 예수가 예루살렘에 입성하는 장면과 종려나무 가지를 들고 환호하는 군중의 모습과 스가랴 9:9 인용 부분을 서술한 후 저자는 다시 다음과 같이 기록한다. "제자들은 **처음에 이 일을 깨닫지 못하였다가** 예수께서 영광을 얻으신 후에야 이것이 예수께 대하여 기록된 것임과 사람들이 예수께 이같이 한 것임이 생각났더라."

요한복음은 이러한 설명을 통해 그 당시 예수의 제자들이 그의 말씀과 행동, 그리고 그가 직면할 운명을 제대로 이해하지 못하고, 오직 그의 부활/영화 후에야 비로소 이 모든 것을 기억하고(ἐμνήσθησαν, 2:22; 12:16) 그 참된 의미를 깨닫게 되었음을 공개적으로 시인한다. 예수의 사역 기간에 그들은 성경이 예수를 가리키고 특정 예언서 본문(슥 9:9 같은)이 심지어 그의 사역의 세세한 내용과 특히 그의 수난까지 예언했다는 사실을 전혀 깨닫지 못했다. 그들은 오직 부활 이후에야 비로소 그것을 기억하고, 성경을 다시 읽고, 예수 이야기의 세부적인 내용을 언급한 성경을 깨닫게 되었다.

더 일반적으로, 요한복음 전반에 걸쳐 전개되는 성경에 대한 기독론적 해석[16]과 성경을 통해 제시된 그리스도의 참된 정체성과 존엄성에 대한 통찰은 성경을 읽는 과정에서 예수 이야기를 새롭게 이해하거나, 반대로 예수의 사역과 죽음을 기억하는 과정에서 예수와 그의 사역, 그리고 그의 운명에 대해 직접 증언하는 성경을 새롭게 이해하는 것을 성령의 가르침으로 돌린다.

이러한 "기억에 대한 발언"과 성령-보혜사에게 귀속된 기억 및 교훈의 기능(참조. 요 14:26; 16:13-15) 간의 연관성을 보면 2:22과 12:16에 언급된 기억 행위가 고별 담화의 보혜사 말씀에서 말하는, 부활 이후의 성령의 가르치는 사역과 연관될 수밖에 없다는 점이 분명해진다. 따라서 요한복음의 (부활 또는 영화의 관점에서 묘사된) 예수의 이미지와 (아마도 역사적 "사실"에 훨씬 더 가까운) 초기 전승의 이미지 간의 차이점은 성령의 활동에 대한 언급에 의해 설명되고 정당화된다. 따라서 이 복음서의 주장은 성령이 예수에 대한 더 깊은 인식의 창시자로서 요한 기독론의 진정한 저자라는 것이다. 성령은 부활 이후에 제자들에게 "기억나게 하고" 그들을 "가르쳐" 예수의 말씀과 역사와 인격에 대한 참된 깨달음을 준다. 다시 말해 요한복음의 신적 고 기독론은 승인을 받지 못한 자의적인 해석이 아니라 성령의 인도하에 지상 예수와의 관계 속에서 형성된 해석이다

---

16   참조. Martin Hengel, "Die Schriftauslegung des 4. Evangeliums auf dem Hintergrund der urchristlichen Exegese," in *Jesus und die Evangelien: Kleine Schriften*, ed. Claus-Jürgen Thornton, WUNT 211 (Tübingen: Mohr Siebeck, 2007), 5:601-43; Andreas Obermann, *Die christologische Erfüllung der Schrift im Johannesevangelium*, WUNT 2/88 (Tübingen: Mohr Siebeck, 1996).

(16:14-15).[17]

1.3 회고에 의한 깨달음

요한복음 2:22(2:17과 함께)과 12:16 외에 또 다른 여담들도 예수의 제자들이 그의 사역 기간에는 미처 깨닫지 못했다는 사실을 우리에게 알려준다. 생수의 강이 그(예수)의 몸에서 흘러나오리라는 말씀(7:37-38)은 (그 당시엔 아직 주어지지 않고 예수가 영화롭게 됨과 동시에 또는 그 이후에 제자들에게 주어진) 성령에 대한 언급으로 설명된다.[18] 베드로는 제자들의 발을 씻는 장면에서 예수의 말씀을 오해한다. 하지만 그의 오해는 예수의 상징적인

---

17 이에 관해서는 Christian Dietzfelbinger, "Paraklet und theologischer Anspruch im Johannesevangelium," *ZTK* 82 (1985): 389-408의 중요한 소논문을 참조하라.

18 이 생수가 예수의 몸에서 언제, 그리고 어떻게 흘러나왔는지에 관한 논의는 복잡하다. 가장 분명한 장면은 예수가 죽고 그의 옆구리를 창으로 찔렀을 때 예수의 몸에서 피와 물이 흘러나온 장면이다. 피와 물의 상징적 의미를 어떻게 이해할지와 무관하게 이 장면은, 히에로니무스(*Comm. Ezech.* 14 on Ezek 47:1-5) 이래로 매우 이른 시기부터 교부들이 지적했듯이 겔 47장의 성전에서 흘러나오는 강물에 대한 암시이기도 하다. 두 번째로 흥미로운 해석은 παρέδωκεν τὸ πνεῦμα(= 영을 반납했다)라는 괄목할 만한 어구로 표현된, 예수가 마지막으로 숨을 거두는 장면인데(요 19:30), 이는 또한 예수가 숨을 거두는 마지막 순간에 그의 입에서 성령이 나왔다는 것을 암시할 수도 있다. "성령"이 그의 제자들에게 마지막으로 주어지는 것에 관한 내용은 부활의 날에 제자들에게 죄를 용서하거나 그냥 그대로 두는 권한을 위임하는 문맥에서 서술된다(20:22-23). 이 본문은 또한 예수가 제자들에게 또는 그들 안으로 숨을 내쉬는(ἐνεφύσησεν), 비교적 육체적인 것과 관련이 있는 본문이다. 참조. Annette Weissenrieder, "The Infusion of the Spirit: The Meaning of ἐμφυσάω in John 20:22-23," in *The Holy Spirit, Inspiration, and the Cultures of Antiquity: Multidisciplinary Perspectives*, ed. Jörg Frey and John R. Levison, Ekstasis 5 (Berlin: de Gruyter, 2014), 119-51.

행동을 "이 후에"(13:7) 깨닫게 될 것을 예고한다. 마지막으로 빈 무덤을 발견하고서도 두 제자가 여전히 베드로가 그들에게 일어난 일을 더디게 깨닫는 장면(20:2-10)에서 화자는 "그들은 성경에 그가 죽은 자 가운데서 다시 살아나야 하리라 하신 말씀을 아직 알지 못하더라"(20:9)라고 덧붙인다. 사실 여기서 문제는 사랑하는 제자가 실제로 깨닫고 믿었기 때문에 깨달음이 없다는 것은 두 제자에게 똑같이 적용될 수 없다는 것이다. 하지만 사랑하는 제자가 일부 성경 지식 때문이 아니라 무덤에 있던 세마포와 수건의 "징조"를 보고 당장 깨달았던 것처럼 (첫 부활절에는 "아직" 깨달을 수 없었던) 성경의 깨달음에 대한 암시는 부활 이후 시대에 성령을 통해 깨닫게 될 가능성을 예고한다. 복음서에서 이러한 시간에 대한 사소한 언급은 그냥 지나치기 십상이지만, 이러한 언급은 예수의 때, 곧 그의 죽음 또는 영화[19]의 사건과 연결된 근본적인 변화를 가리키기 때문에 의미가 있다. 이때 예수의 사역 당시의 부족한 깨달음은 그가 이 세상을 떠나고 성령이 현존하는 기간에 새로운 깨달음으로 변화한다. 이러한 언급은 예수의 역사에 대한 참된 이해가 요한복음에서 회고의 관점에서, 더 정확히 말하자면 그의 죽음, 부활, 성령의 가르침에 대한 깨달음이 추가된 관점에서 묘사되고 있음을 보여준다.

---

19   비록 내러티브 안에서는 그의 수난, 죽음, 부활, 성령 주심 사건이 서로 다른 행위로 간주되지만, 예수의 "때"에는 이 사건들이 하나로 취급된다. 그러나 부활 이후 공동체에 미치는 영향의 관점에서는 종말론적 행위의 전반적인 순서가 중요하다. 참조. Frey, *Glory of the Crucified One*, 87-88; Frey, *Die Johanneische Eschatologie*, 2:216-21.

따라서 "아직" 또는 "이제"에 초점을 맞춘 내러티브 여담은 요한복음의 시간적 관점이나 복음서 화자의 위치를 가리킬 뿐만 아니라 예수의 말씀과 사역과 죽음에 대한 참된 깨달음은 오직 부활 이후에 성령을 통해 공동체에 주어진 통찰의 빛에 의해서만 가능했다는 견해를 지지해준다. 따라서 요한복음은 부활 이후의 공동체가 지상 예수의 제자들에 비해 더 많은 특권을 누리고 있음을 강조한다. 왜냐하면 성령은 예수가 이 세상을 "떠났기" 때문에 오실 수 있었고(16:7), 성경에 대한 기독론적 이해와 부활 이후에 주어진 공동체의 새로운 통찰이 오직 성령을 통해서만 발전할 수 있었기 때문이다.

예수가 사역하는 동안이나 그 이전에는 이러한 깨달음이 오직 예수 자신에게, 그리고 어느 정도까지는 세례자 요한(참조. 10:40-42)과 사랑하는 제자라는 이상적인 인물에게만 국한되어 있었다. 사실 사랑하는 제자는 요한복음에서 유일하게 (예수와 세례자 요한을 제외하고는) 단 한 번도 오해를 하지 않는 인물로 등장한다. 따라서 그는 다른 모든 제자와는 달리 완벽하진 않더라도 매우 강인하고 이상적인 인물로 그려진다. 베드로, 빌립, 도마와 사마리아 여인과 베다니의 두 자매, 그리고 니고데모와 대다수 동시대 유대인들은 종종 그의 말씀을 오해하곤 하는데, 해당 본문은 그러한 오해를 공공연하게 드러냄으로써 독자들이 그것을 통해 베드로와 동료들보다 더 나은 깨달음을 얻게 한다.[20] 심지어 예수가 부활한 날에

---

20   이러한 오해는 "베드로파", "도마파" 등 특정 그룹과 논쟁을 벌이기 위함도 아니고, 일

도 베드로는 빈 무덤을 보고서도 미처 깨닫지 못했던 반면(20:7-8), 오직 그의 이상적인 동료만 무덤 안에 있는 세마포와 수건을 보고 부활하신 분에 대한 참된 깨달음을 얻게 된다.[21]

"지금"과 "이후"(13:7)의 차이를 보여주거나 "아직"과 제자들의 부족한 이해를 여전히 보여주는 본문의 요소들은 예수의 때(또는 부활 사건) 이전과 그 이후의 근본적인 차이점을 가리키며, 예수의 참된 정체성과 사역의 의미가 부활 "이후에" 성령을 통해, 요한 공동체의 말씀 선포를 통해, 또는—가장 분명하게는—복음서의 내러티브 설계를 통해 "계시될" 가능성을 가리킨다. 궁극적으로 예수의 행동과 말씀에 대한 참된 깨달음으로 독자들을 이끄는 것은 화자의 목소리이며, 육신의 눈에는 감추어져 있지만 이제 성령을 통해 계시된 진리로 그들을 인도하는 것은 복음서의 내러티브 디자인이다.

이 여담들은 14:26과 16:13-15의 보혜사 말씀과 더불어 제자들과

반적으로 제자들이나 니고데모, 사마리아 여인의 불신을 조장하기 위함도 아니다. 이것은 예수가 영화롭게 되기 전, 성령의 가르침이 전무했던 당시에는 예수의 정체성과 사역에 대한 참된 이해가 아직 불가능했으며, 부활 이후의 독자들이 지상 예수의 제자들보다 더 나은 상황에 있다는 점을 보여준다. 요한복음의 오해가 지닌 교훈적 기능에 관해서는 다음을 보라. Walter Rebell, *Gemeinde als Gegenwelt: Zur soziologischen und didaktischen Funktion des Johannesevangelium*, BET 20 (Frankfurt: Peter Lang, 1987).

21 따라서 요한복음의 부활 신앙은 예수가 다시 살아났다는 것뿐만 아니라 더 나아가 그가 스스로 자신의 권위로 부활하고, 이로써 그가 자신 안에 신적 생명을 소유한 자, 곧 그가 하나님이라는 것을 의미한다. 참조. Jörg Frey, "'Ich habe den Herrn gesehen' (John 20,18): Entstehung, Inhalt und Vermittlung des Osterglaubens nach Johannes 20," in *Studien zu Matthäus und Johannes / Études sur Matthieu et Jean*, Festschrift Jean Zumstein, ed. Andreas Dettwiler and Uta Poplutz, AthANT 97 (Zürich:TVZ, 2009), 267-84.

예수의 이야기에 대한 "기억" 또는 "기념"의 개념을 전달한다. 즉 예수의 제자들은 그의 사역 기간 동안 그의 행동과 말씀의 참된 의미를 깨닫지 못했고, 예수에 관한 성경 말씀도 깨닫지 못했다. 이러한 깨달음은 오직 예수가 "영화롭게" 되거나 "죽은 자 가운데서 부활했을" 때(즉 부활 이후 시대에) 비로소 가능했다. 성령이 주신 이 참된 깨달음은 성경에 대한 이해와 성경의 기독론적 의미와 예수의 운명, 특히 그의 죽음, 행동(서술된 기적들과 다른 일화들), 말씀에 대한 참된 이해를 포함한다. 따라서 복음서 저자는 오직 부활 이후에 이루어진 이러한 기억의 과정(μιμνήσκεσθαι)을 통해서만 이러한 이해가 가능했음을 잘 알고 있었다.

1.4 핵심 과제: 예수의 죽음 이해하기

이처럼 새롭고 참된 이해의 필요성은 제자들이 미처 깨닫지 못했던 예수의 죽음과 부활에서 특히 더 분명하게 드러난다. 따라서 예수에 대한 다양한 일화나 그의 사역 전체를 대변하는 "표적" 또는 기적,[22] 혹은 "성전된 자기 육체"를 헐고 다시 세우겠다는 말씀(요 2:21)이 예수 이야기에 포함될 수 있었던 것은 오로지 그의 죽음과 부활 사건에 대한 깨달음 때문에 가능했다.

더 나아가 예수의 떠남과 그의 부재는 심지어 부활 이후에도 지속적

---

22 따라서 예컨대 가나 일화에서 예수의 때에 대한 언급(2:1-11).

으로 제자들에게 골칫거리와 괴로움을 안겨주었다. 따라서 고별 담화[23]
는 예수가 갑자기 떠나는 상황에서 찾아온 제자들의 비통한 마음(13:33,
36; 14:5)을 그의 부재로 인해 부활 이후 공동체가 겪고 있는 어려움과 시
련의 이미지로 소개한다. 이 제자 공동체는 눈에 보이지 않는 예수로 인
해 당황해하고(16:10), 버려진 "고아"처럼 느끼며(14:18), 적대적인 세상
에서 때로는 홀로 남아 있는 것처럼 느끼기도 하지만(15:18), 요한복음이
기록된 가장 큰 목적은 독자들로 하여금 예수의 떠남, 성령-보혜사의 강
림, 예수와 다시 만날 소망을 올바로 이해하도록 돕기 위함이다. 이러한
이해는 부활 이후의 삶을 사는 이 신앙 공동체에 새로운 기반을 마련해주
고 그들이 이 세상에서 실족하지 않고 자신들의 사명(과 예수의 사명)을 계
속 이어나갈 수 있게 한다.[24]

　　예수의 삶, 죽음, 부활의 진정한 의미와 구원론적 함의는 예수의
"때"에 일어난 사건들과 그가 영화롭게 될 때 그에게 주어진 "영광"을 통

23　고별 담화의 그 출발 시점에 관해서는 다음을 보라. Frey, *Die johanneische Eschatologie*,
　　3:130-31; 또한 Andreas Dettwiler, *Die Gegenwart des Erhöhten: Eine exegetische Studie zu
　　den johanneischen Abschiedsreden (Joh 13,31-16,33) unter Berücksichtigung ihres Relecture-
　　Charakters*, FRLANT 169 (Göttingen: Vandenhoeck & Ruprecht, 1995). 요 13:31-14:31
　　의 첫 번째 담화는 제자들의 당혹스러움에 대한 언급(14:1, 27)으로 둘러싸여 있고,
　　16:4b-33의 담화는 제자들의 슬픔(*lupe*)과 괴로움(16:6, 33)으로 둘러싸여 있는데, 이
　　두 담화는 16:20-22의 중심 이미지에서 서로 연결된다.
24　이것은 특히 고별 기도의 마지막 본문에서 분명하게 나타나는데(17:20-26), 현재 이 공
　　동체가 경험하고 있는 적대감에도 불구하고 거기에는 심지어 세상이 깨달음과 믿음을 얻
　　게 될 것이라는 소망이 있다. 요한 공동체의 사명에 대한 이러한 관점에 관해서는 다음
　　을 보라. Enno Edzard Popkes, *Die Theologie der Liebe Gottes in den johanneischen Schriften*,
　　WUNT 2/197 (Tübingen: Mohr Siebeck, 2005), 346-49.

해 표현된다.[25] 따라서 예수는 그의 죽음과 부활로 이 세상과 분리된 것이 아니라 영화롭게 되었고(13:31-32; 17:1), 이로써 그의 종말론적 역할과 존엄성이 확증된 것이다. 복음서 저자는 오직 이 사실에 기초하여 예수가 십자가에서 마지막으로 남긴 말씀을 완전히 새롭게 표현할 수 있었는데, 이는 예수의 이 사건들이 완수한 것을 완벽하게 표현하기 위함이었다. 그러나 요한복음에서 예수가 "표적"을 통해 "그의 영광을 나타냈"다고 말할 때(2:11) 이 진술은 사실 그의 기적 행위 가운데 일부만을 가리키지 않고 예수가 그의 "때"(4절)에 얻은 영광을 궁극적으로 가리킨다.[26] 더 일반적으로 말하자면 요한복음의 모든 기적/표적 이야기에 대한 설계가 이 모든 이야기를 예수의 사역, 죽음, 부활 전체와 연결하기 때문에 이 모든 이야기는 이제 예수의 사역 기간에 단 한 번 일어난 사건에 대한 정보를 제공할 뿐만 아니라 그의 죽음과 부활을 포함하여 그의 사역 전체를 이해하는 데 유용한 모범적인 단서―어쩌면 이것이 더 큰 비중을 차지함―를 제공한다고 할 수 있다.

여기서부터 한 가지 분명한 사실은 요한복음 내러티브가 예수의 사역을 그의 동시대인들이 볼 수 있는 모습 그대로 표현한 것이 아니라는

---

25   참조. Frey, *Glory of the Crucified One*, 237-58.
26   기적 이야기에 대한 해석(그리고 특히 2:1-11)에 관해서는 다음을 보라. Jörg Frey, "From the *Sēmeia* Narratives to the Gospel as a Significant Narrative: On Genre-Bending in the Johannine Miracle Stories," in *The Fourth Gospel as Genre Mosaic*, ed. Kasper Bro Larsen, Studia Aarhusia Neotestamentica 3 (Göttingen: Vandenhoeck & Ruprecht, 2015), 209-32.

점이다. 여기서 해석학적으로 중요한 것은 복음서 저자가 예수의 이야기를 단순히 전해 내려온 전승/전승들 그대로 또는 순진하게 실제로 "일어난 일 그대로" 전하지 않는다는 점을 잘 인식하고 있었다는 사실이다.[27] 사실적 서사를 만들어내면서도 그는 의도적으로 부활 이후에 깨달은 기독론적·신학적 통찰을 통해 철저하게 재구성된 책을 집필한다. 따라서 요한복음의 전체 이야기는 성령이 승인한 예수의 회고록이며, 성령은 복음 선포의 실제 "저자"이자 예수와 밀접한 관계에 있다고 주장할 수 있는 분이다. 이러한 성령의 계시가 바로 요한복음 저자에게 예수의 사역에 대한 전반적인 내용, 줄거리, 언어, 해석과 관련하여 그토록 다르게 서술할 수 있는 권한과 정당성을 부여해주는 것이다.

1.5 재해석의 복잡한 과정

요한복음 전승에서 "기억"의 과정은 어떤 책임감에서 전승의 원래 표현을 보존하려는 것이 아니었으며, 단순히 전승 배후에 있는 역사적 "사실"을 그대로 보존하려는 것은 더더욱 아니었다. 이것은 오히려 새로운 통찰을 도출해낼 뿐 아니라 공동체 안에서 의문이 제기되는 예수 이야기를 재구성하도록 이끄는 창의적이며 역동적인 과정이었다(요 16:13-15이 암시

---

27   그의 제자들이 "이해하지 못했다"는 진술은 "역사적" 사건들과 부활 이후의 시각과 이해 간의 차이점을 가리킨다.

하듯이). 그러나 요한복음의 관점에서 보면 이 과정은 요한 공동체에 부어진 성령의 역사에 의한 것으로 간주되며 정당화되지만(참조. 20:22)[28] 부활 이후에 성령-보혜사를 보내주신 승귀하신 예수를 통해 궁극적으로 승인된다.

이 과정은 다양한 측면을 포함한다. 무엇보다도 이것은 성경을 새롭고 창의적으로 읽는 방법으로서(참조. 2:17; 12:16) 다양한 성경 본문의 지평에서 예수의 사역과 운명을 새롭고 깊이 깨닫게 해준다. 이 과정은 공동체가 지속적으로 말씀을 선포하고 새로운 경험과 도전에 직면하는 과정에서 예수 이야기를 지속적으로 반추하는 것도 포함한다. 결과적으로 이 과정은 단순히 새로운 언어학적·문학적 정황으로 전환하는 과정을 초월하는 전승의 철저한 변화를 암시하며, 예수의 사역 이야기의 창의적인 재서술과 재상상을 포함한다. 따라서 (이 복음서에서) 이 과정의 마지막이자 결정적인 부분은 내러티브 설계를 담당한 저자의 의도적인 창의적 활동이며, 이 활동은 위에서 언급한 내러티브 재구성, 예수 이야기를 더

---

28 제자들의 이미지에 대한 요한복음의 개방성은 성령의 은사가 요 20:19-23에 기록된 부활절 장면에 있어야 할 지상의 예수의 특정 제자 그룹에만 국한된 것이 아님을 암시한다. 고별 담화에서뿐만 아니라 부활절 내러티브에서도 제자들은 후대 공동체 전체를 대표하기 때문에(참조. Takashi Onuki, *Gemeinde und Welt im Johannesevangelium: Ein Beitrag zur Frage nach der theologischen und pragmatischen Funktion des johanneischen 'Dualismus,'* WMANT 56 [Neukirchen-Vluyn: Neukirchener Verlag, 1984], 163-66), 성령의 은사와 예수의 사명을 지속하기 위한 파송은 전체 공동체(즉 제자들과 후대 세대)를 모두 포괄한다. 특히 요한복음에서 죄를 용서하고 그대로 두는 권한(20:23)은 평행 본문인 마 18:18의 말씀과 크게 대조를 이루는데, 거기서는 그 말씀이 오직 제자들 가운데 핵심 인물인 시몬 베드로에게만 주어진다.

깊이 이해하도록 돕는 은유적 연결고리 만들기, 독자들의 이해를 돕는 다수의 설명을 위한 여담이나 내러티브 논평 삽입 등을 포함한다.

따라서 성령의 "기억" 또는 가르침은 과거의 일부 "역사적 사실"을 정확하게 표현하기 위한 것이 아니다. 본문에는 "실제로 어떻게 사건이 일어났는지"에 관한 (상당히 현대적인) 질문이 중요시되거나 "진실"이 역사적 정확성이나 정확한 역사적 정보와 기본적으로 관련이 있다는 암시가 전혀 없다. 요한복음에서 중요시되는 것은 오히려 예수의 말씀, 행동, 운명(즉 그의 죽음과 부활 또는 "승귀")에 대한 (기독론적으로 정확한) 참된 깨달음이다.

성령이 주는 통찰은 예수의 제자들이 그의 지상 사역 기간에 이해할 수 있었던 차원의 의미를 넘어 부활 이후의 정황에서만 가능한 차원의 의미를 내포한다. 따라서 이 과정에서 형성된 이미지와 내러티브는 예수의 동시대인들의 목전에서 일어난 단순한 "역사"와 상이하다. 요한복음이 말하는 "기억"의 개념은 부활 이후 초기의 여러 공동체를 거쳐 요한복음이 집필될 때까지의 신학적 발전 과정 전체에 적용된다. 이 개념은 어떤 특정한 계시 사건이나 특정한 제자 그룹(예. 열두 제자나 다른 "목격자들")에만 국한되지 않고, 요한복음의 개방된 "제자" 개념을 고려하면 요한복음 저자의 시대까지 이어지는 수많은 신자들("요한 공동체"의 신자들뿐만 아니라)을 포함할 수 있다.

2. 성령은 어떻게 가르치는가?

그렇다면 우리는 성령의 가르침을 어떻게 상상할 수 있을까? 기념하고 해석하는 과정은 어떻게 전개되었을까? 우리는 단순히 요한 공동체 내에서 활동한 선생들과 설교자들만을 상상할 수 있을까? 아니면 우리는 공동 성경 연구나 성령의 감동을 생각할 수 있을까? 또 아니면 성령에 대한 언급은 단순히 현재 우리에게 주어진 문학적 형태의 복음서를 기록하는 실제 과정을 정당화하는 수단에 불과한 것일까? 우리는 요한 공동체의 삶과 관련하여 이러한 질문에 답할 만큼 많은 정보를 갖고 있지 않으며, 우리로서는 복음서가 사용한 문예적·교훈적 기법을 서술하는 것이 더 수월하다. 하지만 우리는 요한복음의 성령 언급이 (그 언급이 말을 통한 로고스 지향적 기능에 집중되어 있음에도 불구하고) 요한 공동체와 초기 예수 운동에 참여한 이들의 다양한 유형의 성령 경험에 기초한다는 사실을 전제해야 한다.

2.1 요한 공동체들의 성령 경험

무엇보다도 우리는 요한 공동체들이 성령을 공동체와 제자 개개인에게 주신 선물로 인식하고 있었음을 고려해야 한다. 물론 우리는 다른 신약성경, 특히 바울 서신과 누가-행전에서 성령과 연관된 현상이 모두 요한 공동체 내에서도 동일하게 일어났다고 전제할 수는 없지만, 예수의 사역과

(아마도) 후대의 요한 공동체의 삶에서 어떤 특정 "표적과 기사"(요 4:48)가 하나님의 강력한 역사로 나타났음을 전제해야 한다. 특히 공동체의 모임에서, 그리고 설교와 성경을 해석하는 과정에서 "예언자적" 현상이 일어났음을 전제해야 한다. 성령에 대한 이런 인식과 경험(적어도 부분적으로)은 성령의 로고스 지향적인 활동에 집중하는 요한복음의 전제 조건이다. 요한복음에서 성령의 사역은 증거를 제시하고, 예수의 영광을 선포하며, 예수 이야기를 기억하여 재해석하고, 믿음의 진리를 확인하는 데 초점을 맞춘다. 14:26에서 "보혜사"를 널리 알려진 "성령"이란 용어와 연결하여 설명할 줄 아는 저자가 성령의 사역에 대한 자신의 독특한 개념과 (특히 디아스포라의) 예수 운동에서 다양한 방식으로 나타난 성령 관련 경험과 현상 사이에 존재하는 차이점을 인식하지 못했다는 것은 상상하기 어렵다.[29]

이러한 인식에 대한 흔적은 요한복음과 요한1서에서도 여전히 나타난다. 성령을 "받다"라는 언급도 있는데(요 7:39), 이 용어는 신약의 다른 본문에서도 널리 사용된다.[30] 성령은 세례 행위와 얼마나 직접적인 관계가 있는지와 상관없이 사람의 갱생 또는 거듭남(3:5), "하나님의 자녀"가 되는 것과 연관된다.[31] 따라서 만약 요한1서에서 하나님이 우리 안에 거

---

29 예컨대 다음을 보라. Dietzfelbinger, *Der Abschied des Kommenden*, 215-16.
30 Rudolf Schnackenburg, "Die johanneische Gemeinde und ihre Geisterfahrung," in *Ergänzende Auslegungen*, vol. 4 of *Das Johannesevangelium*, HTK 4/4 (Freiburg: Herder, 1984), 33-57 (39-40).
31 위 136-38쪽 논의를 보라.

하신다는 것을 보여주는 표시가 우리에게 주신 성령이라고 설명한다면 (요일 3:24) 이는 우리가 그 표시(즉 성령의 임재)를 인식할 수 있다는 것을 전제한다. 따라서 한 가지 분명한 것은 성령이 우리가 경험할 수 있는 실체로 여겨졌다는 점이다. 고린도전서 12-14장의 바울과 달리 요한복음 저자는 특별한 은사들을 언급하진 않지만, 요한복음은 어떤 "내적" 증언이나 경험 외에는 언급하지 않는다고 가정하는 것은 지나치게 현대적인 사고일지도 모른다.[32] 요한복음 14:17에서 제자들은 자신들에게 주어진 성령을 인지하고 "알고 있는" 반면, "세상"은 여전히 둔감한 상태에 있다. 요한1서에서는 독자들이 깨달은 지식을 은유적으로 현재 그들이 받아 소유하고 있는 성령의 기름 부음(2:20, 27)으로 설명한다. 따라서 성령을 받아 소유한다는 것은 영적·신학적으로 아는 지식과 연결된다. 4:1에서는 심지어 여러 가지 영을 "시험"하는 것, 즉 다양한 예언자적 또는 영적 발언을 활용하는 것에 관한 내용이 나온다.

이러한 본문의 암시는 해석하고 가르치는 성령의 사역에 대한 요한복음의 견해가 요한 공동체들이 공유하는 여러 관행에 깊이 뿌리를 두고 있음을 보여준다. 따라서 요한 성령론은 어떤 실천적 경험이 없는 단순한 신학적 이론이 아니라 관련 공동체의 다양한 경험에 기초한다. 오직 이에 대한 저자와 독자 간의 상호 합의만이 공동체에서 선포하고 복음서에 포함된 해석들—훨씬 더 발전된 기독론과 전통적인 예수 이야기의 창의적

---

32   따라서 Schnackenburg, "Die johanneische Gemeinde," 42의 제언.

재구성과 재서술―이 실제로 기억나게 하는, 공동체의 조력자이자 선생이신 성령의 사역이라는 주장을 뒷받침해줄 수 있다.

그럼에도 공동체의 성령 경험은 성령이 실제로 어떻게 가르쳤는지를 밝혀주지 못한다. 따라서 우리는 공동체 안에서 행해진 규칙적인 설교와 가르침 외에 공동체 모임, 기도와 찬양, 그리고―특별히―지속적인 성경 읽기와 다시 읽기의 정황에서 얻은 통찰을 인정해야만 한다.

2.2 성경의 계시

성경은 정교한 기독론이 발전하는 데 있어 가장 중요한 자료 중 하나였는데, 이는 요한복음의 경우에뿐만 아니라 훨씬 더 이른 시기의 예수 운동의 역사에서도 마찬가지였다. 물론 상대적으로 높은 "고"(高) 기독론의 매우 빠른 출현[33]은 오직 여러 가지 요인으로만 설명될 수 있다. 우리는 부활절 경험 외에도 종말론적 성령의 임재와 사역에 대한 인식,[34] 공동체

---

33   여기서는 가장 이른 시기의 기독론적 발전에 대해 논할 필요가 없다. Larry W. Hurtado, *Lord Jesus Christ: Devotion to Jesus in Earliest Christianity* (Grand Rapids: Eerdmans, 2003)의 포괄적이며 대체로 설득력 있는 주장을 참조하라. 또한 Andrew Chester, "High Christology―Whence, When and Why?" *Early Christianity* 2 (2011): 22-50의 개관을 보라. 특히 영미권의 이러한 비교적 새로운 연구 전통의 발전에 가장 크게 기여한 학자는 Martin Hengel이다. 참조. 특히 그의 논문집을 참조하라. *Studien zur Christologie: Kleine Schriften IV* (ed. Claus-Jürgen Thornton, WUNT 201 [Tübingen: Mohr, 2006]); (소수의 논문만 선별된 영역본) *Studies in Early Christology* (Edinburgh: T&T Clark, 1995).

34   참조. Hengel, "Die Schriftauslegung des 4. Evangeliums," 603-11.

의 시편 찬양, 예수를 하나님과 함께 "기념하는" 새로운 노래와 찬송 제작 등을 고려해야 한다. "과감한" 기독론적 견해가 발전할 수 있었던 이유는 그리스도인들이 높임을 받은 주님을 일상 용어보다 훨씬 더 격상되고 열정적인 언어로 찬양했기 때문이다.[35] 그 과정에서 그리스도인들은 예수와 그의 부활을 통해 이스라엘의 성경이 성취되었다는 신념 아래 성경을 예언의 말씀으로 읽기 시작했고, 이로써 성경은 그들에게 수많은 기대 및 예언과 연관된 표현과 암시를 발견하고 또 이를 발전·통합시킬 수 있는 무궁무진한 자료의 원천이 되었다. 초기 해석자들은 이러한 발견과 계시의 배후에서 공동체에 주어지고 신자들의 마음속에 부어진 성령(롬 5:5)을 발견할 수 있었다.[36] 성령은 예수를 증언하는 차원에서 종말론적이며 기독론적인 말씀과 관련하여 지혜와 예언의 말씀을 선포하도록 영감을 불어넣어 주고, 성경을 "열어" 밝히 깨닫게 하셨다. 그런 의미에서 시편 110편, 이사야 53장, 또는 이사야 61장 같은 본문은 아주 중요한 위치

---

35 참조. 특히 Martin Hengel, "Hymnus und Christologie," in *Studien zur Christologie*, 185-204 (ET: "Hymn and Christology," in *Papers on Paul and Other NT Authors: Sixth International Congress on Biblical Studies Oxford 3-7 April 1978*, vol. 3 of *Studia Biblica*, JSNTSup 3 [Sheffield: Sheffield Academic Press, 1980], 173-97); "Das Christuslied im frühesten Gottesdienst," in *Studien zur Christologie*, 205-58 (English trans.: "The Song about Christ in Earliest Worship," in *Studies in Early Christology*, 227-92); "Abba, Maranatha, Hosanna un die Anfänge der Christologie," in *Studien zur Christologie*, 496-534.

36 초기의 성령의 내면성에 관한 개념의 유대 배경은 다음을 보라. Jörg Frey, "Paul's View of the Spirit in the Light of Qumran," in *The Dead Sea Scrolls and Pauline Literature*, ed. Jean-Sébastian Rey, STDJ 102 (Leiden: Brill, 2013), 239-62.

를 차지하게 되었다. 다른 다수의 본문도 "본래"의 의미와는 무관하게 기독론의 발전에 사용되었고, 이로써 새로운 수용사의 관점에서 "모든" 성경은 그리스도를 가리킨다는 견해가 성립할 수 있었다.

요한복음은 이미 그리스도인들의 오래된 성경 해석과 성경 인용을 활용한다. 어느 정도 잘 알려진 일화, 성경 인물, 성경 전승에 대한 언급이나 암시는 성경을 읽고 해석하는 광범위하고 다양한 과정이 존재했음을 말해준다.[37] 성경이나 심지어 "모세"[38]는 예수의 증인으로 해석되고 (요 5:39, 45), 이에 대한 기독론적 이해는 성령의 "기억나게" 하는 사역과 연결된다. 2:22과 12:16에서 언급된 "기억"은 단순히 예수의 말씀과 행동에 대한 이해를 가리키는 반면, 2:17의 짧은 언급은 성경을 명시적으로 가리킨다. 즉 제자들은 성경에 "주의 전을 사모하는 열심이 나를 삼키리라"라고 기록된 것을 기억했다. 따라서 성경 해석은 제자들의 "기억"을 자극하여 그들이 부활 이후에 새롭고 깊은 깨달음을 얻게 하는 성령의 "기념하는" 사역의 한 부분이었다(14:26). 그들은 예수를 통해 성경이 "성취"되었다는 믿음으로 성경을 읽었으며, 예수의 사역과 운명은 성경이 가져다준 통찰을 통해 재고되고 재서술되었다.

2:17에서 시편 69:10(68:10 LXX)의 인용문은 예수가 시편 저자의 말

---

37   Hengel, "Die Schriftauslegung des 4 Evangeliums"의 개관을 참조하라.
38   이것은 모세오경, 또는 심지어 모세뿐만 아니라 성경 전체에 대한 언급이다. 만약 모세라는 인물이 요 5장이나 9장에서 부각되었다면 그것은 특히 디아스포라에서 자신들의 정체성을 "모세의 제자들"(9:28)로 본 "유대인들"과의 논쟁 때문이다.

을 빌려 발화한 말씀으로 읽히지만, 시제에서 중요한 변화가 일어난다.[39] 흥미롭게도 이 시편은 초기 수난 내러티브에 깊이 뿌리를 둔 시편 중 하나다. 요한복음은 마가복음의 내러티브 전승을 수용할 뿐만 아니라 마가복음의 수난 기사에서 매우 중요한 역할을 하는 시편들, 특히 의인의 고난을 탄식하는 시편 22편과 69편도 사용한다.[40] 하지만 요한복음 저자는 성경에 대한 언급을 수용하는 과정에서 특정 언급(예. 시 22:2에서 발췌한 막 15:34의 하나님으로부터 버림받음에 대한 탄식)을 자유롭게 생략하고, 다른 구절들(예. 요 15:25의 시 69:5[68:5 LXX][41] 또는 요 13:18의 시 41:10[40:10 LXX][42], 두 구절 모두 성취를 나타내는 도입구와 함께)은 삽입한다. 옷을 나누는 것에 관한 시편 22:19(21:19 LXX)은 마가복음 15:24에서 축약된 버전으로 인용되지만, 요한복음에서는 온전한 버전으로 인용되고 또 다른 의미로 해석된다.[43] 이제 평행법의 두 행은 서로 다른 두 가지 행동과 연결된다. (1) 예수의 옷을 넷으로 나누기, (2) 이음새 없이 통째로 짠 속옷을 누가 얻을지 결정하는 제비뽑기. 우리는 요한이 심지어 이음새 없이 통째로 짠 속옷과

---

39   위 204-205쪽을 보라. 이 인용문에 관해서는 다음을 보라. Obermann, *Die christologische Erfüllung*, 114-28.
40   마가복음 수난 내러티브에 나오는 시편에 관해서는 다음을 보라. Craig A. Evans, *Mark 8:27-16:20*, WBC 34B (Nashville: Thomas Nelson, 2001), 498; Bernd Janowski, *Konfliktgespräche mit Gott: Eine Anthropologie der Psalmen*, 3rd ed. (Neukirchen-Vluyn: Neukirchener Verlag, 2009), 355-56.
41   세부 내용은 다음을 보라. Obermann, *Die christologische Erfüllung*, 271-82.
42   다음을 보라. Obermann, *Die christologische Erfüllung*, 255-71.
43   세부 내용은 다음을 보라. Obermann, *Die christologische Erfüllung*, 282-97.

관련된 장면을 실제로 꾸며내거나 허구적으로 상상해냈다고 가정할 수 있다. 이 장면은 초기 전승에서 발견되지 않으며, 평행법을 이분하여 읽는 독법에 의해 "발전"된 듯하다. 만약 이것이 사실이라면 이 "역사"는 성경에 부합하도록 다시 기록된 것이다. 물론 이것은 오직 성경과 예수의 길이 서로 일치한다는 신념하에서만 가능하지만 말이다. 요한복음의 관점에서 보면 역사적인 문제에 대한 이러한 창의력도 성령의 사역의 한 부분이다.[44]

나는 현 문맥에서 소수의 선별된 관찰을 통해 요한복음의 성경 활용 방법의 강도와 가변성을 설명할 수 있다.

a) 요한복음 프롤로그의 "태초에"(요 1:1)는 그리스어 모세오경의 첫 부분(창 1:1)을 분명하게 언급하면서 시작하며, 이로써 요한복음을 이스라엘의 성경과 분명하게 연결한다. 따라서 프롤로그 전체는 창조 기사와 시내산 계시 전승, 성경 및 후기 유대교 지혜 전승을 암묵적으로 언급하고 암시하는 복잡한 정보망을 제공한다.[45] 비록 프롤로그의 "줄거리"는 의인화된 지혜와 연관된 사상들을 암시하지만(잠 8장; 집회서 24장; 지혜서 7-9장), 우리가 종종 간과하는 1:14aβ은 예수 안에 거하시는 하나님의 로고스의 관점에서 추상적인 성육신 개념을 설명하고 지상 예수의 사역에

---

44   요 16:13-15에 관한 논의는 위 226-29쪽을 보라.

45   참조. Craig A. Evans, *Word and Glory: On the Exegetical and Theological Background of John's Prologue*, JSNTSup 89 (Sheffield: Sheffield Academic, 1993); 창조 모티프에 관해서는 Masanobu Endo, *Creation and Christology: A Study on the Johannine Prologue in the Light of Early Jewish Creation Accounts*, WUNT 2/149 (Tübingen: Mohr Siebeck, 2002).

나타난 하나님의 영광의 현존을 설명하기 위해 거룩한 성막 또는 성전에 거하시는 하나님의 임재, 곧 쉐키나(*Shekhina*) 전승을 수용한다.[46] 복음서에서 묘사하는 예수는 성경 전승을 미묘하게 언급하는 이와 같은 세련된 개념으로 묘사된다.

b) 요한복음이 이미 잘 알려진 일화를 간략하게 언급만 할 수 있다는 점도 놀라운 일이다. 그가 상정하는 독자들은 성경을 상세하게 아는 자들이다. 따라서 요한복음 3:14-15은 모세가 광야에서 놋뱀을 든 사건(민 21:4-9)을 "인자도 들려야만($\delta\epsilon\tilde{\iota}$) 한다"에 대한 간략한 유비로만 언급한다. 그러나 이 이야기를 아는 독자만이 놋뱀과 인자의 모형론적 관계를 인식할 수 있다. (1) 장대 위에 높이 들린 놋뱀과 십자가에 "높이 들린" 예수, (2) 광야 일화에서 구원의 표상을 보면 살 것이라는 약속과 예수에 대한 믿음을 통한 영생 약속.[47] 저자는 이러한 간략한 언급을 통해 초기 전승에서 승귀 또는 즉위를 의미하는 "높이 들림" 용어(행 2:33; 5:31; 참조. 빌 2:9)를 예수의 십자가 처형과 창의적으로 연결한다. 여기서 예수의 십자

---

46 요한복음 프롤로그의 쉐키나 전승 수용사에 관해서는 다음을 보라. Jörg Frey, *Glory of the Crucified One*, 261-84; 참조. Frey, "God's Dwelling on Earth: '*Shekhina*-Theology' in Revelation 21 and in the Gospel of John," in *John's Gospel and Intimations of Apocalyptic*, ed. Christopher Rowland and Catrin Williams (London: Bloomsbury T&T Clark, 2013), 79-103.

47 모형론의 구조에 관해서는 다음을 보라. Jörg Frey, "'Wie Mose die Schlange in der Wüste erhöht hat …': Zur frühjüdischen Deutung der 'ehernen Schlange' und ihrer christologischen Rezeption in Johannes 3,14f," in *Schriftauslegung im antiken Judentum und im Urchristentum*, WUNT 73 (Tübingen: Mohr Siebeck, 1994), 153-205.

가 처형은 예고되고 독자의 눈 앞에 가시적으로 펼쳐진다.[48]

c) 저자는 요한복음 10:34-36에서 시편에 기인한 본문(시 82:6)을 과감하게 해석한다. 요한복음의 독법에 따르면 여기서 하나님은 이스라엘 백성을 "신들"이라고 부른다.[49] 이 인용문은 예수가 자신이 "하나님의 아들"이라고 주장하더라도 신성모독일 수 없다는 것을 입증하기 위해 "큰 것에서 작은 것으로"(a maiore ad minus)의 논증에 사용된다.[50] 이것은 불신앙을 책망하는 수준 높은 "옹호자"인 성령-보혜사의 이미지와도 잘 어울린다는 아주 특별한 논증이다(참조. 요 16:8).

d) 요한복음 저자는 예를 들어 이사야의 여러 본문 간의 정교한 주해적 관계도 활용한다. 따라서 요한복음 12:38-40에서 이사야 53:1과 6:10을 인용하고 나서 그는 이사야가 "그의[예수의] 영광을 보고 그를 가리켜 말한 것이라"(12:41)고 설명한다. 따라서 저자는 히브리어 본문과 70인역 본문에서 이미 어휘적 관계를 통해 연결된 이 두 본문을 서로 결합시킬 뿐만 아니라[51] 성전에서 하나님의 영광을 묘사하는 장면(사 6장)이나 종의 노래(52:13-53:12)에서 이 예언자가 실제로 예수의 영광을 보고 그

---

48   참조. Frey, *Die johanneische Eschatologie*, 3:277-80.

49   신적 존재들의 모임에서 말하는 엘로힘이 등장하는 이 시편의 종교사 배경은 상당히 다르지만, 여기서는 생략될 수 있다. 세부 내용은 다음을 보라. Obermann, *Die christologische Erfüllung*, 168-85.

50   참조. Hengel, "Die Schriftauslegung des 4. Evangeliums," 615-17.

51   다음을 보라. Jörg Frey, "The Use of δόξα in Paul and John as Shaped by the Septuagint," in *The Reception of Septuagint Words in Jewish-Hellenistic and Christian Literature*, ed. Eberhard Bons and Ralph Brucker, WUNT 2/367 (Tübingen: Mohr Siebeck, 2014), 85-104 (102).

에 대해 말했다고 주장한다. 이러한 주장은 하나님이 명시적으로 드러난 (적어도 "그의 옷자락" 또는 [70인역의 경우] 그의 "영광") 성전 환상의 경우에는 더욱더 단언하기 어렵다. 이보다 더 나은 설명은 실제로 이 구절이 인용된 구절보다 세 절 앞에 등장하는 종의 노래에서 찾아 볼 수 있다(사 52:13 LXX). 이 노래 도입부에서 그리스어 본문은 다음과 같이 말한다. "보라!···나의 종/아들이···높임을 받고 영화롭게 될 것이다"(ἰδοὺ ... ὁ παῖς μου ... ὑψωθήσεται καὶ δοξασθήσεται). 만약 이사야가 예수에 대해 말했다면 그는 이 종(즉 예수, 십자가에 못 박힌 자)의 승귀와 영화를 예언한 것이다. 이사야 52:13(LXX)은 ὑψοῦν / δοξάζειν이라는 두 단어를 하나로 묶는데, 복음서 저자는 예수의 죽음을 해석하는 데 이 두 단어를 매우 중요한 패러다임으로 사용한다.[52] 따라서 요한복음에서 예수의 죽음을 해석하는 가장 중요한 패턴은 이사야서에서, 더 정확히 말하자면 그리스어로 번역된 종의 노래의 특정 구절(심지어 직접 인용되지도 않은)에서 취한 것이다(물론 복음서 저자는 그 성경 본문의 문맥을 암시하지만 말이다). 여기서부터 그는 예수를 승귀하고 영화롭게 된 자로 묘사할 권한이 자신에게 있다고 생각한다.

이 사실은 예수를 "영화롭게" 하리라는 성령-보혜사(요 16:14-15)가 성경의 특정 모티프의 적실성을 드러냄으로써 실제로 그렇게 할 수 있음

---

52 이 두 단어는 요 12:20-34에서 자주 나타난다. δοξάζειν은 12:23, 28(참조. 13:31-32; 17:1)에서, ὑψοῦν은 12:32, 34(참조. 이미 3:14; 8:28)에서 등장한다. 12:23에서 "때"의 선포는 예수의 영화와 명시적으로 연결된다. 더 암묵적인 용어인 "들리다"의 의미는 "들리다"가 예수의 죽음의 방식(즉 십자가 처형)을 의미한다는 설명을 통해 12:33의 여담에서 드러난다.

을 보여준다. 또한 성령은 이로써 예수의 "때"에 드러날 그의 "영화"와 십자가에 못 박힌 자의 영원무궁한 영광에 대한 기본적인 통찰을 제공함으로써 그렇게 할 수 있다.[53] 이것은 요한복음의 수난 내러티브 설계에서 매우 중요하다.[54]

2.3 예수의 현재화(現在化)

성령의 가르침에는 또 다른 측면이 있다. 이 측면은 예수의 역사를 "현재화"하고 이로써 예수도 "현재화"하는 것으로 특징지을 수 있다.[55] 사실 어떤 이야기를 서술한다는 것은 과거의 일을 현재화하는 것이다. 요한복음에서 이것은 무언가를 기념하거나 기억하는 과정과 직결된다. 즉 성령이 제자들에게 무언가를 기억나게 하거나(요 14:26) 그들이 부활 사건과 그이후의 통찰과 현재 직면한 도전의 관점에서 예수의 이야기를 기억할 때 과거의 이야기는 예수의 이야기라는 과거의 관점에서 현재를 이해하기 위해 현재화된다. 게다가 심지어 과거의 예수도 현재화되는데, 이는 부활절의 관점에서 서술되는 그의 지상 사역과 그의 사역과 죽음이 가져다주는 구원이 그를 영화롭게 된 자—그의 말씀은 믿음을 촉구하고 현세에 생

---

53 요한복음의 영광과 예수의 영화 모티프에 관해서는 다음을 보라. Frey, *Glory of the Crucified One*, 261-84.

54 아래 283-98쪽을 보라.

55 이에 관해서는 다음을 보라. Frey, *Glory of the Crucified One*, 97-98.

명을 약속한다—로 소개하는 것과 마찬가지다. 이것은 예수가 실제로 죽지 않고 살아 계시며, 아버지의 영역에서 공동체를 적극적으로 지지하고 있다(참조. 요일 2:1; 요 1:18)는 신념과 일치한다. 이것은 또한 이 땅의 제자 공동체 안에서 예수를 "대체한" 성령(14:16-17)이 실제로 승귀한 자의 현존을 중재하고 보이지 않는 예수를 제자들이 영의 눈을 통해 보게 한다(14:20)는 신념과도 일치한다.

따라서 예수의 현존을 강조하려는 저자의 의도는 요한복음의 시제 용법과 내러티브 설계의 여러 측면에서 발견된다.

a) 상당히 흥미로운 단서 중 하나는 프롤로그의 결말 부분에서 찾아볼 수 있다. 예수에게 적용된 술어 중에는 "독생자"(μονογενής)와 "하나님"(θεός) 외에도 ὁ ὢν εἰς τὸν κόλπον τοῦ πατρὸς("아버지 품속에 있는"[56])가 있다. 현재 분사형 ὁ ὢν은 1:14-18에서 말하는 공동체의 시간적 관점을 나타내며, 실제로 예수가 지금 어디에 있는지를 나타낸다. 공동체의 현 시점에서 볼 때 눈에 보이지 않는 아버지를 알게 한 예수는 실제로 아버지와 친밀한 관계를 맺고 있다. 복음서 이야기의 초점은 처음부터 예수의 지상 사역이라는 과거 이야기에 있지 않고 현재의 예수에 맞추어져 있다.

56　대다수 영역본은 "아버지의 품속에"("in the bosom of the Father" 또는 독일어 "im Schoss des Vaters")로 번역하지만, 이것은 그리스어 전치사 εἰς가 나타내는 방향성을 고려하면 불충분하다. 참조. Michael Theobald, *Die Fleischwerdung des Logos*, NTA 20 (Münster: Aschendorff, 1988), 260. 요 1;1의 πρὸς τὸν θεόν도 마찬가지다. 이 두 경우 모두 예수 또는 로고스와 하나님의 밀접한 관계는 단순히 공간적 측면뿐 아니라 방향 또는 지향성을 고려하여 표현된다.

b) 내러티브 부분에서 저자는 부정과거 시제를 **역사적 현재**로 전환함으로써 서술하는 일화에 허구성을 조장할 수 있다.[57] 요한복음에서 이장치는 예를 들어 제자들을 부르는 장면(요 1:35-51), 물로 포도주를 만드는 기적(2:1-11), 사마리아 여인과 대화하는 장면(4:4-26), 20-21장의 부활 이야기에서 생동감 넘치는 대화를 만들어내기 위해 상당히 자주 사용된다(비록 체계적으로 사용되진 않지만).

c) 이 중에서 신학적으로 매우 중요한 부분은 저자가 기적 이야기를 "왜곡하거나"[58] 수정하는 방식이다.[59] 예수의 기적 행위를 소개하는 내러티브는 모두 그의 죽음과 부활 사건, 그의 전 사역, 또는 구원론적 효력을 언급하는 것으로 보충된다.[60] 이 요소들은 이러한 내러티브를 표면적인 수준에서 원활하게 읽는 데 걸림돌이 되며, 추가적으로 상황화하고, 복음서를 전체적으로 읽는 상황에서만 분명하게 볼 수 있는 다양한 상징적인 측면을 새롭게 보여준다. 더 나아가 이러한 요소는 모든 일화를 단순히 예수의 과거 사역의 한 특정 시점에서 일어난 사건을 서술하는 기사로 읽

---

57   이러한 문체적 장치는 마가복음에서도 생동감을 조성하거나 특정 측면을 강조하기 위해 종종 사용되는 반면, 누가복음은 이를 거의 전부 삭제하고, 마태복음은 역사적 현재형을 대부분 말하는 동사에만 사용한다(현존하는 예수의 말씀으로 소개하기 위해). 다음을 보라. Frey, *Die johanneische Eschatologie*, 2:81-83.

58   이 용어에 관해서는 다음을 참조하라. Harold W. Attridge, "Genre Bending in the Fourth Gospel," *JBL* 121 (2002): 3-21.

59   참조. 특히 Frey, "From the *Sēmeia* Narratives."

60   참조. Christian Welck (*Erzählte Zeichen: Die Wundergeschichten des Johannesevangeliums literarisch untersucht. Mit einem Ausblick auf Joh 21*, WUNT 2/69 [Tübingen: Mohr Siebeck, 1994], passim). 그는 이 단계를 "극적인 구원"(*heilsdramatisch*) 단계로 부른다.

지 않고, 그것을 그의 사역 전체와 그 궁극적인 결과의 틀에서—즉 궁극적으로 그의 죽음과 부활을 통해 성취되었음에도 오직 여러 가지 기적 내러티브를 통해서만 표본으로 보여준 종말론적 구원의 표현으로— 받아들일 것을 독자들에게 권면한다.

d) 통계적으로, 그리스어 시제 사용과 관련하여 요한복음은 공관복음에 비해 현재 시제가 훨씬 더 큰 비중을 차지한다.[61] 이것은 요한복음에서 높은 비중을 차지하는 담화를 통해 부분적으로 설명되지만, 담화의 길이 또한 중요하다고 할 수 있다. 왜냐하면 담화는 거의 쉬지 않고 예수의 과거 이야기를 자세히 언급하면서 독자들에게 직접 말하는 허구적 인물을 만들어내기 때문이다.[62] 따라서 요한복음의 예수가 선포하는 말씀은 거의 대부분 당대의 연설로 소개된다. 즉 그의 말씀은 복음서 독자들에게 현재화된다.

e) 유대 지도자 니고데모와의 대화는 요한복음 3:11에서 이전의 대화 상대자가 사라지고 독백으로 바뀐다. 요한복음의 이 첫 번째 담화 전반에 걸쳐 예수는 3인칭으로 일반화하여 "아들" 또는 "인자"에 관해 말한다. 11절에서는 심지어 1인칭 복수 "우리"를 사용하여 복수의 독자들에게 이야기한다. 가장 타당성 있는 문학적 설명은 요한복음의 케리그마

---

61 다음을 보라. Frey, *Die johanneische Eschatologie*, 2:24-27; Frey, *Glory of the Crucified One*, 79.

62 이것은 특히 고별 담화와 예컨대 요 3:11-21(그리고 또한 3:31-36); 12:44-50의 말씀을 선포하는 본문; 15:1-17의 은유가 담긴 본문; 또는 17:1-26의 고별 기도 등 극도로 보편적인 독백의 경우에 해당된다.

(예. 요한 공동체의 말씀 선포)가 예수의 입을 통해 묘사된다는 것이다.[63] 이것
은 13절에서 인자가 하늘로 "올라가는" 것을 완료 시제로 언급하고 있다
는 사실을 확인하며, 만약 이 표현이 그의 성육신 이전에 올라가는 것을
가리킨다면[64] 예수가 성육신부터 아버지께로 올라가거나 돌아가는 것을
포괄하는 그의 사역 전체를 회고적으로 전제하는 공동체의 부활 이후의
관점에서 말하는 현상을 보여주는 한 사례라고 할 수 있다.

　f) 이것은 다수의 다른 본문, 특히 예수가 자신의 영화(요 13:31), 세상
(16:33)과 그 통치자에 대한 승리(16:11), 자신의 사역의 "완성"(17:4; 참조.
19:28, 30)에 대해 완료 시제로 말하는 고별 담화를 통해 확인된다.[65] 이러
한 동사 형태는 담론들과 이 복음서의 일반적인 회고적 관점을 나타내는
표지일 뿐만 아니라 예수의 사역의 영속적인 효력과 현 독자들에게 주어
지는 구원론적 혜택의 현실이다.

　g) 예수의 인격에 대한 가장 강력한 묘사는 예수의 "나는 ~이다" 말
씀을 통해 주어진다.[66] 여기서 예수의 신적 존엄성과 구원론적 기능은 초
시간적인 형태로 묘사된다. 서술되는 과거 안에 여전히 내재되어 있는

63　다음을 보라. Frey, *Die johanneische Eschatologie*, 2:252-57.

64　따라서 Jan-Adolf Bühner (*Der Gesandte und sein Weg im 4. Evangelium: Die kultur-
und religionsgeschichtlichen Grundlagen der johanneischen Sendungschristologie sowie ihre
traditionsgeschichtliche Entwicklung*, WUNT 2/2 [Tübingen: Mohr, 1977], 382)은 에녹의
즉위와 유사한 승귀(에녹1서 71장)에 관해 추론하지만, 이것은 지나치게 사변적이다.

65　이 현상에 관해서는 다음을 보라. Frey, *Die johanneische Eschatologie*, 2:98-115 and
2:247-48.

66　이에 관해서는 87-90쪽을 보라.

예수의 말씀은 독자들과 청자들에게 직접 호소하고 결단을 촉구하기 위해 그 말씀에 생생한 현장감을 부여하는 형태로 소개된다. 자신의 "나는 ~이다"라는 신적인 말씀을 설파하는 예수는 "부활이요 생명"(11:25)이시며 "세상의 빛"(8:12)이시며, 이미 부활하여 영화롭게 되신 분이다. 떡, 빛, 목자, 또는 포도나무 등 다양한 은유는 비록 성경 전통에 깊이 뿌리를 두고 있긴 하지만, 그의 말씀을 들은 사람이라면 누구나 쉽게 접할 수 있는 것이기에 영생으로의 초대와 약속은 장소, 시간, 또는 문화와 독립된 형태로 소개된다. 이러한 말씀이 복음서에서 설파되고, 선포되고, 읽힐 때마다 예수의 사역에 관한 과거의 이야기뿐 아니라 독자들이 맞이할 종말론적 미래가 이 말씀에서 현재화된다.

2.4 명시적 해설과 암묵적 해설

저자가 예수 이야기에 대한 더 나은 이해를 제공하려 한다는 가장 분명한 증거는 표면적인 이해 너머에 참된 깨달음이 존재한다는 사실을 명시적으로나 암묵적으로 독자들에게 암시해주는 다수의 내러티브 장치에서 발견된다. 여기서는 1983년에 R. 앨런 컬페퍼의 획기적 연구인 『요한복음 해부』(Anatomy of the Fourth Gospel)에서 처음 도입된 서사학적 해석의 최근 추세가 귀중한 통찰력을 제공해주었다.[67] 여기서 나는 이러한 해석의

---

67   특히 다음을 보라. R. Alan Culpepper, *Anatomy of the Fourth Gospel: A Study in Literary*

일부 측면과 선별적 사례만을 제시할 것이다.

a) 가장 분명한 설명 가운데 하나는 복음서 내러티브에서 "마법사의 속삭임" 곧 화자의 목소리를 대변하는 다수의 설명적 "각주"또는 여담이다.[68] 물론 이론상의 구분도 필요하겠지만, 실천적인 목적에서 우리는 그 목소리를 내재 저자의 의도와 연결할 수 있고, 또 역사적으로는 이 복음서를 작성한 저자의 내러티브 기법과도 연결할 수 있다. 요한복음 저자의 지식과 문화적 배경과 관련하여 위에서 논의한 이러한 현상은 이제 그 기능이나 독자들(내재 독자와 아마도 실제 독자)과의 소통과 관련하여 해석될 수 있다.

내러티브 여담은 요한복음에서 눈에 띄게 많이 등장하며[69] 다른 시제(종종 미완료 시제)나[70] 다른 표지 사용을 통해 내러티브와 어느 정도 분리된다. 요한복음에서 이러한 여담은 이름과 용어를 번역해주며[71] 사건의 장소(참조. 요 1:28; 6:59)나 시간(참조. 1:39; 4:6), 등장인물의 배경에 관한 추가 정보(참조. 11:2; 11:51), 또는 이야기의 사건(4:9b)에 관한 정확한

Design (Philadelphia: Fortress, 1983; 『요한복음 해부』 [알맹e 역간]).

68   따라서 Culpepper, *Anatomy of the Fourth Gospel*, 18. 내레이터의 목소리 분석에서 요한복음의 여담에 관해서는 다음을 보라. idem, 17-49. 또한 Gilbert van Belle, *Les parenthèses dans l'évangile de Jean*, SNTA 11 (Leuven: Leuven University Press, 1985). Merrill C. Tenney, "The Footnotes in John's Gospel," *Biblia Sacra* 117 (1960): 350-64; John O'Rourke, "Asides in the Gospel of John," *NovT* 21 (1979): 210-19.

69   참조. Culpepper, *Anatomy of the Fourth Gospel*, 17-18.

70   괄호 안에 있는 미완료 시제의 용법에 관해서는 다음을 보라. Frey, *Die johanneische Eschatologie*, 2:35-36 and 2:91-92.

71   위 169-71쪽을 보라.

정보를 추가하고, 그중에 일부는 적어도 표면적인 수준을 넘어서는 서술된 이야기의 의미를 감지할 수 있는 특별한 힌트를 제공한다. 이러한 내러티브 여담 중에는 제자들이 당시에는 미처 이해하지 못했던 것과 부활 이후에 기억하게 된 것에 대한 중요한 힌트도 담겨 있다(2:22; 12:16; 참조. 2:17).

이러한 설명 가운데 일부(예. 유대 명절 또는 관습에 관한)는 실제로 유대 전통에 대해 익숙하지 않은 독자들이 이야기의 특별한 요소를 이해하는 데 도움을 줄 수 있다. 물론 이러한 설명은 이야기의 핵심을 이해하는 데 결코 필수적이지 않으며, 일부 여담이 덧붙여진 이유(1:39의 "열 시" 같은)를 찾는 것도 상당히 어렵다. 한편 다른 것들—예를 들면 4:6에 언급된 "여섯 시" 또는 9:7의 "보냄을 받은 자"라는 실로암에 대한 번역—은 상징적인 의미를 나타내는 것으로 보인다. 또 다른 여담들, 특히 여러 등장인물의 생각이나 의도(예. 12:6의 유다에 관한 것이나 4:53의 왕의 신하에 관한 것) 또는 심지어 예수의 마음(참조. 6:6; 11:5; 13:11 등)에 대한 통찰을 제공해주는 여담은 외적인 정보뿐만 아니라 예수 자신을 포함하여 등장인물의 생각이나 의도와 관련하여 화자의 역량을 강조한다. 그러나 가장 중요한 여담은 요한복음 텍스트 안에서 추가적인 상호 관계를 맺어주거나, 2:17의 성경 구절 삽입을 통한 "기억"에 대한 언급, "성전된 자기 육체"를 지칭하는 예수의 성전 말씀의 의미(2:21), 부활 이후의 성령(7:39)을 가리키는 예수의 "생수의 강" 말씀 언급(7:37-38), 예수의 죽음의 구원론적 효력에 관한 가야바의 말의 의미(11:51-52) 등 서술된 사건의 "더 깊은" 의미를 가리킨다. 이 모든 여담은 화자의 시간적(회고적)·이념적 관점을 공유한다. 하지만 "예수와 화자가 같은 어휘를 공유하고 베일에 싸인 용어나 이중적 의미를 같이 사용한다"는 점을 인식하는 것은 중요하다.[72] 이러한 여담을 통해 화자(또는 실제로 복음서 저자)는 δοξάζεσθαι(7:39) 같은 특정 용어를 도입하거나, 예수의 "때"(7:30; 8:20; 12:23) 같이 다른 용어의 의미를 명확히 한다. 궁극적으로 여담을 통해 들을 수 있는 화자의 목소리와 예수 자신의 목소리는 고별 담화에서 혼합되어 있다.[73] 따라서 복음서에 나타난 내러티브 여담의 가장 중요한 주제는 예수의 때와 그의 죽음과 "영화", 그리고 예수의 사역 전체의 의미와 효력과 연관되어 있다.

요한복음의 해석학적 의도와 가르침은 복음서의 내러티브 여담과 명시적 해설에서 가장 분명하게 드러난다. 하지만 이 의도는 많은 암묵적 해설, 등장인물의 특징 묘사와 그들 간의 상호 소통,[74] 또는 (가장 효과적으로는) 모든 등장인물(단 사랑하는 제자만을 제외하고)의 명백한 오해에서도 찾아볼 수 있다. 여기서는 "저자와 독자 간의 '침묵의' 소통"[75]이 가장 두

---

72   Culpepper, *Anatomy of the Fourth Gospel*, 39.

73   다음을 보라. Culpepper, *Anatomy of the Fourth Gospel*, 41-42.

74   요한복음의 성격 묘사에 관해서는 다음과 같은 최근 연구를 보라. *Characters and Characterization in the Gospel of John*, ed. Christopher W. Skinner, LNTS 461 (London: Bloomsbury, 2012); *Character Studies in the Fourth Gospel: Narrative Approaches to Seventy Figures in John*, ed. Steven A. Hunt, D. Francois Tolmie, and Ruben Zimmermann, WUNT 314 (Tübingen: Mohr Siebeck, 2013); Cornelis Bennema, *Encountering Jesus: Character Studies in the Gospel of John*, 2nd ed. (Minneapolis: Fortress, 2014).

75   따라서 Culpepper, *Anatomy of the Fourth Gospel*, 151.

드러지게 나타난다.

요한복음 텍스트의 탁월한 설계를 통해 독자들은 요한복음 3:4에서 니고데모가 모태에 들어가는 것에 관해 질문을 던지며 예수의 3:3 말씀을 노골적으로 오해하는 것을 놓칠 수 없다. 그의 오해는 단지 그가 ἄνωθεν을 "위로부터" 대신 "다시"로 잘못 해석함으로써 그 "이중적 의미"를 놓친 것만이 아니다. 여기서는 어떤 중요한 단어 또는 어떤 특정 단어군의 의미만 중요한 것이 아니다. 이 본문은 여기서 니고데모와 논쟁을 벌이려는 것도 아니다. 내러티브의 관점에서 이 본문은 독자들을 니고데모가 따라갈 수 없는 수준의 더 깊은 이해로 이끌기 위해 니고데모라는 인물을 사용한다. 따라서 여기서 관심사는, 니고데모라는 "역사적 인물"은 말할 것도 없고, 니고데모라는 인물의 견해나 운명에 있지 않다. 이 인물은 해당 대화에서 자신의 기능을 완수하면 쉽게 사라질 수 있기에 예수는 이제 복음서 독자에게 직접 말한다(3:11-21). 따라서 여기서 초점은 전적으로 독자들의 이해에 맞추어져 있고, 텍스트 전체는 오직 독자들의 이해만을 위해 설계되었다. 이 동일한 기법은 모든 제자의 오해, 곧 예수의 행동과 말씀을 그토록 노골적으로 오해하는 도마(14:5), 빌립(14:22), 또는 베드로(13:6, 9, 36)의 오해를 강조한다. 다시 한번 이러한 본문의 의도는 이 제자들 또는 이들과 연관된 어떤 특정 초기 그리스도인 그룹(다수의 교회 또는 "도마계" 그룹)을 실격시키거나 그들과 논쟁을 벌이려는 것이 아니다. 이러한 오해는 오직 부활 이후의 모든 제자가 아직 예수의 말씀과 행동의 진정한 의미를 깨닫지 못했고, 부활 이후의 공동체가 성령의 가르침을 통해 예수 이야기에 대한 더 깊은 이해가 가능해졌기 때문에 실제로 더 나은 상황에 있었음을 보여줄 뿐이다. 그런 이유에서 예수의 떠남은 필요했고(참조. 요 16:7), 이로써 성령이 오셔서 예수와 그의 죽음에 대한 새로운 이해를 가져다주었고, 부활 이후에 하나님과 예수를 믿는, 아니 오히려 그를 통해 하나님을 믿고 따르는 예수의 새로운 무리가 생겨날 수 있었다(요 14:1).[76]

2.5 이원론의 상징적 언어와 예수의 시간 지평과 공동체의 시간 지평의 융합

지상 예수의 과거와 독자들의 현재 사이에 존재하는 간극을 메우려는 노력은 요한 공동체에서 발전하고 복음서에서 사용된 은유적·상징적 언어를 통해서도 발견되는데, 여기서 다양한 은유와 용어는 더 거대한 은유적 관계망 또는 심지어 독자들이 거할 수 있는 상징적 공간과 서로 얽혀 있다. 이 언어는 신약성경에서 유일하며, 전승의 역사적 특수성을 초월하여 독자와 그 상황을 포괄하는 내러티브를 형성함으로써 예수의 이야기뿐만 아니라 그의 사역과 종말론적 구원(또 다른 한편으로는 심판)의 "열매" 전체가 독자들에게 소개된다.[77]

이 언어의 가장 주목할 만한 특징은 빛과 어두움, 삶과 죽음, 공동체

---

76 요한복음의 가르침의 목적을 표현한다는 요 13:36-38과 14:1에 대한 해석은 다음을 보라. Frey, *Die johanneische Eschatologie*, 3:127-28과 3:131-34.

77 요한복음 종말론의 이러한 측면에 관해서는 70-71쪽과 78-79쪽을 보라.

와 세상 등 다수의 "이원론적" 대립이다. 비록 어떤 특정한 종교사학적 배경에서 이 언어를 설명하려는 시도는 대체로 실패하고 말았지만,[78] 이 언어는 언어의 기능이나 독자들에게 주는 영향력과 관련하여 이해할 수 있다. 일부 학자들은 오해를 만들어내거나 "내부자들"에게만 이해를 허용하려는 의도에서 이원론적 언어를 설명하고자 노력했다.[79] 그러나 우리가 요한 공동체가 폐쇄적인 "분파적" 그룹이었음을 확인할 수 없다면 우리는 오히려 독자들의 더 나은 이해를 제공하려는 일반적인 의도에서 이 복음서의 언어를 이해해야 한다. 따라서 빛과 어두움이라는 요한복음의 언어 또한 복음서의 교훈적 목적을 수행하며[80] 독자들을 어두움에서 빛으로, 또는 예수와 그의 사역에 대한 더 깊은 이해로 이끌기 위해 사용된다.

---

78 이것은 요한복음의 언어 전체를 영지주의적 배경에서 설명하려는 Rudolf Bultmann의 시도에 해당하지만(Bultmann, "Johanneische Schriften und Gnosis," in *Exegetica: Aufsätze zur Erforschung des Neuen Testaments*, ed. Erich Dinkler [Tübingen: J. C. B. Mohr, 1967], 230–54), 쿰란 문헌에서 발견되는 이원론(또는 이원론들)에서 일관된 배경을 찾으려는 다양한 시도에도 해당한다(참조. Jörg Frey, "Licht aus den Höhlen? Der 'johanneische Dualismus' und die Texte von Qumran," in *Die Herrlichkeit des Gekreuzigten. Studien zu den Johanneischen Schriften 1*, ed. J. Schlegel, WUNT 307 [Tübingen: Mohr Siebeck, 2013], 147–238; idem, "Recent Perspectives on Johannine Dualism," in *Text, ought, and Practice in Qumran and Early Christianity*, ed. Ruth Clements and Daniel R. Schwartz, STDJ 84 [Leiden: Brill, 2008]). 요한복음의 "이원론" 문제에 관해서는 다음의 최근 연구를 보라. Frey, "Dualism and the World in the Gospel and Letters of John," in *Oxford Handbook of Johannine Studies*, ed. Martinus de Boer and Judith Lieu (Oxford: Oxford University Press, 2018), 274–91.

79 따라서 Herbert Leroy, *Rätsel und Missverständnis: Ein Beitrag zur Formgeschichte des Johannesevangeliums*, BBB 30 (Bonn: Peter Hanstein, 1968).

80 다음을 보라. Walter Rebell, *Gemeinde als Gegenwelt: Zur soziologischen und didaktischen Funktion des Johannesevangeliums*, BET 20 (Frankfurt: Peter Lang, 1987).

일본인 신약학자 타카시 오누키가 요한복음 이원론의 신학적·실용적 기능에 대한 자신의 연구에서 보여주었듯이[81] 이 이원론적인 언어는 "경계에 있는" 언어,[82] 즉 부활 이후의 공동체의 경험과 예수의 사명을 바탕으로 서술된 경험이 결합할 수 있는 수준의 추상적 언어를 창조하는 데 도움을 준다. 따라서 이 복음서는 "유대인들"이나 심지어 "세상" 또는 "빛"과 "어두움" 간의 대립을 보편적으로 언급함으로써 예수 또는 공동체의 특정 적대자들에 대한 견해를 초월한다.[83] 요한복음의 "이원론적" 언어는 독자들이 날마다 경험하는 문제와 고난으로부터 거리를 두고 이제는 후대 추종자들의 경험을 이해하는 패턴으로 읽힐 수 있는 예수의 "기억된" 이야기에 비추어 자신들의 상황을 재고할 수 있도록 돕는다. 증오와 고통을 경험하는 이 공동체(15:18)는 이제 자신들의 문제가 성육신한 말씀에게도 일어난 문제와 유사하다는 인식에 도달한다. 따라서 복음

---

81 Onuki, *Gemeinde und Welt im Johanneseangelium*, 26-28; 또한 Frey, *Glory of the Crucified One*.

82 독일어: *Grenzsprache*. 이 용어는 독일계 미국 신학자이자 철학자인 Paul Tillich(1886-1965) 의 신학의 핵심 용어와 아주 잘 어울린다. 왜냐하면 "경계선"이나 "경계 상황"이란 개념 은 Tillich의 저서 전체를 관통하며, 그의 통찰, 특히 그의 종교적인 통찰은 경계 상황에서 드러나기 때문이다.

83 흥미롭게도 이러한 더 보편적인 언어는 프롤로그와 고별 담화에서 더 지배적으로 나타나는 반면, 예수의 공적 사역에 관한 내러티브는 "유대인들"의 반대를 묘사하며, 수난 내러티브는 심지어 더 다양한 유대인 적대자 그룹을 언급한다. 여기서 이 내러티브는 지상의 예수와 (본디오 빌라도를 제외하면 모두 "유대인들"인) 동시대인들의 상황과 더 강하게 엮여 있지만, 고별 담화와 프롤로그는 더 보편적인 관점을 취할 수 있다. "유대인들"과 "세상"의 용법에 관해서는 다음을 보라. Lars Kierspel, *The Jews and the World in the Fourth Gospel: Parallelism, Function, and Context*, WUNT 2/220 (Tübingen: Mohr Siebeck, 2006).

서 독자들은 이제 예수의 이야기를 자신들의 삶과 믿음을 위한 기본적인 패턴으로, 그리고 자신들이 겪고 있는 불신앙과 배척의 경험을 극복하는 데 도움을 주는 것으로 여길 수 있게 된다. 또 다른 한편으로 그들의 경험은 이제 예수의 사역, 배척, 수난, 죽음, 부활의 패턴을 통해 설명된다.

따라서 "빛이 어둠에 비치되 어둠이 깨닫지 못하더라"(1:5)라는 말씀은 부활 이후의 현실을 계획적으로 언급하는 것이다. 즉 사악한 권세는 세상의 빛을 소멸시키는 데 성공하지 못하고, 그의 부활로 인해 빛은 어두움 또는 "세상"을 비춰고 어두움을 극복한다. 따라서 제자들도 예수의 "부재"(14:1, 27)나 세상의 증오로 인해 근심하지 말고, 환난 중에도 담대하고(16:33) 그들의 사명과 말씀 선포를 계속 이어나가야 한다. 흥미로운 점은 고별 담화(17:21-23)와 복음서 이야기 전체(20:19-23)가 제자들의 사명을 확인하는 것으로 마무리한다는 것이다.

오누키는 해석학적 철학자 한스-게오르크 가다머의 사상을 따라 예수 이야기를 세상 및 독자 공동체의 경험과 연결하는 요한복음의 기법을 해석학적 "지평의 융합"이라고 명명한다.[84] 따라서 그는 저자가 예수 이야기의 시간 및 상황과 요한복음 독자들의 시간 및 상황의 간극을 어떻게 메우는지를 묘사할 수 있다. 예수 이야기의 지평이 현재의 적용에 의해

---

84   다음을 보라. Onuki, *Gemeinde und Welt im Johannesevangelium*, 12-14; Frey, *Die johanneische Eschatologie*, 2:249-52에서 채택됨. 다음을 보라. Frey, *Glory of the Crucified One*, 90-92. Gadamer의 글에서 이 용어는 역사를 이해하는 데 기초가 되는 해석학적 과정을 묘사한다.

완전히 배제되지도 않고, 현 독자들의 지평이 과거의 서술에 대한 해석으로 인해 완전히 폐지되지도 않는다. 오히려 이 둘은 "경계의 상황", 즉 새로운 수준에서 다시 합해지는데, 거기서 과거에 대한 이해가 현재를 이해하고 재구성하는 데도 도움을 준다. 따라서 요한복음에서 진행되는 해석학적 과정은 현재에 직면한 도전을 이해하기 위해 서술된 과거 역사의 적실성을 확보해준다.

3. 성령은 무엇을 가르치는가?: 믿음의 눈을 위한 전승 재서술하기

위에서 보여준 개관에서 우리는 초기의 예수 운동에서 요한 공동체에 이르기까지 성령의 가르침의 여러 측면을 간략하게 살펴보고 요한복음 저자가 그 가르침과 통찰을 요한복음 텍스트에 통합시키기 위해 사용한 장치들을 살펴보았다. 이 복음서 텍스트에서 성령은 예수를 발전한 기독론의 관점에서 소개하고, 독자들을 특정한 통찰로 인도하며, 예수의 길과 사역을 바라보는 눈을 열어주고, 독자들이 직면한 현재의 상황을 예수의 사역의 시각에서 극복하도록 예수의 이야기를 그들이 당면한 문제 및 경험과 연결하는 등 다양한 방법을 동원하여 가르친다. 따라서 성령의 가르침은 과거의 이야기를 현재화하여 생동감 넘치는 이야기로 만들 뿐만 아니라 부활하고 승귀한 예수를 그의 추종자들의 공동체 안에서 현재화할 수 있도록 돕는다.

그렇다면 성령은 무엇을 가르쳤을까? 예수 이야기에 대한 요한복음의 재구성, 재서술, 재상상 작업 배후에 있는 신학적 관심사는 무엇인가? 이번 단원에서 우리는 다시 한번 성령-보혜사의 사역에 관한 명백한 정보로부터 시작하여 몇 가지 선별적 측면만을 언급하고자 한다.[85] 거기서부터 우리는 사복음서에서 예수의 승귀와 영화, 아니 진정한 왕의 즉위로 소개하는 예수와 그의 수난과 그의 죽음에 대한 기억의 중추적인 측면으로 이동할 수 있다. 마지막으로 우리는 이 복음서가 독자들의 견해를 바로잡거나 부활 이후의 믿음과 공동체적 삶의 패턴을 소개하는 몇몇 본문을 다룰 것이다. 먼저 우리는 이미 우리가 살펴보았듯이 복음서 저자의 특별한 관심사인 수난 사건을 기점으로 복음서의 다른 부분에 나타난 여러 측면을 덧붙이고자 한다.

3.1 성령의 가르침과 복음서의 가르침

본 단원의 목적에 따라 우리는 다시 한번 성령의 사역에 초점을 맞춘 고별 담화의 다섯 가지 보혜사 말씀을 출발점으로 삼고자 한다(비록 이 복음서의 모든 신학적 관심사를 여기서 다 다룰 수는 없겠지만 말이다). 그러나 독자 공동체가 직면한 문제와 도전을 가장 잘 엿볼 수 있는 본문이 바로 고별 담

---

85 요한복음의 기독론적 가르침에 대한 논의는 여기서 다시 반복할 필요가 없다. 위 34-95쪽을 보라.

화이므로, 우리는 성령이 여기서 처음으로 언급되지 않는다는 점과 독자들이 (요한복음에서 서술한 내용을 초월하는) 자신들만의 성령 경험을 갖고 있다는 점을 염두에 두고 성령의 가르침에 대한 암시를 찾아보고자 한다.[86]

　　a) 다섯 개의 보혜사 말씀 중 첫 번째 말씀(요 14:16-17)에서 성령은 예수가 떠난 후 제자들과 영원히 함께 거하기 위해 그를 대신하여 부활 이후에 보냄을 받게 될 아버지의 선물로 소개된다. 예수가 떠나고(13:33, 36; 14:5; 참조. 14:18) 다시 보이지 않을 상황으로 인해(14:19) 제자들이 탄식하는 이 문맥은 부활 이후의 상황을 반영한다. 여기서 "다른 보혜사"[87]에 대한 약속은, 예수의 물리적 부재에도 불구하고, 성령을 공동체 안에서, 그리고 이 세상 속에서 현존하는 예수의 임재를 나타내는 지상 예수의 "후임자"로 묘사한다. 보혜사는 자신의 사명을 성취하고 제자들의 유

86　특히 다음을 보라. Rudolf Schnackenburg, "Die johanneische Gemeinde"; and Dietzfelbinger, *Der Abschied des Kommenden*, 210-17.

87　"다른 보혜사"라는 용어는 예수가 제자들의 첫 번째 보혜사(옹호자)이라는 개념과 연관될 개연성이 높다. 이 개념의 두 버전을 고려할 수 있다. 첫째, 성령-보혜사는 "다른" 보혜사다. 왜냐하면 그는 지상의 예수를 대체하고 그가 떠난 후에 그의 제자들과 함께하기 때문이다. 그러나 문제는 예수가 그 이전에는 "보혜사"라고 불린 적이 없고, 그의 공적 사역 기간에는 그의 제자들의 변호인 또는 옹호자로 행동하지 않는다는 것이다. 오직 그의 수난 사건에서 그가 체포될 때(18:8), 그리고 더 일반적으로 그가 십자가에서 제자들 "대신" 그들의 자리를 취할 때 그의 제자들의 자유를 요구한다. 만약 우리가 요일 2:1에서 예수가 "보혜사"라고 불리는 요한1서의 증언을 고려하면 첫 번째 보혜사는 오히려 아버지의 영역에서 그의 제자들을 지원하는 승귀하신 그리스도인 반면(참조. 14:2-3), 성령-보혜사는 지상에서 그들을 대신하여 행동한다(참조. Rom 8:34). 그러나 이 두 해석은 상호 배타적이지 않다. 주목할 만한 ἄλλος παράκλητος라는 용어는 지상의 그리스도 및 승귀하신 그리스도와 성령의 관계를 나타낸다(참조. Hoegen-Rohls, *Der nachösterliche Johannes*, 156-57).

익을 위해 떠나야만 했던 예수와 달리 제자들과 함께 거할 것이다. 그러나 성령은 한정된 기간 동안만 함께했던 지상의 예수와 달리 고통을 당하는 제자들을 위로하며,[88] 그들과 함께 영원히 거하기 위해 보냄을 받을 것이다. 그러나 세상은 승귀한 예수의 보이지 않는 현존인 성령을 영접하지 못할 것이기에 성령의 선물은 실제로 "기름 부음을 받은" 제자 공동체[89]와 믿지 않는 세상 간의 경계를 나타낸다. 세상과 거리를 두거나 갈등을 일으키는 이러한 상황은 보혜사에 관한 세 번째와 네 번째 말씀에서 추가로 개진될 것이다. παράκλητος라는 용어는 첫 번째 본문에서 "진리의 영"이라는 또 다른 속성과 함께 처음 소개되는데, 거기서 예수의 현존을 대체하고 제자들을 도와주고 위로하는 성령의 보편적인 기능이 소개되고, 성령의 사역에 대한 더 구체적인 내용은 뒤에 나오는 말씀에서 언급될 때까지 미루어진다.

b) 두 번째 보혜사 말씀(14:26)은 성령의 로고스 관련 기능—즉 예수의 말씀(과 또 그의 행동)을 기념하는 그의 가르침—을 매우 분명하게 선포한다. 이 두 용어는 예수 이야기를 생동감 있고 현장감 있게 만드는(그리고 유지하는) 과정 전체를 포괄하며, 이로써 그의 죽음과 부활의 구원론

---

88   다수의 성경에서 "위로자"(comforter, 독일어: *Tröster*)로 잘못 번역된 παράκλητος의 번역은 고별 담화가 위로의 메시지를 담고 있고(참조. George L. Parsenios, *Departure and Consolation: The Johannine Farewell Discourses in Light of Greco-Roman Literature*, NovTSup 117 [Leiden: Brill, 2005]), 약속된 성령-보혜사가 이 담화의 위로 과정에서 주된 역할을 수행한다는 점에서 어느 정도 진실을 담고 있다.

89   다음 책의 제목을 참조하라. Gary M. Burge, *The Anointed Community: The Holy Spirit in the Johannine Tradition* (Grand Rapids: Eerdmans, 1987).

적 효력이 부활 이후의 믿음과 부활 이후의 공동체를 위한 근본적인 기능을 통해 드러난다. 요한 공동체는 성령을 통해 예수의 사역 전체가 가져다주는 혜택과 열매를 알게 되고, 성령을 통해 평화(14:27; 16:33)와 기쁨(15:11; 16:20-22, 24)이라는 종말론적 선물이 전해진다. 성령의 기억나게 하는 사역에 대한 언급과 함께 2:17, 22, 12:16의 기억에 관한 말씀이 다시 등장하고, 이로써 부활 이후에 제자들의 깨달음은 이제 성령의 사역과 연결된다. 따라서 성령을 통해 예수의 이야기를 기념하는 것은 예수의 제자 공동체가 예수의 이야기에 대한 더 깊은 깨달음에 도달하고 예수의 기독론적 존엄성과 그의 죽음의 구원론적 의미에 대한 보다 더 분명하고 참된 이해에 도달하게 된 전(全) 과정을 포괄한다. 이 말씀은 기념하고 가르치는 사역에 대한 언급과 함께 요한복음의 특징인 (단순히) 성령의 말씀 사역을 강조한다. 요한복음에서 성령은 절대로 기적이나 황홀한 연설과 연결되지 않고 오직 성경과 예수 이야기의 선포, 묵상, 또는 해석으로 특징지어지는 현상과 연결된다.

c) 세 번째 보혜사 말씀(15:26)은[90] 제자들도 예수의 증인이 되도록 독려하는 성령의 기능을 묘사할 때 사용되는 용어 παράκλητος와 연관된 법정적 측면을 다룬다.[91] 예수 자신이 지상 사역 기간에 진리에 대하여 증

---

[90] 이것은 성령-보혜사가 (14:16-17과 14:26에서처럼) 아버지가 아닌 승귀한 예수에 의해 보냄을 받는 첫 번째 말씀이다. 그러나 이 차이점은 지나치게 강조되어서는 안 된다. 문법적으로 정확한 해석에 따르면 이미 3:34에서 성령을 주시는 주체는 예수이며, 이것은 예수의 신적 존엄성에 대한 견해와 완벽하게 일치한다.

[91] καὶ ὑμεῖς δὲ μαρτυρεῖτε는 약한 수준의 연속적인 의미로 볼 수 있다. 성령이 증언하므로

언했듯이(참조. 18:37)[92] 성령-보혜사 또한 이제 예수가 떠나고 승귀한 이후에도 그를 증언할 것이다. 따라서 그는 제자들의 증언에 합류하여 그 증언을 강화함과 동시에 그들의 증언의 내용과 형식에 영감을 불어넣어주면서 그들이 증언할 수 있게 해준다. 따라서 제자들의 증언은 그들이 예수와 동행할 때 보고 들은 것과 관련이 있고, 그들의 기억은 그들이 성령의 가르침을 통해 얻은 예수에 대한 새로운 깨달음으로 인해 더욱더 풍성해진다. 따라서 성령의 인도를 받는 그들의 증언은 예수를 십자가에 못 박히고 영화롭게 된 분으로 선포하고, 그의 죽음과 부활을 부활 이후의 믿음의 기초로 선포한다.

성령과 증언의 연관성은 성령이 박해와 고난의 상황에서 제자들의 조력자로 묘사되는 초기 전승을 상기시킨다(막 13:11). Παράκλητος라는 용어에 내포되어 있듯이 학자들은 이것이 성령 사역의 법정적 측면의 가장 근본 뿌리라고 추측했다.[93] 그러나 박해의 상황에서 발생하는 심문과 재판의 경험을 가리키는 그 전승과 달리 요한복음은 세상 법정이나 회당 법정을 명시적으로 언급하지 않는다. 그러나 제자들을 향한 세상의 증오

성령의 감동을 받고 인도함을 받는 제자들도 증언할 것이다.

92 요한복음에 나타난 증언(μαρτυρία) 주제에 관해서는 특히 다음을 보라 Johannes Beutler, *Martyria: Traditionsgeschichtliche Untersuchungen zum Zeugnisthema bei Johannes*, FThS 10 (Frankfurt: Knecht, 1972).

93 또한 마 10:19-20 // 눅 12:11-12을 보라. 참조. Raymond E. Brown, *The Gospel according to John*, AB 29/29A (New York: Doubleday, 1970), 2:694; Burge, *Anointed Community*, 205; Rudolf Schnackenburg, *Das Johannesevangelium nach Johannes*, HTK 4/3 (Freiburg: Herder, 1975), 3:136.

에 관해 논의하는 문맥 안에 이 말씀을 배치한 점은 복음서 저자가 의도적으로 증언에 관한 이 말씀을 믿지 않는 동시대인들의 적대감을 마주해야 하는 요한 공동체의 경험과 연결하고 있음을 확인해준다. 따라서 이 복음서의 더 보편적인 언어는 시각을 넓혀주고 성령의 증언을 진리에 대한 우주적 재판과 연결한다. 여기서 제자들은 믿지 않는 세상으로 인해 어려움을 당하지만[94] 적대적인 환경 속에서도 예수를 증언하게 해주는 그들의 신적 옹호자인 성령-보혜사를 통해 진리를 확증받는다.

　　d) 성령-보혜사의 법정적 기능은 다시 한번 성령이 세상을 "책망하거나"(ἐλέγξει) 심지어 세상을 상대로, 또는 그 반대로 제자들을 위해 소송을 제기할 것이라고 말하는 요한복음 16:8-11의 네 번째 보혜사 말씀에서 상세하게 설명된다.[95] 여기서 성령의 "옹호자"로서의 역할은 매우 명확하게 정의되고, 앞의 보혜사 말씀과는 대조적으로 제자들의 직접적인 활동에 대한 언급은 전혀 없다. 따라서 "세상"의 항변이 어디에서 일어날지는 더욱더 불분명하다. 모든 제안된 가능성—세상 법정, 공동체 설교, 공개적인 선교적 말씀 선포[96]—은 확인될 수 없고, 이러한 모호함은 아마

94　세상 또는 회당 법정에 대한 언급은 없지만, 요한복음의 일반적인 언어에서는 불필요하며, 이 말씀이 세상이 미워하는 문맥에 배치된 점은 복음서 저자가 이 공동체가 믿지 않는 동시대인들에게 미움을 받고 박해를 받는 상황에서도 예수를 증언하는 것과 이 말씀을 의도적으로 연결하고 있음을 확인해준다. 참조. Craig S. Keener, *Gospel of John: A Commentary* (Peabody, Mass.: Hendrickson, 2003), 2:1023.

95　이 말씀에 관해서는 다음을 보라. Frey, *Die johanneische Eschatologie*, 3:183-90; Hoegen-Rohls, *Der nachösterliche Johannes*, 176-88.

96　다음 논의를 보라. Frey, *Die johanneische Eschatologie*, 3:183-84.

도 의도적이었을 개연성이 높다. 이 말씀의 초점은 성령의 계시 기능에 집중되는 반면, 재판은 구체적으로 언급되지 않는다. 재판은 공동체 안에서나 단순히 개인 신자의 양심 속에서 이루어질 수 있지만, 이것은 믿음의 진리에 대한 우주적 재판의 일부다.

성령은 예수에 대한 믿음은 옳고 불신앙은 잘못되었다는 결정적인 논증을 제공한다. 성령은 흔들리는 제자들의 믿음을 확증하고 안정시키며, 이로써 공동체가 진리 안에 거하도록 보존한다(참조. 16:13). 이것은 세 가지 측면—죄, 의, 심판(16:8)—과 관련하여 설명되고, 이 세 측면에 대한 설명은 당면한 문제에 대한 더욱 분명한 시각을 갖도록 돕는다.

첫째, 죄는 분명하게 예수에 대한 불신앙으로 설명되고(16:9),[97] 성령-보혜사의 사역은 예수에 대한 믿음은 참되고 생명을 주는 반면, 불신앙은 인간을 하나님과 분리시키고, 하나님의 진노 아래 두며(3:36), 종말론적 죽음의 상태에 처하게 한다고 주장하면서 소송을 제기하는 것이다.

두 번째 단계에서 의는 예수가 아버지께로 가고 제자들은 그를 더 이상 보지 못할 것이라는 사실로 설명된다(16:10). 여기서는 고별 담화의 주요 이슈가 다루어진다. 즉 예수의 떠남과 죽음, 그리고 후일에 그의 "부재"와 더불어 그가 어디로 갔는지에 대한 문제가 불분명해진다. 믿지 않

---

97   요한복음은 죄(복수)를 불법 행위나 특정 규칙의 위반으로 간주하는 "도덕적" 견해와 다르다. 비록 다수의 기독교 전통이 이러한 이해를 보존해왔지만, 요한복음(바울도 그 이전에)은 죄를 예수에 대한 불신앙으로 개념화하는 훨씬 더 신학적인 이해를 발전시켰다. 참조. 3:36.

는 자들은 그가 죽었고 그의 사역은 끝이 났으며 그가 부활하여 우주를 다스리는 통치자의 권좌에 올랐다는 신념은 어떤 종류의 세속적 증거로도 입증될 수 없다는 사실을 주장할 수 있다. 따라서 예수가 보이지 않고 "부재"하다는 사실은 또한 제자들과 공동체의 불안과 괴로움을 야기하는데, 예수가 아버지께로 돌아갔으며 그가 영광을 받고 의롭다함을 인정받았다는 진리를 공동체에 확인해주는 것은 바로 성령-보혜사의 사역이다. 따라서 16:10은 예수의 "칭의"(justification)[98] 또는 그의 사역에 대한 신적 확증에 관해 이야기한다. 믿지 않는 세상의 견해와는 대조적으로 그는 범법자로서 제거된 것이 아니라 우주를 통치할 참된 왕의 권좌에 오른 것이다. 그가 눈에 보이지 않는다는 점은 그가 죽었다는 것을 의미하지 않고, 오히려 그가 우주를 통치하기 위해 하나님의 영역으로 들어갔음을 의미한다. 예수의 승귀의 진리를 확증함으로써 성령-보혜사는 믿지 않는 세상의 반론에 대항하여 믿음의 진리를 옹호한다.

세 번째 설명은 앞줄에서 다룬 우주적 측면을 이어간다. "심판"은 이제 "이 세상의 임금이 이미 심판을 받았다"(16:11)라는 말씀으로 설명된다. 물론 이것은 심판에 대한 포괄적인 "정의"(definition)가 아니지만(심

---

98   요한복음에서는 δικαιοσύνη가 오직 16:8, 10에서만 사용되지만, 요일 2:1에서 "의로우신"(δίκαιος) 예수는 (첫 번째) 보혜사, 곧 아버지의 영역에 있는 제자들의 조력자다. 여기서는 예수, 그의 "의", 그의 우주적 통치가 모두 결합된다. 따라서 요 16:8, 10의 δικαιοσύνη는 바울의 용법이 아니라 딤전 3:16의 기독론적 찬양시에 비추어 이해할 수 있다. 예수는 "성령으로 의롭다하심"을 받는다. 즉 그의 의는 천상의 세계에서, 더 정확히 말하자면 그의 우주적 통치 주장을 실현하는 그의 천상의 즉위에서 드러난다.

지어 요한복음의 관점에서도), 예수의 즉위가 그의 우주적 통치에 미친 영향, 즉 "세상 임금"(곧 사탄)의 권력의 박탈(참조. 12:31)과 정죄를 강조한다.[99] 현 문맥의 초점은 반대 세력의 종말론적 심판에 있는데, 이는 영화롭게 된 예수의 종말론적 확증에 대한 논리적인 결과다. 주목할 만한 그리스어 완료형 동사 κέκριται는 예수의 "때", 하늘의 칭의, 즉위와 연결되어 있는 사건들의 현재적 결과를 강조한다. 논쟁은 이미 끝이 났고, 사탄과 믿지 않는 세상과의 싸움에서도 이미 승리했으며(참조. 16:33), 미래의 결정, 종 말론적 전쟁(예. 요한계시록에서처럼), 또는 심지어 최후의 심판에 대한 불 확실성도 이제는 전혀 남아 있지 않다.[100] 만약 결정적인 종말론적 사건이

---

99   이 아주 짧은 진술은 요 12:31에 언급된 이 세상 통치자의 "출교"(ἐκβληθήσεται ἔξω) 에 관한 본문과 더불어 큰 논쟁의 대상이다. 여기서 제기되는 질문은 사탄이 그리스도 승귀의 "때"(요 12:23, 32, 34, 그리고 12:31의 "지금"[νῦν])에 어느 영역에서 쫓겨날 것 인지, 그리고 이 공동체가 여전히 지금도 싸우거나 심지어 박해를 받고 있다는 사실에 도 불구하고 요한복음은 실제로 사탄이 지상의 영역에서 완전히 패배했다고 말하는지 에 관한 것이다. 따라서 가장 적절한 평행 본문은 계 12:10-12인데, 거기서 어떤 찬양 시는 그리스도의 즉위를 "참소하는 자"(즉 사탄)의 "출교"와 연결한다. 12:10에서 사용 된 κατήγωρ란 용어는 παράκλητος의 정반대의 말이다. 만약 계 12:10과 요일 2:1이 요 12:31과 16:11의 견해를 명확히 하는 데 사용될 수 있다면 천상의 조력자, παράκλητος, 곧 "의로우신" 예수 그리스도(요일 2:1)의 즉위와 함께 참소하는 자(즉 사탄; 참조 욥 1-2장)는 정죄를 받아 자신의 천상의 지위를 잃고 하나님의 영역에서 배제되었다고 말 할 수 있다. 참조. Jörg Frey, "Erwägungen zum Verhältnis der Johannesapokalypse zu den übrigen Schriften im Corpus Johanneum," in Martin Hengel, *Die johanneische Frage: Eine Lösungsversuch, mit einem Anhang der Apokalypse von Jörg Frey*, WUNT 67 (Tübingen: Mohr Siebeck, 1993), 386-87.

100   요한복음 종말론은 대체로 현재 지향적으로 구성되어 있다(물론 특별히 죽은 자들의 부 활과 관련하여 미래의 측면이 완전히 배제된 것은 아니지만 말이다). 신자들은 죽음에서 생명으로 옮겨졌거나(요 5:24) 또는 영생을 얻은 반면(요 3:18, 36), 믿지 않는 자들은 이 미 심판을 받았다(요 3:18, 36). 이것은 미래의 모든 사건이 인간과 예수 또는 그의 말씀

예수의 "때"에, 그의 죽음과 부활(영화와 즉위로 이해되는) 때에 이미 일어났다면 성령의 계시는 오직 이 사건들의 결과만을 드러낼 수 있다. 즉 성령의 계시는 오직 신자들이 (이미) 영생을 얻었고, 심판은 예수 안에서, 또는 개인과 관련하여 예수와 그의 말씀과의 만남에서 이미 결정났다는 사실을 드러낼 수 있다(3:18).

따라서 16:8-11은 부활 이후 성령의 계시 기능을 정확하게 요약해 주는데, 거기서 성령은 (i) 믿음의 진리와 불신앙의 거짓됨과 사악함, (ii) 하나님의 영역(예. 육신의 눈에 보이지 않거나 심지어 세상의 견해 및 생각과 모순되는 진리)에서 예수의 승귀와 즉위, (iii) 종말론적 결정의 타당성과 결정적 성격, 곧 예수의 승귀를 통해 얻은 "승리" 등을 공동체에 확증해주는 진리에 대한 심판에서 결정적인 역할을 수행할 존재로 소개된다.

e) 요한복음 16:13-15의 마지막 보혜사 말씀은 위에서 이미 요한 공동체의 말씀 선포와 발전한 예수 이미지의 승인과 적법성에 관한 공동체의 논의에 대해 힌트를 제공해준다는 가치와 관련하여 논의된 바 있다. 그러나 여기서 추가로 다루어질 일부 측면이 남아 있다. 성령은 이제 예수가 떠날 때 미처 드러나지 못한 계시를 추가로 제시하는 분으로 소개되

과의 만남에서 이미 확정된 결정을 드러낼 뿐임을 의미한다. 따라서 영생은 여전히 임박한 최후의 심판의 결정에 따라 미래에 주어질 선물이 아니라 신자들이 이미 얻은 현재의 선물로 간주된다. 참조. Jörg Frey, *Die johanneische Eschatolgie*, 3:464-81; Frey, "Eschatology in the Johannine Circle," in *Die Herrlichkeit des Gekreuzigten*, 1:664-98; Frey, "*Johannine Christology and Eschatology*," in *Beyond Bultmann: Reckoning a New Testament Theology*, ed. Bruce W. Longeneker and Mikeal C. Parsons (Waco: Baylor University Press, 2014), 101-32.

는데, 이는 제자들이 그 의미를 미처 파악하지 못했거나 그 어려움을 극복하지 못했기 때문이다(16:12). 하지만 후일에 추가로 드러날 것이었고, 성령에 의해 이제 계시되는 "많은 것들"은 실제로 예수 자신이 승인한 것으로서 예수와 교제를 나누는 "모든 진리"의 영역 안에 제자 공동체를 보존한다(16:13).

우리는 다소 반복적인 구조를 지닌 이 말씀 안에서 두 가지 측면에 더 주목할 필요가 있다. 첫째, 성령은 예수를 영화롭게 할 것이다. 이것은 이 복음서에서 말하는 예수의 영화 개념에 한 가지 중요한 측면을 추가한다. 비록 일부 본문은 지상의 예수가 이미 그의 영광을 소유함으로써 자신의 영광을 드러냈다고 말하지만(2:11), 대다수 본문은 예수의 영광을 그의 영화(즉 예수의 "때", 또는 그의 십자가와 부활 사건)와 연결한다. 그러나 요한복음 16:14은 십자가에 못 박힌 자의 영광은 오직 그가 부활한 이후에야 비로소 인식될 수 있으며, 부활 이후의 시대에 실제로 드러나고 선포되었다는 매우 중요한 측면을 추가한다. 따라서 이제 예수가 자신의 영광스러운 모습으로 드러나게 되는 것은 바로 이 성령의 계시 사역 때문이며, 그의 영광은 기본적으로 그의 영화 또는 승귀에 그 뿌리를 두고 있지만,[101] 그의 부활 이후 성령의 상기시키고 계시하시는 사역을 통해 널리 선포된다. 성령의 영화롭게 하는 사역에 대한 간략한 언급은 실제로 요한복음에서 소개하는 고 기독론의 전반적인 발전 과정, 즉 예수의 사역, 말

---

101   사 52:13 LXX의 수용에 관해서는 위 254-55쪽을 보라.

씀, 행동, 믿음을 부활 이후의 관점과 후대 공동체의 지평에서 재해석하는 전 과정을 모두 포괄한다.

이 말씀에서 고려해야 할 두 번째 측면은 성령이 "장래 일"(τὰ ἐρχόμενα)을 선포할 것이라는 개념이다. τὰ ἐρχόμενα가 다른 본문에서 종말론적 사건, 또는 보편적으로 "미래"를 가리킬 수 있다는 사실에도 불구하고[102] 과연 실제로 이 말씀이 예언 또는 종말론적 기대를 성령-보혜사에게 귀속하기를 원하는지는 불확실하다. 만약 "장래 일"이 예수의 떠남 이전의 관점에서 언급된 것이라면 이 어구는 독자들과 그 공동체들이 현재 직면하고 있는, 즉 성령의 예언자적 발언을 통해 미리 알려지지 않고[103] 오히려 예수 이야기에 대한 기억과 영화롭게 된 예수에 대한 진리에 비추어 설명되고 해석되는 사건들과 도전들을 가리킬 수도 있다.

결론적으로 우리는 다섯 개의 보혜사 말씀이 성령의 사역을 다음과 같이 다양한 방식으로 묘사하고 있음을 볼 수 있다. 즉 이 말씀들은 현재의 예수를 "대체하고", 예수에 관해 가르치고 기념하며, 그에 대해 증언함으로써 부활 이후의 관점에서 그를 영화롭게 하고, 기독론의 진리와 그의 떠남과 죽음에 대한 참된 이해를 공동체에 확증하며, 미래에 직면할

---

102   다음 논의를 보라. Frey, *Die johanneische Eschatologie*, 3:199-204. 거기서 나는 요 16:14이 예를 들어 예수의 재림 또는 그와 관련된 사건(참조. 16:16-19)을 가리키는 미래 지향적 종말론의 한 측면이라는 주장을 펼쳤다(어쩌면 너무 강력하게).

103   세상의 증오(15:18)나 회당의 적대감(16:2-3) 같이 고별 담화에 담긴 미래의 도전과 사건들에 대한 언급은 예수의 말씀으로 소개되고, 이 말씀들은 예수의 말씀으로서 예언으로도 읽힐 수 있다. 그러나 이 말씀들은 사실 복음서 저자가 예수의 말씀으로 만들어 부활 이후의 관점에서 그 의미를 설명한다. 아무튼 이 말씀들은 성령의 예언이 아니다.

도전을 극복하는 데 도움을 주고, 예수를 증언하거나 선포함으로써 그들이 예수의 사역을 지속해나갈 수 있게 한다.

따라서 성령은 요한 공동체의 말씀 선포와 예수를 소개하기 위해 요한복음이 사용한 내러티브 및 교훈적인 기법을 승인할 뿐만 아니라 또한 요한복음의 중추적인 신학적 목적, 즉 복음서에서 성령의 가르침으로 소개되는 내용과 연결되어 있다. 이어지는 단락에서 우리는 몇몇 선별된 본문을 통해 그 의도 가운데 몇 가지만을 다루고자 한다.

3.2 예수의 죽음에 대한 이해: 진리의 왕의 즉위식으로서 십자가 처형

요한복음에서 가장 중요한 신학적 주제는 기독론이다. 성령은 예수의 참된 신적 정체성과 존엄성을 드러냄으로써 그를 영화롭게 한다. 성육신한 지상의 인물에게 이미 나타난 이 영광은 (철저하게 고안된) 그의 사역에 관한 내러티브에서(요 2:11), 그리고 예수의 사역 전반에 걸쳐 드러난다. 이 목적을 위해 복음서 저자는 다양한 기독론적 칭호를 수용하고 복음서 내러티브 초반부터 예수를 메시아, 이스라엘의 왕, 하나님의 아들 또는 인자로 선포하면서도 이 모든 술어를 θεός 범주 안에 포함시킨다.[104] 그는 예수를 하나님의 말씀을 대언하는 자로(예. 그의 "나는 ~이다" 말씀에서), 그리고 심판을 거행하고 죽은 자를 다시 살릴 때(11장) 하나님의 사역을 행

---

104   위 54-71쪽을 보라.

하는 자로 소개한다. 예수는 지상 사역 전반에 걸쳐 하나님과 하나이며 (10:30), 신적 권위를 소유한 자로 소개되는데, 이 신적 권위는 오직 성령의 기억나게 하는 사역을 통해 부활 이후에 제자들에게 계시된다. 예수를 신적 존엄성을 소유한 존재로 소개하는 것이 바로 요한복음의 가장 큰 목적이다.

그러나 가장 도전적인 문제는 예수의 십자가 죽음이다. 그런데 이 문제는 예수의 신적 존엄성 주장과 가장 분명하게 모순을 일으킨다고도 볼 수 있다. 예수의 죽음이 한 범죄자의 수치스러운 죽음이었다는 사실에 비추어보면 그의 신적 존엄성 주장은 모두 쉽게 묵살될 수 있다. 더 나아가 부활 이후에 예수가 눈에 보이지 않고(14:18) 그들과 함께 있지 않은 (16:10) 상황을 경험하는 공동체로서는 믿음이 흔들릴 수밖에 없었는데, 예수의 고별 담화는 그러한 질문에 대한 증거를 제시한다. 따라서 저자는 구조적인 측면에서나 신학적인 측면에서 독자들이 이야기의 "절정"이라고 할 수 있는 예수의 죽음을 올바르게 이해할 수 있도록 유도하기 위해 부단히 노력한다.[105]

그 목적을 위해 저자는 그의 내러티브 안에 예수의 죽음과 관련된 주제를 공관복음보다 훨씬 더 많은 공간을 할애하고, 고별 담화는 예수의 떠남 또는 더 정확히 말하자면 부활 이후 공동체가 직면한 그의 부재

---

105   다음을 보라. Frey, *Glory of the Crucified One*, 172-74.

가 가져다준 도전을 논의할 유일한 형식을 제공해준다.[106] 이것은 복음서 저자의 일차적인 해석학적 목적이 예수의 십자가 죽음이라는 사실과 그 결과에 대한 참된 이해, 즉 요한 기독론의 통찰과 일치하고, 동시에 예수의 인간으로서의 삶이라는 육체적 현실과 그의 십자가 죽음이라는 비참한 현실이 "가현설"에 의해 축소되지 않는 참된 이해라는 점을 확인해준다.[107] 문제는 오히려 예수가 단순히 죽었고 그의 "떠남"이 그의 사역에 종지부를 찍었는지, 또는 그가 실제로 영화롭게 되어 아버지께로 돌아갔으며, 이로써 그의 목소리를 듣는 자들의 진정한 왕으로서(18:37) 그의 통치를 시작했는지에 관한 것이다. 이것이 예수의 지상 재판을 넘어 성령-보혜사와 "세상" 간에 우주적인 차원에서 벌어지는 믿음의 진리 재판에서 가장 중요한 이슈다. 거기서 보혜사는 불신앙의 논증을 반박하고 제자들의 믿음을 강화하는 역할을 담당한다(16:8-11).

따라서 우리는 요한복음의 수난 내러티브에서 두 관점―예수의 동시대인들의 눈 앞에서 벌어진 비참한 처형의 관점과 예수의 죽음에서 종말론적 구원 사건을 인식하고 그가 십자가에 "높이 들린" 사건에서 진정한 왕의 즉위식과 그의 왕적 통치의 도래를 인식하는 믿음의 관점―이

---

106 막 14:43에는 예수가 체포되기 전에 한 짧은 말씀만 기록되어 있다. 눅 22:24-38은 일련의 짧은 말씀과 권면을 삽입한다. 그러나 이 공관복음 본문과 달리 요한복음의 고별 담화는 여기서 논의되는 주제의 무게를 보여주는 혁신적인 내용을 담고 있다. 다음을 보라. Jörg Frey, "Die *theologia crucifixi* des Johannesevangeliums," in *Die Herrlichkeit des Gekreuzigten*, 485-554 (508-10).

107 요한복음에 나타난 예수의 참되고 의심의 여지가 없는 인성과 육신을 입은 그의 모습에 관해서는 다음을 보라. Frey, *Glory of the Crucified One*, 224-34.

서로 충돌하는 것을 관찰할 수 있다. 따라서 요한복음 전체는 그러한 믿음의 관점, 곧 믿음을 "인식하는 학교"로 들어가는 입문서로 묘사될 수 있다.[108]

요한복음은 마가복음보다 훨씬 더 긴 서론이 달린 수난 이야기로 분류될 수 있다.[109] 예수의 죽음과 부활이라는 마지막 사건은 이미 복음서 초반부터 언급된다. 따라서 마가복음과 달리 요한복음은 예수의 수난 사건(그의 부활 사건을 포함하여)에 대한 다수의 예기적 암시를 삽입하고 해석적 요소—예를 들어 "하나님의 어린양"(1:29, 36), "예수의 때"(2:4; 7:30; 8:20; 12:24), "성전된 자기 육체"(2:21), "인자의 들림"(3:14; 8:28, 12:32-34), 그의 "영화"(7:39; 11:4; 12:16, 23, 28)에 대한 언급—를 삽입한다.[110] 예수를 죽이거나(5:18; 7:1, 19-20, 25; 8:37, 40; 11:53; 12:10), 그에게 손을 대거나(7:30, 32, 44; 8:2; 10:39; 11:57), 그를 돌로 치려는(10:31-33; 11:8) 예수의 적대자들의 의도가 종종 나타나고, 유다가 그를 배반하거나 넘겨줄 자라는 언급도 등장한다(6:64, 70f.; 12:4; 13:2). 예수가 "양들을 위해"(10:11,

---

108 다음을 보라. Jörg Frey, "Die johanneische Passionsgeschichte als Sehschule des Glaubens," in *Theologische Beiträge* 50 (forthcoming 2019). 본 단원의 주요 개념은 이 소논문에서 발췌한 것임.

109 참조. Martin Kähler의 명언. 그는 마가복음을 "상세한 서론이 포함된 수난 이야기"라고 묘사했다. Kähler, *Der sogenannte historische Jesus und der geschichtliche, biblische Christus*, ed. E. Wolf (Munich: Kaiser, 1953), 59-60, n. 1.

110 다음을 보라. Frey, "Die *theologia crucifixi* des Johannesevangelium," 510-16. 참조. Thomas Knöppler, *Die theologia crucis des Johannesevangeliums: Das Verständnis des Todes Jesu im Rahmen der johanneischen Inkarnations-und Erhöhungschristologie*, WMANT 69 (Neukirchen-Vluyn: Neukirchener Verlag, 1994).

15, 17), "자기 친구들을 위해"(15:13), 심지어 "그 민족을 위해"(11:51f.), 그리고 "세상의 생명을 위해"(6:51) 자기 목숨을 버리는 것을 가리키는 ὑπέρ-말씀들은 그의 수난을 긍정적·구속사적·대속적 행위로 이해하도록 이끄는 예기적인 암시를 추가적으로 제공한다.[111] 이 복음서의 두 번째 부분은 예수가 "자기 사람들을…끝까지 사랑하시니라"(εἰς τέλος, 13:1)라는 진술로 시작하는데, 끝(τέλος)에 대한 언급은 이미 예수가 숨을 거두는 순간과 연결된다(요 19:30). 제자들의 발을 씻어주는 행동에 대한 서술은 이처럼 길고 장황한 말과 함께 시작되는데, 이는 그의 수난을 상징적으로 예고하는 것으로 해석되어야 한다.[112] 또한 이어지는 고별 담화는 예수의 "떠남"(13:33, 36; 14:5), 부활 이후에 눈에 보이지 않음 또는 거리감(14:19; 16:10; 16:16-19)에 관한 여러 가지 질문을 길게 다룬다. 그의 떠남은 예기적으로 아버지께로 돌아간 것으로 해석되고(13:3; 14:2f.; 14:28), 그의 죽음은 세상에 대한 승리(16:33), 그 "통치자"에 대한 심판(16:11), 그의 사명의 완수(17:4), 성령을 보내심의 전제 조건(16:7)으로 해석된다.

이 모든 해석에 대한 암시는 수난 이야기가 시작되기 전에 이미 삽입된다. 따라서 예수의 수난, 아니 그의 죽음에 대한 음모는 이미 복음서 초반에 꾸며진다(1:29 또는 심지어 1:14). 올바른 이해를 위한 또 다른 암시는 요한 기독론을 통해 주어진다. 즉 예수는 영원한 로고스로서(1:1-2) 하나

---

111   다음을 보라. Frey, *Glory of the Crucified One*, 186-93.
112   이 일화에 관해서는 위 216-20쪽을 보라.

님의 사랑 때문에 이 세상에 파송된다(3:16). 그는 단순한 인간이 아니라 아버지와 하나이며(10:30), 자기 목숨을 버리고 다시 얻을 수 있는 권한을 갖고 있다(10:17-18). 결과적으로 예수의 수난은 사람의 음모가 빚어낸 결과가 아니다. 예수는 사악한 사람들, 즉 가룟 유다, 유대 당국자, 로마 제국의 권력의 희생자가 아니다. 그의 죽음은 어떤 사법 스캔들의 결과가 아니라 자신의 유일한 아들을 내어줌으로써 인류의 구원을 위해 궁극적으로 자신을 내어주신 하나님의 자비로운 뜻에 그 뿌리를 두고 있다. 따라서 예수는 심지어 자신의 주권까지 모든 것을 인식하고 있는 상태에서 자원하여 자신의 수난을 받아들인다.[113]

여기서부터 요한은 예수의 고난에 덜 집중하고 사건들의 열매, 또는 수난을 극복하는 그의 승리에 더 초점을 맞춘다. 따라서 예수의 마지막 말씀은 마가복음 15:34처럼 하나님으로부터 버림을 받은 것에 대한 부르짖음이 아니라 승리의 선언이다. "다 이루었다"(19:30). 이런 맥락에서 요한복음 저자는 예수가 조금이라도 죽음에서 벗어나려고 했다는 생각을 공개적으로 거부한다(18:11).

따라서 저자는 이 사건들의 참된 의미를 깨닫도록 독자의 눈을 열어주는 많은 요소를 삽입한다(복음서 초반에 이미 제시한 여러 가지 범주와 설명은

---

113 요한복음의 수난 이야기 해석에 대한 이러한 범주에 관해서는 다음을 보라. Manfred Lang, *Johannes und die Synoptiker. Eine redaktionsgeschichtliche Analyse von Joh 18-20 vor dem markinischen und lukanischen Hintergrund*, FRLANT 182 (Göttingen: Vandenhoeck & Ruprecht, 1999).

이를 뒷받침해준다). 여기서 나는 마가복음과 비교하여 오직 선별된 소수의 내러티브 장치와 수정된 내용만을 제시할 것이다. 요한복음 내러티브는 자신에게 무슨 일이 일어날지를 완전히 인식하고 있는 상태에서 자신의 수난을 능동적으로 받아들이는 인물로 예수를 묘사한다(참조. 13:1, 3). 예수는 진정한 왕으로서 십자가에 못 박힌 자로 소개되며, 독자들은 십자가 처형 뒤에 베일에 싸여 있는 왕의 즉위식을 엿볼 수 있다. 모든 수난 일화에서 요한복음은 이 사건들이 예수의 제자들에게 미칠 의미와 구원론적 결과에 초점이 맞추어져 있다.

우리는 이미 18장의 수난 이야기 도입부에서 이 내러티브가 예수의 주권을 보여주기 위해 설계된 것임을 발견한다. 그는 자신을 대적들에게 넘겨주기 위해(18:6-8) 능동적으로 기드론 골짜기를 건너 동산으로 들어간다(18:1). 그는 그들이 누구를 찾는지 묻고, "나는 ~이다"라는 말로 자신의 정체를 밝히는데, 그가 유일하게 요구한 것은 오직 제자들의 자유였다.[114] 그 유명한 가룟 유다의 입맞춤은 생략되고, 사실상 유다의 배반자로서의 전통적인 역할은 사라진다.[115] 이는 예수가 이 모든 과정의 절대적인 주인이기 때문이다. 이미 언급했듯이[116] 저자는 예수를 잡으러 온 군대

---

114   이 장면은 흥미로운 장소의 변화를 암시한다. 예수는 체포되고, 그의 제자들은 자유를 얻는다. 신학적으로 더 깊은 차원에서 이것은 단순히 예수의 수난과 죽음 사건에서 일어난 일을 나타낸다.

115   흥미롭게도 그는 예수를 넘겨줄 자로 언급된다(6:64, 70f.; 12:4; 13:2). 그러나 요한복음에서는 이 기능이 상당히 제한적이다. 유다는 예수에 의해 자기 일을 하도록 "보냄"을 받으며(13:27), 예수는 그의 수난을 온전히 통제하는 자로 묘사된다.

116   위 216쪽을 보라.

의 규모를 확대한다. 마가복음에서는 대제사장들과 서기관들의 종들—아마도 성전 경비병들—이 예수를 체포한 반면, 저자는 마가복음에서는 오직 예수를 조롱하는 장면에서만 언급되는 군대(막 15:16)를 추가로 언급한다. 한 보병대는 보통 군인 600-1000명으로 구성되어 있는데, 우리는 유대인과 이방인으로 구성된 군인 수백 명이 "등과 횃불과 무기를 가지고"(요 18:3) 오는 모습을 상상해야 한다. 이 장면이 보여주려는 기이한 대조는 오해의 여지가 전혀 없다. 유대인과 이방인으로 구성된 대규모의 무장 군대가 무장을 하지 않은 한 사람과 그의 몇 안되는 친구 앞에 서 있다. 하지만 그가 단순히 "내가 그니라"라고 말하자 그들은 뒤로 물러나서 땅에 쓰러진다. 따라서 그의 체포 장면은 그의 왕권과 그의 말에 담긴 신적 권위를 보여주는 장면으로 바뀐다. 예수가 자신의 신적 정체성을 드러낼 때 그의 원수들은 땅에 쓰러지거나 그의 앞에 엎드릴 수밖에 없다. 마지막으로 검을 든 제자(저자는 그가 베드로라고 밝히지 않음)는 책망을 받고, 예수는—마가복음의 겟세마네 이야기와 극적인 대조를 이루면서—아버지께서 주신 잔을 자신이 자원해서 마실 것이라고 말한다(18:11). 여기서는 그 순간을 회피하려는 노력이나 그를 보호하려는 시도가 전혀 없다. 예수는 스스로 죽음을 받아들인다.

이것은 두 번째 장면, 곧 안나스 앞에서 진행된 심문에서도 확인된다. 저자는 산헤드린 공의회와 가야바 앞에서 진행된 재판 장면을 이미 사용했기 때문에 오히려 다른 심문 장면을 여기에 삽입한다. 하지만 이 장면은 예수의 고백 장면과 베드로의 배신 장면을 의식적으로 서로 연결한 복음서 저자에 의해 허구적으로 확대된 것일 수도 있다.[117] 왜냐하면 이 특별한 전승을 입증한 증거가 없기 때문이다. 베드로가 예수를 부인하는 동안 예수는 그의 메시지와 사명을 확증한다. 그의 가르침에 관해 질문을 받았을 때 예수는 전혀 새로운 것을 말하지 않고 단순히 전에 그가 가르쳤던 교훈을 언급한다. 그는 피의자로서 말하지 않고 자신감 넘치는 모습으로 대답하며, 뺨을 맞을 때도 그는 마치 죄수가 아닌 자유인이나 심지어 왕처럼 자신을 변호한다.

그러나 가장 중요한 본문은 빌라도의 면전에서 이루어진 긴 심문이다.[118] 마가복음은 예수가 자신이 "유대인의 왕"인지에 대한 질문에 단지 "그렇다"를 의미할 수도 있지만, 또 "당신은 그렇게 말하죠(하지만 상황은 달라요)"라든지 또는 심지어 "**당신**(아니면 다른 사람)이 그렇게 말하는 거죠?"를 의미할 수도 있는 σὺ λέγεις(막 15:2)로 모호하게 대답하는 짧은 만남만을 서술한다. 하지만 요한복음은 이 일화를 잘 짜여진 일곱 장면으로 구성하고, 공관 밖에 있는 고발자들과 공관 안에 있는 예수, 그리고 두 편 사이에서 갈팡질팡하면서 시종일관 유대인들에게 조종당하는 불안정한 인물로 묘사되는 빌라도를 등장시킨다. 공관 밖에 있는 고발자들은 자신들이 요구한 사형이 선고되기를 바라는 반면, 공관 안에서 이루어지는

---

117 위 78쪽과 173-74쪽을 보라.
118 이에 관해서는 Jörg Frey, "Jesus und Pilatus: Der wahre König und der Repräsentant des Kaisers im Johannesevangelium," in *Christ and the Emperor*, ed. Gilbert van Belle and Joseph Verheyden, BTS 20 (Leuven: Peeters, 2014), 355-91의 철저한 해석을 보라.

예수에 대한 심문은 왕권, 진리, 예수의 실제 기원을 논하는 묵직한 신학적 대화로 꾸며진다. 이 일화의 가장 중심에는 공관 안에서 진행되는 네 번째 장면이 있다(요 19:1-5). 하지만 이 장면에는 대화는 없고, 오직 군인들이 예수를 먼저 채찍질하고, 역설적으로 자색 옷을 입히고, 가시나무로 왕관을 만들어 씌우고, 그의 얼굴을 손바닥으로 때리며 그를 유대인의 왕으로 대접하는 무언의 장면만이 펼쳐진다. 요한복음 저자는 이 일화를 본래 위치(심문 이후, 십자가 처형 이전)에서 이곳으로 재배치하고[119] 이를 군인들의 잔인하고 굴욕적인 행동 뒤에 감추어진 예수의 진정한 정체성을 나타내는 매우 중요한 표현으로 삼는다. 왕복을 입히고 왕관을 씌우고 경배하는 풍자적인 모습 속에서 예수의 참된 존엄성은 빛을 발한다. 예수는 극치의 굴욕을 당하는 순간에 왕으로 추대되고—비록 이 세상의 왕은 아니지만(참조. 18:36-37)—독자들은 심하게 매맞고 조롱당한 자의 모습에서, 그리고 나중에는 그의 십자가에서 예수의 진정한 영광을 보게 된다.

예수와 빌라도의 극적인 만남은 극도로 모호한데, 이러한 모호함은

---

[119] 마가복음에서 이 장면은 사형 선고 이후, 십자가 처형 직전에 배치된다(막 15:17-20). 여기서는 범죄자가 이미 사형 선고를 받고 군인들에게 십자가에 처형된 사람을 처리하라는 명령이 떨어졌을 때 죄수를 학대할 수 있는 기회가 주어진다. 재판이 진행되는 과정에서 이 장면은 전혀 쓸모가 없다. 주해자들은 요 19:5에서 예수를 "사람"(*ecce homo*)으로 소개하는 어구와 관련하여 이 행위에 대해 다양한 해석을 내놓았다(참조. Lang, *Johannes und die Synoptiker*, 192-95). 학대받는 예수의 이미지가 학대하는 자들에게 연민을 불러일으켰을 것이라는 견해는 설득력이 없다. 오히려 이 표현은 법정적 재판의 수준에서 예수가 결백하다는 점을 보여준다. 그는 왕권을 주장하는 자가 아니라 그저 사람이며, 따라서 그는 결백하다. 물론 이 어구는 신학적인 차원에서 더 깊은 의미를 지닌다.

독자들이 이 만남을 두 차원에서 이해하도록 만든다. 표면적으로는 과연 예수가 왕권을 헛되이 주장하는 위험한 정치적 인물인지에 대한 질문이 제기되지만, 그 뒤에는 신학적으로 더 심각한 질문이 자리 잡고 있다. 따라서 예수는 "내가 왕이니라"라고 말하며 왕권 주장에 대한 혐의를 확인해주지만, "내 나라는 이 세상에 속한 것이 아니니라"(18:36-37)라는 중요한 단서를 덧붙인다. 비록 그 나라가 빌라도에게 위협을 가하거나 해를 입힐 만큼 실제적인 존재는 아니지만, 독자들은 "하나님 나라"가 예수 위에 세워질 것을 깨닫게 될 것이다. 한편 빌라도는 세 번씩이나 예수가 결백하다는 것을 확인하고, 독자들은 그가 정치적으로 무해할 뿐 아니라 신학적으로도 무죄하므로 세상의 죄를 짊어지고 갈 수 있는 자임을 또한 깨닫게 될 것이다. 예수는 진리에 속한 자들이 자신의 목소리를 들을 것이라고 주장하지만, 빌라도는 세속적인 권력의 지지를 받지 못하는 진리를 의심스러운 눈초리로 거부한다(18:38).[120] 그러나 이어지는 장면에서는 둘의 역할이 뒤바뀐다. 빌라도는 이 죄수가 신의 아들, 곧 영험한 존재일 수도 있다는 점을 깨닫고, 두려워하며 그의 진정한 정체성과 기원에 대해 물어보지만 대답을 얻지 못한다. 그리고 빌라도가 자신이 유죄나 사면을 선포할 권한이 있음을 강조함에도 불구하고 예수는 그 권한이 "위로부터" 자신에게 주어졌기 때문에 그 권한은 오직 자신에게 있으며, 자신을

---

120   빌라도는 단순히 "정치적인 인물"(*homo politicus*)로서 실권이 없는 왕을 귀히 여기지 않는다.

고발하는 자의 죄가 빌라도의 죄보다 더 크다고 말한다. 독자들은 피고인인 예수가 더 깊은 차원에서 재판관이며 재판관인 빌라도는 이 재판에서 자유로운 결정을 내릴 권한이 없음을 깨닫게 될 것이다. 또한 마지막 장면에서 과연 빌라도가 재판석에 앉았는지 아니면 오히려 유대인들에게 예수를 그들의 "왕"으로 소개하면서 그를 단상이나 좌석, 또는 왕좌에 앉혔는지도 언어학적으로 아주 모호하다.[121]

재판 장면에서 밀도 있게 다루어진 예수의 왕권에 대한 관심은 십자가 처형 장면에서도 확인된다. 예수는 다른 사람의 도움 없이 스스로 십자가를 지고 가 십자가에 "달렸으며", "유대인의 왕"이라고 쓴 명패는 고발자들이 크게 반발했음에도 빌라도에 의해 공식적으로 확인된다 (19:21-22). 심문 과정에서 가야바가 예수의 자기희생적 제물의 효력을 (유대 대제사장의 권한을 크게 넘어서는 방식으로) 확인해준 것처럼, 이제 빌라도도 (복음서 내러티브에서 그를 예수의 참된 왕권을 증언하는 자로 삼은 것처럼) 역사적 로마 지도자의 권한을 크게 넘어서는 수준에서 신학적 진리를 확인해준다.

---

121 ἐκάθισεν ἐπὶ βήματος라는 어구에서 ἐκάθισεν이란 동사는 빌라도가 판결을 내리기 위해 재판석에 앉는 것을 의미하는 자동사로 이해할 수도 있지만, 빌라도가 예수를 소개하기 위해 그를 높은 장소(ἐπὶ βήματος)에 앉힌 것을 의미하는 타동사로도 읽힐 수 있다. 사실 빌라도는 판결을 내리지 않는다. 오히려 예수는 "보라, 이 사람이 너희의 왕이다!"라는 말과 함께 비난하는 자들에게 소개된다. 아마도 이러한 모호함은 의도적일 개연성이 높다. Jean Zumstein, *Das Johannesevangelium*, trans. K. Vollmer-Mateus, KEK (Göttingen: Vandenhoeck & Ruprecht, 2016), 711. 또한 Ignace de la Potterie, "Jésus roi et juge d'après Jn 19,13 ἐκάθισεν ἐπὶ βήματος," *Bib* 41 (1960): 217-47.

예수는 죽기 직전까지 자신의 수난에 능동적으로 참여한다. 그는 자기 어머니를 돌보고(19:25-27), 성경을 성취하며(19:28-29), 최후의 유언으로 τετέλεσται(19:30, "다 이루었다")라고 말하고, 머리를 숙이며[122] 적극적으로 자신의 영혼을 내어준다(παρέδωκεν τὸ πνεῦμα).[123] 이처럼 극도로 모호한 어법을 통해 독자들은 부활의 날에 제자들에게 전달될 성령의 은사(20:22)가 예수의 죽음에서 비롯되었다는 사실을 분명히 깨닫게 될 것이다. 이 복음서가 예수의 옆구리 상처에서 흘러나온 "피와 물"을 가리켜 십자가 밑에서 목격한 증거로 제시할 때 이것은 에스겔 47장에서 묘사하는 성전에서 흘러나오는 생수와 연결되는 예수의 죽음의 구원사적 결과를 확인해준다. 궁극적으로 이것은 십자가에 못 박힌 자, 아니 더 정확히 말하자면 그의 몸(참조. 요 2:21)이 결국 이 땅에 하나님의 구원이 임하는 **장소**이자 새 생명이 탄생하는 **근원**으로 묘사된다는 점을 확인해준다.

요한복음의 수난 기사는 예수 이야기에 대한 부활 이후의 영적 해석의 독특한 특징으로 구성된다. 이야기 초반의 범주들은 여기서 다시 나타나며 다시 짜여진 수난 이야기에서 계속 이어진다.

a) 예수의 죽음은 하나님이 정하신 "때"에 일어나며 하나님의 뜻이

---

122 심지어 κλίνας τὴν κεφαλὴν은 왕이나 심지어 제우스에게 하듯 어떤 긍정의 의미를 전달하기 위해 고개를 끄덕이는 것으로도 해석될 수 있다. 참조. Bastian Lemitz, "Der Tod Jesu und das Nicken des Zeus: Zur Wendung κλίνας τὴν κεφαλὴν (Joh 19,30)," in *Erzählung und Briefe im johanneischen Kreis*, ed. Uta Poplutz and Jörg Frey, WUNT 2/420 (Tübingen: Mohr Siebeck, 2016), 241-56.

123 대다수 역본은 παρέδωκεν τὸ πνεῦμα의 능동적인 의미를 전달하지 않고, 단지 죽음을 비유적으로 말하는 불충분한 의미로 번역한다.

나 성경이 성취되었음을 알려준다. 그럼에도 그의 죽음은 그의 친구들을 향한 사랑의 결단이자 세상을 향한 하나님의 사랑의 증거로 묘사된다.

b) 예수의 죽음은 승귀로 묘사되는데, 이는 십자가 위에 "높이 달린" 자의 모습에 이미 포함되어 있다. 그러나 이러한 육체적 "높임"은 또한 그의 아버지께로 "높이 들림"(승귀)을 암시한다.

c) 예수의 죽음은 그의 "영화"(glorification)로도 소개되는데, 이는 부활 사건을 전제하며, 하나님의 종에 대한 증언이 나오는 성경 본문(사 52:13 LXX)의 두 용어가 여기서 서로 결합한다. "나의 종이…높임을 받고 크게 영화롭게 될 것이다"(ὁ παῖς μου ... ὑψωθήσεται καὶ δοξασθήσεται σφόδρα).[124]

d) 예수의 죽음은 또한 "민족을 위해"(요 11:51) 또는 "친구를 위해"(15:13), 그리고 "양들을 위해"(10:11) 목숨을 버리는 대속적 죽음으로 묘사된다. 누군가를 대체하는 장면은 수난 내러티브 안에서 여러 차례 등장한다. 예수는 체포되지만, 제자들은 자유의 몸이 된다(18:8-9). 무고한 자는 유죄 판결을 받고, "강도" 바라바는 풀려난다(18:38-40). 예수는 십자가에서 죽고, 그가 사랑하는 제자가 이제 어머니의 아들로서 그의 자리를 대신한다(19:25-27).

e) 특별히 의미 있는 것은 예수가 하나님이 자신을 버리셨다고 탄식하는 고난 받는 자로 묘사되지 않고(막 15:34에서처럼), 자신의 운명을 알

---

124   위 255쪽을 보라.

고 마지막 숨을 거둘 때까지 능동적으로 행동하는 주권자로 그려진다는 점이다. 그는 유다에게 해야 할 일을 하라고 지시하고, 스스로 군인들에게 자신을 내어주며, 안나스와 빌라도에게 당당하게 대답하고, 자신의 십자가를 스스로 지고 가며, 심지어 숨을 거두는 순간에도 모든 일을 스스로 통제한다.

f) 그러나 무엇보다 중요한 것은 빌라도와의 만남에서, 그의 십자가 처형 과정에서, 그리고 그의 왕적 장례식에서 드러난 그의 왕권이다. 심지어 우리는 심문 과정과 십자가 처형 내러티브 안에서 일종의 궁중 예식을 발견하는데, 이 예식은 부분적으로 역설적인 반전을 일으키는 형식으로 소개되면서도 독자들이 예수의 나라의 깊은 진리를 발견할 수 있을 만큼 분명하게 소개된다.[125] 비록 믿지 않는 자들이 예수가 스스로 (메시아적) 왕임을 자처한다며 그를 고발하지만, 복음서 저자는 그를 십자가에서 그의 목소리를 듣는 자들 위에, (완전히 다른 방식으로) 군림하는 진정한 왕으로 묘사한다. 이 사실은 다수의 내러티브 요소를 통해 암시된다. 예수는 스스로 "내가 왕이니라"(요 18:36)라고 선언한다. 그는 (아니러니하게) 왕으로 추대된다. 사람들은 그에게 왕의 옷을 입힌다. 그는 (아이러니하게) "유대인의 왕이여, 평안할지어다(χαῖρε)"(19:3-4)라는 말로 존경을 받는다. 그는 빌라도에 의해 "보라! 너희 왕이로다!"(19:14)라는 말과 함께 소개되고, 이에 백성들은 "없이 하소서! 그를 십자가에 못 박게 하소서!"라는

---

125   참조. Frey, "Jesus und Pilatus," 386-88; 또한 Frey, *Die johanneische Eschatologie*, 3:273-76.

(부정적인) 환호를 외친다. 마지막으로 그는 십자가 위에 있는 "왕좌에 앉고" 만민에게 세계 3개 국어로써 왕으로 선포된다(19:21-22). 이 마지막 행위는 빌라도가 예수의 나라의 진리를 "공식적으로" 확증하는 기능을 수행하는데, 그의 나라는 그의 재판과 십자가의 "승귀"에서 역설적으로 묘사되고, 심지어 시각적으로 연출된다.

　　이미 위에서 언급했듯이 이 수난 내러티브는 역사적 전승과 관련하여 상당한 자유가 주어진다. 복음서 저자는 전통적인 수난 기사에서 특정 요소를 내러티브 초반부로 이동하고, 예수의 마지막 말씀을 수정할 뿐 아니라 예수의 체포 장면을 재구성하고, 안나스와의 새로운 심문 장면을 만들고, 빌라도와의 만남을 확대하고(이제 신학적 대화는 적어도 허구로 여겨질 수밖에 없는 장면으로 꾸며짐), 사랑하는 제자를 십자가 밑에 있던 증인으로 내세우고, 성경을 집중적으로 두 번 인용하면서 끝맺는다. 그러나 초기 전승에 대한 이 모든 창의적인 수정 작업은 예수의 죽음과 그 죽음의 진정한 의미를 예수의 승귀와 영화, 그리고 종말론적 구원 행위로 이해하는 참된 해석을 제시하려는 목적에서 비롯된 것이다.

3.3 부활 이후에 예수를 따르는 길: 하나님이신 예수를 믿는 믿음

우리는 여기서 요한복음의 가르침 가운데 또 다른 측면 하나를 추가할 수 있다. 그것은 예수의 때라는 "중간 경계 상황", 곧 예수의 지상 사역 기간과 그 이후의 시대(즉 그의 죽음과 승귀로 시작된 성령 임재의 시대) 사이의 공백과 연관되어 있다.

요한복음의 고별 담화는 제자들을 위로하는 차원에서 예수의 "떠남"을 설명한다. 하지만 이 담화의 실제 대상이 부활 이후의 독자들이므로 이 고별 담화는 자신들이 처한 상황을 그들이 극복할 수 있도록 돕는다. 이 담화가 중요하게 사용하는 전략 가운데 하나는 부활 이후의 제자들이 지상 예수의 제자들보다 더 나은 상황에 있다는 사실을 납득시키는 것이다. 즉 그들은 고아와 같이 버려진 것이 아니라(요 14:18) 성령, 곧 "또 다른 보혜사"의 인도와 가르침을 받는 것이다(14:16-17, 26). 그들은 영적인 눈으로 예수를 "볼" 수 있으며(14:19), 평화(14:27), 기쁨(16:24), 확실한 깨달음(16:25-26)이라는 종말론적 은사가 그들에게 주어진다.[126] 더 나아가 16:7은 하나님의 섭리뿐만이 아니라(참조. 3:14) 공동체의 유익이라는 관점에서도 예수의 떠남이 필수적이었음을 천명한다. 부활 이후 공동체는 고통과 슬픔의 상황 속에서도 예수가 그들과 함께 있었더라면 믿음을 지키기가 훨씬 더 쉬웠을 것이라는 유혹을 떨쳐버려야 한다. 요한복음에서 지상 예수의 제자들이 범하는 많은 오해는 오히려 베드로와 다른 제자들이 예수의 사역과 말씀의 의미를 미처 깨닫지 못했다는 점을 불가피하게 보여준다. 그들은 성령의 "기억나게 하는" 사역이 부활 이후 공동체에게 새롭게 깨닫게 해준 것을 그 당시에는 미처 깨닫지 못했다(참조.

---

126   요 16:23-33에서 공동체를 위로하는 전략에 관해서는 다음을 보라. Frey, *Die johanneische Eschatologie*, 3:218-22.

2:22; 12:16). 따라서 부활 이후 공동체는 실제로 지상의 예수와 동고동락했던 베드로와 다른 제자들보다 현재 더 나은 상황에 있는 것이다. 따라서 요한복음 독자들은 이러한 시대의 변화를 받아들이고, 주눅 들기보다는 예수의 사역과 성령을 통해 주어지는 혜택을 오히려 소중히 여겨야 한다. 이 사실은 궁극적으로 막달라 마리아에게 예수의 시체를 찾거나(참조. 20:15)[127] 그의 몸을 붙잡지 말고(20:17)[128] 오히려 부활 사건을 통해 도래한 새로운 상황을 받아들일 것을 권유하는 부활 내러티브를 통해서도 드러난다.

하지만 제자들의 믿음의 대상과 제자도의 본질에 대한 근본적인 변화도 나타난다. 이것은 고별 담화 도입부에 나오는 베드로의 명백한 오해에서도 분명하게 나타난다(13:36-38). 예수가 자신이 떠남으로써 그의 제자들에게 미칠 영향(13:33)과 그들이 **지금은** 자신을 따라갈 수 없음을 베드로에게 말했을 때(13:36) 베드로는 죽기까지 예수를 따르겠다는 뜻을 밝히며 아주 단호하게 반응한다. 미묘한 질책이 담긴 예수의 대답은 독자들에게 조용히 더 깊은 차원을 암시한다. 즉 베드로는 예수를 어디든 따

---

127 요 20:15에서 마리아는 예수의 시체를 찾으며 여전히 슬픔에 잠겨 있다. 그러나 예수가 이름을 부르며 그녀에게 말할 때 그녀는 어떤 변화를 경험하며 부활하신 주님을 알아보고 다른 제자들에게 부활의 증인이 된다(20:18). 요 20장에 나타난 부활 신앙의 내용에 관해서는 다음을 보라. Frey, "Ich habe den Herrn gesehen."

128 요 20:17의 μή μου ἅπτου는 아마도 그의 몸을 만지는 것을 금하는 것이 아니며(그 유명한 라틴어 번역 *noli me tangere*가 암시하듯이), 부활하신 주님의 육체성을 추론하는 데 사용할 수도 없다. 이 어구는 오히려 예수를 제지하지 말라는 권면으로 이해되어야 한다. 가능성 있는 평행 본문은 마 28:9인데, 거기서 여인들은 예수의 발을 붙잡는다.

르겠다고 주장할 뿐만 아니라 예수를 위해 "목숨까지도 내놓겠다"는 심정을 과감하게 표현한다. 그의 말은 ὑπέρ-문구를 사용하는데, 이는 이미 요한복음에서 "양들을 위한"(10:11) 또는 "세상의 생명을 위한"(6:51) 예수의 죽음과 관련하여 사용된다. 베드로가 "주를 위하여 내 목숨을 버리겠나이다"(τὴν ψυχήν μου ὑπὲρ σοῦ θήσω, 13:37)라고 말할 때 예수의 대답은 이와 상당히 유사하다. 그의 대답은 이제 질문의 형태로 미묘하게 바뀌어 방점이 대명사에 찍힌다. "**네가** 나를 위하여 **네** 목숨을 버리겠느냐?"(τὴν ψυχήν σου ὑπὲρ ἐμοῦ θήσεις; 13:38) 이 질문은 곧바로 베드로가 예수를 부인할 것이라는 선언으로 이어지는데, 이는 베드로가 예수를 위해 자기 목숨을 버리겠다는 것이 불가능함[129]을 분명하게 드러낸다. 여기에 암시된 메시지는 더 깊은 구원론적인 의미에서 다른 사람들을 위해 "자기 목숨을 버린다는 것"은 오직 예수가 주어가 되고, 제자들, 친구들, 양들이 목적어가 될 때만 가능하다는 것이다.[130] 이 문장의 구조는 결코 뒤바뀔 수 없다.

이 짧은 대화에 담긴 구원론에 관한 가르침 외에도 독자들은 여기서, 지상 예수의 제자들이 깨달았던 것처럼, 제자로서 예수를 따르는 길은 그의 죽음과 함께 완전히 끝장났다는 필연적인 깨달음을 얻게 된다. 이 땅에서 육신의 몸을 입은 예수를 따른다는 것은 이제 불가능해졌기에 제자들은 이 사실을 받아들여야만 한다. 저자는 제자들의 대표 격인 베드로라

---

129   18:10-11의 검을 든 베드로의 행동과 예수의 책망도 참조하라.
130   다음을 보라. Frey, *Die johanneische Eschatologie*, 3:127-28; Frey, *Glory of the Crucified One*, 184-85.

는 인물을 선택하여 부활 이전 제자들의 이해 부족뿐만 아니라 부활 이전 제자도의 교착상태를 보여준다. 14:1 다음에 곧바로 이어지는 담화가 부활 이후의 새로운 제자도에 관한 내용이라는 점은 결코 우연이 아니다. "너희는 마음에 근심하지 말라. 하나님을 믿으니 또 나를 믿으라!" 이제는 "따르다"(ἀκολουθεῖν)라는 동사가 "믿다"(πιστεύειν)라는 동사로 대체되는데, 이는 예수를 새롭게 "따르는" 길이 "그를 믿는 것" 또는 여기서 표현하듯이 "하나님과 예수를" 이중적(또는 심지어 "이위적")으로 믿는 것임을 암시한다. 요한복음은 독자들이 예수를 단지 "하나님의 아들" "메시아"로 믿는 것을 원치 않는다(20:31). 요한복음은 하나님에 대한 참된 믿음은 예수가 계시한 하나님을 믿는 믿음(1:18), 곧 보이지 않는 하나님의 "형상"인 예수를 믿는 믿음이며, 이로써 높임을 받고 영화롭게 된 예수, 곧 그의 아들과 하나이신 하나님을 믿는 믿음이라는 새로운 깨달음을 소개한다. 저자는 기독론을 가르칠 뿐만 아니라 나아가 신학[131]과 "믿음론"(pistology), 곧 "영과 진리"로 하나님을 예배하는 새로운 길(4:24)을 가르친다.

---

[131] 요한복음의 기독론이 하나님에 대한 이해에 미치는 결과에 관해서는 다음을 보라. Frey, *Glory of the Crucified One*, 313-44.

3.4 "와서 보라!": 부활 이후 공동체의 삶으로 들어가는 제자들의 소명

그렇다면 어떻게 부활 이후 시대를 사는 사람들이 믿음에 이를 수 있을까? 요한복음은 여러 본문에서 예수의 지상 사역 상황에서 볼 수 있었던 차이점만큼이나 부활 이후 시대의 상황을 특별히 고려하는 듯하다. 그 가운데 한 본문은 초기 복음 전승과 큰 차이점을 드러내며 완전히 재서술되거나 심지어 철저하게 재상상된다. 첫 제자들을 부르는 일화가 바로 그것이다(요 1:35-51).

마가복음에서 예수는 세례자 요한이 투옥된 이후에 자신의 사역을 시작하고, 초반부터 갈릴리 바다를 거닐며 두 쌍의 형제를 보고 그들을 제자로 부르는, 카리스마 넘치는 모습으로 묘사된다. 이 두 쌍의 형제는 부름에 응답하며 즉시 예수를 따른다(막 1:16-20). 얼마 후 마가는 또한 열두 제자 그룹의 "형성"과 그들의 이름을 언급한다(3:14-19). 요한복음에서 첫 제자들을 부르는 이야기는 장소, 이름, 진행 과정 등이 완전히 다르다. 갈릴리 바다는 전혀 언급되지 않는다. 그 대신 제자들을 부르는 내용은 요한이 세례를 베풀던 장소, 곧 요단강 건너편에 있는 베다니에서 시작된다. 더 중요한 차이점은 제자들의 이름과 관련이 있다. 요한복음 저자는 비록 열두 제자 그룹에 관해 알고 있지만, 열두 제자의 이름을 열거하지 않는다.[132] 비록 그는 열두 제자 이름 가운데 대다수를 생략하지만,

---

132   요한복음에서 가장 긴 제자 명단은 7명의 제자의 이름이 언급된 21:2이다.

다른 이름이 붙여진 제자와 익명의 제자를 추가하고[133] 심지어 가장 중요한 위치에 있는 제자의 이름을 바꾼다. 마가복음 1:16의 첫 번째 두 제자인 베드로와 안드레 대신 요한복음의 첫 번째 제자들은 안드레와 또 다른 익명의 제자다(요 1:40). 베드로는 나중에 두 번째 단계에서 등장한다. 이러한 변화는 베드로를 사랑하는 제자의 그늘에 두려는 저자의 전략의 일환으로 해석될 수 있으며, 자연스럽게 과연 이 익명의 제자가 13장에서 처음 언급되는 사랑하는 제자와 동일시되어야 하는지, 그리고 과연 이 내러티브의 공백을 독자들이 메우는 것이 적절한지에 관한 질문을 제기한다.[134] 그리고 이제 예수의 부름을 직접 받은 네 번째 제자는 빌립이 되고, 요한복음에서 안드레와 빌립에게 주어진 중요한 역할은 12:20-22에서 재차 확인된다.[135] 이 장면에서 마지막으로 언급된 제자 나다나엘(공관복음에는 등장하지 않고, 이스라엘의 전형적인 신자로 그려지는 제자)을 소개하면서 저자는 또 다른 시각, 곧 예수를 따르는 유대인의 시각을 고려한다. 요한복음 내러티브 도입부에서 나다나엘은 유대교 배경을 가진 독자와 신자가 나아갈 길을 계획적으로 보여준다.

　　달라진 이름보다 훨씬 더 중요한 것은 부름을 받는 방식의 변화다.

133　참조. Martin Hengel, *The Johannine Question* (London: SCM Press, 1989), 17-19.

134　우리의 목적을 위해서는 다른 측면이 더 중요하므로 이 문제들은 여기서 논의될 필요가 없다.

135　어쩌면 그들이 유일하게 그리스어 이름을 가진 두 제자라는 점은 단순히 우연이 아니며, 우리는 그들의 유명세가 빌립(히에라폴리스)과 안드레(본도)에 관한 전승이 있는 소아시아에서 그리스어를 사용하거나 심지어 이방인 독자들과 관련이 있는지 추론해볼 수 있다. 참조. Hengel, *Johannine Question*, 17 with n. 103, and 19 with nn. 114-15.

빌립을 제외한 다른 모든 제자는 예수에 의해 즉각적으로 부름을 받지 않는다. 그들은 오히려 다른 증인을 통해 예수에게 소개되고, 그들의 증언 때문에 예수를 만나게 된다. 그들은 오직 그러한 경험 이후에 또는 예수의 말을 듣고 나서 비로소 예수를 믿게 되고 제자의 길을 가게 된다. 따라서 세례자 요한은 첫 두 제자에게 예수를 소개한다(1:36). 이어서 안드레는 베드로를 만나고, 빌립은 나다나엘을 만난다. 첫 두 제자는 예수의 말씀을 듣고 하루나 하룻밤을 그와 함께 지낸다(1:39). 베드로와 나다나엘은 예수에게 새로운 이름("게바", 1:42) 또는 새로운 속성("참된 이스라엘 사람", 1:47)을 부여받고, 이를 통해 예수와 진정한 만남을 경험한다. 또한 한 제자가 다른 제자를 인도하는 일이 벌어진다. 누군가의 소개로 예수를 만난 사람은 또 다른 사람에게 그를 소개하고 예수께로 인도하는 이러한 패턴이 계속 반복된다.[136]

이러한 패턴은 요한복음 4장에서 사마리아인들이 예수를 믿은 것이 사마리아 여인의 증언 때문이 아니라 예수의 말씀을 들었기 때문이라고 말할 때도 다시 반복된다(4:41-42). 그들은 예수의 말씀을 들음으로써 예수와 올바른 만남을 갖게 된다. 20장에서도 부활하신 분에 관한 메시지가 마리아를 통해 제자들에게 선포되지만(20:18), 그들은 오직 각자 예수와의 만남을 경험할 때 비로소 그를 믿는다(20절). 이는 마지막 일화에서

136　이 패턴에 관해서는 다음을 보라. Annegret Meyer, *Kommt und seht: Mystagogie im Johannesevangelium ausgehend von Joh 1,35-51*, FB 103 (Würzburg: Echter, 2005).

예수와 도마의 만남에서도 마찬가지다(25-27절).

이 패턴은 독특한 표현과도 연결되어 있다. 요한복음 1:37에서 요한의 증언을 듣고 예수를 따르는 제자들은 "오라. 그러면 (네가) 볼 것이다"(1:39)라는 말로 초대를 받는다. 이 말은 빌립이 나다나엘을 초대할 때도 반복된다(46절). 또한 사마리아인들도 "와서" "보고" "알게" 되고 (4:41-42), 요한복음 12장의 헬라인들도 "가까이 와서" 예수를 "보고" 싶어 한다(12:21). 비록 헬라인들이 실제로 예수를 만나고 나서 부활 이전의 믿음을 갖게 되었는지는 서술되어 있지 않지만, 예수의 이어지는 담화에서 그는 자신이 높이 들림을 받은 후에는(32절) 모든 사람, 곧 헬라인들도 자기에게로 "이끌" 것이며, 이로써 그들도 부활 이후에는 영적인 눈을 통해 자기를 보게 될 것임을 선포한다. 부활 이후의 시대를 살면서 예수를 육체적으로 만나 보지 못한 이들에 대한 특별한 관심은 20:24-28의 도마 일화에서도 중요해 보인다. 도마는 예수가 부활 이후에 제자들을 만났을 때 그 현장에 없었던 제자로 그려진다. 이것은 그가 믿지 못한 것을 강조하는 것이 아니라 오직 그가 늦게 믿었다는 사실을 지적할 뿐이다. 그러나 예수는 이 더디 믿은 제자에게도 특별한 관심을 보임으로써 결국 도마 역시 부활하신 주님을 알아보고 예수에 대한 자신의 믿음을 "나의 주님, 나의 하나님"으로 표현할 수 있게 된다(28절).[137] 예수의 맺는 말, 곧 "보지 않고도 믿는 자들"(29절)을 향한 축복은 얼마 전에 의심의 말을 했

---

137   도마의 일화에 관해서는 다음을 보라. Frey, "Ich habe den Herrn gesehen," 280-81.

기 때문에 도마를 책망하는 것이 아니라 오히려 더 긍정적으로 예수를 육체적으로 만날 기회가 없었음에도 성령을 통해 부활 이후에 믿음을 갖게 될 모든 사람에게 주는 약속으로 해석된다.

우리는 요한복음의 여러 본문에서 예수에 대한 믿음은 오직 부활 이후 시대에야 비로소 (다른 신자의 증언이나 이 책에 기록된 증언을 통해; 참조. 20:30) 전파될 수 있다는 점을 말하려는 듯한 모습을 발견한다. 하지만 단 한 가지 중요한 차이점이 있다. 그것은 예수와 그의 말씀과의 개인적인 만남(도마를 "마지막"으로 예수의 동시대인들에게는 당장 가능했던)이 이제는 오직 성령의 중재를 통해서만 가능하다는 것이다. 예수는 오직 영적인 눈으로만 "볼" 수 있으며, 예수를 현재화하고 독자들의 상상력에 따라 그를 생동감 있게 묘사하고 있는 이 책이 바로 성령의 가르침을 전달하는 매개체다.

요한복음 저자가 제자들의 이름과 숫자뿐 아니라 믿음에 이르는 과정에서도 상당한 변화를 주면서까지 요한복음의 소명 이야기를 재서술한 것은 그가 부활 이후 공동체에 속한 독자들에게 어떤 패턴을 제공하려는 의도로 설명될 수 있다. 요한복음은 공관복음 전승을 근본적으로 수정하며, 그가 위에서 언급한 패턴을 제공하기 위해 다른 자료를 활용했다는 증거는 없다(더욱이 이 패턴이 이 복음서에서 여러 차례 반복된다면 말이다). 그러나 저자의 이러한 재서술에 의하면 부활 이후 공동체 안에서 믿음을 갖는 것은 이미 첫 제자들의 이야기에서 예시되고 설계된 것이다. 따라서 요한복음은 부활 이후 공동체의 상황을 염두에 두고 예수의 사역을 재서술하는 전형적인 이야기를 다시 한번 제공하는데, 이는 독자들이 자신들이 처한 상황을 지상 예수의 기본적인 이야기와 연결할 수 있도록 돕기 위한 것이다.

4. 성령의 예수 이야기 창의적 변형

요한복음은 예수의 이야기와 그 다양한 일화들을 설계하는 데 있어 신학적으로 다양한 측면을 고려했는데, 그러한 면을 보여주는 좋은 사례가 몇 가지 더 있다. 우리는 사마리아 여인의 일화를 통해—그 배후에 있는 전승이 어떤 모습이었을지와는 상관없이—요한복음 저자가 복음의 메시지가 팔레스타인 및 유대 배경에서 어떤 지역이나 장소에 매이지 않고 이방인들 사이에서와 이 "세상"에서(요 4:42) 보편적으로 받아들여지는 방향으로 이동한 점에 초점을 맞추고 있음을 볼 수 있다. 성전 사건에 관한 요한복음 기사(2:13-22)를 통해서는 성전 주제의 또 다른 측면들이 추가로 발전될 수 있는데, 이는 기독론과 관련된 측면에서뿐만 아니라 교회론과 종말론에 미칠 결과에서도 마찬가지다(참조. 14:2-3).[138] 그러나 이것은 요

---

[138] 이 측면들에 관해서는 다음을 보라. Jörg Frey, "Temple and Identity in Early Christianity and in the Johannine Community: Reflections on the 'Parting of the Ways,'" in *Was 70 CE a Watershed in Jewish History? On Jews and Judaism before and after the Destruction of the Second Temple*, ed. Daniel R. Schwartz and Zeev Weiss, AJEC 78 (Leiden: Brill, 2012), 485-88; 참조 G. McCaffrey, *The House with Many Rooms: The Temple Theme of Jn 14:2-3*

한복음의 발전된 신학을 소개하는 방향으로 전개될 수 있는데, 이것은 본서의 목적을 크게 넘어서는 것이다.

하지만 위의 사례들은 저자의 "영적" 복음서가 단순히 기독론과 현재 지향적인 형태의 종말론과 같이 이와 밀접하게 연관된 가르침에 국한되거나 저자의 교훈적 의도가 단순히 예수나 그의 기적 또는 그의 존엄성에 대한 "부족한" 견해를 바로잡는 데 국한되어 있지 않다는 점을 입증해 주었다. "기억나게" 하는 성령의 사역—공동체의 현재를 예수의 사역과 죽음에 관한 과거 이야기와 연결하고 예수 이야기를 공동체의 현재를 위해 재서술함으로써 예수를 다시 소개하는 사역—은 기독론에 초점을 맞추되 기독론에 국한되지 않는 다양한 종류의 관심사를 포함한다. 그리고 독자들의 현재를 겨냥한 이러한 신학적 관심사는 요한복음이 왜 예수의 이야기를 생명을 부여하는 그의 현존을 선포하는 내용으로 재구성하고 창의적인 변화를 꾀하는지 그 궁극적인 이유를 잘 드러내 보여준다.

(Rome: Pontificio Instituto Biblico, 1988).

결론

THEOLOGY AND HISTORY IN THE FOURTH GOSPEL

지금까지 나는 2018년 1월에 예일 신학대학교에서 강연한 세 편의 셰이퍼 강의를 토대로 50년 전 요한복음 학계에서, 특히 북미에서 J. 루이스 마틴과 레이먼드 E. 브라운이 요한 공동체의 역사에 근거하여 요한복음의 신학을 설명하는 상황을 간략하게 개관하는 것으로 이 책을 시작했다. 따라서 이 복음서에서는 신학보다 역사에 우선권이 주어졌고, 요한복음은 이야기의 서술 단계와 화자와 독자들의 단계로 구성된 이중 드라마라는 개념이 이 복음서를 효과적으로 해석하는 패턴으로 자리매김하게 되었다.

그 이후 수십 년에 걸쳐 요한 공동체 역사의 재구성에 대한 낙관론은 점점 더 많은 반대에 직면하게 되었다. 더 나아가 학자들은 고무적인 이중 드라마 패턴에 대한 수정과 해명을 요구했다. 그렇다면 과연 요한복음 내러티브에서, 그리고 그 역사적 "진실"과 관련하여 이 두 단계는 서로 어떻게 연결되어 있으며, 그 가운데 어느 단계가 지배적인 단계인가? 만약 저자가 예수의 지상 사역 이야기를 서술하면서도 동시에 실제로 부활 이후의 독특한 관점에서 서술했다면 과연 이 복음서가 실제로 어느 정도까지 역사를 서술했는지에 대한 의문이 남는다. 이 복음서는 과연 어느 정도까지 "허구적"인가? 즉 이 복음서는 과연 "실제로 일어난" 역사가 부활 이후의 관점, 곧 초기의 전승과 다르고 지상 예수의 역사와 비교하면 훨씬 더 큰 차이점을 나타내는 믿음의 관점에 의해 어느 정도까지 빛이 바랜 이야기인가?

내 논증의 요점은 **역사보다는 신학이 요한복음에서 우선권을 갖는다**는 것이다. 즉 이는 예수를 인간이자 신적 존재로 보는 고 기독론에 기초한 독특하고 발전된 신학을 가리킨다. 비록 초기의 광범위한 메시아적·기독론적 전승을 수용하긴 하지만, 이 모든 것은 저자가 전통적인 예수의 이야기를 상당 부분 재서술하고 재구성하게 만든 고 기독론에 내포되어 있다. 이러한 통찰을 드러내기 위해 저자는 오직 요한 공동체에만 국한되어 있었을 뿐만 아니라 부활 이후에 훨씬 더 이른 시기부터 시작된 기독론의 더 긴 발전 과정을 수용하고 활용한다. 복음서 저자는 요한 공동체와 그 너머에 있는 그의 독자들이 (예를 들어 마가복음에 기록된) 전통적인 예수의 이야기와 자신의 복음서에서 제시하는 관점 사이의 차이점을 알고 있었음을 전제한다. 그리고 때때로 그는 독자들에게 심지어 그러한 차이점에 대한 힌트까지 제공한다. 이러한 힌트는 어떤 차이점을 서로 조화시키려는 노력이나 서로 완벽하게 일치한다고 말하는 거짓 주장에 의해 감추어지지 않고 독자들이 주목하고 본 작품의 통찰을 따라갈 수 있도록 열려 있다. 저자는 자신의 가르침의 유산에 관한 질문을 받을 때 특정한 기독론적 통찰과 전승의 변화는 성령의 인도하에 부활 이후의 관점에서 예수 이야기를 "기억하는" 과정에서 비롯되었다고 주장한다. 따라서 그는 심지어 초기 전승과 다르거나 다른 내러티브와 모순되는 곳에서도 자신의 이야기는 성령의 인증을 받은 것이라고 주장한다. 따라서 성령은 예수의 부활 이후의 "영화", 그의 죽음에 대한 참되고 깊은 이해, 그리고 성경에 대한 새로운 통찰에 대한 궁극적인 저자로 간주된다.

가장 명백한 신학적 차이점은 수많은 예기적 암시를 통해 잘 준비되고 마가복음 및 다른 공관복음과 대조를 이루도록 의도적으로 설계된 수난 내러티브에서도 찾아볼 수 있다. 요한복음에 의하면 예수는 하나님으로부터 버림 받지 않고 성경을 성취하며 의기양양한 모습으로 생을 마감한다. 그의 죽음은 치욕적인 죽음이 아니라 그에게 하나님의 영광이 나타나는 영광스러운 죽음이다. 그의 죽음은 굴욕의 본보기가 아니라 "높이 들린" 뱀의 이미지를 통해 가시적으로 미리 보여준 예수의 진정한 승귀다(요 3:14).

이 점은 특히 수난 내러티브에서 능숙하게 전달된다. 위에서 이미 보여주었듯이 예수의 재판과 수난에 대한 요한복음의 극적인 묘사는 2단계로 전개된다. 표면적으로는 예수의 굴욕적인 처형의 역사적 실체와 그의 죽음의 잔인한 실체가 확인되며 이는 결코 의심의 여지가 없다. 하지만 이 표면적인 단계 뒤에는 오직 부활 사건의 빛에서만 인식 가능한 실체를 가리키는 두 번째 단계가 있다. 이 단계에서 이 내러티브는 부활의 관점에서 볼 때 예수가 십자가 상에서의 "승귀"를 통해 실제로 하나님의 의와 영광을 부여받고 그의 말씀을 듣는 모든 이들 위에서 눈에 띄지 않는 모습으로 통치하는 진정한 왕으로 즉위하여 아버지께로 높임을 받았다는 믿음의 진리를 전달한다. 이 관점에서 보면 예수의 죽음과 "떠남"은 그의 사역의 종말이 아니라 새로운 출발점이었다. 그것은 믿음 안에서 계속되는 삶의 근간이자 제자 공동체 안에서 역사하시는, 지금도 경험할 수 있는 성령 강림의 전제 조건이다.

요한복음 독자들은 예수의 재판과 십자가 처형에 관한 서술에서 이 믿음의 진리를 인식해야 하며, 사전에 주어진 해석을 위한 암시와 내러티브 설계는 더 깊은 의미를 파악하는 데 도움을 준다. 따라서 예수 이야기의 재서술과 특히 그의 수난, 죽음, 부활은 예수의 보이지 않음과 부재로 인해 불안해 하며 주변 세상의 불신앙으로 인해 고통 받는 부활 이후의 공동체의 정체성과 믿음을 강화한다.

그러나 이 내러티브는 어떤 특정 상황만을 다루지 않고 부활 이후의 모든 제자 공동체에 보편적으로 적용된다. 독자들은 이 "세상에서" 자신들이 처한 고난의 삶 속에서도 성육신하신 말씀이 받아들인 운명을 기억하고 재고하여 그것을 자신들이 처한 상황에 적용하도록 초대받는다(참조. 15:18). 성령의 인도하심 아래 그들은 이제 이 세상에 오셔서 이 세상을 비추는 그 빛의 삶의 양식을 다시 생각해볼 수 있다. 왜냐하면 어두움은 그 빛을 이길 수 없었기 때문이다(1:5). 요한복음의 이야기는 고난 가운데 있는 공동체에 믿음의 진리를 선포하도록 제작되었지만, 그 공동체의 이미지는 공개되어 있고, 요한복음의 은유적인 언어는 이 복음이 첫 번째 부활절과 예수의 "재림" 사이의 시대를 사는 이 세상의 모든 기독교 공동체에 폭넓게 호소할 수 있는 힘을 부여한다.

이러한 신학적 이유에서 예수의 이야기는 단순히 어떤 먼 과거의 이야기가 아니라 부활 이후 독자들의 상황을 다루기 위해 과거와 현재의 간극을 메우는 방식으로 서술된다. 이 모든 일화, 특히 "표적" 이야기들은 예수의 사역 전체, 특히 그의 죽음과 부활의 "결실"을 전달해주는 모범적인 내러티브로 설계된다. 따라서 이런 사건들을 단순히 예수의 과거 역사에 관한 일화들로 읽는 것은 절대적으로 불충분하다.

내가 이 세 편의 강의에서 보여주려고 노력했듯이 복음서 저자는 자신이 단순히 모든 일을 "있는 그대로" 전해준다거나 단순히 그에게 주어진 "역사적 전승"에 매여 있지 않다는 사실을 잘 알고 있다. 그는 예수에 관한 기억에 대한 자신의 이야기와 관련하여 성령의 권위를 주장하면서 전통적인 예수의 이야기를 의도적으로 재서술하고, 재구성하며, 심지어 어떤 부분은 허구적으로 재상상한다. 이것은 독자들의 견해가 만화경처럼─혹은 다른 비교 방식을 사용하자면, 묘사하는 사람의 이미지가 영광의 광선에 의해 압도당하는 성상처럼─고난에서 확신과 기쁨으로 바뀌도록 하기 위해 고안된 버전이다.

과연 이것이 위조, "대안적 사실"의 생산, 또는 "실제" 역사에 대한 배신인지에 대한 의문은 여전히 남아 있다. 만약 모든 해석이 배제된 역사적 "진실"로 회귀하는 것이 가능하다면 우리는 이와 같은 주장을 할 수 있을 것이다. 하지만 그러한 "진실"은 현재로서는 전적으로 무의미할 것이다. 역사를 유의미한 방식으로 서술한다는 것은 반드시 어떤 수준의 선별, 재구성, 관점, 해석을 포함한다. 이것은 도전과 통찰과 더불어 반드시 현재의 지평의 침입을 의미한다. 역사를 유의미하게 서술한다는 것은 반드시 전승이 재문맥화되고 재서술되는 것을 의미한다. 물론 이것은 모든 복음서에 적용되지만, 요한복음은 이 모든 것을 자각하며 해석학적으로 전개해나간다. 그는 후대 공동체에서 예수를 "기억하고" 그에 대한 새로운 이해가 커져 가는 과정에 대해 증언하는데, 이것이 아마도 요한복음과 다른 복음서 간의 가장 결정적인 차이점일 것이다. 해석학적으로 볼 때 요한복음은 정경 복음서 가운데 가장 "진보적"이라고 할 수 있으며, 따라서 이 복음서가 어느 정도까지는 복음의 보편적 진리를 선포하기 위해 시간과 공간을 초월한다는 계몽 시대 해석자들의 생각이 전적으로 잘못된 것은 아니었다.

물론 요한복음에 담긴 역사적으로 유효한 정보를 탐구하는 작업이 결코 비합리적인 것은 아니다. 그러나 이 복음서의 신학적 개념화와 그 언어의 통일성은 자료를 재구성하고 분류하거나 역사적으로 유효한 정보를 추출하려는 노력에 있어 심각하면서도 많은 경우 극복할 수 없는 어려움을 제공한다. 더 나아가 가장 중요한 두 번째 강의에서 내가 입증하고자 했듯이 역사적 전승을 다루는 저자의 방식은 그가 마가복음을 바로잡거나 역사적으로 더 유효한 글을 쓰려고 했다는 추론을 지지해주지 않는다. 매우 가치 있는 전승―예수 자신이 세례자 요한처럼 "세례를 베풀었다"는 정보―을 소개하는 부분에서 그는 그 전승을 별로 대수롭지 않게 여긴다. 더 나아가 아마도 요한복음이 역사적 "진실"에 꽤 가까운 부분에서―그의 더 긴 연대기에서―저자는 단지 역사적 정확성을 높이는 것과는 전혀 다른 의도의 문학적 기법을 사용하여 그 연대기에 도달한다.

따라서 요한복음 해석은 요한복음이 단순히 역사적 정확성에 관해 질문하거나 가능한 한 더 많은 역사적 자료의 가치를 스스로에게 부여하고자 한다면 복음서의 의도와 저자의 해석학적 인지 능력을 간과하고 말 것이다. 이에 대한 관심사는 오히려 현대인의 관심에서 비롯되거나 보수적인 변증에 그 뿌리를 두고 있다. 그러나 저자와 그의 목적, 그리고 그의 기법에 대한 관심은 복음서의 기록 목적뿐만 아니라 복음서가 실제로 그 역사적 전승을 다루는 방식을 제대로 설명해주지 못한다.

만약 우리의 해석학적 과제가 "요한복음을 요한복음 되게 하라"는 것이라면 오직 요한복음 저자의 독특한 설계와 기억나게 하시는 성령에 대한 그의 주장, 그리고 궁극적으로 역사보다 신학이 우선권을 갖는다는 사실을 받아들이고 소중히 여기는 것만이 고스란히 우리의 몫으로 남게 된다.

참고문헌

Albright, William F. "Recent Discoveries in Palestine and the Gospel of St. John." Pages 153-71 in The Background of the New Testament and Its Eschatology. Festschrift C. H. Dodd. Edited by W. D. Davies and David Daube. Cambridge: Cambridge University Press, 1956.

Allison, Dale C. "How to Marginalize the Traditional Criteria of Authenticity?" Pages 3-30 in Handbook of the Historical Study of Jesus. Edited by Stanley E. Porter and Tom Holmén. 4 vols. Leiden: Brill, 2011.

Anderson, Paul N. "Aspects of Historicity in the Gospel of John: Implications for Investigations of Jesus and Archaeology." Pages 587-618 in Jesus and Archaeology. Edited by J. Charlesworth. Grand Rapids: Eerdmans, 2006.

_____. The Christology of the Fourth Gospel: Its Unity and Diversity in the Light of John 6. WUNT 2/78. Tübingen: Mohr Siebeck, 1996.

_____. The Fourth Gospel and the Quest for Jesus: Modern Foundations Reconsidered. LNTS 321. New York: T&T Clark, 2006.

_____. "Why This Study Is Needed, and Why It Is Needed Now." Pages 13-73 in vol. 1 of Anderson, Just, and Thatcher, eds., John, Jesus, and History.

Anderson, Paul N., Felix Just, S.J., and Tom Thatcher, eds. John, Jesus and History. Vol. 1: Critical Appraisals of Critical Views. SBL Symposium Series 44. Atlanta: SBL, 2007.

_____. John, Jesus and History. Vol. 2: Aspects of History in the Fourth Gospel. SBL Early Christianity and Its Literature 12. Atlanta: SBL, 2009.

_____. John, Jesus and History. Vol. 3: Glimpses of Jesus through the Johannine Lens. SBL Early Christianity and Its Literature 18. Atlanta: SBL, 2016.

Ashton, John. Understanding the Fourth Gospel. Oxford: Oxford University Press, 1991.

Attridge, Harold W. "Genre Bending in the Fourth Gospel." JBL 121 (2002): 3-21.

Reprinted as pages 61–78 in *Essays on John and Hebrews*. WUNT 264. Tübingen: Mohr Siebeck, 2010.

Back, Frances. *Gott als Vater der Jünger im Johannesevangelium*. WUNT 2/336. Tübingen: Mohr Siebeck, 2012.

Backhaus, Knut. "Spielräume der Wahrheit: Zur Konstruktivität in der hellenistisch-römischen Geschichtsschreibung." Pages 1–29 in *Historiographie und fiktionales Erzählen: Zur Konstruktivität in Geschichtstheorie und Exegese*. Edited by Knut Backhaus and Gert Häfner. BThS 86. Neukirchen–Vluyn: Neukirchener, 2007.

Bacon, Benjamin W. *The Fourth Gospel in Research and Debate*. New York: Moffat, Yard, 1910.

Baird, William. *History of New Testament Research*. Vol. 2: *From Jonathan Edwards to Rudolf Bultmann*. Minneapolis: Fortress, 2003.

———. *History of New Testament Research*. Vol. 3: *From C. H. Dodd to Hans Dieter Betz*. Minneapolis: Fortress, 2013.

Ball, David M. *"I Am" in John's Gospel: Literary Function, Background and Theological Implications*. JSSNTS 124. Sheffield: Sheffield Academic, 1996.

Barrett, Charles Kingsley. " 'The Father Is Greater than I' (John 14.28): Subordinationist Christology in the New Testament." Pages 19–36 in *Essays on John*. Philadelphia: Westminster, 1982.

———. *The Gospel according to St. John: An Introduction with Commentary and Notes on the Greek Text*. London: SPCK, 1955.

Bartholomä, Philipp. *The Johannine Discourses and the Teaching of Jesus in the Synoptics*. Tübingen: Francke, 2012.

Bauckham, Richard. "The Beloved Disciple as an Ideal Author." *JSNT* 39 (1993): 21–44. Reprinted as pages 73–91 in *The Testimony of the Beloved Disciple: Narrative, History, and Theology in the Gospel of John*. Grand Rapids: Eerdmans, 2007.

———. "Dualism and Soteriology in Johannine Theology." Pages 133–54 in *Beyond Bultmann: Reckoning a New Testament Theology*. Edited by Bruce W. Longenecker and Mikeal C. Parsons. Waco: Baylor University Press, 2014.

———. *God Crucified: Monotheism and Christology in the New Testament*. Carlisle:

Paternoster, 1998.

_____. "Historiographical Characteristics of the Gospel of John." *NTS* 53 (2007): 17-36. Reprinted in pages 93-112 of *The Testimony of the Beloved Disciple: Narrative, History, and Theology in the Gospel of John.* Grand Rapids: Eerdmans, 2007.

_____. "Is There Patristic Counter-evidence? A Response to Margaret Mitchell." Pages 68-110 in *The Audience of the Gospels: The Origins and Function of the Gospels in Early Christianity.* Edited by Edward W. Klink III. Library of New Testament Studies 353. London: T&T Clark, 2010.

_____. *Jesus and the Eyewitnesses: The Gospels as Eyewitness Testimony.* Grand Rapids: Eerdmans, 2006. 『예수와 그 목격자들』(새물결플러스 역간).

_____. "John for Readers of Mark." Pages 147-71 in *The Gospels for All Christians.* Edited by Richard J. Bauckham. Grand Rapids: Eerdmans, 1998.

_____. "Messianism according to the Gospel of John." Pages 34-68 in *Challenging Perspectives on the Gospel of John.* Edited by J. Lierman. WUNT 2/219. Tübingen: Mohr Siebeck, 2006.

_____. "Papias and Polykrates on the Origins of the Fourth Gospel." *JTS* 33 (1993): 24-69.

_____. "Qumran and the Fourth Gospel: Is There a Connection?" Pages 267-79 in *The Scrolls and the Scriptures: Qumran Fifty Years After.* Edited by Stanley E. Porter and Craig A. Evans. JSPS 26 / RJLP 3. Sheffield: Academic, 1997.

Bauer, Walter. *Das Johannesevangelium.* 3rd ed. HNT 6. Tübingen: Mohr, 1933.

Baur, Ferdinand Christian. *Kritische Untersuchungen über die kanonischen Evangelien.* Tübingen: Fues, 1847.

_____. "Über die Composition und den Charakter des Johannesevangeliums." *J* 3 (1844): 1-191, 397-475, 615-700.

Becker, Jürgen. *Das Evangelium nach Johannes.* 2 vols. ÖTBK 4/1-2. Gütersloh: Gütersloher Verlagshaus Mohn, 1978/1980. 3rd ed., 1991.

_____. "Die Abschiedsreden Jesu im Johannesevangelium." *ZNW* 61 (1970): 215-46.

Bennema, Cornelis. *Encountering Jesus: Character Studies in the Gospel of John.* 2nd ed. Minneapolis: Fortress, 2014.

Berger, Klaus. *Im Anfang war Johannes. Datierung und Theologie des vierten Evangeliums.* Stuttgart: Quell, 1997.

Bernier, Jonathan. Ἀποσυνάγωγος *and the Historical Jesus in John: Rethinking the Historicity of the Johannine Expulsion Passages.* BibInt 122. Leiden: Brill, 2013.

Betz, Hans-Dieter. "Wellhausen's Dictum 'Jesus Was Not a Christian, but a Jew' in Light of Present Scholarship." *Studia Theologica* 45 (1991): 83-110.

Beutler, Johannes. *Martyria: Traditionsgeschichtliche Untersuchungen zum Zeugnisthema bei Johannes.* FThS 10. Frankfurt: Knecht, 1972.

Blinzler, Josef. "Qumran-Kalender und Passionschronologie." *ZNW* 39 (1958): 223-51.

Blomberg, Craig L. "The Gospels for Specific Communities *and* All Christians." Pages 111-33 in *The Audience of the Gospels: The Origins and Function of the Gospels in Early Christianity.* Edited by Edward W. Klink III. LNTS 353. London: T&T Clark, 2010.

_____. "The Historical Reliability of John: Rushing in Where Angels Fear to Tread?" Pages 71-82 in *Jesus in Johannine Tradition.* Edited by Robert T. Fortna and Tom Thatcher. Louisville: Westminster John Knox, 2001.

_____. *The Historical Reliability of John's Gospel: Issues and Commentary.* Downers Grove, Ill.: InterVarsity, 2002.

Bock, Darrell L. *Blasphemy and Exaltation in Judaism and the Final Examination of Jesus.* WUNT 2/106. Tübingen: Mohr Siebeck, 1998.

Borgen, Peder. *Bread from Heaven: An Exegetical Study of the Conception of Manna in the Gospel of John and the Writings of Philo.* NovTSup 10. Leiden: Brill, 1965.

Braun, François-Marie. "L'expulsion des vendeurs du temple." *RB* 38 (1929): 178-200.

Bretschneider, Carolus Theophilus. *Probabilia de evangelii et epistolarum Joannis, Apostoli, indole et origine eruditorum iudidiis modeste subiecit.* Leipzig: Stein, 1820.

Brown, Raymond E. *The Community of the Beloved Disciple: The Loves and Hates of an Individual Church in New Testament Times.* New York: Paulist, 1979.

_____. *The Epistles of John.* AB 30. New York: Doubleday, 1982.

_____. *The Gospel according to John*. 2 vols. AB 29/29A. New York: Doubleday, 1966/1970.『앵커바이블 요한복음』(CLC 역간).

_____. "The Qumran Scrolls and the Johannine Gospel and Epistles." *CBQ* 17 (1955): 403-19 and 559-74.

Brown, Raymond E., and Francis J. Moloney. *An Introduction to the Gospel of John*. ABRL. New York: Doubleday, 2003.

Bühner, Jan-Adolf. *Der Gesandte und sein Weg im 4. Evangelium: Die kultur-und religionsgeschichtlichen Grundlagen der johanneischen Sendungschristologie sowie ihre traditionsgeschichtliche Entwicklung*. WUNT 2/2. Tübingen: Mohr, 1977.

Bultmann, Rudolf. "ἀλήθεια." *TDNT* 1:239-48.

_____. *Das Evangelium des Johannes*. KEK 2. Göttingen: Vandenhoeck & Ruprecht, 1941. English translation: *The Gospel of John: A Commentary*. Translated by George R. Beasley-Murray. Oxford: Blackwell, 1971.

_____. "Johanneische Schriften und Gnosis." Pages 230-54 in *Exegetica. Aufsätze zur Erforschung des Neuen Testaments*. Edited by Erich Dinkler. Tübingen: J. C. B. Mohr, 1967.

Burge, Gary M. *The Anointed Community: The Holy Spirit in the Johannine Tradition*. Grand Rapids: Eerdmans, 1987.

Burkett, Delbert. *The Son of Man in the Gospel of John*. JSNTSup 56. Sheffield: JSOT Press, 1991.

Burney, Charles Fox. *The Aramaic Origin of the Fourth Gospel*. Oxford: Clarendon, 1922.

Byrskog, Samuel. *Jesus the Only Teacher: Didactic Authority and Transmission in Ancient Israel, Ancient Judaism and the Matthean Community*. ConBNT 24. Stockholm: Almqvist & Wiksell, 1994.

Calvin, Johannes. *In Evangelium secundum Johannem Commentarius*. Edited by Helmut Feld. 2 vols. Ioannis Calvini opera omnia denuo recognita, ser. 2, vol. 11/1-2. Geneva, 1997-1998.

Campbell, R. J. "Evidence for the Historicity of the Fourth Gospel in John 2:13-22." Pages 101-20 in vol. 7 of *Studia Evangelica*. Edited by Elizabeth A. Livingstone. Berlin: Academie Verlag, 1982.

Carson, Don A. *The Gospel according to John*. Leicester: InterVarsity; Grand Rapids: Eerdmans, 1991. 『PNTC 요한복음』 (솔로몬 역간).

_____. "Historical Tradition in the Fourth Gospel: After Dodd, What?" Pages 83-145 in *Studies of History and Tradition in the Four Gospels*. Vol. 2 of *Studies of History and Tradition in the Four Gospels*. Edited by R. T. France and David Wenham. Sheffield: JSOT Press, 1981.

Casey, Maurice. *From Jewish Prophet to Gentile God*. Louisville: Westminster John Knox, 1992.

_____. *Jesus of Nazareth: An Independent Historian's Account of the Life and Teaching*. New York: T&T Clark, 2010.

_____. "The Role of Aramaic in Reconstructing the Teaching of Jesus." Pages 1343-75 in vol. 2 of *Handbook for the Study of the Historical Jesus*. Edited by Stanley E. Porter and Tom Holmén. 4 vols. Leiden: Brill, 2011.

Chapman, David W., and Eckhard J. Schnabel. *The Trial and Crucifixion of Jesus: Texts and Commentary*. WUNT 344. Tübingen: Mohr Siebeck, 2015.

Chapple, Allan. "Jesus' Intervention in the Temple: Once or Twice?" *JETS* 58 (2015): 545-69.

Charlesworth, James H. "The Dead Sea Scrolls and the Gospel according to John." Pages 69-97 in *Exploring the Gospel of John*. Festschrift D. Moody Smith. Louisville: Westminster John Knox, 1996.

_____. "The Historical Jesus in the Fourth Gospel: A Paradigm Shift?" *JSHJ* 8 (2010): 3-46.

Chester, Andrew. "High Christology—Whence, When and Why?" *Early Christianity* 2 (2011): 22-50.

_____. *Messiah and Exaltation: Jewish Messianic and Visionary Traditions and New Testament Christology*. WUNT 207. Tübingen: Mohr, 2007.

Collins, Adela Yarbro. *Mark: A Commentary*. Hermeneia. Minneapolis: Augsburg Fortress, 2007.

Collins, John J. *The Scepter and the Star: The Messiahs of the Dead Sea Scrolls and Other Ancient Literature*. New York: Doubleday, 1995.

Cook, John Granger. *Crucifixion in the Mediterranean World*. WUNT 327. Tübingen: Mohr Siebeck, 2014.

Cross, Frank Moore. *The Ancient Library of Qumran and Modern Biblical Studies*. London: Duckworth, 1958.

Culpepper, R. Alan. *Anatomy of the Fourth Gospel: A Study in Literary Design*. Philadelphia: Fortress, 1983. 『요한복음 해부』 (알맹e 역간).

_____. *John the Son of Zebedee: The Life of a Legend*. Edinburgh: T&T Clark, 2000.

Dauer, Anton. *Die Passionsgeschichte im Johannesevangelium*. SANT 30. Münich: Kösel, 1972.

de Jonge, Henk J. "The Loss of Faith in the Historicity of the Gospels." Pages 409-21 in *John and the Synoptics*. Edited by Adalbert Denaux. BETL 101. Leuven: Peeters, 1992.

Deines, Roland. *Jüdische Steingefäße und pharisäische Frömmigkeit: Ein archäologisch-historischer Beitrag zum Verständnis von Johannes 2,6 und der jüdischen Reinheitshalacha zur Zeit Jesu*. WUNT 2/52. Tübingen: Mohr Siebeck, 1993.

Dettwiler, Andreas. *Die Gegenwart des Erhöhten: Eine exegetische Studie zu den johanneischen Abschiedsreden (Joh 13,31-16,33) unter Berücksichtigung ihres Relecture-Charakters*. FRLANT 169. Göttingen: Vandenhoeck & Ruprecht, 1995.

Devilliers, Luc. *La Fête de l'Envoyé*. Paris: Gabalda, 2002.

Dewey, A. J. "The Eyewitness of History: Visionary Consciousness in the Fourth Gospel." Pages 59-70 in *Jesus in Johannine Tradition*. Edited by Robert T. Fortna and Tom Thatcher. Louisville: Westminster John Knox, 2001.

Dexinger, Ferdinand. "Samaritan Eschatology." Pages 266-92 in *The Samaritans*. Edited by Alan D. Crown. Tübingen: Mohr Siebeck, 1989.

Dietzfelbinger, Christian. *Der Abschied des Kommenden: Eine Auslegung der johanneischen Abschiedsreden*. WUNT 95. Tübingen: Mohr Siebeck, 1997.

_____. "Paraklet und theologischer Anspruch im Johannesevangelium." *ZTK* 82 (1985): 389-408.

Dodd, C. H. *Historical Tradition in the Fourth Gospel*. Cambridge: Cambridge University Press, 1963.

_____. *History and the Gospel*. London: Nisbet, 1938.

_____. *The Interpretation of the Fourth Gospel*. Cambridge: Cambridge University Press, 1953.

du Toit, David S. "Redefining Jesus: Current Trends in Jesus Research." Pages 82-124 in *Jesus, Mark, and Q: The Teaching of Jesus and Its Earliest Records*. Edited by Michael Labahn and Andreas Schmidt. JSNTS 214. Sheffield: Sheffield Academic, 2001.

Dunderberg, Ismo. *Johannes und die Synoptiker*. Annales Academiae Scientiarum Fennicae / Dissertationes humanarum litterarum 69. Helsinki: Akateeminen Kirjakauppa, 1994.

Dunn, James D. G. "Let John Be John! A Gospel for Its Time." Pages 309-39 in *Das Evangelium und die Evangelien*. Edited by Peter Stuhlmacher. WUNT 28. Tübingen: Mohr, 1983. Reprinted as "Let John Be John! A Gospel for Its Time." Pages 293-323 in *The Gospel and the Gospels*. Edited by Peter Stuhlmacher. Grand Rapids: Eerdmans, 1991.

_____. *The Partings of the Ways: Between Christianity and Judaism and Their Significance for the Character of Christianity*. London: SCM Press, 1991. 2nd rev. ed., 2006.

Endo, Masanobu. *Creation and Christology: A Study on the Johannine Prologue in the Light of Early Jewish Creation Accounts*. WUNT 2/149. Tübingen: Mohr Siebeck, 2002.

Ensor, Peter W. "The Johannine Sayings of Jesus and the Question of Authenticity." Pages 14-33 in *Challenging Perspectives on the Gospel of John*. Edited by John Lierman. WUNT 2/219. Tübingen: Mohr Siebeck, 2006.

Evans, Craig A. "Authenticating the Activities of Jesus." Pages 3-29 in *Authenticating the Activities of Jesus*. Edited by Bruce Chilton and Craig A. Evans. Leiden: Brill, 1999.

_____. "The Historical Reliability of John's Gospel: From What Perspective Should It Be Assessed?" Pages 91-119 in *The Gospel of John and Christian Theology*. Edited by Richard J. Bauckham and C. Moser. Grand Rapids: Eerdmans, 2008.

_____. *Mark 8:27-16:20*. WBC 34B. Nashville: Thomas Nelson, 2001.

_____. *Word and Glory: On the Exegetical and Theological Background of John's Prologue*. JSNTSup 89. Sheffield: Sheffield Academic, 1993.

Evanson, Edward. *The Dissonance of the Four Generally Received Evangelists, and the Evidence of Their Respective Authority Examined.* Ipswich: George Jermyn, 1792.

Felsch, Dorit. *Die Feste im Johannesevangelium: Jüdische Tradition und christologische Deutung.* WUNT 2/308. Tübingen: Mohr Siebeck, 2011.

Fortna, Robert T. *The Gospel of Signs: A Reconstruction of the Narrative Source Underlying the Fourth Gospel.* MSSNTS 11. Cambridge: Cambridge University Press, 1970.

Fredriksen, Paula. *Jesus of Nazareth, King of the Jews: A Jewish Life and the Emergence of Christianity.* New York: Knopf, 2000.

Frey, Jörg. "Auf der Suche nach dem Kontext des vierten Evangeliums." Pages 45–87 in *Die Herrlichkeit des Gekreuzigten.*

_____. "Baptism in the Fourth Gospel, Jesus and John as Baptizers: Historical and Theological Reflections on John 3:22–30 and 4:1–3." In *Expressions of the Johannine Kerygma in John 2:23-5:18: Historical, Literary, and Theological Readings from the Colloquium Ioanneum 2017 in Jerusalem.* Edited by R. Alan Culpepper and Jörg Frey. WUNT. Tübingen: Mohr Siebeck, forthcoming.

_____. "Continuity and Discontinuity between 'Jesus' and 'Christ': The Possibilities of an Implicit Christology." *RCT* 36, no. 1 (2011): 69–98.

_____. "Das Corpus Johanneum und die Apokalypse des Johannes: Die Johanneslegende, die Probleme der johanneischen Verfasserschaft und die Frage der Pseudonymität der Apokalypse." Pages 71–133 in *Poetik und Intertextualität der Apokalypse.* Edited by St. Alkier, T. Hieke, and T. Nicklas. WUNT 346. Tübingen: Mohr Siebeck, 2015.

_____. "Der Christus der Evangelien als der 'historische Jesus': Zum Jesus-Buch des Papstes." Pages 111–29 in *Der Papst aus Bayern: Protestantische Wahrnehmungen.* Edited by Werner Thiede. Leipzig: Evangelische Verlagsanstalt, 2010.

_____. "Der historische Jesus und der Christus der Evangelien." Pages 29–84 in *Von Jesus zur neutestamentlichen Theologie: Kleine Schriften II.* Edited by Benjamin Schliesser. WUNT 386. Tübingen: Mohr Siebeck, 2016.

_____. *Die Herrlichkeit des Gekreuzigten: Studien zu den johanneischen Schriften I.* Edited by Juliane Schlegel. WUNT 307. Tübingen: Mohr Siebeck 2013.

_____. "'Docetic-like' Christologies and the Polymorphy of Christ: A Plea for Further Consideration of Diversity in the Discussion of 'Docetism.'" Pages 27-49 in *Docetism in the Early Church: The Quest for an Elusive Phenomenon*. Edited by Joseph Verheyden et al. WUNT 402. Tübingen: Mohr Siebeck, 2018.

_____. "Dualism and the World in the Gospel and Letters of John." Pages 274-91 in *Oxford Handbook of Johannine Studies*. Edited by Martinus de Boer and Judith Lieu. Oxford: Oxford University Press, 2018.

_____. "Eine neue religionsgeschichtliche Perspektive. Larry W. Hurtados *Lord Jesus Christ* und die Herausbildung der frühen Christologie." Pages 117-68 in *Reflections on Early Christian History and Religion—Erwägungen zur frühchristlichen Religionsgeschichte*. Edited by Cilliers Breytenbach and Jörg Frey. AJEC 81. Leiden: Brill, 2012.

_____. "Erwägungen zum Verhältnis der Johannesapokalypse zu den übrigen Schriften im Corpus Johanneum." Pages 326-429 in *Martin Hengel, Die johanneische Frage: Ein Lösungsversuch, mit einem Anhang zur Apokalypse von Jörg Frey. WUNT 67*. Tübingen: Mohr Siebeck, 1993.

_____. "Eschatology in the Johannine Circle." Pages 664-98 in *Die Herrlichkeit des Gekreuzigten*.

_____. "'Ethical' Traditions, Family Ethos, and Love in the Johannine Literature." Pages 767-802 in *Die Herrlichkeit des Gekreuzigten*.

_____. "Ferdinand Christian Baur and the Interpretation of John." Pages 206-35 in *Ferdinand Christian Baur and the History of Early Christianity*. Edited by Martin Bauspiess, Christof Landmesser, and David Lincicium. Translated by R. F. Brown and P. C. Hodgson. Oxford: Oxford University Press, 2017.

_____. "From the 'Kingdom of God' to 'Eternal Life': The Transformation of Theological Language in the Fourth Gospel." Pages 439-58 in vol. 1 of Anderson, Just, and Thatcher, *John, Jesus, and History*.

_____. "From the *Sēmeia* Narratives to the Gospel as a Significant Narrative: On Genre-Bending in the Johannine Miracle Stories." Pages 209-32 in *The Fourth Gospel as Genre Mosaic*. Edited by Kasper Bro Larsen. Studia Aarhusia Neotestamentica 3. Göttingen: Vandenhoeck & Ruprecht, 2015.

_____. *The Glory of the Crucified One: Christology and Theology in the Gospel of John*. Translated by W. Coppins and C. Heilig. BMSEC 6. Waco: Baylor University Press, 2018.

_____. "God's Dwelling on Earth: '*Shekhina*-Theology' in Revelation 21 and in the Gospel of John." Pages 79–103 in *John's Gospel and Intimations of Apocalyptic*. Edited by Christopher Rowland and Catrin Williams. London: Bloomsbury T&T Clark, 2013.

_____. "The Gospel of John as a Narrative Memory of Jesus." Pages 261–84 in *Memory and Memories in Early Christianity*. Edited by Simon Butticaz and Enrico Norelli. WUNT 398. Tübingen: Mohr Siebeck, 2018.

_____. "How Could Mark and John Do without Infancy Stories? Jesus' Humanity and His Divine Origins in Mark and John." Pages 189–215 in *Infancy Gospels: Story and Identity*. Edited by Claire Clivaz et al. WUNT 281. Tübingen: Mohr Siebeck, 2011.

_____. "How Did the Spirit Become a Person?" Pages 243–371 in *The Holy Spirit, Inspiration, and the Cultures of Antiquity: Multidisciplinary Perspectives*. Edited by Jörg Frey and John R. Levison. Ekstasis 5. Berlin: de Gruyter, 2014.

_____. "'Ich habe den Herrn gesehen' (Joh 20,18): Entstehung, Inhalt und Vermittlung des Osterglaubens nach Johannes 20." Pages 267–84 in *Studien zu Matthäus und Johannes / Études sur Matthieu et Jean*. Festschrift Jean Zumstein. Edited by Andreas Dettwiler and Uta Poplutz. AthANT 97. Zürich: TVZ, 2009.

_____. "Jesus und Pilatus: Der wahre König und der Repräsentant des Kaisers im Johannesevangelium." Pages 337–93 in *Christ and the Emperor*. Edited by Gilbert van Belle and Joseph Verheyden. BTS 20. Leuven: Peeters, 2014.

_____. *Die johanneische Eschatologie*. Vol. 1: *Ihre Probleme im Spiegel der Forschung seit Reimarus*. WUNT 97. Tübingen: Mohr Siebeck, 1997.

_____. *Die johanneische Eschatologie*. Vol. 2: *Das johanneische Zeitverständnis*. WUNT 110. Tübingen: Mohr Siebeck, 1998.

_____. *Die johanneische Eschatologie*. Vol. 3: *Die eschatologische Verkündigung in den johanneischen Texten*. WUNT 117. Tübingen: Mohr Siebeck, 2000.

_____. "Die johanneische Passionsgeschichte als Sehschule des Glaubens." In

Theologische Beiträge 50 (forthcoming 2019).

_____. "Die johanneische Theologie zwischen 'Doketismus' und 'Antidoketismus': Auseinandersetzungen und Trennungsprozesse im Hintergrund der johanneischen Schriften und ihrer Rezeption." Pages 129-56 in *Erzählung und Briefe im johanneischen Kreis*. Edited by Uta Poplutz and Jörg Frey. WUNT 2/420. Tübingen: Mohr Siebeck, 2016.

_____. "Johannesevangelium." Pages 137-45 in *Jesus Handbuch*. Edited by Jens Schröter and Christine Jacobi. Tübingen: Mohr Siebeck, 2017.

_____. "Johannine Christology and Eschatology." Pages 101-32 in *Beyond Bultmann: Reckoning a New Testament Theology*. Edited by Bruce W. Longeneker and Mikeal C. Parsons. Waco: Baylor University Press, 2014.

_____. "The Johannine Prologue and the References to the Creation of the World in Its Second Century Receptions." Pages 221-44 in *Les judaïsmes dans tous leurs états aux Ier-IIIe siècles (Les Judéens des synagogues, les chrétiens et les rabbins): Actes du colloque de Lausanne 12-14 décembre 2012*. Edited by C. Clivaz, S. C. Mimouni, and B. Pouderon. Judaïsme ancien et origines du christianisme 5. Turnhout: Brepols, 2015.

_____. "Licht aus den Höhlen? Der 'johanneische Dualismus' und die Texte von Qumran." Pages 147-238 in *Die Herrlichkeit des Gekreuzigten*.

_____. "Paul's View of the Spirit in the Light of Qumran." Pages 239-62 in *The Dead Sea Scrolls and Pauline Literature*. Edited by Jean-Sébastian Rey. STDJ 102. Leiden: Brill, 2013.

_____. "Das prototypische Zeichen (Joh 2,1-11)." Pages 165-216 in *The Opening of John's Narrative (John 1:19-2:22): Historical, Literary, and Theological Readings from the Colloquium Ioanneum in Ephesus*. Edited by R. Alan Culpepper and Jörg Frey. WUNT 385. Tübingen: Mohr Siebeck, 2017.

_____. "Recent Perspectives on Johannine Dualism and Its Background." Pages 127-57 in *Text, Thought, and Practice in Qumran and Early Christianity*. Edited by Ruth Clements and Daniel R. Schwartz. STDJ 84. Leiden: Brill, 2008.

_____. "Sehen oder Nicht-Sehen? (Die Heilung des blind Geborenen)—Joh 9,1-41." Pages 725-41 in *Kompendium der frühchristlichen Wundererzählungen*. Vol.

1 of *Die Wunder Jesu*. Edited by Ruben Zimmermann. Gütersloh: Gütersloher Verlagshaus, 2013.

_____. "Die *theologia crucifixi* des Johannesevangeliums." Pages 169–238 in *Kreuzestheologie im Neuen Testament*. Edited by Andreas Dettwiler and Jean Zumstein. WUNT 151. Tübingen: Mohr Siebeck, 2002. Reprinted as "Die *theologia crucifixi* des Johannesevangeliums." Pages 485–554 in *Die Herrlichkeit des Gekreuzigten*.

_____. "Temple and Identity in Early Christianity and in the Johannine Community: Reflections on the 'Parting of the Ways.'" Pages 447–507 in *Was 70 CE a Watershed in Jewish History? On Jews and Judaism before and after the Destruction of the Second Temple*. Edited by Daniel R. Schwartz and Zeev Weiss. AJEC 78. Leiden: Brill, 2012.

_____. "Towards Reconfiguring Our Views on the 'Parting of the Ways': Ephesus as a Test Case." Pages 221–41 in *John and Judaism: A Contested Relationship in Context*. Edited by R. Alan Culpepper and Paul N. Anderson. Resources for Biblical Study 87. Atlanta: SBL, 2017.

_____. "The Use of δόξα in Paul and John as Shaped by the Septuagint." Pages 85–104 in *The Reception of Septuagint Words in Jewish-Hellenistic and Christian Literature*. Edited by Eberhard Bons and Ralph Brucker. WUNT 2/367. Tübingen: Mohr Siebeck, 2014.

_____. "Von Paulus zu Johannes: Die Diversität 'christlicher' Gemeindekreise und die 'Trennngsprozesse' zwischen der Syynagoge und den Gemeinden der Jesusnachfolger in Ephesus im ersten Jahrhundert." Pages 235–78 in *The Rise and Expansion of Christianity in the First Three Centuries of the Common Era*. Edited by Clare K. Rothschild and Jens Schröter. WUNT 301. Tübingen: Mohr Siebeck, 2013.

_____. "'Wie Mose die Schlange in der Wüste erhöht hat ...': Zur frühjüdischen Deutung der 'ehernen Schlange' und ihrer christologischen Rezeption in Johannes 3,14f." Pages 153–205 in *Schriftauslegung im antiken Judentum und im Urchristentum*. WUNT 73. Tübingen: Mohr Siebeck, 1994.

Gadamer, Hans-Georg. *Wahrheit und Methode: Grundzüge einer philosophischen Hermeneutik*. 5th ed. Tübingen: Mohr Siebeck, 1986.

Gardner-Smith, P. *Saint John and the Synoptic Gospels*. Cambridge: Cambridge University Press, 1938.

Garský, Zbyněk. *Das Wirken Jesu in Galiläa bei Johannes: Eine strukturale Analyse der Intertextualität des vierten Evangeliums mit den Synoptikern*. WUNT 2/325. Tübingen: Mohr Siebeck, 2012.

Gathercole, Simon J. *The Pre-existent Son: Recovering the Christologies of Matthew, Mark, and Luke*. Grand Rapids: Eerdmans, 2006.

Gerhardsson, Birger. "Der Weg der Evangelientradition." Pages 79-102 in *Das Evangelium und die Evangelien*. Edited by P. Stuhlmacher. WUNT 28. Tübingen: Mohr Siebeck, 1983.

_____. *Memory and Manuscript: Oral Tradition and Written Transmission in Rabbinic Judaism and Early Christianity*. ASNU 22. Lund: Gleerup, 1964.

Giblin, Charles H. "Suggestion, Negative Response, and Positive Action in St. John's Portrayal of Jesus (John 2,1-11; 4,46-54; 7,2-14; 11,1-44)." *NTS* 26 (1979/1980): 197-211.

Gibson, Shimon. "The Excavations at the Bethesda Pool in Jerusalem." Pages 17-44 in *Sainte-Anne de Jérusalem: La Piscine Probatique de Jésus à Saladin: Le Projet Béthesda (1994-2010)*. Proche-Orient Chrétien, Numéro Spécial. Beirut: Faculté des sciences religieuses, 2011.

Godet, Frederic. *Kommentar zu dem Evangelium des Johannes*. 4th ed. 2 vols. Hannover: Meyer, 1903.

Haenchen, Ernst. *A Commentary on the Gospel of John*. Translated by R. W. Funk. Hermeneia. Philadelphia: Fortress, 1984.

_____. *Johannesevangelium*. Edited by U. Busse. Tübingen: Mohr, 1980.

Hagner, Donald A. *Matthew*. 2 vols. WBC 33. Dallas: Word, 1993-1995.

Hengel, Martin. "Abba, Maranatha, Hosanna un die Anfänge der Christologie." Pages 496-534 in *Studien zur Christologie*.

_____. "Bishop *Lightfoot* and the *Tübingen School* on the Gospel of John and the Second Century." *Durham University Journal: Supplement* (1992): 23-51. Reprinted as pages 329-58 in Lightfoot, *Gospel of St. John*.

_____. *Crucifixion: In the Ancient World and the Folly of the Message of the Cross.* Translated by John Bowden. Minneapolis: Fortress, 1977. 『십자가 처형』 (감은사 역간).

_____. "Das Christuslied im frühesten Gottesdienst." Pages 205-58 in *Studien zur Christologie.* English translation: "The Song about Christ in Earliest Worship." Pages 227-92 in *Studies in Early Christology.* Edinburgh: T&T Clark, 1995.

_____. "Das Johannesevangelium als Quelle für die Geschichte des antiken Judentums." Pages 293-334 in *Judaica, Hellenistica et Christiana: Kleine Schriften II.* WUNT 109. Tübingen: Mohr Siebeck, 1999.

_____. *Die johanneische Frage: Ein Lösungsversuch, mit einem Beitrag zur Apokalypse von J. Frey.* WUNT 67. Tübingen: Mohr Siebeck, 1993.

_____. "Die Schriftauslegung des 4. Evangeliums auf dem Hintergrund der urchristlichen Exegese." Pages 601-43 in *Jesus und die Evangelien: Kleine Schriften V.* Edited by Claus-Jürgen Thornton. WUNT 211. Tübingen: Mohr Siebeck, 2007.

_____. *Die vier Evangelien und das eine Evangelium von Jesus Christus.* WUNT 224. Tübingen: Mohr Siebeck, 2008.

_____. "Hymnus und Christologie." Pages 185-204 in *Studien zur Christologie.* English translation: "Hymn and Christology." Pages 173-97 in *Papers on Paul and Other NT Authors: Sixth International Congress on Biblical Studies Oxford 3-7 April 1978.* Vol. 3 of *Studia Biblica.* JSNTSup 3. Sheffield: Sheffield Academic, 1980. Reprinted in Martin Hengel, *Between Jesus and Paul: Studies in the Earliest History of Christianity.* Translation by J. Bowden. London: SCM Press; Philadelphia: Fortress, 1983.

_____. "Jesus as Messianic Teacher of Wisdom and the Beginnings of Christology." Pages 73-118 in *Studies in Early Christology.* Edinburgh: T&T Clark, 1995.

_____. "Jesus, the Messiah of Israel." Pages 1-72 in *Studies in Early Christology.* Edinburgh: T&T Clark, 1995.

_____. *The Johannine Question.* London: SCM Press, 1989.

_____. *The Son of God.* Philadelphia: Fortress, 1983.

_____. *Studien zur Christologie: Kleine Schriften IV.* Edited by Claus-Jürgen Thornton. WUNT 201. Tübingen: Mohr, 2006.

_____. *Studies in Early Christology.* Edinburgh: T&T Clark, 1995.

Hengel, Martin, and Anna Maria Schwemer. *Jesus und das Judentum.* Geschichte des frühen Christentums 1. Tübingen: Mohr Siebeck, 2007.

Hentschel, Anni. "Die Fusswaschung—ein verhindertes Ritual." *Zeitschrift für Neues Testament* 35 (2015): 66–74.

_____. "Grössere Liebe und grössere Werke—die Fusswaschung als Sinnbild der Liebe im Johannesevangelium." Pages 99–117 in *Liebe.* Edited by Martin Ebner et al. JBTh 29. Neukirchen-Vluyn: Neukirchener, 2015.

Herder, Johann Gottfried. "Von Gottes Sohn, der Welt Heiland, nach Johannis Evangelium. Nebst einer Regel der Zusammenstimmung unserer Evangelien aus ihrer Entstehung und Ordnung." Pages 253–424 in vol. 19 of *Sämmtliche Werke.* Edited by B. Suphan. Berlin: Weidemann, 1880.

Hoegen-Rohls, Christina. *Der nachösterliche Johannes: Die Abschiedsreden als hermeneutischer Schlüssel zum vierten Evangelium.* WUNT 2/84. Tübingen: Mohr Siebeck, 1996.

Hofius, Otfried. "Die Auferweckung des Lazarus: Joh 11,1–44 als Zeugnis narrative Christologie." Pages 28–45 in *Exegetische Studien.* WUNT 223. Tübingen: Mohr Siebeck, 2008.

_____. " 'Einer ist Gott—Einer ist Herr': Erwägungen zu Struktur und Aussage des Bekenntnisses 1 Kor 8,6." Pages 167–80 in *Paulusstudien II.* WUNT 143. Tübingen: Mohr Siebeck, 2002.

_____. "Jesu Zuspruch der Sündenvergebung: Exegetische Erwagungen zu Mk 2,5b." Pages 38–56 in *Neutestamentliche Studien.* WUNT 132. Tübingen: Mohr Siebeck, 2000.

Holtzmann, Heinrich Julius. "Das schriftstellerische Verhältnis des Johannes zu den Synoptikern." *ZWT* 12 (1869): 62–85, 155–78, 446–56.

_____. *Die synoptischen Evangelien, ihr Ursprung und geschichtlicher Charakter.* Leipzig: Engelmann, 1863.

Horbury, William. "The Benediction of the 'Minim' and Early Jewish-Christian Controversy." *JTS* 33 (1982): 19-61.

_____. "Jewish Messianism and Early Christology." Pages 3-24 in *Contours of Christology in the New Testament*. Edited by Richard N. Longenecker. Grand Rapids: Eerdmans, 2005.

_____. *Jewish Messianism and the Cult of Christ*. London: SCM Press, 1998.

_____. "Jüdische Wurzeln der Christologie." *Early Christianity* 2 (2011): 5-21.

Howard, Wilbert F. *Christianity according to St. John*. London: Duckworth, 1943.

Hunt, Steven A., D. Francois Tolmie, and Ruben Zimmermann, eds. *Character Studies in the Fourth Gospel: Narrative Approaches to Seventy Figures in John*. WUNT 314. Tübingen: Mohr Siebeck, 2013.

Hurtado, Larry W. *How on Earth Did Jesus Become a God?* Grand Rapids: Eerdmans, 2005.

_____. *Lord Jesus Christ: Devotion to Jesus in Earliest Christianity*. Grand Rapids: Eerdmans, 2003. 『주 예수 그리스도』 (새물결플러스 역간).

_____. *One God, One Lord: Early Christian Devotion and Ancient Jewish Monotheism*. 3rd ed. London: Bloomsbury, 2015.

Janowski, Bernd. *Konfliktgespräche mit Gott: Eine Anthropologie der Psalmen*. 3rd ed. NeukirchenVluyn: Neukirchener Verlag, 2009.

Jaubert, Annie. "Jésus et le calendrier de Qumrân." *NTS* 7 (1960/1961): 1-30.

_____. *La Date de la Cène*. Paris: Gabalda, 1957.

Jeremias, Joachim. *The Eucharistic Words of Jesus*. Translated by Norman Perrin. Philadelphia: Fortress, 1966.

_____. *Neutestamentliche Theologie: Erster Teil: Die Verkündigung Jesu*. 3rd ed. Gütersloh: Gerd Mohn, 1973.

Jewett, Robert. *Romans*. Hermeneia. Minneapolis: Fortress, 2007.

Jülicher, Adolf. *Einleitung in das Neue Testament*. Tübingen: Mohr 1894. 5th/6th ed., 1906.

Kähler, Martin. *Der sogenannte historische Jesus und der geschichtliche, biblische Christus*.

Edited by E. Wolf. Munich: Kaiser, 1953.

Käsemann, Ernst. *Jesu letzter Wille nach Johannes 17*. Tübingen: Mohr Siebeck, 1966. English translation: *The Testament of Jesus according to John 17*. Translated by Gerhard Krodel. London: SCM Press, 1966.

Katz, Steven T. "Issues in the Separation of Judaism and Christianity after 70 C.E.: A Reconsideration." *JBL* 103 (1984): 43-76.

Keener, Craig S. *The Gospel of John: A Commentary*. 2 vols. Peabody, Mass.: Hendrickson, 2003.

Kierspel, Lars. *The Jews and the World in the Fourth Gospel: Parallelism, Function, and Context*. WUNT 2/220. Tübingen: Mohr Siebeck, 2006.

Kimelman, Reuven. "Birkat Ha-Minim and the Lack of Evidence for an Anti-Christian Jewish Prayer in Late Antiquity." Pages 226-44 in vol. 2 of *Jewish and Christian Self-Definition*. Edited by Ed P. Sanders, Albert I. Baumgarten, and A. Mendelson. London: SCM Press, 1981.

Kirchschläger, Peter G. *Nur ich bin die Wahrheit: Der Absolutheitsanspruch des johanneischen Christus und das Gespräch zwischen den Religionen*. HBS 63. Freiburg im Breisgau: Herder, 2010.

Klein, Christian, and Matias Martinez, eds. *Wirklichkeitserzählungen: Felder, Formen und Funktionen nicht-literarischen Erzählens*. Stuttgart: Metzler, 2009.

Kloppenborg, John S. "Disaffiliation and the ἀποσυνάγωγος of John." *HTS* 67 (2011): 159-74.

Knöppler, Thomas. *Die theologia crucis des Johannesevangeliums: Das Verständnis des Todes Jesu im Rahmen der johanneischen Inkarnations-und Erhöhungchristologie*. WMANT 69. Neukirchen-Vluyn: Neukirchener Verlag, 1994.

Koch, Dietrich-Alex. "Der Täufer als Zeuge des Offenbarers: Das Täuferbild von Joh 1,19-34 auf dem Hintergrund von Mk 1,2-11." Pages 1963-84 in vol. 3 of *The Four Gospels*. Festschrift Frans Neirynck. Edited by F. van Segbroeck et al. 3 vols. BETL 100. Leuven: Leuven University Press, 1963-1984.

Koestenberger, Andreas J. "Early Doubts of the Apostolic Authorship of the Fourth Gospel in the History of Modern Biblical Criticism." Pages 17-47 in *Studies on*

John and Gender: A Decade of Scholarship. Studies in Biblical Literature 38. New York: Peter Lang, 2001.

_____. *Encountering John: The Gospel in Historical, Literary, and Theological Perspective.* Grand Rapids: Baker, 1999.

_____. *John.* BECNT. Grand Rapids: Baker, 2004.

Koester, Craig A. *The Gospel of John: A Commentary.* 2 vols. Grand Rapids: Hendrickson, 2003.

Koester, Helmut. *Ancient Christian Gospels: Their History and Development.* Philadelphia: Trinity, 1990.

Kriener, Tobias. *"Glauben an Jesus"—ein Verstoß gegen das zweite Gebot? Die johanneische Christologie und der jüdische Vorwurf des Götzendienstes.* Neukirchen–Vluyn: Neukirchener, 2001.

Kuhn, Karl Georg. "Die in Palästina gefundenen hebräischen Texte und das Neue Testament." *ZTK* 47 (1950): 192–211.

Kysar, Robert. "The Dehistoricizing of the Gospel of John." Pages 75–102 in vol. 1 of Anderson, Just, and Thatcher, *John, Jesus, and History.*

_____. "Expulsion from the Synagogue: A Tale of a Theory." Pages 234–45 in *Voyages with John: Charting the Fourth Gospel.* Waco: Baylor University Press, 2005.

Labahn, Michael. " 'Blinded by the Light': Blindheit und Licht in Joh 9 im Spiel von Variation und Wiederholung zwischen Erzählung und Metapher." Pages 453–504 in *Repetitions and Variations in the Fourth Gospel: Style, Text, Interpretation.* Edited by G. van Belle, M. Labahn, and P. Maritz. BETL 223. Leuven: Peeters, 2009.

_____. *Jesus als Lebensspender: Untersuchungen zu einer Geschichte der johanneischen Traditionen anhand ihrer Wundergeschichten.* BZNW 9. Berlin: de Gruyter, 1999.

Lagrange, Marie–Joseph. *Évangile selon Saint Jean.* 2nd ed. *EBib* 16. Paris: Gabalda, 1925.

Landmesser, Christof. *Wahrheit als Grundbegriff neutestamentlicher Wissenschaft.* WUNT 113. Tübingen: Mohr Siebeck, 1999.

Lang, Manfred. *Johannes und die Synoptiker: Eine redaktionsgeschichtliche Analyse von Joh 18-20 vor dem markinischen und lukanischen Hintergrund.* FRLANT 182.

Göttingen: Vandenhoeck & Ruprecht, 1999.

Lemitz, Bastian. "Der Tod Jesu und das Nicken des Zeus: Zur Wendung κλίνας τὴν κεφαλὴν (Joh 19,30)." Pages 241–56 in *Erzählung und Briefe im johanneischen Kreis*. Edited by Uta Poplutz and Jörg Frey. WUNT 2/420. Tübingen: Mohr Siebeck, 2016.

Leroy, Herbert. *Rätsel und Missverständnis: Ein Beitrag zur Formgeschichte des Johannesevangeliums*. BBB 30. Bonn: Peter Hanstein, 1968.

Lessing, Gotthold Ephraim. "Neue Hypothese über die Evangelisten als bloss menschliche Geschichtsschreiber betrachtet." Pages 614–35 in vol. 7 of *G. E. Lessing Werke*. Edited by P. Rilla. Munich: Aufbau, 1976.

Lieu, Judith M. " 'The Parting of the Ways': Theological Construct or Historical Reality." Pages 11–29 in *Neither Jew nor Greek: Constructing Early Christianity*. London: T&T Clark, 2002.

Lightfoot, Joseph Barber. *Biblical Essays*. London: Macmillan, 1983.

_____. *The Gospel of St. John: A Newly Discovered Commentary*. Edited by Ben Witherington III and Todd D. Still. Downers Grove, Ill.: IVP Academic, 2015.

Lincoln, Andrew. *Truth on Trial: The Lawsuit Motif in the Fourth Gospel*. Peabody, Mass.: Hendrickson, 2000.

Loisy, Alfred. *Le quatrième évangile*. Paris: Picard, 1903.

Lücke, Fridrich. *Commentar über das Evangelium des Johannes*. 3rd ed. 2 vols. Bonn: Weber, 1840–1843.

Luther, Susanne. *Die Authentifizierung der Vergangenheit: Literarische Geschichtsdarstellung im Johannesevangelium*. Habilitationsschrift University of Mainz (2018). WUNT. Tübingen: Mohr Siebeck, forthcoming 2019.

Mackay, Ian D. *John's Relationship with Mark: An Analysis of John 6 in the Light of Mark 6-8*. WUNT 2/182. Tübingen: Mohr Siebeck, 2004.

Marcus, Joel. *Mark 1-8*. Anchor Yale Bible Commentaries 27. New York: Doubleday, 2000. 『앵커바이블 마가복음 1 (1-8장)』 (CLC 역간).

_____. "Tribute to J. Louis Martyn." *NT Blog*, June 17, 2015. Online at http://ntweblog.blogspot .ch/2015/06/tribute-to-j-louis-martyn-by-joel-marcus.

html.

Marguerat, Daniel. "La 'source des signes' existe-t-elle?" Pages 60-93 in *La communauté johannique et son histoire*. Edited by Jean-Daniel Kaestli et al. Geneva: Cerf, 1990.

Markschies, Christoph. *Christian Theology and Its Institutions in the Early Roman Empire: Prolegommena to a History of Early Christian Theology*. Translated by W. Coppins. BMSEC 3. Waco: Baylor University Press, 2015.

Martyn, J. Louis. "Glimpses into the History of the Johannine Community." Pages 90-121 in *The Gospel of John in Christian History: Essays for Interpreters*. New York: Paulist, 1979.

_____. *History and Theology in the Fourth Gospel*. New York: Harper & Row, 1968.

_____. *History and Theology in the Fourth Gospel*. 2nd enl. ed. Nashville: Abingdon, 1979.

_____. *History and Theology in the Fourth Gospel*. 3rd ed. New Testament Library. Louisville: Westminster John Knox, 2003. 『요한복음의 역사와 신학』(CLC 역간).

_____. "The Salvation-History Perspective in the Fourth Gospel." Ph.D. diss. (unpublished), Yale Divinity School, 1957.

McCaffrey, G. *The House with Many Rooms: The Temple Theme of Jn 14:2-3*. Rome: Pontificio Istituto Biblico, 1988.

McGrath, James F. "'Destroy This Temple': Issues of History in John 2:13-22." Pages 35-44 in vol. 2 of Anderson, Just, and Thatcher, *John, Jesus, and History*.

Meeks, Wayne A. "The Man from Heaven in Johannine Sectarianism." *JBL* 91 (1972): 44-72.

_____. *The Prophet-King: Moses Traditions and the Johannine Christology*. NovTSup 14. Leiden: Brill, 1967.

Meier, John P. *A Marginal Jew: Rethinking the Historical Jesus*. Vol. 1: *The Roots of the Problem and the Person*. New York: Doubleday, 1991.

_____. *A Marginal Jew: Rethinking the Historical Jesus*. Vol. 2: *Mentor, Message, and Miracles*. New York: Doubleday, 1994.

_____. *A Marginal Jew: Rethinking the Historical Jesus*. Vol. 3: *Companions and Competitors*. New York: Doubleday, 2001.

Menken, Maarten J. J. "Die jüdischen Feste im Johannesevangelium." Pages 269-86 in *Israel und seine Heilstraditionen im Johannesevangelium*. Festschrift Johannes Beutler. Edited by Michael Labahn, Klaus Scholtissek, and Angelika Strothmann. Paderborn: Schöningh, 2004.

Mercier, Robert. *L'Évangile "pour que vous croyez": Le quatrième évangile (selon Saint Jean)*. Montreal: Wilson & Lafleur, 2010.

Merkel, Helmut. *Die Pluralität der Evangelien als theologisches und exegetisches Problem in der Alten Kirche*. TC 3. Bern: Peter Lang, 1978.

_____. *Die Widerspüche zwischen den Evangelien: Ihre polemische und apologetische Behandlung in der Alten Kirche bis Augustin*. WUNT 13. Tübingen: Mohr, 1971.

Merz, Annette. "Response to the Essays in Part 2." Pages 299-317 in vol. 3 of Anderson, Just, and Thatcher, *John, Jesus, and History*.

Meyer, Annegret. *Kommt und seht. Mystagogie im Johannesevangelium ausgehend von Joh 1,35-51*. FB 103. Würzburg: Echter, 2005.

Moloney, Francis J. "The Fourth Gospel and the Jesus of History." *NTS* 46 (2000): 42-58.

_____. "The Gospel of John: The Legacy of Raymond E Brown and Beyond." Pages 19-39 in *Life in Abundance: Studies of John's Gospel in Tribute to Raymond E. Brown*. Edited by John R Donahue. Collegeville, Minn.: Liturgical, 2005.

_____. "The Johannine Son of Man Revisited." Pages 177-202 in *Theology and Christology in the Fourth Gospel*. Edited by Gilbert van Belle, Jan G. van der Watt, and Petrus Maritz. BETL 184. Leuven: Peeters, 2005.

Moss, Candida R. "The Marks of the Nails: Scars, Wounds and the Resurrection of Jesus in John." *Early Christianity* 8 (2017): 48-68.

Nagel, Titus. *Die Rezeption des Johannesevangeliums im 2. Jahrhundert: Studien zur vorirenäischen Aneignung und Auslegung des vierten Evangeliums in christlicher und christlich-gnostischer Literatur*. ABG 2. Leipzig: Evangelische Verlagsanstalt, 2000.

Neirynck, Frans. "The Anonymous Disciple in John 1." Pages 617-49 in *Evangelica*

II: 1982-1991: Collected Essays. Edited by F. van Segbroeck. BETL 94. Leuven: Leuven University Press, 1991.

_____. "John 4:46-54: Signs Source or Synoptic Gospels." Pages 679-87 in *Evangelica II: 1982-1991: Collected Essays*. Edited by F. van Segbroeck. BETL 94. Leuven: Leuven University Press, 1991.

_____. "John 5:1-18 and the Gospel of Mark: A Response to Peder Borgen." Pages 699-711 in *Evangelica II: 1982-1991: Collected Essays*. Edited by F. van Segbroeck. BETL 94. Leuven: Leuven University Press, 1991.

_____. "John and the Synoptics." Pages 365-400 in *Evangelica: Gospel Studies—Étude d'Évangile*. Edited by F. van Segbroeck. BETL 60. Leuven: Peeters, 1982.

_____. "John and the Synoptics: The Empty Tomb Stories." Pages 571-99 in *Evangelica II: 1982-1991: Collected Essays*. Edited by F. van Segbroeck. BETL 94. Leuven: Leuven University Press, 1991.

_____. "The Signs Source in the Fourth Gospel: A Critique of the Hypothesis." Pages 651-77 in *Evangelica II: 1982-1991: Collected Essays*. Edited by F. van Segbroeck. BETL 94. Leuven: Leuven University Press, 1991.

Newman, Carey C. *Paul's Glory Christology: Tradition and Rhetoric*. NovTSup 69. Leiden: Brill, 1992.

Neyrey, Jerome H. "The Foot Washing in John 13:6-11: Transformation Ritual or Ceremony." Pages 198-213 in *The Social World of the First Christians*. Essays in Honor of W. A. Meeks. Edited by L. M. White. Minneapolis: Fortress, 1995.

Niemand, Christoph. *Die Fusswaschungserzählung des Johannesevangeliums: Untersuchungen zu ihrer Entstehung und Überlieferung im Urchristentum*. Studia Anselmiana 114. Rome: Pontificio Ateneo S. Anselmo, 1994.

Obermann, Andreas. *Die christologische Erfüllung der Schrift im Johannesevangelium*. WUNT 2/88. Tübingen: Mohr Siebeck, 1996.

O'Connor, Jerome Murphy. "John the Baptist and Jesus: History and Hyptheses." *NTS* 36 (1990): 359-74.

Oegema, Gerbern S. *The Anointed and his People*. JSPSup 27. Sheffield: Sheffield Academic, 1998.

Olsson, Birger. *Structure and Meaning in the Fourth Gospel*. ConBNT 6. Lund: Gleerup, 1974.

Onuki, Takashi. *Gemeinde und Welt im Johannesevangelium: Ein Beitrag zur Frage nach der theologischen und pragmatischen Funktion des johanneischen 'Dualismus.'* WMANT 56. NeukirchenVluyn: Neukirchener Verlag, 1984.

O'Rourke, John. "Asides in the Gospel of John." *NovT* 21 (1979): 210-19.

Painter, John. "Memory Holds the Key: The Transformation of Memory in the Interface of History and Theology in John." Pages 229-45 in vol. 1 of Anderson, Just, and Thatcher, *John, Jesus, and History*.

_____. *Theology as Hermeneutics: Rudolf Bultmann's Theology of the History of Jesus*. London: Bloomsbury, 2015.

Parsenios, George L. *Departure and Consolation: The Johannine Farewell Discourses in Light of Greco-Roman Literature*. NovTSup 117. Leiden: Brill, 2005.

Pastorelli, David. *Le Paraclet dans le corpus johannique*. BZNW 142. Berlin: de Gruyter, 2006.

Popkes, Enno Edzard. *Die Theologie der Liebe Gottes in den johanneischen Schriften*. WUNT 2/197. Tübingen: Mohr Siebeck, 2005.

Poplutz, Uta. "Hinführung." Pages 659-68 in *Kompendium der frühchristlichen Wundererzählungen 1: Die Wunder Jesu*. Edited by Ruben Zimmermann. Gütersloh: Gütersloher Verlagshaus, 2013.

Porter, Stanley E. *The Criteria for Authenticity in Historical-Jesus Research: Previous Discussion and New Proposals*. JNTS 191. Sheffield: Sheffield Academic, 2000.

_____. "How Do We Know What We Think We Know? Methodological Reflections on Jesus Research." Pages 82-99 in *Jesus Research: New Methodologies and Perceptions*. Edited by James H. Charlesworth. Grand Rapids: Eerdmans, 2014.

Potterie, Ignace de la. "*Jésus roi et juge d'après Jn 19,13* ἐκάθισεν ἐπὶ βήματος." *Biblica* 41 (1960): 217-47.

_____. *La vérité dans Saint Jean*. 2 vols. AnBib 73/74. Rome: Biblical Institute, 1977.

Powell, Mark Allan. "The De-Johannification of Jesus: The Twentieth Century and Beyond." Pages 121-32 in vol. 1 of Anderson, Just, and Thatcher, *John, Jesus, and*

History.

Rahner, Johanna. *"Er sprach aber vom Tempel seines Leibes."* BBB 117. Bodenheim: Philo, 1998.

Rasimus, Tuomas. "Ptolemaeus and the Prologue's Valentinian Exegesis." Pages 145–72 in *The Legacy of John: Second-Century Reception of the Fourth Gospel.* Edited by Tuomas Rasimus. NovTSup 132. Leiden: Brill, 2010.

Ratzinger, Joseph (Pope Benedict XVI). *From the Baptism in the Jordan to the Transfiguration.* Vol. 1 of *Jesus of Nazareth.* New York: Doubleday, 2007.

Rebell, Walter. *Gemeinde als Gegenwelt: Zur soziologischen und didaktischen Funktion des Johannesevangelium.* BET 20. Frankfurt: Peter Lang, 1987.

Reed, Annette Yoshiko, and Adam H. Becker, eds. *The Ways at Never Parted: Jews and Christians in Late Antiquity and the Early Middle Ages.* TSAJ 95. Tübingen: Mohr Siebeck, 2003.

Rein, Mattias. *Die Heilung des Blindgeborenen (Joh 9): Tradition und Redaktion.* WUNT 2/73. Tübingen: Mohr Siebeck, 1995.

Reinhartz, Adele. *Cast Out of the Covenant: Jews and Anti-Judaism in the Gospel of John.* Lanham, Md.: Rowman & Littlefield, 2018.

———. "Great Expectations: A Reader-Oriented Approach to Johannine Christology and Eschatology." *JLT* 3 (1989): 61–76.

Rengstorf, Karl-Heinrich. "ἀποστέ ω κ.τ.λ." *TDNT* 1:398–447.

Reynolds, Benjamins. *The Apocalyptic Son of Man in the Gospel of John.* WUNT 2/249. Tübingen: Mohr Siebeck, 2008.

Rhea, Robert. *The Johannine Son of Man.* ATANT 76. Zürich: Theologischer Verlag, 1990.

Richter, Georg. *Studien zum Johannesevangelium.* Edited by J. Hainz. BU 13. Regensburg: Pustet, 1977.

Ricoeur, Paul. *Temps et récit.* 3 vols. Paris: Ed. du Seuil, 1983–1985.

Riesner, Rainer. *Jesus als Lehrer: Eine Untersuchung zum Ursprung der Evanglien-Überlieferung.* 3rd ed. WUNT 2/7. Tübingen: Mohr Siebeck, 1988.

Robinson, James M. "The Johannine Trajectory." Pages 232–68 in *Trajectories through Early Christianity*. Edited by Helmut Koester and James M. Robinson. Philadelphia: Fortress, 1971.

Robinson, John A. T. "The New Look on the Fourth Gospel." Pages 338–50 in vol. 1 of *Studia Evangelica*. Edited by Kurt Aland et al. Berlin: Akademie-Verlag, 1959.

_____. *The Priority of John*. London: SCM Press, 1985.

Ruckstuhl, Eugen. "Sprache und Stil im johanneischen Schrifttum." Pages 304–31 in *Die literarische Einheit des Johannesevengeliums*. Enl. new ed. NTOA 17. Freiburg Schweiz: Uniersitätsverlag; Göttingen: Vandenhoeck & Ruprecht, 1987.

_____. "Zur Chronologie der Leidensgeschichte Jesu." *SNTU* 10 (1985): 27–61; *SNTU* 11 (1986): 97–129.

Ruckstuhl, Eugen, and Peter Dschulnigg. *Stilkritik und Verfasserfrage im Johannesevangeliums: Die johanneischen Sprachmerkmale auf dem Hintergrund des Neuen Testaments und des zeitgenössischen hellenistischen Schrifttums*. NTOA 17. Freiburg Schweiz: Universitätsverlag; Göttingen: Vandenhoeck & Ruprecht, 1991.

Rüsen, Jörn. "Historisches Erzählen." Pages 43–105 in *Zerbrechende Zeit: Über den Sinn der Geschichte*. Cologne: Böhlau, 2001.

Sabbe, Maurits. "The Anointing of Jesus in Jn 12,1–8 and Its Synoptic Parallels." Pages 2051–82 in *The Four Gospels 1992*. Festschrift Frans Neirynck. 3 vols. BETL 100. Leuven: Leuven University Press.

_____. "The Arrest of Jesus in Jn 18,1–11 and Its Relation to the Synoptic Gospels." Pages 203–34 in vol. 3 of *L'Évangile de Jean: Sources, redaction, théologie*. Edited by Marinus de Jonge. BETL 44. Gembloug: Duculot and Leuven: University Press.

_____. "The Johannine Account of the Death of Jesus and Its Synoptic Parallels (Jn 19,16b–42)." *EL* 70 (1994): 30–64.

_____. "The Trial of Jesus before Pilate in John and Its Relation to the Synoptic Gospels." Pages 341–85 in *John and the Synoptics*. Edited by Adalbert Denaux. BETL 101. Leuven: Peeters, 1992.

Sass, Markus. *Der Menschensohn im Evangelium nach Johannes*. TANZ 35. Tübingen:

Francke, 2000.

Schäfer, Peter. "Die sogannante Synode von Jabne: Zur Trennung von Juden und Christen im ersten/zweiten Jh. n. Chr." Pages 45-64 in *Studien zur Geschichte und Theologie des Rabbinischen Judentums.* AGAJU 15. Leiden: Brill, 1978.

Schleritt, Frank. *Der vorjohanneische Passionsbericht: Eine historisch-kritische und theologische Untersuchung zu Joh 2,13-22; 11,47-14,31 und 18,1-20,29.* BZNW 154. Berlin: de Gruyter, 2007.

Schnackenburg, Rudolf. *Das Johannesevangelium.* 4 vols. Freiburg: Herder, 1965-1984.

_____. " 'Der Vater, der mich gesandt hat': Zur johanneischen Christologie." Pages 275-92 in *Anfänge der Christologie.* Festschrift Ferdinand Hahn. Edited by Cilliers Breytenbach and Henning Paulsen. Göttingen: Vandenhoeck & Ruprecht, 1987.

_____. "Die johanneische Gemeinde und ihre Geisterfahrung." Pages 33-57 in *Ergänzende Auslegungen*, vol. 4 of *Das Johannesevangelium.* HTK 4/4. Freiburg: Herder, 1984.

Schnelle, Udo. *Antidoketische Christologie im Johannesevangelium.* FRLANT 144. Göttingen: Vandenhoeck & Ruprecht, 1987. English translation: *Antidocetic Christology in the Gospel of John.* Minneapolis: Fortress, 1992.

_____. *Das Evangelium nach Johannes.* THKNT. Leipzig: Evangelische Verlagsanstalt, 1998.

_____. *Einleitung in das Neue Testament.* 8th ed. Göttingen: Vandenhoeck & Ruprecht, 2013.

_____. "Johannes und die Synoptiker." Pages 1799-1814 in vol. 3 of *The Four Gospels 1992.* Festschrift Frans Neirynck. 3 vols. BETL 100. Leuven: University Press.

Schwank, Benedikt. *Evangelium nach Johannes: Erläutert für die Praxis.* St. Ottilien: EOS, 1998.

Schweitzer, Albert. *Die Geschichte der Leben-Jesu-Forschung.* Tübingen: Mohr, 1913. English translation: *The Quest of the Historical Jesus: First Complete Edition.* Translated by W. Montgomery, J. R. Coates, S. Cupitt, and J. Bowden. London: SCM Press, 2000.

_____. *Die Mystik des Apostels Paulus.* Tübingen: Mohr, 1930. English translation: *The*

Mysticism of Paul the Apostle. Translated by W. Montgomery. New York: Holt, 1931.

_____. *Von Reimarus zu Wrede: Eine Geschichte der Leben-Jesu-Forschung*. Tübingen: Mohr, 1906. English translation: *The Quest for the Historical Jesus: A Critical Study of Its Progress from Reimarus to Wrede*. Translated by W. Montgomery. New York: Macmillan, 1957.

Segal, Alan F. *Two Powers in Heaven: Early Rabbinic Reports about Christianity and Gnosticism*. Waco: Baylor University Press, 2012. Orig. pub. 1977.

Skinner, Christopher W., ed. *Characters and Characterization in the Gospel of John*. LNTS 461. London: Bloomsbury, 2012.

Smith, D. Moody. *The Composition and Order of the Fourth Gospel: Bultmann's Literary Theory*. New Haven, Conn.: Yale University Press, 1965.

_____. "The Contribution of J. Louis Martyn to the Understanding of the Gospel of John." Pages 275-94 in *The Conversation Continues: Studies in Paul and John in Honor of J. Louis Martyn*. Edited by Robert T. Fortna and Beverly R. Gaventa. Nashville: Abingdon, 1990. Reprinted in Martyn, *History and Theology in the Fourth Gospel*, 3rd ed. (2003).

_____. "Jesus Tradition in the Gospel of John." Pages 1997-2039 in vol. 3 of *Handbook for the Study of the Historical Jesus*. Edited by Tom Holmén and Stanley E. Porter. 4 vols. Leiden: Brill, 2011.

_____. *John among the Gospels: The Relationship in Twentieth-Century Research*. Minneapolis: Fortress, 1992.

_____. "Judaism and the Gospel of John." Pages 76-96 in *Jews and Christians: Exploring the Past, Present, and Future*. Edited by James H. Charlesworth. New York: Crossroad, 1990.

_____. "Postscript for Third Edition of Martyn, *History and Theology in the Fourth Gospel*." Pages 19-23 in Martyn, *History and Theology in the Fourth Gospel*, 3rd ed. (2003).

Smitmans, Adolf. *Das Weinwunder zu Kana: Die Auslegung von Jo 2,1-11 bei den Vätern und heute*. BGBE 6. Tübingen: Mohr Siebeck, 1966.

Stemberger, Günter. "Die sogenannte 'Synode von Jabne' und das frühe Christentum." *Kairos* 19 (1977): 14–21.

Streeter, Burnett H. *The Four Gospels: A Study of Origins Treating of the Manuscript Tradition, Authorship, and Dates.* London: McMillan, 1924.

Tenney, Merrill C. "The Footnotes in John's Gospel." *Biblia Sacra* 117 (1960): 350–64. Thatcher, Tom. "Anatomies of the Fourth Gospel: Past, Present, and Future Probes." Pages 1–35 in *Anatomies of Narrative Criticism: The Past, Present and Future of the Fourth Gospel as Literature.* Edited by Tom Thatcher and Stephen D. Moore. SBLRBS 55. Atlanta: SBL, 2008.

Theissen, Gerd, and Dagmar Winter. *Die Kriterienfrage in der Jesusforschung: Vom Di»erenzkriterium zum Plausibilitätskriterium.* NTOA 34. Freiburg Schweiz: Universitätsverlag; Göttingen: Vandenhoeck & Ruprecht, 1997.

Theobald, Michael. *Das Evangelium nach Johannes.* Vol. 1. RNT. Regensburg: Pustet, 2007.

_____. *Die Fleischwerdung des Logos.* NTA 20. Münster: Aschendorff, 1988.

_____. *Herrenworte im Johannesevangelium.* HBS 34. Freiburg im Breisgau: Herder, 2002.

_____. "Johannine Dominical Sayings as Metatexts of Synoptic Sayings of Jesus: Reflections on a New Category within Reception History." Pages 383–406 in vol. 3 of Anderson, Just, and Thatcher, *John, Jesus, and History.*

_____. "'Stellt die johanneische Erzählung von der sogenannten 'Tempelreinigung' Jesu (Joh 2,13–22) eine Relecture ihrer synoptischen Parallelen dar? Kontroverse in der Forschung, nicht im Text." Pages 228–60 in *Kontroverse Stimmen im Kanon.* Edited by Martin Ebner et al. Quaestiones Disputatae 279. Freiburg im Breisgau: Herder, 2016.

Theodore of Mopsuestia. *Commentary on the Gospel of John.* Edited by Joel C. Elowsky. Ancient Christian Texts. Downers Grove, Ill.: InterVarsity, 2010.

Thompson, Marianne Meye. *The Humanity of Jesus in the Fourth Gospel.* Philadelphia: Fortress, 1988.

_____. *John: A Commentary.* NTL. Louisville: Westminster John Knox, 2015.

Thyen, Hartwig. *Das Johannesevangelium*. HNT 6. Tübingen: Mohr Siebeck, 2005.

_____. "Die Erzählung von den Bethanischen Geschwistern (Joh 11,1-12,19) als 'Palimpsest' über synoptischen Texten." Pages 2021-50 in vol. 3 of *The Four Gospels*. Festschrift Frans Neirynck. Edited by F. van Segbroeck. BETL 100. Leuven: Peeters, 1992. Reprinted in "Die Erzählung von den Bethanischen Geschwistern (Joh 11,1-12,19) als 'Palimpsest' über synoptischen Texten." Pages 182-212 in *Studien zum Corpus Iohanneum*. WUNT 214. Tübingen: Mohr Siebeck, 2007.

_____. "Ich bin das Licht der Welt: Das Ich-und Ich-Bin-Sagen Jesu im Johannesevangelium." *JAC* 35 (1992): 19-42. Reprinted in "Ich bin das Licht der Welt: Das Ich-und Ich-Bin-Sagen Jesu im Johannesevangelium." Pages 213-51 in *Studien zum Corpus Iohanneum*. WUNT 214. Tübingen: Mohr Siebeck, 2007.

_____. "Ich-bin-Worte." *RAC* 17 (1995): 147-213.

_____. "Johannes und die Synoptiker." Pages 81-107 in *John and the Synoptics*. Edited by Adalbert Denaux. BETL 101. Leuven: Peeters, 1992. Reprinted in "Johannes und die Synoptiker." Pages 155-81 in *Studien zum Corpus Iohanneum*. WUNT 214. Tübingen: Mohr Siebeck, 2007.

Treloar, Geoffrey L. *Lightfoot the Historian: The Nature and Role of History in the Life and ought of J. B. Lightfoot (1828-1889) as Churchman and Scholar*. WUNT 2/103. Tübingen: Mohr Siebeck, 1998.

Trudinger, Paul. "The Cleansing of the Temple: St. John's Independent, Subtle Reflections." *ExpTim* 108 (1997): 329-30.

Tuckett, Christopher. "Sources and Methods." Pages 121-37 in *The Cambridge Companion to Jesus*. Edited by Markus Bockmuehl. Cambridge: Cambridge University Press, 2001.

van Belle, Gilbert. *Les parenthèses dans l'évangile de Jean*. SNTA 11. Leuven: Leuven University Press, 1985.

_____. *The Signs Source in the Fourth Gospel: Historical Survey and Critical Evaluation of the Semeia Hypothesis*. BETL 116. Leuven: Peeters, 1994.

van Belle, Gilbert, and Sydney Palmer. "John's Literary Unity and the Problem of

Historicity." Pages 217–28 in vol. 1 of Anderson, Just, and Thatcher, *John, Jesus, and History*.

van der Watt, Jan G. *Family of the King: Dynamics of Metaphor in the Gospel of John*. BIS 44. Leiden: Brill, 2000.

van Henten, Jan Willem, and Friedrich Avemarie. *Martyrdom and Noble Death: Selected Texts from Graeco-Roman, Jewish and Christian Antiquity*. London: Routledge, 2002.

VanderKam, James C. "The Origin, Character, and Early History of the Qumran Calendar: A Reassessment of Jaubert's Hypthesis." *CBQ* 41 (1979): 390–411.

Verheyden, Joseph. "The De-Johannification of Jesus: The Revisionist Contribution of Some Nineteenth-Century German Scholarship." Pages 109–20 in vol. 1 of Anderson, Just, and Thatcher, *John, Jesus, and History*.

――――. "P. Gardner-Smith and the 'Turn of the Tide.'" Pages 423–52 in *John and the Synoptics*. Edited by Adalbert Denaux. BETL 101. Leuven: Peeters, 1992.

von Ranke, Leopold. *Geschichten der romanischen und germanischen Völker von 1494 bis 1514*. Vols. 33 and 34 of *Sämmtliche Werke*. 2nd ed. Leipzig: Duncker und Humblot, 1874.

von Wahlde, Urban C. "Archaeology and John's Gospel." Pages 523–86 in *Jesus and Archaeology*. Edited by James H. Charlesworth. Grand Rapids: Eerdmans, 2006.

――――. *The Earliest Version of John's Gospel: Recovering the Gospel of Signs*. Wilmington, De.: Michael Glazier, 1989.

――――. *The Gospel and Letters of John*. 3 vols. Grand Rapids: Eerdmans, 2010.

Watson, Francis. *Gospel Writing: A Canonical Perspective*. Grand Rapids: Eerdmans, 2013.

――――. "Reciprocity, Mimesis and Ethics in 1 John." Pages 257–76 in *Erzählung und Briefe im johanneischen Kreis*. Edited by Uta Poplutz and Jörg Frey. WUNT 2/420. Tübingen: Mohr Siebeck, 2016.

Weiss, Bernhard. *Das Johannes-Evangelium*. 9th ed. KEK 2. Göttingen: Vandenhoeck & Ruprecht, 1902.

Weiss, H. "Foot Washing in the Johannine Community." *NovT* 21 (1979): 298–325.

Weissenrieder, Annette. "The Infusion of the Spirit: The Meaning of ἐμφυσάω in John 20:22-23." Pages 119-51 in *The Holy Spirit, Inspiration, and the Cultures of Antiquity: Multidisciplinary Perspectives*. Edited by Jörg Frey and John R. Levison. Ekstasis 5. Berlin: de Gruyter, 2014.

Welck, Christian. *Erzählte Zeichen: Die Wundergeschichten des Johannesevangeliums literarisch untersucht: Mit einem Ausblick auf Joh 21*. WUNT 2/69. Tübingen: Mohr Siebeck, 1994.

Wellhausen, Julius. *Das Evangelium Johannis*. Berlin: Reimer, 1908.

Wendt, Hans Hinrich. *Die Lehre Jesu*. 2 vols. Göttingen: Vandenhoeck & Ruprecht, 1886.

Wengst, Klaus. *Das Johannesevangelium*. 2 vols. THKNT 4. Stuttgart: Kohlhammer, 2000/2001.

Westcott, Brooke Foss. *The Gospel according to St. John: The Greek Text with Introduction and Notes*. 2 vols. London: John Murray, 1908.

Wheaton, Gerry. *The Role of Jewish Feasts in John's Gospel*. MSSNTS 162. Cambridge: Cambridge University Press, 2015.

White, Hayden. *The Content of the Form: Narrative Discourse and Historical Representation*. Baltimore: John Hopkins University Press, 1987.

_____. "The Fictions of Factual Representation." Pages 21-44 *The Literature of Fact*. Edited by Angus Fletcher. New York: Columbia University Press, 1976.

Williams, Catrin H. *I Am He: The Interpretation of ʾAnî Hûʾ in Jewish and Early Christian Literature*. WUNT 2/113. Tübingen: Mohr Siebeck, 2000.

Willis, Wendell. "The Discovery of the Eschatological Kingdom: Johannes Weiss and Albert Schweitzer." Pages 1-14 in *The Kingdom of God in 20th Century Interpretation*. Edited by Wendell Willis. Peabody, Mass.: Hendrickson, 1987.

Windisch, Hans. *Johannes und die Synoptiker: Wollte der vierte Evangelist die älteren Evangelien ergänzen oder ersetzen?* UNT 12. Leipzig: Hinrichs, 1926.

Witherington, Ben, III. *John's Wisdom: A Commentary on the Fourth Gospel*. Louisville: Westminster John Knox, 1995.

Wrede, William. *Charakter und Tendenz des Johannesevangeliums*. Tübingen: Mohr, 1903.

_____. *Das Messiasgeheimnis in den Evangelien: Zugleich ein Beitrag zum Verständnis des Markusevangeliums*. Göttingen: Vandenhoeck & Ruprecht, 1901. English translation: *The Messianic Secret*. Translated by J. C. Greig. London: James Clark, 1987.

Yee, Gale A. *Jewish Feasts and the Gospel of John*. Wilmington: Michael Glazier, 1989.

Zahn, Theodor. *Einleitung in das Neue Testament*. 2nd ed. 2 vols. Leipzig: Deichert, 1900.

Zangenberg, Jürgen. *Frühes Christentum in Samarien: Topographische und traditionsgeschichtliche Studien zu den Samarientexten im Johannesevangelium*. TANZ 27. Tübingen: Francke, 1998.

Zimmermann, Johannes. *Messianische Texte aus Qumran*. WUNT 2/104. Tübingen: Mohr Siebeck, 1998.

Zimmermann, Ruben, ed. *Kompendium der frühchristlichen Wundererzählungen 1: Die Wunder Jesu*. Edited by Gütersloh: Gütersloher Verlagshaus, 2013.

Zumstein, Jean. *Das Johannesevangelium*. Translated by K. Vollmer-Mateus. KEK. Göttingen: Vandenhoeck & Ruprecht, 2016.

_____. "Johannes 2:13–22 im Plot und in der Theologie des vierten Evangeliums." Pages 275–88 in *The Opening of John's Narrative (John 1:19-2:22)*. Edited by R. Alan Culpepper and Jörg Frey. WUNT 385. Tübingen: Mohr Siebeck, 2017.

_____. "Story, Plot, and History in the Johannine Passion Narrative." Pages 109–18 in vol. 3 of Anderson, Just, and Felix, *John, Jesus, and History*.

고대 자료 색인

요한복음의 신학과 역사
전승과 서사

Copyright © 새물결플러스 2022

1쇄 발행 2022년 8월 10일

지은이 외르크 프라이
옮긴이 이형일
펴낸이 김요한
펴낸곳 새물결플러스

편　집 왕희광 정인철 노재현 정혜인 이형일 나유영 노동래
디자인 박인미 황진주
마케팅 박성민 이원혁
총　무 김명화 이성순
영　상 최정호 곽상원
아카데미 차상희

홈페이지 www.holywaveplus.com
이메일 hwpbooks@hwpbooks.com
출판등록 2008년 8월 21일 제2008-24호
주　소 (우) 04118 서울시 마포구 마포대로19길 33
전　화 02) 2652-3161
팩　스 02) 2652-3191

ISBN 979-11-6129-234-2 93230

책값은 뒤표지에 있습니다.